**SCHRIFTENREIHE
DES GEORG-ECKERT-INSTITUTS
FÜR INTERNATIONALE
SCHULBUCHFORSCHUNG**

(BIS 1975 INTERNATIONALES SCHULBUCHINSTITUT)

Herausgegeben von
Professor Dr. Ursula A. J. Becher
Direktorin des Georg-Eckert-Instituts für
internationale Schulbuchforschung

Band 22/XIV

Selbstverlag des Georg-Eckert-Instituts für internationale Schulbuchforschung
Celler Straße 3, D-38114 Braunschweig
Gesamtherstellung: poppdruck, 30851 Langenhagen
Braunschweig 1995
ISBN 3-88304-114-9

GEMEINSAME DEUTSCH-POLNISCHE SCHULBUCHKOMMISSION

Die lange Nachkriegszeit.
Deutschland und Polen
von 1945 bis 1991

Redaktion:
Andreas Reich/Robert Maier

Inhalt

Vorwort 7

Verzeichnis der Teilnehmer 9

Marian Wojciechowski: Polen und Deutschland im internationalen Kräfteverhältnis. Das Jahr 1945 11

Doris von der Brelie-Lewien: Innere Entwicklung und Bevölkerungsproblematik 1939 bis 1949 19

Edmund Dmitrów: Polen und Deutschland: Bevölkerung, Wiederaufbau, politische Wandlungen 1945–1949 31

Falk Pingel: Deutschland und Polen 1939 bis 1949 – Geschichtsdidaktische Aspekte vor dem Hintergrund der jüngsten weltpolitischen Wandlungen 43

Ewa Nasalska: Deutschland und die Deutschen in der Sicht der Jugendlichen in Polen 57

Zofia T. Kozłowska: Zum Stand der polnischen Lehrpläne für Geschichte 71

Rudolf A. Mark / Robert Maier: Bericht über aktuelle Schulbücher für das Fach Geschichte in Polen 79

Christoph Kleßmann: Die politischen Beziehungen zwischen der DDR und der VR Polen (1949 bis 1989) 85

Franciszek Ryszka: Die politischen Beziehungen zwischen der DDR und der VR Polen 95

Józef Fiszer: Die kulturellen Beziehungen zwischen Polen und der DDR in den Jahren 1949–1990 105

Dieter Bingen: Die politischen Beziehungen zwischen der Bundesrepublik Deutschland und Polen (1975–1991) 119

Andreas Lawaty: Die kulturellen Beziehungen zwischen der Bundesrepublik Deutschland und Polen (1975–1991) 139

Jochen Abr. Frowein: Die Deutschlandfrage nach 1945. Rechtliche Rahmenbedingungen der deutsch-polnischen Beziehungen 159

Lech Janicki: Rechtliche Aspekte der polnisch-deutschen Beziehungen nach dem Zweiten Weltkrieg 169

Vorwort

Im Mai 1994 wurde in Bautzen mit der XXVI. deutsch-polnischen Schulbuchkonferenz eine langwierige Etappe der deutsch-polnischen Schulbucharbeit zu Ende gebracht. Siebzehn sogenannte Nachfolgekonferenzen waren seit der Verabschiedung der „Empfehlungen für Schulbücher der Geschichte und Geographie in der Bundesrepublik Deutschland und in der Volksrepublik Polen" im Jahre 1976 der fachwissenschaftlichen Vertiefung der Aussagen dieses Dokuments gewidmet.

Mit dem Band *Die lange Nachkriegszeit. Deutschland und Polen von 1945 bis 1991* wird die letzte Tagungsdokumentation dieser Reihe vorgelegt. Thematisch wurde die zeitgeschichtliche Phase der deutsch-polnischen Beziehungsgeschichte erreicht und einer Betrachtung unterworfen. Erstmals konnte der Komplex „DDR" in die deutsch-polnischen Schulbuchgespräche einbezogen werden und damit einem überfälligen Desiderat der Forschung entsprochen werden. Daß dies nunmehr ohne Befangenheit im beiderseitig freien Dialog, gar auf dem Boden der ehemaligen DDR, geschehen konnte, zeigt, wie sehr sich die politischen Rahmenbedingungen gewandelt haben.

Neben den Beiträgen der Bautzener Konferenz wurden in den vorliegenden Band eingangs noch vier Vorträge der XXIV. deutsch-polnischen Schulbuchkonferenz in Braunschweig aufgenommen, die sich mit dem Kriegsende und der frühen Nachkriegszeit befassen. Die Braunschweiger Konferenz stand seinerzeit etwas im Schatten der Festveranstaltung zum zwanzigjährigen Bestehen der Gemeinsamen deutsch-polnischen Schulbuchkommission und wurde in keinem separaten Tagungsband publiziert. Die Reden der Festveranstaltung, an der u. a. die Präsidentin des Deutschen Bundestages, Frau Prof. Dr. Rita Süßmuth, und der Marschall des Sejm der Republik Polen, Prof. Dr. Wiesław Chrzanowski, teilnahmen, wurden in der Reihe *Vorträge im Georg-Eckert-Institut* (Heft 12, 1993) der breiteren Öffentlichkeit vorgelegt. Die in der Dokumentation übersprungene XXV. deutsch-polnische Schulbuchkonferenz im Jahr 1993 in Nikolajken war eine reine Redaktionskonferenz, die sich mit dem Projekt des „Deutsch-polnischen Lehrerhandbuchs" befaßte.

Der Aufsatz von E. Nasalska wurde zusätzlich in den Band aufgenommen, da er ein Pendant zu den Ausführungen von F. Pingel darstellt und zusammen mit diesem dem Leser aufschlußreiche Vergleichsmöglichkeiten bezüglich der Einstellung deutscher und polnischer Jugendlicher zum jeweiligen Nachbarland bietet. Der darin zum Ausdruck kommende Wandel der Einstellungen innerhalb der eigentlichen Zielgruppe der Arbeit der Gemeinsamen deutsch-polnischen Schulbuchkommission ist einerseits die Meßlatte des Erfolgs dieser Arbeit – eine freilich sehr unzuverlässig ablesbare – und andererseits der Ausgangspunkt dieser Arbeit, dessen sich die Beteiligten immer wieder vergewissern müssen.

In den beiden genannten Beiträgen tritt – wenig überraschend – zutage, daß retardierende Bewußtseinsmomente nachhaltig virulent sind. Diese kehren immer wieder zu den Verletzungen zurück, die sich Polen und Deutsche in ihrer über tausendjährigen gemeinsamen Geschichte gegenseitig zugefügt haben. Daraus resultierende stereotype Verfestigungen unterstreichen, daß die pädagogische Arbeit auch fürderhin gut beraten ist, aus dem großen Fundus der bisherigen Arbeit der Kommission zu schöpfen. Aus den Untersuchungen tritt jedoch auch ein neues Empfinden hervor, das weniger von historischen Belastungen als von Chancen und Problemen einer neuen Zeit geprägt ist. Dieses neue *Empfinden* im unterrichtlichen Diskurs zu einem neuen *Denken* weiterzuentwickeln, es historisch zu fundieren und über die Bilateralität hinauszuführen, ist vornehmlich Aufgabe der Lehrerinnen und Lehrer in beiden Ländern. Die Gemeinsame deutsch-polnische Schulbuchkommission will mit ihren Überlegungen bei der Erfüllung dieser großen Aufgabe behilflich sein.

Braunschweig, im November 1995　　　　　　　　　　　　　　　　　　　Robert Maier

XXIV. Konferenz in Braunschweig

Deutsche Teilnehmer

Prof. Dr. Ursula A. J. Becher, Braunschweig
Prof. Dr. Wolfgang Benz, Berlin
Prof. Dr. Detlef Brandes, Düsseldorf
Dr. Doris von der Brelie-Lewien, Göttingen
Michael G. Esch M. A., Düsseldorf
Prof. Dr. Hans Henning Hahn, Oldenburg
Prof. Dr. Ernst Hinrichs, Oldenburg
Prof. Dr. Wolfgang Höpken, Leipzig
Prof. Dr. Wolfgang Jacobmeyer, Münster
Prof. Dr. Dr. h. c. Hans-Adolf Jacobsen, Bonn
Prof. Dr. Rudolf Jaworski, Kiel
Prof. Dr. Karl-Ernst Jeismann, Münster
Prof. Dr. Johannes Kalisch, Rostock
Prof. Dr. Christoph Kleßmann, Bielefeld
Dr. Enno Meyer, Oldenburg
Prof. Dr. Herbert Obenaus, Hannover
Dr. Falk Pingel, Braunschweig
Dr. Rainer Riemenschneider, Braunschweig
Prof. Dr. Bernd Schönemann, Leipzig
Prof. Dr. Georg W. Strobel, Darmstadt
Prof. Dr. Dr. h. c. Klaus Zernack, Berlin

Polnische Teilnehmer

Dr Edmund Dmitrów, Białystok
Mag. Krzysztof Gura, Warszawa
Prof. dr Piotr Madajczyk, Warszawa
Prof. dr Władysław Markiewicz, Warszawa
Prof. dr Franciszek Ryszka, Warszawa
Prof. dr Janusz Tazbir, Warszawa
Dr Julia Tazbirowa, Warszawa
Prof. dr Maria Wawrykowa, Warszawa
Prof. dr Marian Wojciechowski, Warszawa

XXVI. Konferenz in Bautzen

Deutsche Teilnehmer

Prof. Dr. Ursula A. J. Becher, Braunschweig
Dr. Dieter Bingen, Köln
Prof. Dr. Dr. h. c. Jochen Abr. Frowein, Heidelberg
Prof. Dr. Hans Henning Hahn, Oldenburg
Prof. Dr. Wolfgang Jacobmeyer, Münster
Prof. Dr. Karl-Ernst Jeismann, Münster
Prof. Dr. Christoph Kleßmann, Potsdam
Dr. Andreas Lawaty, Darmstadt
Dr. Robert Maier, Braunschweig
Prof. Dr. Rex Rexheuser, Warschau
Prof. Dr. Bernd Schönemann, Leipzig
Dr. Georg Stöber, Braunschweig
Prof. Dr. Dr. h. c. Klaus Zernack, Berlin

Polnische Teilnehmer

Prof. dr Erhard Cziomer, Kraków
Dr Edmund Dmitrów, Białystok
Prof. dr Jerzy Holzer, Warszawa
Prof. dr Lech Janicki, Poznań
Prof. dr Bronisław Kortus, Kraków
Mgr. Zofia Kozłowska, Warszawa
Prof. dr Władysław Markiewicz, Warszawa
Prof. dr Franciszek Ryszka, Warszawa
Prof. dr Maria Wawrykowa, Warszawa
Prof. dr Marian Wojciechowski, Warszawa

Polen und Deutschland im internationalen Kräfteverhältnis. Das Jahr 1945

von Marian Wojciechowski

Die Darstellung der Lage Polens und Deutschlands auf internationaler Ebene im Jahre 1945 setzt einen Vergleich beider Länder voraus, der sich scheinbar unmöglich anstellen läßt: Polen befand sich im Lager der Sieger, Deutschland hatte eine totale Niederlage erlitten. Polen und Deutschland standen sich 1945 somit als Gegenpole gegenüber. Und doch ist ein derartiger Vergleich möglich, allerdings unter der Bedingung, daß für so unterschiedliche Ausgangspositionen ein gemeinsamer Nenner gefunden wird. Dieser gemeinsame Nenner liegt im Status der beiden Staaten begründet; Polen und Deutschland waren Objekte, nicht Subjekte.

Das Schicksal Polens lag in den Händen der drei Siegermächte. Sie sollten über seine territoriale Form entscheiden, während die künftige Staatsordnung und die Abhängigkeit von der Sowjetunion via facti durch die in Moskau gefaßten grundsätzlichen Entscheidungen bestimmt wurden; London und Washington protestierten dagegen erfolglos. Polen konnte 1945 seine Rolle auf internationaler Ebene also nicht selbst bestimmen. Über Deutschlands Schicksal – nach seiner Niederlage und Kapitulation – entschieden ebenfalls die Sieger. In diesem Kontext kann von einer internationalen Bedeutung Deutschlands kaum die Rede sein, da es nicht einmal feststand, ob auf seinen Trümmern nicht mehrere Staatsgebilde entstehen würden. Sowohl Deutschland als auch Polen waren in dem uns interessierenden „Jahr Null" Gegenstand der Streitigkeiten zwischen den Siegern.

Somit scheint es unzweifelhaft, bei doch sehr wesentlichen Unterschieden, die beide Staaten im Jahre 1945 aufzuweisen hatten, daß ihre Rolle als Objekt auf der internationalen Bühne der gemeinsame Nenner war. Dieser Umstand gestattet also einen Vergleich zwischen Polen und Deutschland im internationalen Kontext des Jahres 1945, erfordert jedoch einen Hinweis auf zwei wichtige Unterschiede. Die polnische Staatsexistenz wurde von keinem der Sieger in Frage gestellt, obwohl man ihren Charakter unterschiedlich sah, während die Einheit, ja selbst die Existenz des Deutschen Reiches umstritten war. Polen erhielt eine neue territoriale Form. Es verlor Gebiete im Osten und gewann im Westen welche hinzu, und dies auf Kosten des besiegten Deutschlands. Es wurde also zum Nutznießer seiner Niederlage.

Polens künftiger Platz im internationalen Kräfteverhältnis zeichnete sich deutlich im Jahre 1943 ab, nachdem offensichtlich geworden war, daß es unter dem Einfluß Moskaus stehen würde. Die Etappen auf diesem Wege waren der Abbruch der diplomatischen Beziehungen zur polnischen Exilregierung durch die Sowjetunion und die Inangriffnahme der Moskauer Politik der vollendeten Tatsachen in Form von Aufstellung einer polnischen Armee in der Sowjetunion und Gründung des Landesnationalrats in Warschau an der Jahreswende 1943/44 als Keimzelle für eine künftige Regierung. Noch im Spätherbst 1943 gaben London und Washington in Teheran, wenngleich noch geheim, ihre Zustimmung zum neuen polnisch-sowjetischen Grenzverlauf, obwohl die Westgrenze noch nicht feststand.

Nach dem Einmarsch der Sowjetarmee in Polen (gemäß der Vereinbarung von Teheran) entstand im Sommer 1944 das neue, von der Sowjetunion abhängige Organ der polnischen Staatsmacht – das Polnische Komitee der Nationalen Befreiung, das im Dezember 1944 zur Provisorischen Regierung umfunktioniert wurde. Zu Beginn des Jahres 1945 besaß Polen somit zwei Regierungen: eine Exilregierung in London, die alle gegen Deutschland Krieg führenden Staaten mit Ausnahme der Sowjetunion und die neutralen Staaten anerkannten, und eine zweite Regierung, die bereits seit dem Winter 1945 de facto den überwiegenden Teil des von der NS-Besatzung befreiten Polens regierte und sich der Anerkennung der Sowjetunion erfreute.

Im Februar 1945 tagte die Dreierkonferenz auf der Krim. Sie beschloß, daß über die Form der künftigen und von allen drei Mächten anerkannten polnischen Regierung ein auf der Konferenz berufener Ausschuß entscheiden werde; dabei war offensichtlich, daß den Grundstock der neuen Regierung die in Warschau amtierende Regierung bilden und daß es nicht zu einer Fusion mit der Exilregierung kommen würde. Die Frage, inwieweit die Warschauer Regierung an der neuen Regierung beteiligt werden sollte, förderte erhebliche Meinungsunterschiede im Ausschuß zutage; somit rückte die sogenannte polnische Frage in der ersten Jahreshälfte 1945 in den Vordergrund der umstrittenen Fragen zwischen Moskau einerseits und London und Washington andererseits. Über das Aussehen der künftigen polnischen Regierung entschied zum einen die sowjetische Politik der vollendeten Tatsachen und zum anderen der geringe Widerstand, den die Westmächte dieser Politik entgegenbrachten.

Die im Juni 1945 ernannte Provisorische Regierung der Nationalen Einheit war das Ergebnis der Vereinbarung von Jalta. Der geringe Widerstand der Westmächte beruhte dagegen auf zwei Faktoren: das faktische Unvermögen, die Lage des unter sowjetischem Einfluß stehenden Polens zu beeinflussen, und – was genauso wichtig ist – die Absicht der Westmächte, eine schnelle Lösung für Deutschlands Zukunft herbeizuführen. Dies wurde nach der Kapitulation, d. h. seit den ersten Maitagen des Jahres 1945, nahezu unerläßlich. Zwischen der Form der künftigen Regierung in Polen und der gemeinsam mit Moskau bestimmten Zukunft des besiegten Deutschlands bestand somit – im Frühjahr 1945 – ein Junktim.

Teilung oder Einheit des besiegten Deutschlands? Diese Frage wurde auf die Tagesordnung ernsthafter Verhandlungen zwischen den drei Mächten seit der Konferenz in Teheran gesetzt, wobei angenommen werden kann, daß die westlichen Siegermächte, insbesondere die Vereinigten Staaten, sich für die Teilung Deutschlands nach seiner Niederlage einsetzten, während die Sowjetunion – mit den davongetragenen militärischen Erfolgen – sich immer stärker für die Einheit Deutschlands aussprach. Dahinter stand die Absicht Moskaus, von Deutschland Entschädigungen zu bekommen; ein ungeteiltes Deutschland hätte die Eintreibung der Reparationen wesentlich erleichtert. Hypothetisch kann auch angenommen werden, daß die Einheit des besiegten Deutschlands es der Sowjetunion erleichtern sollte, Deutschlands Schicksal als Ganzes zu beeinflussen.

Die auf der Krimkonferenz gefaßten Beschlüsse haben die Frage der Einheit oder Teilung des Deutsches Reiches nicht eindeutig beantwortet. Krzysztof Skubiszewski formulierte das folgendermaßen: „Die drei Mächte waren sich einig darüber, daß Deutschland in separate Staaten geteilt werden sollte, aber es lag keine Konzeption vor, wie diese Teilung durchgeführt werden sollte."[1] Auf der Krimkonferenz wurde die Teilung Deutschlands in Besatzungszonen und die gemeinsame Besetzung Berlins akzeptiert sowie zugleich die Prüfung „der Prozedur der Aufgliederung Deutschlands" empfohlen. Die Regierungschefs der drei Mächte akzeptierten den Text des Kapitulationsdokuments, der dem Reich nach seiner Niederlage vorgelegt werden sollte. Der Text verbriefte die Möglichkeit der Teilung Deutschlands durch die Mächte. Indessen wurde dieses Kapitulationsdokument bekanntlich den Deutschen nicht zur Unterzeichnung vorgelegt, denn ihre Kapitulation am 8. Mai 1945 besaß lediglich militärischen Charakter. Somit blieb die Frage der Einheit respektive Teilung Deutschlands unmittelbar nach dem 8. Mai in der Schwebe, was ein wichtiges Moment für seine internationale Position unmittelbar nach der Niederlage war.

Zwei Probleme standen der praktischen Durchführung der auf der Krimkonferenz beschlossenen Dokumente im Wege, um die gemeinsame Verwaltung des besiegten und besetzten Deutschlands durch die vier Mächte (hinzu kam nämlich Frankreich) zu gewährleisten, ohne über seine Einheit oder Teilung endgültig zu entscheiden, nämlich die Übernahme des südlichen Teils der sowjetischen Besatzungszone, der in den letzten Kriegstagen von amerikanischen Streitkräften besetzt worden war, durch die Sowjetunion und gleichzeitig den Einlaß amerikanischer, britischer und französischer Streitkräfte in ihre Berliner Sektoren sowie die offenstehende Frage der Polnischen Provisorischen Regierung der Nationalen Einheit.

Ende Mai 1945 begab sich Harry Hopkins, Berater des ehemaligen Präsidenten Roosevelt, nach Moskau; er war von dem neuen amerikanischen Präsidenten Harry S. Truman dorthin entsandt worden. Hopkins' Mission galt vordergründig der polnischen Frage. Eine rasche Lösung bedingte nämlich die Aufnahme der Verwaltung im besetzten Deutschland durch die vier Mächte zu einem Zeitpunkt, als die Vereinigten Staaten bereit waren, sich aus dem von ihnen besetzten Teil der sowjetischen Besatzungszone zurückzuziehen, wärend die UdSSR gewillt war, einer militärischen Präsenz der drei Westmächte in Berlin zuzustimmen.

Der übereilte und versöhnliche Charakter von Hopkins' Mission ermöglichte die Annahme Moskau zufriedenstellender Beschlüsse bezüglich der polnischen Regierung, die schließlich am 28. Juni 1945 gebildet wurde; am 5. Juli entzogen Großbritannien und die Vereinigten Staaten der polnischen Exilregierung ihre Anerkennung und erkannten die Provisorische Regierung der Nationalen Einheit in Warschau an. Die polnische Frage war damit zwischen den Mächten keine Streitfrage mehr, und in den Vordergrund rückte jetzt die Frage nach der Zukunft des besiegten Deutschlands. Der in Moskau von Hopkins in der polnischen Frage geschlossene Kompromiß ermöglichte Fortschritte in der gemeinsamen Besatzungspolitik in Deutschland; als Ergebnis kam die Berliner Erklärung vom 5. Juni 1945 zustande. Diese Erklärung war das in Jalta vereinbarte Dokument, das Deutschland im Augenblick seiner Kapitulation vorgelegt werden sollte, wozu es aber – wie bereits erwähnt – nicht gekommen war. Nur die Präambel zur Erklärung wurde bereits nach der Krimkonferenz im April 1945 redigiert.[2] Sie enthielt keine eindeutige Festlegung hinsichtlich einer möglichen Teilung Deutschlands durch die Alliierten.

Parallel zur Deklaration veröffentlichte man die Erklärung der vier Mächte über die Gründung des Alliierten Kontrollrates sowie ihre Erklärung über die Bildung der vier Besatzungszonen in Deutschland.[3] Diese drei Dokumente, die für eine Definition Deutschlands im internationalen Kräfteverhältnis nach seiner Niederlage wichtig waren, sollen gemeinsam besprochen werden. In der Präambel zur Erklärung wurde festgestellt, daß die Übernahme der Oberhoheit in Deutschland durch die Alliierten nicht mit seiner Annexion gleichbedeutend sei; die Alliierten erwarteten jedoch, daß sich die Deutschen allen Forderungen unterordneten, die ihnen jetzt oder später aufoktroyiert würden. In der Präambel heißt es u. a., die vier Mächte „werden später die Grenzen Deutschlands oder irgendeines Teiles Deutschlands und die rechtliche Stellung Deutschlands oder irgendeines Gebietes, das gegenwärtig einen Teil deutschen Gebietes bildet, festlegen". Diese Formulierung kann jedoch auch dahingehend interpretiert werden, daß sich die

Verbündeten die Möglichkeit vorbehielten, Deutschland in Zukunft aufzuteilen. Aus dieser Formulierung ergibt sich auch, daß sich die Alliierten eine spätere Festlegung der deutschen Grenzen, was sich zweifelsohne auf die Ostgrenzen bezieht, vorbehielten. Vorab kam man darin überein, und zwar in der Erklärung über die Schaffung der Besatzungszonen, daß unter „Deutschland" das Deutschland in den Grenzen vom 31. Dezember 1937, d. h. in den durch den Versailler Vertrag festgelegten Grenzen mit den aus diesem Vertrag resultierenden späteren Änderungen, zu verstehen ist.

Unabhängig von einer möglichen künftigen Teilung wurde Deutschland als Ganzes behandelt. Die Formulierung „Deutschland als Ganzes" findet sich in der Erklärung über die Schaffung des Alliierten Kontrollrates. Zu einer Aufteilung der Verantwortung für Deutschland unter die Alliierten ist es nicht gekommen, dagegen zu seiner territorialen Teilung; aber das ist schon eine ganz anderes Thema. Geblieben ist jedoch die Verantwortung der vier Verbündeten für Deutschland als Ganzes. Sie erlosch erst nach der Wiedervereinigung Deutschlands im Jahre 1990.

Die Dokumente vom 5. Juni 1945 sind von grundlegender Bedeutung für den Platz Deutschlands im internationalen Kräfteverhältnis des Jahres 1945; sie ist wesentlich größer als nach den am 2. August desselben Jahres unterzeichneten Potsdamer Beschlüssen[4]. Letztere gingen nämlich von den gerade im Juni getroffenen Zielsetzungen aus und umgingen praktisch die Frage der Teilung Deutschlands. Sie legten gemeinsame politische und wirtschaftliche Richtlinien der Besatzungspolitik fest und setzten voraus, daß Deutschland während der Besatzungszeit eine wirtschaftliche Einheit blieb.

Freilich könnte die künftige Absicht, Deutschland zu teilen, in jener Potsdamer Formulierung gefunden werden, die besagt, daß die Realisierung der Krimer Erklärung über Deutschland das Ziel der Vereinbarung ist, und eben diese sah – wie oben erwähnt – seine Teilung in separate Staaten vor. Angesichts der in Potsdam beschlossenen praktischen Lösungen, besonders bezüglich der wirtschaftlichen Einheit des besetzten Deutschlands, kann jedoch angenommen werden, daß die Frage seiner Teilung in separate staatliche Organismen immer mehr in die Sphäre der reservatio mentalis westlicher Mächte rückte, um so mehr, als die Sowjetunion sich entschieden für die Einheit des besiegten Deutschlands einsetzte.

Die Bestimmung von Deutschlands Platz im internationalen Kräfteverhältnis von 1945 erfordert eine historische und völkerrechtliche Untersuchung. Erstere umfaßt eine Analyse der Fakten, letztere des völkerrechtlichen Rahmens, der die historischen Fakten umgibt. Dem Historiker fällt es leichter, die kausal-finalen Kettenglieder festzustellen, während der Jurist sich müheloser in den normativen Kategorien bewegt.

Das Dilemma, ob das Deutsche Reich die Niederlage überdauert hat oder nicht (dies ist ein wesentliches Element für Deutschlands internationale Stellung im Jahre 1945), wird dem Juristen zur Entscheidung überlassen, denn der Historiker – wenn er sich lediglich im Bereich der Fakten bewegt – konstatiert die Niederlage des Deutschen Reiches und die Übernahme der Oberhoheit in Deutschland durch die Sieger, die souverän über sein Schicksal entschieden.

Der Jurist hat dagegen keine Zweifel. Krzysztof Skubiszewski kam im Jahr 1969 zum eindeutigen Schluß, daß „die Umstände in Deutschland 1945 derart waren, daß der deutsche Staat überdauert hat trotz bedingungsloser Kapitulation und Auflösung der obersten Staatsorgane".[5] Und weiter: „In der Rechtssprache kann Deutschlands Situation nach der Niederlage als Lage eines Staates bezeichnet werden, der seine Rechtsfähigkeit zwar behalten, die Fähigkeit zu Aktivitäten nach dem Völkerrecht aber eingebüßt hat."[6]

Es sei noch hinzugefügt, daß der deutsche Staat überdauert hat, weil es zu keiner Teilung in separate Staaten durch die vier Verbündeten gekommen ist; davon zeugt auch die jahrzehntelang anhaltende Verantwortlichkeit der vier Mächte für Deutschland als Ganzes. Die Verbündeten haben jedoch nach der Übernahme der Oberhoheit für Deutschland und in seinem Namen Beschlüsse gefaßt, die für den deutschen Staat verbindlich waren. Deutschland war demnach Objekt, nicht Subjekt hinsichtlich seines internationalen Status. Zu den von den Alliierten gelösten Problemen gehörte ebenfalls die Frage der deutschen Ostgrenze.

Deutschlands Ostgrenze ist ipso facto die Westgrenze Polens. Die Frage muß deshalb von diesen zwei Aspekten aus betrachtet werden. Deutschlands internationale Lage ist mit dem polnischen Junktim verknüpft oder – wenn man so will – es besteht auf internationaler Ebene das deutsche Junktim, das jedoch nicht von Deutschland, sondern von denjenigen, die es besiegt haben, bestimmt wird.

Die Frage der Westgrenze Polens läßt sich so, wie sie 1945 festgelegt wurde, nicht von der Frage seiner Ostgrenze lösen. Dieses Junktim, das in Polen nach 1945 viele Male beanstandet wurde, ist jedoch eindeutig. Polen konnte einen erheblichen territorialen Zuwachs im Westen und Norden lediglich infolge des Verlustes seiner Ostgebiete erlangen. Beträchtliche Gebietsgewinne im Norden und Westen bei gleichzeitiger Aufrechterhaltung des territorialen Besitzstandes im Osten waren niemals real möglich.

Der faktische Verlust der polnischen Ostgebiete zugunsten der Sowjetunion erfolgte im September 1939 und wurde vom Deutschen Reich noch wenige Tage vor Ausbruch des Zweiten Weltkrieges in einer Geheimklausel zum Hitler-Stalin-Pakt sanktioniert. Seine Zustimmung, die zu einem Grenzverlauf, der der heutigen polnischen Ostgrenze sehr ähnlich war, führte, bestätigte das Reich im zweiten Pakt, der zwischen Berlin und Moskau am 28. September 1939 geschlossen wurde. Beide Signatarstaaten waren in dieser Angelegenheit Subjekte, Polen hingegen Objekt.

Diese territoriale Ordnung wurde durch den Überfall Deutschlands auf die Sowjetunion und die Besetzung der im Jahre 1939 der UdSSR einverleibten polnischen Gebiete durch das Reich nicht verändert. Die Sowjetunion kehrte in diese Gebiete als Sieger über Deutschland zurück, und das einzige Zugeständnis, das Moskau an Polen machte, war der Verzicht auf einen kleinen Teil der 1939 angegliederten Gebiete; gemeint sind die Gebietsteile von Białystok und Łomża mit einer Fläche von rund 15 000 qkm.

Die Westmächte bestätigten Moskau auf der Krimkonferenz die Zugehörigkeit der 1939 angegliederten polnischen Gebiete zur Sowjetunion. Man beschloß damals, daß die polnische Ostgrenze gemäß der Curzon-Linie, dem britischen Vorschlag der polnischen Ostgrenze von 1919, verlaufen solle (von der Grenzlinie aus dem Jahre 1939 war selbstverständlich keine Rede mehr), mit geringfügigen Korrekturen von 5 bis 8 Kilometern zugunsten Polens.[7] Im Westen und Norden versprach man Polen hingegen einen beträchtlichen Gebietszuwachs; die künftige Provisorische Regierung der Nationalen Einheit sollte bei der Entscheidung über die Ausmaße des Gebietszuwachses konsultiert werden. Die endgültige Delimitation der polnischen Westgrenze plante man für die Zeit nach der Friedenskonferenz. Trotz der angekündigten Konsultation war Polen in Jalta Objekt und nicht Subjekt der dort gefaßten Beschlüsse.

Eine der Determinanten der Subjektivität war also die Festlegung der polnischen Ostgrenze und die vertagte endgültige Bestimmung seiner Westgrenze, die erst in Punkt 9 der Potsdamer Beschlüsse definiert war. Damals gab es schon die von allen Siegermächten anerkannte Provisorische Regierung der Nationalen Einheit. Polen verfügte somit über die volle Fähigkeit zu Aktivitäten nach dem Völkerrecht, was in der auf der

Krim angekündigten Konsultation seinen Niederschlag fand. Diese war von minimalem Einfluß auf den endgültigen Verlauf der polnischen Westgrenze, insbesondere des südlichen Abschnitts. Polens Subjektivität wurde jedoch in Potsdam markiert, vor allem bezüglich der Willensäußerung der polnischen Regierung über den Verlauf der westlichen Grenze Polens an der Oder und Lausitzer Neiße. Die Entscheidung lag jedoch in den Händen der Regierungschefs der drei Siegermächte.

Bekanntlich wurde die Entscheidung zusammen mit anderen Beschlüssen gefaßt. Die von den Westmächten gegebene Zustimmung zur Grenze an der Oder und Lausitzer Neiße war Bestandteil eines Kompromisses, der auch die Billigung der Formel bezüglich der Reparationen durch die UdSSR sowie jenen Passus einschloß, der die Mächte dazu verpflichtete, die Anträge Italiens und der ehemaligen Satelliten des Reiches auf Aufnahme in die Organisation der Vereinten Nationen zu befürworten.[8]

Einen wesentlichen Bestandteil dieses Kompromisses bezüglich der polnischen Westgrenze bildete die Zustimmung der Sowjetunion, in Punkt 9 den amerikanischen Text aus der Feder des Staatssekretärs J. F. Byrnes einzusetzen, der die polnische Westgrenze betraf.[9] Dieser Text war jahrzehntelang Gegenstand vielfältiger Interpretationen und Polemiken. Eine neuerliche Analyse läßt sich an dieser Stelle nicht durchführen. Es sei lediglich daran erinnert, daß den unterschiedlichen Interpretationen politische Faktoren zugrunde lagen: die Frage des provisorischen oder des endgültigen Charakters der polnischen Westgrenze. Die politische Auseinandersetzung endete nach Inkrafttreten des Vertrags zwischen der Republik Polen und der Bundesrepublik Deutschland über die Bestätigung der zwischen ihnen bestehenden Grenze, der am 14. November 1990 in Warschau unterzeichnet wurde.

Wenden wir uns jedoch noch einmal dem Jahr 1945 zu. Es ist hervorzuheben, daß in den Potsdamer Beschlüssen nicht von der Ostgrenze Deutschlands die Rede ist, sondern von der Westgrenze Polens. Erwähnt wird die deutsche Ostgrenze hingegen in jenem Auszug der Potsdamer „Byrnes-Formel", in dem es heißt, daß die Polen übereigneten Gebiete „nicht als ein Teil der sowjetischen Besatzungszone Deutschlands angesehen werden".

Die Umsiedlung der deutschen Bevölkerung aus Polen, der Tschechoslowakei und Ungarn, die in Punkt 13 des Potsdamer Abkommens verankert ist, ist eine weitere Frage, die hier erörtert werden sollte. Auf Beschluß der Regierungschefs der Alliierten wurde die Dislokation von Millionen von Menschen beschlossen. Dieser Beschluß hatte keinen Präzedenzfall. „Allein für sich" und losgelöst von der Nachkriegsrealität erwogen, erweckt er Verwunderung und Verurteilung. So kann auch die Reaktion bezeichnet werden, auf die eben dieser Potsdamer Beschluß über die Jahrzehnte hindurch, die nach dem Ende des Zweiten Weltkriegs vergangen sind, in der Bundesrepublik Deutschland stieß. Die gewaltige Migrationsbewegung der deutschen Bevölkerung wurde dort zwar zum Gegenstand der Politik, die auf verschiedensten Wegen versuchte, die Ankömmlinge aus dem Osten in die einheimische Gesellschaft der Bundesrepublik zu integrieren, aber diese Migrationsbewegung wurde zugleich in ein semantisches Gewand gekleidet. Ich denke hier an die Bezeichnung „Vertriebene". Dieser Terminus enthält eine starke emotionale Färbung und mußte sich – wie er es noch immer tut – allein schon durch die Tatsache seiner Existenz gegen diejenigen wenden, die diese Vertreibung durchgeführt haben.[10]

Indessen läßt sich der Potsdamer Beschluß über die Umsiedlung schwerlich losgelöst von der Realität des Jahres 1945 erörtern. Er war nämlich eine Folge des Zweiten Weltkrieges und ein nachfolgendes Glied in der Teufelskette, die Adolf Hitler ausgebreitet hatte. In diesem Punkt war das besiegte Deutschland ein Objekt und nicht Subjekt des

Beschlusses, der in seinem Namen von den Regierungschefs der drei Siegermächte gefaßt wurde.

Deutschland war nicht allein von Umsiedlungen betroffen. Die massenhafte Migrationsbewegung, ebenfalls in Richtung Westen, umfaßte zugleich die polnische Bevölkerung. Im Jahre 1945 setzten die Massenumsiedlungen der Polen aus den vor Kriegsausbruch zur Republik gehörenden Gebiete nach Polen ein, vor allem in Gebiete, die ihm in Potsdam zuerkannt worden waren. Obwohl diese Migrationsbewegung der Zahl nach kleiner war als die der Deutschen, sind die Zahlen vergleichbar. Wenngleich die Umsiedlung der Polen aus der Sowjetunion nach Polen aufgrund des zwischen diesen beiden Staaten getroffenen Vertrags[11] durchgeführt wurde, d. h. also Subjekte des Völkerrechts darüber entschieden haben, kann diese Bewegung kaum als freiwillig bezeichnet werden. Sie wurde der Bevölkerung, die zum Objekt der Umsiedlung geworden war, durch die Umstände der Nachkriegszeit aufoktroyiert. Die zur Umsiedlung Entschlossenen, im übrigen bei weitem nicht alle, wollten im polnischen Staat, nicht in der Sowjetunion leben, denn obgleich sie ein Dasein in einem abhängigen Staat erwartete, sollte es sich himmelhoch von den Lebensbedingungen unterscheiden, die die Zurückgebliebenen erwarteten. Es wanderten also nicht nur Deutsche – und fügen wir hinzu nicht nur Polen.

Polens und Deutschlands Platz im internationalen Kräfteverhältnis von 1945 wird von zwei Problemen gekennzeichnet: Polens Rolle in der Politik der drei Siegermächte und das besiegte Deutschland als Objekt des politischen Spiels zwischen diesen Mächten. Unter den unmittelbar oder mittelbar Polen und Deutschland betreffenden Fragen befand sich die einer künftigen polnischen Regierung, die von allen Siegermächten anerkannt wurde und sachlich wie chronologisch mit dem Beginn der gemeinsamen Verwaltung des besetzten Deutschlands durch die Alliierten verbunden war. Ferner stellte sich die Frage nach der Teilung oder Einheit Deutschlands, die wiederum vom Verlauf der auf der Krimkonferenz beschlossenen polnischen Westgrenze beeinflußt wurde. Zu dem Problemkreis, der sich mit Veränderungen der polnischen und deutschen Grenzen verband, gehörten massenhafte Migrationsbewegungen: die von den drei Siegermächten beschlossene Umsiedlung der deutschen Bevölkerung aus Polen (und auch aus der Tschechoslowakei und Ungarn) und die aufgrund des zwischen Polen und der Sowjetunion getroffenen Vertrages durchgeführte Umsiedlung der Polen aus der Sowjetunion nach Polen.

In all diesen Fragen war Deutschland Objekt der Entscheidung der Alliierten; Objekt war ebenfalls Polen, jedoch mit dem Unterschied, daß es seine Meinung über den Verlauf seiner Westgrenze ausdrücken konnte und daß es Nutznießer der Beschlüsse der drei Verbündeten gewesen war. Gewinner des Krimer Beschlusses über den Verlauf der polnischen Ostgrenze war jedoch nicht Polen, sondern die Sowjetunion. Im internationalen Kräfteverhältnis waren im Jahr 1945 sowohl für Polen als auch für Deutschland die Sowjetunion und Großbritannien die entscheidenden Faktoren

Anmerkungen

[1] K. Skubiszewski, Zachodnia granica Polski, Gdańsk 1969, S. 476 ff.
[2] Ebenda, S. 360.
[3] Handbuch der Verträge 1871–1964, Berlin 1968, S. 355 ff.
[4] Ebenda, S. 378 ff.
[5] Skubiszewski, S. 494.
[6] Ebenda, S. 496.
[7] Handbuch, S. 339.

[8] M. K. Kamiński, Polska i Czechosłowacja w polityce Stanów Zjednoczonych i Wielkiej Brytanii 1945–1948, Warszawa 1991, S. 133.
[9] H. S. Truman, Memoirs, Bd. 1, S. 329 ff.
[10] M. Wojciechowski, Okiem historyka, Warszawa, Berlin, Bonn 1918–1981, Łódź 1989, S. 193.
[11] K. Kersten, Repatriacja ludności polskiej po II wojnie światowej, Wrocław 1974, S. 226.

Innere Entwicklung und Bevölkerungsproblematik 1939 bis 1949

von Doris von der Brelie-Lewien

Den folgenden Ausführungen liegt ein sozialgeschichtlicher Ansatz zugrunde. Gefragt wird primär nicht nach den politischen bzw. den außenpolitischen Rahmenbedingungen, sondern nach den Leiderfahrungen der Opfer – nach vergleichbaren, wenn auch nicht gleichen Entwurzelungserfahrungen bei Verschleppten, Flüchtlingen und Zwangsumgesiedelten. Das geschieht auch mit dem Ziel einer relativierenden, aber keineswegs verharmlosenden Bewertung von Einzelschicksalen und des Aufbrechens einer reduzierten Perspektive, die – wie Wolfgang Jacobmeyer es ausdrückte – nur die ureigene Geschichte in den Blick nimmt.[1] Das Referat ist zweigeteilt: Zunächst möchte ich auf den Arbeitskräftemangel im „Dritten Reich" und die immensen Bevölkerungsbewegungen eingehen, die durch den – zumeist erzwungenen – Arbeitseinsatz ausländischer Arbeitskräfte ausgelöst wurden; daran schließen sich Bemerkungen zum deutschen Flüchtlingsproblem an, insbesondere über Reaktionen der einheimischen Bevölkerung angesichts des Bevölkerungszuwachses und über Eingliederungsvoraussetzungen für die Flüchtlinge unter Aspekten des Arbeitsmarktes.

Einbeziehen in meine Darstellung möchte ich zwei historische Quellen, die auch didaktische Qualitäten haben. In jedem Fall sind sie geeignet, den methodischen Zugriff zum Thema zu erhellen. Unter dem Stichwort Bevölkerungsproblematik werden Deportations-, Flucht- und Vertreibungserfahrungen, historische Umgangsweisen mit „Fremden" zwischen dem Ende der 30er und dem Ende der 40er Jahre zusammen betrachtet, um Kontinuitäten und Brüche über den Einschnitt 1945 hinweg, Vergleichbares und Unvergleichbares konturierter nachzeichnen zu können:

„In einer klirrend kalten Februarnacht schreckten die Bewohner einer Villa in Kalisch südöstlich von Posen jäh aus dem Schlaf. An der Haustür wurde gerüttelt, dagegengehämmert und -getreten. Als der Hausherr öffnete, drängten sich drei bewaffnete Uniformierte herein. Barsch befahlen sie der Familie, Eltern und vier Kindern, ihr Haus binnen einer halben Stunde zu räumen. [...]

Die Familie, die ihre ganze verbliebene Habe auf einen Kinderschlitten lud, ‚mit dem wir nachmittags noch fröhlich gerodelt hatten' (Teresa), wurde in den Turnsaal der nahen Handelsschule geführt. Er füllte sich in den folgenden Tagen mit Hunderten von Vertriebenen, die auf dem nackten Boden lagerten. Dann wurde die Kolonne, wieder nachts, zum Bahnhof getrieben und in eiskalte Viehwaggons gepfercht. Nach zwei Tagen und zwei Nächten, in denen der Zug immer wieder auf Nebengeleise geschoben wurde, landete der Treck in den Kasematten eines alten Forts. Dort gab es keine Heizung, außer dem Mitgebrachten nichts zu essen; der Schnee im Innenhof mußte Trink- und Waschwasser ersetzen.

Drei Wochen später wurden die Vertriebenen zu Verwandten, weit weg von ihrer Heimat, entlassen. Ihr schönes Haus in Kalisch, das der Vater, ein Bauingenieur, erst wenige Jahre zuvor errichtet hatte, übernahmen mit allem Inventar die neuen Herren: Ein Staatsanwalt mit seiner Frau setzte sich ins gemachte Nest.

Der Leidensweg der Heimatvertriebenen war damit noch lange nicht zu Ende. Sie wurden weiter deportiert, eingesperrt, voneinander getrennt. Von der sechsköpfigen Familie kamen vier Mitglieder um, nur der Sohn und die jüngste Tochter, Teresa, überlebten."[2]

Das hier geschilderte Vertriebenenschicksal im Osten spielte sich nicht, wie man zunächst vermuten könnte, 1945 ab, sondern 1940. Die Betroffene, Teresa Kuczynska, gehörte zur polnischen Oberschicht, die nach dem Willen der Nationalsozialisten aus dem Warthegau vertrieben wurde. Der sog. Warthegau war nach der Besetzung Polens zum Siedlungsgebiet für Reichs- und Volksdeutsche erklärt worden, die „heim ins Reich" geholt werden sollten. Alle nicht „eindeutschungsfähigen" Polen – bis zu 80 Prozent der Bevölkerung im Generalgouvernement Polen – sollten nach ausgreifenden Plänen, die sich letztlich als nicht realisierbar erwiesen[3], nach Osten hinter den Ural gebracht werden; über 800 000 Polen wurden allein bis zum Überfall auf die Sowjetunion 1941 ins Generalgouvernement zwangsumgesiedelt. Die Umstände dieser Zwangsumsiedlung der Polen glichen – das sollte der obige Text illustrieren – in vielem der Vertreibung der Deutschen fünf Jahre später. In einem Bericht eines Kreishauptmanns aus dem Jahre 1940 heißt es: „Der hier eintreffende Umsiedlertransport war darüberhinaus ein reiner Elendszug. Von den 1 000 Personen waren nach Äußerung des Arbeitsamtes im Höchstfall 40 voll arbeitsfähig. Nicht weniger als 215 Personen mußten ärztlich untersucht und behandelt werden. [...] Unter den Lungenkranken befand sich eine Frau mit offener Lungentuberkulose, die 5 Kinder bei sich hatte."[4]

6 Mio. polnischer Staatsbürger, 22 Prozent der Gesamtbevölkerung, wurden Opfer der nationalsozialistischen Herrschaft. Sie starben durch Mord in Massenvernichtungsaktionen, bei willkürlichen Erschießungen, durch Deportationen; durch Begleitumstände der Verfolgung und Zwangsumsiedlung, der Zwangsarbeit. Die Hälfte der Opfer waren jüdischer Abstammung. Flucht und Vertreibung haben sowohl die deutsche Nachkriegsgeschichte als auch die Geschichte Polens unter der nationalsozialistischen Herrschaft bereits geprägt. Der Sozialhistoriker kann feststellen, daß hier strukturell ähnliche, wenn auch individuell gänzlich ungleiche Schicksale erlitten wurden. In einer solchen Beschreibung stehen Schuld und Ursachen, die nicht ausgeklammert, sondern zurückgestellt werden sollen, nicht mehr im Vordergrund, sondern die von Krieg und Kriegsfolgen, von Verfolgung und Entwurzelung gezeichneten kollektiven Lebensschicksale selbst.

Himmler hatte als Reichsführer der SS und „Reichskommissar für die Festigung deutschen Volkstums" Hitler im Mai 1940 seine bekannte „Denkschrift über die Behandlung der Fremdvölkischen im Osten" überreicht, die dieser rundum billigte. Dort hieß es:

„Es muß in einer etwas längeren Zeit auch möglich sein, in unserem Gebiet die Volksbegriffe der Ukrainer, Goralen und Lemken verschwinden zu lassen. Dasselbe, was für diese Splittervölker gesagt ist, gilt in dem entsprechend größeren Rahmen für die Polen. [...] Für die nichtdeutsche Bevölkerung des Ostens darf es keine höhere Schule geben als die vierklassige Volksschule [...]. Diese Bevölkerung wird als führerloses Arbeitsvolk zur Verfügung stehen und Deutschland jährlich Wanderarbeiter und Arbeiter für besondere Arbeitsvorkommen (Straßen, Steinbrüche, Bauten) stellen."[5]

Von Kriegsbeginn im September 1939 bis August 1943 hatte man rd. 1 125 000 Polen zunächst halb freiwillig angeworben, ab Frühjahr 1940 dann gewaltsam als Arbeitskräfte ins Reich deportiert. 1944 waren rund 8 Mio. ausländische Zivilarbeiter und Kriegsgefangene im „Großdeutschen Reich" im Arbeitseinsatz, davon inzwischen rd. ein Fünftel, nämlich 1,7 Mio., aus Polen und 2,8 Mio. aus der Sowjetunion. Hinzu kamen noch 400 000 KZ-Häftlinge, die zu Zwangsarbeiten eingesetzt wurden. Nach Wirtschaftszweigen variierend war im Reich im August 1944 jeder zweite Beschäftigte in der

Landwirtschaft Ausländer, in der Industrie etwa jeder dritte.[6] In Einzelbetrieben vor allem der Rüstungswirtschaft stieg ihr Anteil auf bis zu 90 Prozent.

Bereits nach Kriegsbeginn war deutlich geworden, daß mit den verstärkten Rüstungsanstrengungen und dem Einzug der deutschen Arbeitskräfte zur Wehrmacht ein gravierender Arbeitskräftemangel entstehen würde. Wie schon im Hinblick auf die Beschaffung von Rohstoffen wurde überlegt, wie die Ressourcen der eroberten Länder für die deutschen kriegswirtschaftlichen Zwecke ausgebeutet werden konnten. Dem standen aber – zunächst im Hinblick auf polnische Arbeiter, später im Hinblick auf die sowjetischen Kriegsgefangenen – vor allem in der Partei und der SS rasseideologische Grundsätze entgegen, nach denen die „rassisch Minderwertigen" nicht ins Reich geholt und mit deutschen Arbeitskräften zusammengebracht werden durften.

Die Zahl der traditionell ins Reich zuwandernden polnischen Saisonarbeiter war wegen der hohen Arbeitslosigkeit in Polen von (Anfang der 30er Jahre) über 40 Prozent und wegen der auf Regierungsebene ausgehandelten Kontingenterhöhungen stetig gestiegen. Illegale Grenzübertritte kamen hinzu, dennoch blieb der Umfang der Ausländerbeschäftigung angesichts der Aufrüstungsanstrengungen zur Kriegsvorbereitung nur ein Tropfen auf den heißen Stein. Mitte 1939 wurde der zusätzliche Arbeitskräftebedarf auf eine Million geschätzt.[7]

Etwa 300 000 polnische Kriegsgefangene waren bis Anfang 1940 in der Landwirtschaft in Arbeit gebracht worden. Im Januar ordnete der Generalgouverneur in Polen angesichts des gravierenden Arbeitermangels die massive Ausweitung des Einsatzes polnischer Zivilarbeiter an: „Bereitstellung und Transport von mindestens 1 Million Land- und Industriearbeitern und -arbeiterinnen ins Reich – davon etwa 750 000 landwirtschaftliche Arbeitskräfte, von denen mindestens 50 % Frauen sein müssen – zur Sicherstellung der Erzeugung im Reich und als Ersatz für im Reich fehlende Industriearbeiter."[8] Die Rekrutierungsmaßnahmen nahmen nun immer schärfere Formen an, es kam zu regelrechten Menschenjagden, Straßenräumungen, Umstellungen öffentlicher Gebäude. Für die Jahrgänge 1915 bis 1925 wurde eine generelle Arbeitspflicht eingeführt.[9]

Völkische Entmischung und Rassentrennung ließen sich jedoch nicht praktizieren, wenn Millionen polnischer und seit 1942 auch sowjetischer Zivilarbeiter und Kriegsgefangener an gemeinsamen Arbeitsplätzen in der deutschen Industrie und Landwirtschaft eingesetzt wurden. Begegnet wurde den Gefahren, die man im unerwünschten Kontakt der „rassisch minderwertigen" Polen mit Deutschen sah, mit zahlreichen „Polenerlassen" und Reglementierungen.

Die zumeist erzwungene Hereinnahme polnischer Arbeitskräfte seit 1939/40 deckte zu keinem Zeitpunkt auch nur annähernd den vorhandenen Arbeitskräftebedarf der deutschen Wirtschaft. Auch mehr als eine Million westliche Kriegsgefangene aus Frankreich und die Anwerbung weiterer Arbeitskräfte in den besetzten bzw. verbündeten Ländern erwiesen sich als völlig unzureichend. Der im März 1940 eingesetzte „Generalbevollmächtigte für den Arbeitseinsatz", Sauckel, setzte bis Herbst 1943 fast 20 000 Menschen pro Woche in Arbeit. Der Umschwung in der Ausländerpolitik, die Entscheidung trotz sicherheitspolitischer und rasseideologischer Bedenken auch sowjetische Kriegsgefangene und Arbeiter einzusetzen, führte der deutschen Wirtschaft noch einmal etwa 2,5 Mio. Arbeitskräfte zu. Wie beim „Poleneinsatz" wurde ein umfangreiches System von – allerdings gegenüber der Behandlung der Polen erheblich verschärften – Reglementierungen geschaffen, um die sog. Ostarbeiter streng von der deutschen Bevölkerung und den anderen ausländischen Arbeitskräften zu trennen.

Verschiedentlich ist in der Forschung auf die widersprüchlichen Zielsetzungen hingewiesen worden, an denen sich die Behandlung der weltanschaulichen Feinde des Nationalsozialismus ausrichtete. Während die Industrie und das Reichsministerium für Rüstung und Kriegsproduktion sich vor allem an der Arbeitseffektivität und an kriegswirtschaftlichen Aspekten orientierten und mit steigendem Arbeitskräftebedarf zunächst auf westliche Kriegsgefangene, dann auf Polen, schließlich auf Russen, auf KZ-Häftlinge, 1944/45 dann auch auf Juden als Arbeitskräfte zurückgriffen, stand in den Arbeitsstätten der SS die rasseideologisch motivierte Vernichtung durch Arbeit im Vordergrund. Der Arbeitseinsatz wurde zum tauglichen Mittel der Massenvernichtung.[10]

In der Forschung geriet das historische Kapitel der Zwangsarbeit im Nationalsozialismus erst in den 80er Jahren verstärkt in den Blick. Daneben wurde und wird in zahlreichen Geschichtswerkstätten bis hin zum Deutschen Schülerwettbewerb „vor Ort" recherchiert. Das Volkswagenwerk hat ein groß angelegtes Forschungsprojekt unter der Federführung von Hans Mommsen gefördert, in dem auch die Beschäftigung ausländischer Arbeiter im Werk thematisiert wurde.

Der „Arbeitseinsatz" der verschiedenen und ganz unterschiedlich behandelten Gruppen von ausländischen Arbeitskräften ist nach einer langen Phase der fast schon Tabuisierung des Themas inzwischen ins öffentliche Bewußtsein gerückt, bis hin zur erneuten politischen Behandlung der Frage der Entschädigung und Wiedergutmachung an ehemaligen Zwangsarbeitern im Bundestag. Im Gesamtkomplex der Beschäftigung von Zivilarbeitern, Kriegsgefangenen und KZ-Häftlingen im „Dritten Reich" sind allerdings große Bereiche noch nicht annähernd erforscht. Das betrifft z. B., so wurde es in einem Forschungsbericht jüngst zusammengefaßt, „die Tätigkeit der deutschen Industrie in Polen und den besetzten Gebieten der Sowjetunion, den Arbeitseinsatz von KZ-Häftlingen im Reich vor allem während der letzten Kriegsphase sowie die Politik des Wirtschafts- und Verwaltungs-Hauptamtes der SS."[11]

Auch in den Heimatländern der ausländischen Arbeiter war die öffentliche Behandlung des Themas Zwangsarbeit im „Dritten Reich" nach 1945 oft tabuisiert, am krassesten in der Sowjetunion. Dort waren und sind bis heute nach altstalinistischer Doktrin alle, die als Soldaten oder Zivilarbeiter aus Deutschland zurückkehrten und nicht den Heldentod gestorben waren bzw. sich selbst getötet hatten, als sie in Gefangenschaft gerieten, mit einem schweren Makel, nämlich dem Verdacht der Kollaboration mit dem Feind, behaftet. Sie gelten nicht als Kriegsveteranen, erhalten keine Rente. Ihre Familien und Bekannten schweigen sich über ihre „befleckte Vergangenheit" aus.

Etwa 18 Mio. Menschen wurden Opfer der nationalsozialistischen Zwangsumsiedlungen und Bevölkerungsverschiebungen im Zuge der expansiven und aggressiven Abgrenzung der ost- und südosteuropäischen Interessensgebiete, etwa 15 Mio. Menschen wurden unter Stalin deportiert und vertrieben. Gehen wir ins Jahr 1944/45: fast 12 Mio. „Reichs- und Volksdeutsche" flüchteten in die Westzonen bzw. in die sowjetische Besatzungszone. Über 2 Mio. kamen dabei durch Flucht und Vertreibung ums Leben.[12] 8 bis 10 Mio. Menschen, die während des Krieges in der Regel als Zwangsarbeiter verschleppt worden waren, strömten zwischen Frühjahr und Herbst 1945 in ihre Heimatländer zurück. Während des Abzugs und Abtransports der sog. Displaced Persons oder abgekürzt DPs, der Zwangsverschleppten also, kam es binnen weniger Monate zu einem gewaltigen Bevölkerungsaustausch. Den Fremdarbeitern rückten in die leerstehenden Baracken und Wohnlager die deutschen Flüchtlinge aus Ost- und Ostmitteleuropa nach.

Die Bewältigung der Flüchtlingsströme stellte die Militärregierungen und deutschen Verwaltungen vor große Probleme. Ein Drittel bis zur Hälfte der Menschen im deutschen Reichsgebiet waren gegen Kriegsende fern von ihren Heimatorten „unterwegs" oder provisorisch mit dem Ziel der Weiterwanderung in Lagern, Baracken, Turnhallen, Scheunen und jedem belegbaren Wohnraum untergebracht. Als Evakuierte, Flüchtlinge und Vertriebene waren sie auf der Suche nach Angehörigen, nach vorläufiger Unterkunft; aus der Kriegsgefangenschaft entlassene deutsche Soldaten waren unterwegs zu ihren Familien, Fremdarbeiter und Kriegsgefangene kehrten in ihre Ursprungsländer zurück. Der britische Außenminister Bevin schätzte, daß im Sommer 1945 etwa 20 Mio. Menschen über die deutschen Straßen zogen, um in ihre Heimat zurückzukehren oder eine neue Heimat zu finden.[13]

Die Behörden verboten, um der ungeordneten Bevölkerungsbewegungen Herr zu werden, zunächst jeglichen Wohnortswechsel. Zuzugssperren wurden verhängt und Aufnahmequoten für die einzelnen Gemeinden festgelegt. Unter den völlig erschöpften und unterernährten Flüchtlingen grassierten Krankheiten, es fehlte an Unterbringungsmöglichkeiten, an Lebensmitteln, Heizmaterial und einfachsten Haushaltsgegenständen von Betten bis zu Schuhwerk. Die meisten Flüchtlinge wurden nach vielen Zwischenstationen in Agrarregionen verwiesen, wo die Versorgungslage nicht ganz so angespannt wie in den Großstädten war.

Ein Viertel des Wohnraumbestandes war während des Krieges zerstört worden. Durch den Kaufkraftverlust der Reichsmark waren alle wichtigen Versorgungsgüter über das Bezugsmarkensystem hinaus nur auf dem Schwarzmarkt zu bekommen. Arbeitsplätze gab es in den ländlichen Regionen oft nur in der Landwirtschaft. Arbeits- und Wohnungsämter, Flüchtlings- und Ernährungsverwaltungen, Wohlfahrtsverbände und Kirchen befaßten sich mit der Linderung der größten Not. Oft reichten die Mittel aber allenfalls zu einer bürokratischen Verwaltung des Mangels. Erschwerend wirkte sich im Alltag der Flüchtlinge die ablehnende Haltung der Altbevölkerung samt der damit verbundenen sozialen Diskriminierung und Ausgrenzung aus. Flüchtlinge waren für viele der Alteingesessenen im Verteilungskampf um Wohnraum, Lebensmittel und Arbeit zunächst nur unliebsame Konkurrenten. Die unbürokratische, nicht verwaltete spontane Hilfeleistung durch Einheimische kennzeichnete insofern eher die Ausnahme; in der Regel herrschten zunächst Mißtrauen und Mißgunst vor.

Für jene, die nach großen Strapazen den Westen bzw. die sowjetische Besatzungszone schließlich erreicht hatten, begann ein weiteres Kapitel im Umfeld von Flucht und Vertreibung: die Verarbeitung des Verlustes von nahen Angehörigen, ihres Besitzes, ihrer Heimat; die Bewältigung von Entbehrungen, von Hunger, Kälte, Krankheiten; die Anpassung und Eingliederung in eine ihnen nicht vertraute und oft feindselig gesonnene Umgebung.

Die Zonenverwaltungen leiteten Maßnahmen zur rechtlichen und wirtschaftlichen Besserstellung der Flüchtlinge mit dem Ziel ihrer schnellstmöglichen und reibungslosen Eingliederung ein. In den drei Ländern der US-Zone wurden bereits im November 1945 Flüchtlingsverwaltungen eingerichtet und 1947 ein einheitliches Flüchtlingsgesetz verabschiedet, während in der britischen Zone die Länder Niedersachsen, Schleswig-Holstein und Nordrhein-Westfalen und entsprechende Landesflüchtlingsverwaltungen erst Ende 1946 gebildet wurden. In einer 1947 begründeten „Arbeitsgemeinschaft der deutschen Flüchtlingsverwaltungen" wurden Eingliederungsmaßnahmen in der amerikanischen und britischen Zone aufeinander abgestimmt. Eine entscheidende Aufgabe war z. B. die Umverteilung der Flüchtlinge, die zunächst aus dem Osten kommend die grenznahen Länder erreicht und sich dort niedergelassen hatten. Die Umsiedlungsbemühungen waren oft jedoch nur von mäßigem Erfolg begleitet. Viele Flüchtlinge scheuten trotz der Schwierigkeiten beim Einleben vor Ort vor einem erneuten Wohnortswechsel zurück. Verhältnismäßig spät, 1948, wurde ein Gesetz zum vorläufigen Ausgleich von Kriegs- und Kriegsfolgeschäden verabschiedet, das 1949 als sog. Soforthilfegesetz in Kraft trat und den Flüchtlingen Unterhalts-, Hausrats- und Existenzaufbauhilfen in Aussicht stellte.

Die mit den Flüchtlingen befaßten Behörden gingen von Beginn an von einer dauerhaften Bleibe der Flüchtlinge aus. Die Hauptinstrumente zur langfristigen Flüchtlingseingliederung waren von den Militärregierungen erlassene Koalitionsverbote (bis 1948), die eine politische Sonderstellung und mögliche Radikalisierung der Neubürger verhindern sollten, Flüchtlingsgesetzgebungen zu ihrer kommunalen Gleichstellung und Vertretung auf verschiedenen politischen Ebenen, Arbeitskräftelenkung, Wohnungsbauförderung, Umsiedlungsprogramme und Lastenausgleichszahlungen in den 50er Jahren.

Das Hineinfinden in die „neue Zeit" verlief individuell ganz unterschiedlich und läßt sich weder für die Flüchtlinge noch für die einheimische Bevölkerung generalisieren. Es gab frühe und relativ problemlose Ein- und Anpassung junger Flüchtlinge, es gab Berufs-, Alters- und möglicherweise auch Herkunftsgruppen, die früher heimisch wurden. Akademiker, Lehrer fanden untereinander bisweilen schneller Anschluß aufgrund gleichgerichteter beruflicher und kultureller Interessen. In bestimmten Sozialmilieus – zusammengehalten durch kirchliche Bindungen oder gleiche soziale Lage (Arbeiter, Landarbeiter), durch gemeinsame Sozialisationserfahrungen z. B. im Wohnlager u. a. m. – waren die Voraussetzungen für eine kollektive Bewältigung der auftretenden Konflikte im Zusammenleben oft günstiger als dort, wo ein Rückhalt in einer größeren sozialen Gruppe fehlte. Dabei ist auffallend, daß eine auf den ersten Blick vielleicht naheliegende solidarische Gruppenbildung unter Flüchtlingen selbst nur wenig und, wenn überhaupt, vornehmlich unter dem Aspekt der vorübergehenden wirtschaftlichen Selbsthilfe stattfand.

Flüchtlinge erfuhren vielerorts neben anfänglichen Widerständen eine durchaus auch spontane Hilfsbereitschaft. Aber im Laufe der Zeit, als feststand, daß mit dieser in eigenen Notzeiten noch zusätzlich zu versorgenden Bevölkerung dauerhaft alles zu teilen war, kam es erneut zu rigiden Ausgrenzungen; gegenseitige Vorurteile und Konkurrenzgefühle vertieften sich. Politisch entstanden „einheimische" und „Flüchtlingslager", meist zwischen DP/CDU und BHE, in den Ortschaften wurden einheimische und „andere", Flüchtlings-Handwerker, Flüchtlings-Lehrer, Flüchtlings-Ehepartner, Flüchtlings-Betriebe, Flüchtlings-Kinder, unterschieden. Der Prozeß des Einlebens und Miteinanderlebens beider Bevölkerungsgruppen gehört zu den konfliktreichsten Vorgängen in der westdeutschen Nachkriegsgeschichte. Besonders stark prallten die Gegensätze in Räumen aufeinander, in denen ein traditionell enges Beziehungsgeflecht, ein festgefügtes Sozialmilieu auf seiten der Einheimischen vorhanden war, also in kleingemeindlichen, ländlichen und kleinstädtischen Siedlungsräumen. Der Stadt-Land-Gegensatz verschärfte sich in den ersten Nachkriegsjahren so noch einmal erheblich.

Viele „einheimische" Familien, besonders in städtischer Nähe, befanden sich durch Evakuierungen, Arbeitsplatzwechsel, Dienstverpflichtungen, erneute Bombardierungen, zerrissene Familienbande wie die Flüchtlinge in einer Situation der psychischen und materiellen Entwurzelung[14], was die Verständigung zwischen Einheimischen und Flüchtlingen in solchen Regionen möglicherweise erleichterte. In ländlichen Gegenden dagegen tat sich die einheimische Bevölkerung, die von solchen kriegsbedingten Entwurzelungserfahrungen weitgehend verschont geblieben war, mit der Anpassung und Toleranz gegenüber den „Fremden" sehr viel schwerer.

Bei den Zivil- und Zwangsarbeitern im „Dritten Reich", die ja vor 1945 aus dem Dorf- und Stadtbild auch nicht mehr wegzudenken gewesen waren, hatte es sich um dringend benötigte Arbeitskräfte, um schlecht entlohnte, also billige, zwangsweise angepaßte Arbeiter gehandelt, zu denen in vielen Fällen durchaus ein „gutes" Verhältnis bestanden hatte – nämlich im Rahmen der traditionellen Fürsorge des Bauern gegenüber seinen Arbeitskräften. Die Flüchtlinge dagegen kamen in viel größerer Anzahl, stellten ganz andere, nicht so leicht abweisbare Ansprüche, waren als Arbeitskräfte auf dem Land nur bedingt geeignet und blieben schließlich auf Dauer. Mentalität und Besitzstände, Erfahrungen und Erlebnisse der aufeinanderprallenden sozialen Gruppen lagen oft zu weit auseinander, die traditionelle Geschlossenheit der Dörfer war zu ausgeprägt, als daß hier schnell ein Auskommen zwischen Alt- und Neubürgern hätte gefunden werden können.

Äußerlich schwieriger – was die Verständigungsmöglichkeiten der Betroffenen jedoch betraf, vielleicht einfacher – war die Bewältigung des Flüchtlingsproblems in jenen Gemeinden, die ihr Gesicht schon seit den späten 30er Jahren im Zuge der allgemeinen wirtschaftlichen Mobilmachung verändert hatten. Diese Dörfer und Kleinstädte hatten oft schon in dieser Zeit ihren ländlichen Charakter verloren, ohne daß dies ähnlich starke Abwehrreaktionen wie dann beim Einbruch der Flüchtlinge in das Dorf- und Kleinstadtleben hervorgerufen hätte, denn es verknüpfte sich damit zunächst ein spürbarer wirtschaftlicher Aufstieg im „Dritten Reich" samt der damit zusammenhängenden Prosperität und Öffnung des Dorfes in anderen Bereichen.

Davon konnte bei der Aufnahme der Flüchtlinge bei Kriegsende keine Rede sein. Und doch: in der langfristigen Perspektive gesehen waren die wirtschaftlichen Ausgangsbedingungen für die Eingliederung der Flüchtlinge nach 1945 im Hinblick auf den Faktor Arbeit günstig. Der Krieg hatte Millionen von Menschen das Leben gekostet – wirtschaftlich gesehen hatte er zu einer immensen Vernichtung von Arbeitspotential geführt. Bei Kriegsende kehrten die DPs in ihre Heimatländer zurück – doch durch den Zustrom der Flüchtlinge und die Rückkehr der Kriegsgefangenen war ein Arbeitskräfteüberschuß vorhanden, der für den wirtschaftlichen Wiederaufbau genutzt werden konnte. Der häufig in der Nachkriegszeit beklagte Arbeitskräftemangel wurzelte in einer Verteilungs- und Versorgungskrise und nicht im zu geringen Beschäftigtenpotential. Durch „kontinuierliche Zuwanderung aus den Ostgebieten und der sowjetischen Besatzungszone [konnten] Volumen und Qualität der Arbeitskraft ständig verbessert werden"[15], heißt es bei Werner Abelshauser.

Unter dem Stichwort „kontinuierliche Zuwanderung" ist hier eine das Jahr 1945 übergreifende Perspektive genannt, die sich vor allem in der neueren Migrationsforschung für die eigentliche Flüchtlingsforschung als fruchtbringend erwiesen hat: Die Aufnahme ausländischer Arbeitskräfte seit dem letzten Jahrhundert (polnische Land- und Bergarbeiter), der Arbeitseinsatz von Kriegsgefangenen im Ersten Weltkrieg bis hin zum großangelegten Einsatz von Kriegsgefangenen und der Dienstverpflichtung von Arbeitern aus den besetzten Ländern im Zweiten Weltkrieg[16], nicht zuletzt auch die Heranholung von Gastarbeitern seit Mitte der 50er Jahre (zunächst Italiener, dann Spanier, Jugoslawen und Türken) liefern eine Fülle von historischen Beispielen nicht nur für den staatlichen Umgang mit den Zuwanderern und die Ziele der jeweiligen Ausländerpolitik, sondern auch für die Reaktionen in der Bevölkerung auf die gerufenen oder ungebetenen Fremden. Natürlich stößt der historische Vergleich der polnischen Landarbeiter seit dem 19. Jahrhundert, der Fremdarbeiter im „Dritten Reich" und der Flüchtlinge nach 1945 bald an seine Grenzen; gravierend war z. B. der Unterschied, ob es sich um benötigte Arbeitskräfte handelte oder um zwangseinquartierte zusätzliche Esser, bedeutsam war die Perspektive einer zeitweiligen oder aber dauerhaften Einquartierung; gleiche oder verschiedene Sprache und Traditionen, ungleiche politische und soziale

Rechte begründeten doch gravierende Unterschiede der verschiedenen Bevölkerungsgruppen untereinander und in ihrem jeweiligen Verhältnis zur einheimischen Bevölkerung.[17]

Hierzu soll – auch im Hinblick auf eine mögliche Verwendung im Unterricht – noch eine weitere historische Quelle vorgestellt werden. Sie erhellt, wie differenziert das Verhältnis zwischen historischem Bruch und historischer Kontinuität betrachtet werden muß und wie komplex das Verhältnis zwischen den verschiedenen Bevölkerungsgruppen, der einheimischen und der Fremdarbeiterbevölkerung, zwischen Einheimischen und Flüchtlingen jeweils beschaffen war. Was für große Unterschiede es zwischen den verschiedenen Personengruppen je nach Herkunft, Ankunftszeitpunkt, nach ersten Aufnahmeerlebnissen, Unterbringung, Arbeitsbeziehungen u. a. m. gab, wird in einem in den 60er Jahren verfaßten rückblickenden Bericht eines Gemeindedirektors über die Belegung seines Ortes mit Kriegsgefangenen, Fremdarbeitern und Flüchtlingen sichtbar, in dem er die Bevölkerungszusammensetzung und das Auskommen der verschiedenen Personengruppen miteinander in seinem Heimatort im Frühjahr 1945 schildert. Es wird deutlich, daß die einheimische Bevölkerung längst Erfahrungen, Reaktionsweisen und Verhaltensmuster im Zusammenhang mit der Aufnahme ortsfremder Bevölkerung hatte. Soziokulturell, aber auch auf der politischen Ebene lagen Erfahrungen im Umgang mit Fremden vor, auf die zurückgegriffen werden konnte. Da heißt es:[18]

„Wie erwähnt bekamen wir die Besatzung später. Anfang Juni rückten die ersten Besatzungstruppen der englischen Armee hier ein, beschlagnahmten die besten Wohnräume und Gaststätten. Hierdurch kam die Bevölkerung in arge Bedrängnis, denn unser Ort war schon weit überbelegt, ab Februar hatten wir einen Zuzug von 600 Vertriebenen. Hier hieß es nun noch mehr zusammenrücken und noch mehr Notquartiere machen. Die Gemeinde brauchte nicht geräumt zu werden.

Es muß noch erwähnt werden, daß einen Tag nach der Befreiung der Kriegsgefangenen aus dem Gefangenenlager Fallingbostel 31 serbische Offiziere zum Quartiernehmen hier eintrafen und bei Familien untergebracht werden mußten. Diese und deren Verhalten der Bevölkerung gegenüber kann man als gut bezeichnen. Sie blieben bis Anfang Juni und nahmen dann ihren Weg nach der Heimat. Weiter waren hier in Hodenhagen 43 polnische Kriegsgefangene, die in einem Lager untergebracht waren. 1940 wurden diese zivilisiert [d. h. entlassen und erhielten den Zivilarbeiterstatus] und waren dann bei ihren landwirtschaftlichen Arbeitgebern als Zivilarbeiter einzeln untergebracht und unterstanden auch nicht mehr einer militärischen Bewachung.

Nach Beendigung des Westfeldzuges kamen dann noch 40 französische Kriegsgefangene, die zuerst bei Aufarbeitung eines Windbruchs in der Forst angesetzt wurden und nach Beendigung dieser Arbeit in der Landwirtschaft und im Handwerk aufgenommen wurden. Die letzteren wurden im Lager untergebracht und von Soldaten bewacht.

Außerdem waren hier noch 20 Jungukrainer bei der ‚Wifo' beschäftigt, die als Fremdarbeiter galten und nachts in geschlossenen Lagern untergebracht waren. Es ist hier nicht bekannt geworden, daß diese verschleppt waren, auf Befragen gaben diese an, freiwillig gekommen zu sein.

– Durch Einberufung der Inhaber wurden hier zwei Kaufmannsläden und eine Gastwirtschaft geschlossen. Nach der Kapitulation geschahen hier fast täglich Plünderungen von polnischen Fremdarbeitern und Fremdpolen, die hier am Ort nicht beschäftigt waren. Die hier beschäftigt gewesenen ehem. polnischen Kriegsgefangenen verhielten sich sittsam und standen ihren ehem. Arbeitgebern bei solchen Plünderungen, wenn sie irgend konnten, bei. Schlimm wurde es, wenn ehem. russische Kriegsgefangene aus dem Lager Fallingbostel hier zur Plünderung eintrafen, bei diesen gab es kein Pardon. Hier mußte die Bevölkerung still zusehen, wenn alles Brauchbare vom Wertgegenstand bis zum Vieh mitgenommen wurde. Sie waren bewaffnet und schossen auf jeden, der ihnen im Weg stand.

Hervorgehoben werden muß das Verhalten der ehem. französischen Kriegsgefangenen, d. h. anerkannt und gelobt werden, die mit keinem Gedanken an Plünderungen dachten. Wir versuchten die Plünderer loszuwerden, aber leider war dieses nicht möglich. Beschwerden bei der engl. Besatzung waren vergebens, die Antwort lautete: ‚ihr habt diese geholt, nicht wir'."

Unter Aspekten des Arbeitsmarktes und der Arbeitskräfteentwicklung, des staatlichen und gesellschaftlichen Umgangs mit „Fremden" zwischen Ausgrenzung und Ausbeutung, Diskriminierung und Eingliederung ist es sinnvoll, über das Jahr 1945 hinweg Fragen nach Kontinuitäten und Brüchen zu stellen. Dabei soll, wie Uli Herbert es ausdrückte, nicht der Eindruck entstehen, „als werde hier eine bruchlose, lediglich durch Formenwandel gekennzeichnete ‚Kontinuität' der Ausländerbeschäftigung postuliert. Aber der Begriff ‚Kontinuität' ist zumal in Deutschland mittlerweile eine so abgegriffene Vokabel, daß ihr Bedeutungsgehalt kaum mehr erkennbar ist. [...] von einer von tiefgreifenden Veränderungen freien Entwicklung auszugehen ist dabei in diesem Zusammenhang offensichtlich aber ebenso abwegig wie eine Separation der einzelnen, nach politischen Daten voneinander getrennten Phasen. Es wird also vielmehr im einzelnen zu klären sein, in welchem je spezifischen Mischungsverhältnis Bruch und Kontinuität der Entwicklung zueinander stehen."[19]

Bevor ich schließe, möchte ich auf verschiedene Gesichtspunkte und Interpretationsansätze hinweisen, von denen ich mir wünsche, daß sie bei der Behandlung des Themenkomplexes deutscher Geschichte „Innere Entwicklung und Bevölkerungsproblematik 1939 bis 1949" mit in den Blick genommen werden. Methodische Zugriffe wären
– eine Periodisierung unter sozialgeschichtlichen, das Jahr 1945 übergreifenden Aspekten;
– ein die Erfahrungswelt der betroffenen historischen Subjekte in den Mittelpunkt stellender Ansatz, der stärker als der traditionelle politikgeschichtliche nach kollektiven Lebensschicksalen, Reaktionsweisen und Verhaltensmustern fragt;
– der komparative strukturelle Vergleich zwischen Deutschland und Polen hinsichtlich der Bevölkerungsproblematik, des Fluchtgeschehens, der Zwangsumsiedlungen und Verschleppungen, des Zerstörungsgrades u. a. m. mit dem Ziel der Relativierung, nicht aber Einebnung des eigenen nationalen als auch individuellen Schicksals.

Aus einem solchen Vorgehen ergeben sich eine Reihe – nicht nur sozialgeschichtlicher – Interpretationsangebote:

1. Festzustellen ist die Verquickung und auch Widersprüchlichkeit der nationalsozialistischen Rasseideologie einerseits und der wirtschaftlichen Erfordernisse und Zielvorstellungen andererseits. Bei der „Durchsiebung" von Bevölkerungsgruppen unter Rassegesichtspunkten, ihrer Zwangsrekrutierung und Verschiebung ins Reich standen divergierende und zum Teil auch kontrovers diskutierte Zielvorstellungen Pate.

2. In der Ursachenkette von Flucht und Vertreibung nach 1945 muß die nationalsozialistische Politik in den besetzten Ländern, vor allem Polen und der Sowjetunion, als eigentlicher Beginn der radikalen Austragung einer jahrhundertelangen Bevölkerungsproblematik im ost- und mitteleuropäischen Raum in jedem Fall genannt und angemessen dargestellt werden. Dabei geht es nicht um moralische Auf- und Zurechnungen, sondern um die Darstellung von Ursachengeflechten, die nicht zerschnitten werden dürfen. NS-Vorstellungen über „Raum und Volk", Szenarien großangelegter Zwangsumsiedlungen und Diskriminierungen von Bevölkerungsgruppen, aber auch die umfangrei-

chen und in ihrer Brutalität den nationalsozialistischen Verschleppungen nicht nachstehenden Bevölkerungsaustreibungen und Verschleppungen unter Stalin gehören in die Vorgeschichte der ab 1944 in Ostmitteleuropa praktizierten „Bereinigung von Bevölkerungsproblemen", die mit Flucht und Vertreibung der deutschen Bevölkerung ihre fatale Fortsetzung fand.

3. Mit dem Blick auf die deutsche Flüchtlingsbevölkerung sollte das noch oft zu findende Urteil ausgeräumt werden, die Aufnahme der Flüchtlinge hätte vor allem eine ungeheure wirtschaftliche Belastung für die Westzonen gebracht. Den von der Flüchtlingsbevölkerung bzw. ihrer Versorgung ausgelösten Belastungen standen langfristig ungleich mehr positive Auswirkungen gegenüber: Antriebe für die wirtschaftliche Entwicklung der Bundesrepublik durch das zur Verfügung stehende Arbeitskräftepotential, durch die hohe Leistungs- und Aufstiegsorientierung der Flüchtlinge, durch ihren langjährigen ausgeprägten Konsumbedarf.

4. Auch durch gewisse Unterschichtungsprozesse, d. h. durch den Einsatz ausländischer Arbeitskräfte in den Kriegsjahren gerade bei niedrigqualifizierten Tätigkeiten, gab es unter den deutschen Arbeitskräften eine hohe Aufstiegsmobilität. Dieser Unterschichtungsprozeß setzte sich vermutlich – hinsichtlich des Faktors Arbeit – nach 1945 fort: Die Flüchtlinge ersetzten die abziehenden „Fremdarbeiter" an ihren Arbeitsplätzen und nahmen seit den 50er Jahren dann am allgemeinen wirtschaftlichen Aufschwung durch persönlichen beruflichen und sozialen Aufstieg und der Partizipation an der allgemeinen wirtschaftlichen Prosperität teil.

5. Aufgeräumt werden sollte auch mit der erfolgsorientierten Retrospektive, in der die Eingliederung der Flüchtlingsbevölkerung bis auf anfängliche Schwierigkeiten im Zusammenleben überwiegend reibungsfrei verlaufen sei. Im Gegenteil, der gegenseitige Anpassungsprozeß verlief gerade in ländlichen Regionen äußerst schwierig und nur langfristig – nämlich bis weit in die 60er Jahre hinein – konnten Barrieren abgebaut werden.

6. Mit den Stichworten Entwurzelung, Verarbeitung von Heimatverlust, Bewältigung von Kriegszerstörungen und Kriegsverlusten, Wiederaufbau und Integration in eine neue Umgebung samt der dazugehörigen schwierigen Anpassungsprozesse sind Belastungen genannt, die Deutsche und Polen nach 1945 miteinander teilten. Diese ähnlichen und vergleichbaren historischen Erfahrungen sollten stärker in den Blick geraten als – wie bisher – das Trennende und Unvergleichbare in der Geschichte Deutschlands und Polens. In der frühen Nachkriegszeit gab es in der deutsch-polnischen Geschichte unter dem Aspekt der Kriegsfolgen, der erlittenen Bevölkerungsverschiebungen und der Verarbeitung dieser Erfahrungen mehr Gemeinsames als Trennendes.

Ein solcher komparativer Zugang würde schließlich neue, die deutsch-polnische Geschichte aufhellende Fragestellungen erschließen: etwa das Problem der Fremdenfeindlichkeit nach Kriegsende von Eingesessenen gegenüber der Neubevölkerung in Deutschland bzw. Polen nach 1945; die Frage, inwieweit abseits der politischen Opportunität und Instrumentalisierung bestehender Bevölkerungskonflikte vergleichbare mentale Verarbeitungsprozesse der Entwurzelungserfahrungen stattfanden; weiterhin, inwiefern Rückkehrhoffnungen, Grenzdebatten, polemische Erörterungen eines vermeintlich deutschen bzw. polnischen Nationalcharakters als gesellschaftliche Integrationsideologien genährt wurden.

Die auf nationale Sonderwege gerichtete Perspektive aufzubrechen und weniger nach dem Eigenen als nach dem Vergleichbaren zu fragen, halte ich nicht nur in fachwissenschaftlicher, sondern auch in fachdidaktischer Hinsicht für fruchtbringend.

Anmerkungen

[1] Die folgenden Überlegungen sind erwachsen aus meiner Arbeit „Dann kamen die Flüchtlinge", Der Wandel des Landkreises Fallingbostel vom Rüstungszentrum im „Dritten Reich" zur Flüchtlingshochburg nach dem Zweiten Weltkrieg, Quellen und Untersuchungen zur Geschichte Niedersachsens nach 1945, Bd. 5, Hildesheim 1990.
[2] Wiedergegeben bei S. Kogelfranz, „Eine Tragödie ungeheuren Ausmaßes", in: ders. (Hrsg.), Die Vertriebenen, Hamburg 1985, S. 7 f.
[3] E. Wetzel, „Stellungnahme und Gedanken zum Generalplan Ost des Reichsführers SS" (April 1942), wiedergegeben bei Kogelfranz (Hrsg.), S. 180–186.
[4] Bericht eines Kreishauptmanns 1940, wiedergegeben in: F. Grube, G. Richter, Flucht und Vertreibung, Deutschland zwischen 1944 und 1947, Hamburg 1980, S. 27.
[5] Denkschrift Himmlers über die Behandlung der Fremdvölkischen im Osten (Mai 1940), in: Vierteljahrshefte für Zeitgeschichte 5 (1957), S. 194–198.
[6] Siehe hierzu U. Herbert, Fremdarbeiter, Politik und Praxis des „Ausländer-Einsatzes" in der Kriegswirtschaft des Dritten Reiches, Bonn 1985.
[7] U. Herbert, Geschichte der Ausländerbeschäftigung in Deutschland 1880 bis 1980, Bonn 1986, S. 122.
[8] Richtlinien Franks vom 20. Januar 1940, Nbg. Dok. PS 1375, IMT, Bd. 27, S. 202, zit. nach Herbert, Geschichte, S. 126.
[9] Hierzu und im folgenden U. Herbert, Einleitung, in: ders. (Hrsg.), Europa und der „Reichseinsatz", Ausländische Zivilarbeiter, Kriegsgefangene und KZ-Häftlinge in Deutschland 1938–1945, Essen 1991, S. 7–25, hier S. 9.
[10] U. Herbert, Arbeit und Vernichtung, Ökonomisches Interesse und Primat der „Weltanschauung", in: ders. (Hrsg.), S. 384–426, hier S. 417 f.
[11] Herbert, Arbeit und Vernichtung S. 386.
[12] Vgl. hierzu aus polnischer Sicht M. Wojciechowski, Die Evakuierung, die Flucht und die Zwangsumsiedlung der deutschen Bevölkerung aus den Gebieten östlich der Oder und Neiße (1944–1951); aus deutscher Sicht G. Rhode, Evakuierung, Flucht, Verschleppung, Diskriminierung, Zwangsaussiedlung und Ausweisung der Deutschen aus Polen und den ostdeutschen Provinzen 1944–47, beide in: Die Beziehungen zwischen der Bundesrepublik Deutschland und der Volksrepublik Polen bis zur Konferenz über Sicherheit und Zusammenarbeit in Europa (Helsinki 1975), Schriftenreihe des Georg-Eckert-Instituts für internationale Schulbuchforschung, Bd. 22/X, S. 73–86 und 109–134.
[13] Unterhausrede vom 27. Oktober 1945, in: Keesings Archiv 1945, S. 498.
[14] H. Schelsky, Die Flüchtlingsfamilie, in: Kölner Zeitschrift für Soziologie 3 (1950/51), H. 2, S. 159–177; ders., Wandlungen der deutschen Familie in der Gegenwart, Dortmund 1953; zur Flüchtlingsproblematik allgemein vgl. den methodisch (auf Interviews zurückgehenden) und inhaltlich (die Flüchtlingsaufnahme in der sowjetischen Zone und die Lebensgeschichte der Flüchtlinge vor ihrer Flucht einbeziehenden) innovativen Band von A. v. Plato, W. Meinicke, Alte Heimat – neue Zeit, Flüchtlinge, Umgesiedelte, Vertriebene in der Sowjetischen Besatzungszone und in der DDR, Berlin 1991.
[15] W. Abelshauser, Wirtschaftsgeschichte der Bundesrepublik Deutschland 1945–1980, Frankfurt/Main 1983, S. 24.
[16] Rund 7 Mio. ausländische Arbeitskräfte waren 1944 im Arbeitseinsatz; sie stellten zwischen 25 bis 40 Prozent aller Arbeitskräfte – je nach Ort und Art des Arbeitseinsatzes.
[17] Auf diese Problematik macht Herbert (1985 und 1986) nachdrücklich aufmerksam, der sowohl zur Frage der Fremdarbeiter als auch zum Gesamtkomplex Beschäftigung ausländischer bzw. zugewanderter/vertriebener Bevölkerung und „Gastarbeiter" in Deutschland (1880–1980) Studien vorgelegt hat.
[18] Schreiben Bürgermeister B./Hodenhagen vom 7. September 1966 an das Kreisarchiv Fallingbostel; ebenda (Material Ullner).
[19] Herbert, Geschichte, S. 11.

Polen und Deutschland: Bevölkerung, Wiederaufbau, politische Wandlungen 1945–1949

von Edmund Dmitrów

I. Einleitung

Nachdem der polnische Journalist Edmund Osmańczyk im Jahre 1946 geschrieben hatte, das besetzte Deutschland sei dank dem Wert seiner Arbeit den Großmächten ebenbürtiger als Polen, rief das bei den Lesern starke Entrüstung hervor, und ein Publizist bezeichnete ihn in einer Tageszeitung als „Religionsbekenner der reaktionärsten imperialistischen und antipolnischen Kräfte".[1] Deutschland gehörte in Polen damals zu den am häufigsten angegangenen Themen, und die Lieblingsbeschäftigung der Autoren bestand darin, Vergleiche zu ziehen, deren Ergebnisse stets zugunsten Polens und der Polen ausfallen mußten. Dasselbe Schema – doch in entgegengesetzter Richtung – findet man auch in Deutschland. Die gegenseitige Betrachtung in Form von Kontrasten, Vergleichen und Antithesen besaß in beiden Gesellschaften eine langjährige Tradition; doch während des Krieges und in den ersten Nachkriegsjahren erreichte sie wohl ihren Höhepunkt. *Paradoxerweise war die zweite Hälfte der vierziger Jahre jene Zeitspanne im 20. Jahrhundert, in der sich Polen und Deutschland am meisten ähnelten.* Der vorliegende Vergleich, notgedrungen nur skizzenhaft und in Punkten angestellt, sollte diese Beurteilung durch Belege stützen, die dem sozialen, wirtschaftlichen und politischen Leben beider Länder entnommen wurden.

II. Eröffnungsbilanz der Nachkriegszeit

1. Bevölkerungsverluste und Kriegszerstörungen

Polen und Deutschland haben im Krieg annähernd gleich viele Bürger verloren – je rund 6 Mio. Im Vergleich zur Gesamtzahl der Bevölkerung betrugen Polens Verluste beinahe 20 Prozent, Deutschlands dagegen fast 10 Prozent. Die Zahl der Körperbehinderten und Kriegsversehrten war in beiden Ländern sehr hoch.

Auf polnischer Seite entfielen rund 80 Prozent der Opfer auf die Zivilbevölkerung, die infolge des NS-Terrors und der Extermination ums Leben kam. Auf deutscher Seite stellten die an den Fronten gefallenen Soldaten annähernd die Mehrheit dar. In beiden Ländern befanden sich unter den zivilen Kriegsopfern mehr Stadtbewohner. Ähnlich war die Alters- und Geschlechtsstruktur der Toten: Es überwogen die Männer im Alter von 25 bis 40 Jahren. Aufgrund fehlender Angaben über die sozioprofessionelle Struktur der Opfer kann ein Vergleich darüber nicht angestellt werden. In Polen verzeichnete die Intelligenz[2] die verhältnismäßig größten Verluste; dies war u. a. der bewußten Politik der deutschen und sowjetischen Okkupanten zuzuschreiben.

Polens materielle Verluste – die Zerstörung von Sachen, geraubtes öffentliches und privates Vermögen, Einbußen an Beständen und Vorräten sowie der Ausfall von Haushaltseinnahmen beliefen sich auf die Summe von mehr als 50 Mrd. Dollar.[3] Ein Faktor, der die Wirtschaftslage in Polen zusätzlich verschlechterte, war die von der Roten Armee praktizierte Raubwirtschaft.⁴ Die Städte lagen in Schutt und Asche; Warschau war beispielsweise zu 44 Prozent zerstört. Die Hälfte der Gesamtverluste in der Wohnsubstanz entfiel auf die „neuen" Gebiete. Auch die deutschen Großstädte hatten schwere Verluste zu verzeichnen. In Berlin eigneten sich 47 Prozent der Wohnsubstanz nicht mehr zum Wohnen. Durch Flugzeugangriffe wurden 131 Städte beschädigt, mehr als 17 Mio. Personen blieben obdachlos zurück.

Sowohl in Polen als auch in Deutschland hatte das Transport- und Verkehrswesen schweren Schaden erlitten. Deutsche Industrieanlagen wurden hingegen in einem geringeren Grad als die Wohnhäuser devastiert.⁵ Am problematischsten für die deutsche Wirtschaft sollte sich die Teilung des Landes in Besatzungszonen erweisen; der natürliche Umlauf von Rohstoffen, Kraftstrom und Produkten wurde dadurch unterbrochen.

Die Stadtbevölkerung sah sich in beiden Ländern großen Versorgungsschwierigkeiten gegenüber, die durch die Rationierung der Nahrungsmittel verringert wurden. Der Besitzer einer Lebensmittelkarte erster Kategorie (19 Prozent aller Karten) besaß in Polen im Juni 1945 pro Tag ein Anrecht auf 400 g Brot, 33 g Zucker, 33 g Fett, 600 g Kartoffeln, 66 g Mehl und 66 g Fleisch. Ein Mitglied seiner Familie erhielt durchschnittlich die Hälfte dieser Zuteilung.⁶ Der pro Tag auf einen Einwohner entfallende Kaloriengehalt betrug in den Jahren 1945 und 1946 zwischen 600 und 2000 Kalorien, hauptsächlich in Form von Mehlprodukten. Das Reglementierungssystem funktionierte in Polen schlecht; der Staat war nicht imstande, die Realisierung der Zuteilungen sicherzustellen. Es gab einen legalen freien Markt, doch die dortigen Preise waren für eine durchschnittliche Arbeitskraft unerschwinglich. Nominale Lebensmittelzuteilungen wurden zudem limitiert. Im Winter 1945/46 hungerte die Bevölkerung einiger Städte.

Die Versorgung der deutschen Bevölkerung sah Mitte 1946 folgendermaßen aus: 1330 Kalorien gab es in der amerikanischen Besatzungszone, 1083 Kalorien in der sowjetischen, 1050 in der britischen und rund 900 Kalorien in der französischen.⁷ Der Tagesnormwert von 1550 Kalorien für den „Normalverbraucher" setzte sich im Jahre 1945 u. a. aus 400 g Kartoffeln, 350 g Brot, 7 g Fett, 35 g Fleisch und 18 g Zucker zusammen. Relativ am besten funktionierte der Mechanismus der Lebensmittelversorgung und -verteilung in der sowjetischen Besatzungszone, doch auch hier hungerten die Menschen zur Jahreswende 1946/47. In Westdeutschland verschlechterte sich bis zum Jahre 1948 die Versorgung mit Nahrungsmitteln aufgrund der zur Neige gehenden Vorräte.

2. „Stunde Null" in Deutschland und Polen

Die Siegermächte faßten im Namen des deutschen Volkes den Beschluß, den Nationalsozialismus abzulehnen und zu verurteilen und das Leben in Deutschland auf demokratischer Basis aufzubauen. Trotz der totalen militärischen Niederlage, dem politischen Niedergang des Dritten Reiches und der militärischen Besetzung des Landes war die Akzeptanz dieses Beschlusses mäßig. Das bestätigten die Ergebnisse der monatlich von den amerikanischen Militärbehörden durchgeführten Umfragen. Auf die Frage, ob der Nationalsozialismus eine gute Idee gewesen sei, die nur schlecht realisiert wurde, antworteten vom November 1945 bis Dezember 1946 durchschnittlich 47 Prozent positiv. Dieser Prozentsatz erhöhte sich bis August 1947 auf 55 Prozent.⁸ Christoph Klessmann vertritt die Ansicht, daß die Umfrageergebnisse ebenfalls für andere Besatzungszonen repräsentativ waren.

In der deutschen „Stunde Null", als – wie Richard Grunberger schreibt – „der Blick sowohl in die Vergangenheit als auch in die Zukunft nahezu gleich unerträglich war"⁹, dominierten Empfindungen wie Schock, Hoffnungslosigkeit und Entsetzen, die durch die Niederlage hervorgerufen wurden, über die Freude an der Befreiung vom nationalsozialistischen Regime. Die greifbarste Reaktion der deutschen Bevölkerung war ihre Distanzierung von öffentlichen Problemen, ihr Unwillen gegenüber öffentlichen Aktivitäten, ihre Beschränkung auf die Alltagssorgen, ihr Rückzug ins Privatleben und in kleine Gemeinschaften. Dieser Zustand war in den von der Roten Armee besetzten Gebieten gewiß viel verzweifelter, die gleich nach dem Einmarsch ihre berüchtigten „Racheorgien" in die Tat umgesetzt hat.

Zu den wenigen Gruppen, die öffentliche Aktivitäten an den Tag legten und sich von Anbeginn für Deutschlands Umbau einsetzten, gehörten die Sozialdemokraten und die Kommunisten. Sie stellten konvergente Programme für den Aufbau eines antinazistischen und demokratischen Deutschlands auf. Die KPD war gegen die Aufoktruierung des sowjetischen Systems. Die Postulate der SPD, die in vielen Punkten radikaler und sozialistischer waren, akzentuierten stark die nationale Frage. Christliche Demokraten, die an der Schwelle einer großen politischen Karriere standen, verkündeten Parolen des Aufbaus eines demokratischen Deutschlands und nahmen dabei Bezug auf die soziale Kirchenlehre und die Vision einer liberalen Wirtschaft.

In Polens Geschichte jener Zeit läßt sich das symbolische Moment, da die alte Welt in Trümmer fiel und die neue aus dem Chaos erst auftauchen sollte, schwieriger finden: Der Übergang von der Kriegs- zur Friedenszeit vollzog sich hier auf komplizierten Wegen. Der Ostteil des Landes wurde im Spätsommer 1944 durch die Rote Armee und polnische Streitkräfte von der deutschen Okkupation befreit, die übrigen Gebiete im Winter 1944/45 und Frühjahr 1945. In dem knappen Jahr zwischen Krieg und Frieden vermochten sich die entscheidenden Motive der Nachkriegsgeschichte zu entwickeln, die mit der Machtübernahme durch die von den Sowjets unterstützten Kommunisten zusammenhingen.

Die Rote Armee war die Befreiungsmacht in dem weitestgehend elementaren Sinne, daß sie das Gespenst einer weiteren Extermination der Polen durch die deutschen Okkupanten verscheuchte. Bei ihrem Einmarsch in Polen stellte sie sich als verbündete Armee vor. Dennoch erinnerte die Lage in den von ihr besetzten Gebieten in vielerlei Hinsicht an die Okkupation durch die Deutschen, wenngleich hier generell kein Gleichheitszeichen gesetzt werden sollte.

Ein spezifisches Element der polnischen Eröffnungsbilanz waren u. a. die beiden Systeme politischer und militärischer Strukturen, die Macht über die Bevölkerung besaßen:[10]
– der sogenannte Untergrundstaat, gestützt auf konspirative Strukturen aus den Kriegsjahren, der unter der Herrschaft der Exilregierung stand und zur Restitution der Zweiten Republik auf demokratischer Basis bereit war, von der die verschiedenen politischen Gruppierungen freilich unterschiedliche Vorstellungen hatten;
– der vom Polnischen Komitee der Nationalen Befreiung repräsentierte und durch die Macht der Roten Armee gestützte Staat, der vom Westen nicht anerkannt wurde, jedoch mehr und mehr reale Macht ausübte.

Die kommunistischen Machtstrukturen in Polen tarnten, ähnlich wie in Deutschland, gewissenhaft ihren wahren Charakter und ihre Ziele. Das Manifest des Polnischen Komitees der Nationalen Befreiung vom 22. Juli 1944 und der Aufruf der Kommunistischen Partei Deutschlands vom 11. Juli 1945 sind dafür die besten Beweise. Ein Abbild der komplizierten Lage waren die Stimmungen und Verhaltensweisen der Bevölkerung. Bedrückung, das Gefühl der erlittenen Niederlage und der Schock über die Allmacht der sowjetischen Organe, die als neue Okkupanten begriffen wurden, Angst vor Repressalien, feindselige Empfindungen gegenüber den als Agenten der Sowjetunion angesehenen Kommunisten und Auflehnung gegen die aufoktroyierte Macht lagen unmittelbar neben der Freude über das Kriegsende, dem Drang nach Wiederaufbau des Lebens und der Hoffnung auf die Verwirklichung der Vision von einem freien, demokratischen Volkspolen.

Bei der Charakterisierung der Ausgangslage beider Länder läßt sich die Bedeutung der Unterordnung unter den Willen der Siegermächte nicht überschätzen. Die künftigen Geschicke der Polen, Deutschen und auch der anderen europäischen Völker sollten sich von nun an unter dem übermächtigen Einfluß zweier Sterne gestalten: des roten sowjetischen und des weißen amerikanischen.

III. Wiederaufbau und Umbau

1. Demographische Migration und ihre Konsequenzen

Der Krieg und die damit zusammenhängenden territorialen Veränderungen hatten in beiden Ländern Migrationen in großem Maßstab zur Folge, die vordergründig den Charakter von Umsiedlungen besaßen. Polen und Deutsche wurden zu einem erheblichen Teil zu „Völkern unterwegs". Polen verlor im Osten fast die Hälfte seines Territoriums aus dem Jahre 1938 (182 000 qkm) und erhielt im Westen eine Bodenfläche von 103 000 qkm, die zum deutschen Staat gehörte. Die inkorporierten Gebiete, die nunmehr wiedergewonnene Gebiete genannt wurden, bildeten ein Drittel des neuen polnischen Territoriums. Insgesamt schrumpfte das polnische Hoheitsgebiet im Verhältnis zum Vorkriegsstand um ca. 20 Prozent.

Gemäß dem Stand von 1937 (114 000 qkm) verlor Deutschland im Jahre 1945 ca. 25 Prozent seines Territoriums zugunsten Polens und der Sowjetunion. Annähernd die Hälfte der Bewohner dieser Gebiete (4–4,7 Mio. Personen) flohen gegen Kriegsende vor der heranrückenden Front. Dann begannen polnische Behörden mit der Zwangsaussiedlung der verbliebenen deutschen Bewohner. Polnischen Berechnungen zufolge wurden bis Ende 1945 rund 800 000 Personen (250 000 vor und 550 000 nach der Potsdamer Konferenz) und in den Jahren 1946/47 etwa 2,5 Mio. Personen ausgesiedelt. Insgesamt waren von dieser Aktion im Zeitraum von 1945–51 3,5 Mio. Personen betroffen. Parallel zur Zwangsaussiedlung führte man die sogenannte nationale Verifikation durch, die ca. 1 Mio. Einwohnern in den inkorporierten Gebieten erlaubte, als Polen in der Heimat zu bleiben.

Die Flüchtlinge und danach die Aussiedler aus Polen (3,5 Mio.), der Tschechoslowakei (2,9 Mio.) und anderen Ländern Ostmitteleuropas (1,9 Mio.) zogen nach Deutschland. In den Jahren 1945/46 kamen mehr als 10 Mio. Personen in die Besatzungszonen und seit 1950 weitere 3 Mio. Aus Polen wurden ebenfalls Ukrainer, Weißrussen und Litauer ausgesiedelt. Diese Umsiedlungen hatten formell den Charakter des freiwilligen Bevölkerungsaustauschs, praktisch wandte man dabei jedoch Druckmittel an. Das Land verließen rund 500 000 Ukrainer und Lemken, 36 000 weißrussische und einige tausend litauische Einwohner. Im Jahre 1945 deportierten sowjetische Organe rund 50 000 Bewohner aus Schlesien, Pommern und Großpolen zur Zwangsarbeit in die Sowjetunion. Etwa genausohoch war die Zahl der Mitglieder der polnischen Heimatarmee, die man in den Jahren 1944/45 ins Innere der UdSSR verschleppte.

Nach Polen kamen polnische Bürger aus den östlichen Grenzgebieten, die nunmehr zum Ausland gehörten. Ein weiterer Migrationsstrom setzte sich aus Polen zusammen, die aus dem Westen heimkehrten, von der Zwangsarbeit, aus Lagern und aus den aufgelösten militärischen Formationen. In den Jahren 1945/46 wurden rund 5 Mio. Personen repatriiert. Massenhafte Umsiedlungen gab es auch innerhalb Polens. Aus den sogenannten alten Gebieten zogen bis Ende 1948 rund 2,5 Mio. Personen in die neuen Gebiete. Die Rückkehr der während der NS-Besatzung zwangsweise Ausgesiedelten dauerte an. Die Migration der Landbevölkerung in die Städte, die infolge des Krieges die Hälfte (etwa 5 Mio.) ihrer alten Einwohner verloren hatten, nahm an Intensität zu. Die polnische Wanderungsbilanz für die Jahre 1946–50 weist ein Defizit von 1,3 Mio. Personen auf. Aufgrund der ungemein hohen Geburtenzuwachsrate erhöhte sich die Gesamtzahl der polnischen Bevölkerung im gleichen Zeitraum von 23,9 Mio. auf 24,6 Mio.

Durch Deutschland bewegte sich ein weiterer Migrationsstrom, bestehend aus der Bevölkerung, die infolge der Bombardierungen aus den Städten evakuiert wurde; ihre Zahl belief sich im April 1947 auf rund 3 Mio. Personen. Zugleich dauerte die Wanderung von der Sowjetzone in die westlichen Besatzungszonen an. In der Zeit von Oktober 1945 bis Juni 1946 zogen allein in die britische Besatzungszone 1,6 Mio. Personen. Es ist anzunehmen, daß es auch zahlreiche andere Bevölkerungsbewegungen zwischen den Besatzungszonen gab, obwohl sie statistisch nicht erfaßt wurden. Deutschland verließen Personen verschiedener Nationalitäten, hauptsächlich ehemalige Häftlinge und Zwangsarbeiter, sogenannte DPs[11], deren Zahl 8–10 Mio. betrug.

Ähnlich wie in Polen kann die Bevölkerungsbilanz Deutschlands infolge der territorialen Veränderungen lediglich einen orientativen Charakter haben. Die Gesamtzahl der Bevölkerung erreichte in den vier Besatzungszonen im Jahre 1946 annähernd das Bevölkerungsniveau des Deutschen Reichs von 1937 (rund 66 Mio.); dieser Stand hat sich bis 1950 nicht wesentlich geändert. In derselben Zeit erhöhte sich die Bevölkerungszahl in den drei westlichen Besatzungszonen (von ca. 44 Mio. im Jahre 1945 auf ca. 48 Mio. im Jahre 1950), wogegen die Zahl der Bevölkerung in der sowjetischen Besatzungszone sank (von ca. 22 Mio. auf ca. 17 Mio.).

Die massenhaften Umsiedlungen hatten verschiedenartige Konsequenzen. Millionen von Menschen verließen ihre „kleine Heimat", und das von Generationen erworbene Vermögen ging meist verloren. Lokale, milieubedingte und familiäre Gemeinschaften zerfielen, traditionelle gesellschaftliche Bande rissen ab. Gefühle der Entwurzelung und Verirrung begannen Fuß zu fassen. Der Schock wurde durch das Elend und durch potenzierte Adaptionsschwierigkeiten im neuen Lebensraum, von denen die meisten Umsiedler betroffen waren, noch verstärkt. Es entwickelte sich das Syndrom des „Heimatvertriebenen", das die Denkart zahlreicher Gesellschaftsgruppen bestimmte.

Im Ergebnis der gigantischen Wanderungen vermischte sich die Bevölkerung aus zahlreichen Regionen.[12] Die „Neuen", die nicht zu den traditionellen regionalen, politischen und bekenntnisgebundenen Arrangements gehörten, bevölkerten als charakteristisches Element das gesellschaftliche Landschaftsbild. Verstärkte Mobilität bedeutete nicht nur einen geographischen Ortswechsel, sondern auch Bewegung auf den Stufen der sozialen Leiter, insbesondere in Polen und Ostdeutschland. Das Leben in den Nachkriegsjahren erzwang die Emanzipation der Frauen. Viele von ihnen mußten allein für den Unterhalt der Familien sorgen, weil die Männer entweder gefallen oder noch an der Front, im Untergrund oder in der Gefangenschaft waren. Das traditionelle gesellschaftliche Rollenverständnis von Frau und Mann änderte sich.

Die Aussiedlung der Deutschen aus den an Polen angeschlossenen Gebieten, der allgemein bekannte Ursachen zugrunde lagen, war konvergent mit der nationalistischen Denkart, daß die beste Lösungsform nationaler Probleme im eigenen Staat die Beseitigung aller „fremden" Nationalitäten sei. Zur gleichen Zeit pflegte ein beträchtlicher Teil der polnischen Bevölkerung sein eigenes Syndrom der „Vertreibung aus der Heimat" und die Legende vom „polnischen Osten". Der Nationalismus blickte in Polen auf eine lange Tradition zurück. Die Erfahrungen der Kriegs- und Besatzungszeit haben xenophobe Elemente, Reflexe der Isolierung und die Abwehr von Fremden verstärkt, die als eine Gefahr wahrgenommen wurden.

Der nazistische Rassismus rief in der Psyche eines Teils der Polen eine Reflexion in Form einer quasi-rassistischen Betrachtung des deutschen Volkes hervor. Die nach dem Krieg durchgeführte Abrechnung mit den Naziverbrechern und die Bilanzierung der Verluste und Opfer überzeugte die Polen vom Recht auf Rache an den Deutschen. Dies wiederum erweckte den Hang zur Relativierung der moralischen Beurteilung des eigenen Verhaltens gegenüber den Deutschen und die Gleichgültigkeit für ihr Leid. Für viele Polen endete die Erinnerung an sie in Kategorien der Verantwortlichkeit und Schuld am letzten Tag der NS-Besatzung.

Die Grenzfrage und die Frage der verlorenen Gebiete belebten die antipolnische Haltung und den deutschen Nationalismus und erleichterten den Deutschen eine bequeme psychologische Reaktion. Reflexionen über Polen und die deutsch-polnischen Beziehungen setzten erst 1945 an. Berichte der Flüchtlinge aus dem Osten, die ihrerseits den wohlbekannten Mechanismen der Übertreibung und Verallgemeinerung unterliegen, fielen auf einen guten Nährboden aufgeschichteter antipolnischer Klischeebilder.

Der Führer der polnischen Kommunisten, Władysław Gomułka, schrieb u. a. folgendes an Georgi Dymitrow: „Stünde die Bruderschaft der Heiligen Zita in Polen auf dem Boden der Revision polnischer Ostgrenzen, würde sie von der Reaktion ebenfalls als Moskauer Agentur verschrien, die für Moskauer Geld handelt, um das polnische Volk unter den stalinistischen Stiefel zu zwingen."[13] Verändert man in diesem Satz drei Ausdrücke, charakterisiert er ebenso treffend die Rolle der Grenzfrage im deutschen Parteienspektrum, die das funktionellste Argument im Spiel war, die wichtigste Determinante politischer Spaltungen, die alle nichtkommunistischen Kräfte einander näherbrachte oder die Kommunisten isolierte.

Die neue Westgrenze erfüllte in der Geschichte des polnischen Staates und der Gesellschaft nach dem Kriege eine besondere Rolle als Faktor der Integration, der Regierung und des politischen Kampfes.

2. Wiederaufbau, Umbau, Umbruch

Die Beschlüsse der Potsdamer Konferenz, die verbunden mit verschiedenen Projekten und Deklarationen der Besatzungsmächte u. a. Abrüstung und wirtschaftliche Dezentralisation geboten, schienen in Deutschlands Geschichte ein neues Zeitalter anzukündigen.

Die britischen Behörden übernahmen in ihrer Besatzungszone als Eigentümer die Bergwerke und die Stahlindustrie mit dem Gedanken ihrer Verstaatlichung. Das entsprach den von der Arbeiterbewegung gestellten Forderungen nach Vergesellschaftung des Bergbaus, der Stahlproduktion, der Energiewirtschaft und des Verkehrswesens. Die Ansicht, daß die Großindustrie und die Finanzwelt aufgrund ihrer Unterstützung des Nationalsozialismus erheblich belastet seien, drückte die Überzeugung einer breiten Öffentlichkeit aus, u. a. der antinationalistischen bürgerlichen Gruppierungen. Der von den USA ausgeübte Druck, die gegen eine Verstaatlichung waren, jedoch die Konzeption der Dekartellierung forcierten, sowie der von deutschen Wirtschaftskreisen geleistete Widerstand blockierten die Pläne der Vergesellschaftung.

Die Frage der Konzentration des Bodeneigentums wies in den westlichen Besatzungszonen nicht jene Schärfe auf wie in Ostdeutschland, wo die Bodenreform 30 Prozent der gesamten Ackerbodenfläche umfaßte. Darüber hinaus verleitete der merkliche Nahrungsmittelmangel in der englischen und amerikanischen Besatzungszone ihre Anhänger, z. B. die bayerische SPD[14], zu einem elastischeren Standpunkt in der Reformfrage, obgleich die Umsiedler wegen des Bodens mahnten. Im Resultat wurde die Bodenreform in der britischen und französischen Besatzungszone überhaupt nicht durchgeführt; das war sowohl der Trägheit der Besatzungsbehörden als auch den Gegenaktionen deutscher Parteien und Wirtschaftskreise zuzuschreiben. Die Amerikaner verfügten die Durchführung einer Reform, die auf der Übernahme von 10 bis 90 Prozent der Fläche von mehr als 100 ha großen Gütern beruhen sollte. Dieser pragmatisch konzipierte Plan, der auf 2 909 000 ha angelegt war, wurde von deutschen Behörden und Gutsbesitzern so wirksam torpediert, daß lediglich 10 Prozent der geplanten Bodenfläche unter die Reform fielen. Generell blieben die Eigentumsverhältnisse in den westlichen Besatzungszonen unverändert.

Die angelsächsische Politik geriet in der Frage der Kriegsentschädigungen in den Konflikt zwischen dem Trachten nach wirtschaftlicher Abrüstung Deutschlands und der Notwendigkeit, Besatzungskosten zu senken, was eine Steigerung der deutschen Produktion und des Exports voraussetzte. Von der Liste der 415 Fabriken, die in den westlichen Besatzungszonen demontiert werden sollten, wurden letztendlich bis Ende 1949 ein Viertel der Positionen realisiert. Die eine separatistische Deutschlandpolitik betreibenden Franzosen haben aus ihrer Besatzungszone ein beträchtliches Vermögen als Entschädigung und Kriegsbeute, ein von ihnen sehr weit gefaßter Begriff, ausgeführt. Nach allgemeinen Schätzungen haben die Reparationen die Wirtschaft in den westlichen Besatzungszonen nicht belastet, sondern sogar nicht beabsichtigte positive Konsequenzen nach sich gezogen. Gelegentlich wurden sie von der deutschen Bevölkerung als prekär empfunden, u. a. im Zusammenhang mit dem Defizit an Arbeitsplätzen.[15]

Die Eintreibung der Kriegsentschädigungen aus allen Besatzungszonen besaß für die Sowjetunion eine hohe Priorität. Vor dem Hintergrund der unterschiedlichen diesbezüglichen Interessen der Sowjetunion und der Alliierten entwickelte sich ein Konflikt, der u. a. die dauerhafte Teilung Deutschlands zur Folge hatte. Nach Schätzungen erreichten die Reparationsleistungen zugunsten der Sowjetunion den Wert von rund 66 Mrd. Mark und senkten das Industriepotential Ostdeutschlands im Vergleich zum Jahre 1936 um 40 Prozent.[16]

Es ist nicht ausgeschlossen, daß die Methoden der wirtschaftlichen Exploitation in der sowjetischen Besatzungszone auch in den Beziehungen der Sowjetunion zu anderen Ländern erfolgreiche Anwendung fanden, betrachtet man z. B. die Aktiengesellschaften mit sowjetischer Kapitalmehrheit in Rumänien und Polen. In den Jahren 1947–49 wurden die Satellitenstaaten mit Moskau durch ein Netz von 14 bilateralen Verträgen „über Freundschaft und gegenseitigen Beistand" verbunden, die ein quasi koloniales Abhängigkeitssystem darstellten.

Im folgenden soll eine Vergleichsanalyse des Aufbaus des sogenannten peripheren Totalitarismus in Polen und der sowjetischen Besatzungszone in Deutschland vorgenommen werden, wobei angesichts des vorgegebenen Rahmens eine Beschränkung auf einige Ähnlichkeiten unerläßlich ist.

In den Jahren 1944–48 vollzog sich der gesellschaftliche Umbruch in der ersten Phase, die als antinazistisch-demokratische Revolution (in der sowjetischen Besatzungszone) und als volksdemokratische Revolution (in Polen) bezeichnet wurde. Das Ziel der Kommunisten war darauf ausgerichtet, ihre Machtstrukturen durch Liquidation der Opposition zu installieren und zu fixieren sowie minimale Unterstützung und Zustimmung der Bevölkerung zu gewinnen. Die stalinistische Revolution, die von der „Unterstützung von außen" abhängig war, währte neben den heimischen revolutionären Strömungen, die vor allem von Sozialisten und demokratischen Bauerngruppierungen repräsentiert wurden, fort. Die Kommunisten waren bemüht, andere revolutionäre Strömungen zu assimilieren, zumindest aber sie zu kontrollieren. Sie übernahmen demokratische Losungen in ihr Programm und realisierten einen Teil davon, indem sie sich dafür den alleinigen Verdienst zuschrieben. Diese von der Bevölkerung erwarteten Aktivitäten lösten sich quasi los von den Intentionen und formten die öffentliche Meinung.

Die pragmatische und opportune Art des Vorgehens der Kommunisten in diesem Zeitraum kann als „Chamäleontaktik" bezeichnet werden. Sie beruhte auf der Tarnung der wirklichen Ziele und auf Manipulation mit begrifflichen Attrappen wie Demokratie. Stalin als Meister der Maskierungskunst vermochte bekanntlich Roosevelt davon zu überzeugen, daß er Demokrat sei. Dank dem angewandten Prinzip, daß alles das gut ist, was die ausgeübte Macht festigt, konnte sich die SED für den „großen Freund der kleinen Pgs" ausgeben und die Polnische Arbeiterpartei zum Hauptbeschützer der polnischen nationalen Interessen küren.

Für den Eigengebrauch ihrer Mitglieder und Verbündeten in der Arbeiterbewegung entwickelten die Kommunisten die Konzeption vom nationalen Weg zum Sozialismus und wollten von der Übernahme sowjetischer Muster nichts wissen. Im Grunde genommen war das eine von der Zentrale der kommunistischen Bewegung für die Übergangszeit geplante Lösung. In dieser Bewegung agierten ausschließlich „Stalinisten", wie man sie heute nennen würde. Kommunisten mit anderer Einstellung waren auf Stalins Befehl längst beseitigt worden.

Als die Zeit der totalitären Beschleunigung anbrach, wurde Gomułka, der Initiator „des polnischen Wegs zum Sozialismus", unter dem Vorwurf der „rechtsnationalistischen Abweichung" entmachtet. In derselben Zeit, im September 1948, widerrief Anton Ackermann seine Thesen vom „besonderen deutschen Weg zum Sozialismus" und gestand, daß sie „ein Zugeständnis angesichts der starken antisowjetischen Stimmungen bei einem Teil der deutschen Bevölkerung"[17] gewesen waren. Man hatte ihm erlaubt, dieses „Zugeständnis" mehr als zwei Jahre lang zu verkünden.

Am selben Tage, dem 30. Juni 1946, fanden in der sowjetischen Besatzungszone und in Polen Volksabstimmungen statt. In Sachsen sollte die Bevölkerung zum Gesetzentwurf über die Enteignung von Unternehmen der Kriegsverbrecher und aktiver Nationalsozialisten Stellung nehmen.[18] In Polen stellte man drei geschickt formulierte Fragen in einer für die Mehrheit offensichtlichen Angelegenheit.[19] Beide Abstimmungen liefen nach demselben Szenario ab, das auf die Erreichung ähnlicher Ziele ausgerichtet war. In beiden Fällen handelte es sich um eine Art Generalprobe vor den Parlamentswahlen.[20] Die Volksabstimmung und die Wahlen in beiden Ländern stellten eine unter dem Aspekt des gesamten Systems betrachtet wichtige Sequenz dar. Getestet wurden nämlich zwei Varianten der Einwirkung, deren Ziel die Erlangung einer Art Machtbeglaubigung war. Die deutsche Variante ging davon aus, daß es keine starke Opposition gebe, was die Volksabstimmung zu bestätigen schien, und deshalb relativ freie Wahlen riskiert werden könnten. Das Ergebnis erwies sich jedoch als nicht zufriedenstellend, und die nächsten, für 1949 vorgesehenen Wahlen fanden nicht mehr statt.

In Polen wurde die Variante der Einwirkung unter den Bedingungen der bestehenden starken Opposition – der Polnischen Bauernpartei – ausprobiert; das schloß einen Wahlsieg auf ehrlichem Wege aus. Die Organisatoren dieser Operation mußten die Erfahrungen aus Österreich und Ungarn einkalkulieren, wo Kommunisten schwache Ergebnisse erzielt hatten. Angesichts dieser Tatsache wurden sowohl die Volksabstimmung als auch die Sejmwahlen in einer mit den demokratischen Regeln in Widerspruch stehenden Form durchgeführt und die Ergebnisse gefälscht.

In der Propagangakampagne vor der Volksabstimmung in Polen bedienten sich die Kommunisten bis zum Überdruß antideutscher Phobien und Traumata. Die Losungen lauteten: „Dreimal ‚Ja' – nicht nach dem Geschmack der Deutschen", „Wer nicht zur Urne eilt, der erfreut Hitler im Grabe", „Jedes ‚Nein' des Polen ist ein ‚Ja' für Deutschlands Protektoren, ist ein ‚Ja' für die deutschen revanchistischen Gelüste".[21] Auch die SED, die sich zumeist der revisionistischen Propaganda enthielt, klopfte während der Wahlkampagne an die Pforten des nationalen Tempels mit der Parole: „Die Oder-Neiße-Grenze ist nicht unsere Grenze."[22]

Es ist eine Binsenweisheit, daß es ohne Bodenreform[23] und Enteignung der Kapitalisten keinen solchen Umbruch gegeben hätte. Wie sollten diese Ereignisse interpretiert werden? In Deutschland – im Rahmen einer breit angelegten Entnazifizierung und in Polen – als verspätete Vollendung der demokratischen Revolution? Die Antwort lautet ja, wenn sie als eine abgeschlossene Sequenz der Wandlung betrachtet werden, obwohl die Methoden, die Atmosphäre des Klassenkampfes und die Massenkundgebungen, an denen manipulierte Volksmengen teilnahmen, schon aus dem Arsenal der stalinistischen Revolution herrührten. Im übrigen wurde den Parteifunktionären bei der Antizipation der Kollektivierung in Polen schon im Herbst 1944 prophezeit, daß es sich bei der Parzellierung nicht um den letzten „Klassenkampf" auf dem Lande handeln werde.

Bei einer ganzheitlichen Einschätzung der Rolle, die diese Reformen gespielt haben, sind Deklarationen oder Intentionen der Ausführenden ohne Bedeutung. Sie hatten keine Kenntnis von dem durch Stalin konstruierten Generalplan. Von deutschen und polnischen Kommunisten, denen er mit Mißtrauen und Feindseligkeit begegnete, forderte er lediglich, daß sie den Interessen der bolschewistischen Partei und des sowjetischen Staates dienten. Als gegen Ende der Dekade aus dem Generalplan die Aufgabe der Kollektivierung der Landwirtschaft resultierte, erwies sich die Bodenreform als erster, an die Bedingungen der Zeit angepaßter Schritt zum Aufbau des kommunistischen Systems.

Deutschlands Besetzung durch die westlichen Staaten erinnerte wenig an die Okkupation Polens durch die Deutschen. Die Omnipotenz der Besatzungsorgane sollte sich schon bald als wenig praktikabel erweisen. Ohne die Hilfe kompetenter deutscher Behörden waren sie außerstande, das Leben in ihren Besatzungszonen zu organisieren. Zum entscheidenden Faktor avancierten nicht die Anordnungen der Besatzungsorgane, sondern die Wechselwirkung zwischen ihnen und den deutschen Behörden, politischen Parteien, Wirtschaftsrepräsentanten und der öffentlichen Meinung. Es herrschte ein Mechanismus der Zusammenarbeit und der Konflikte, des Gehorsams und des Widerstands, der Unterordnung und der Partnerschaft. Die staatsbildende Arbeit reichte von der Gemeindeebene bis zur Landesebene. Bevor die Staaten gegründet wurden baute die Gesellschaft in den besetzten Gebieten auf oder rekonstruierte die notwendigen Institutionen und Strukturen; all das ergab sich aus dem Prozeß der nichtoffiziellen Restitution der Staatlichkeit. Von unschätzbarem Wert waren hier zwei Faktoren: zum einen die Kontinuität der Bürokratie und zum anderen die Aktivität der administrativen und ökonomischen Strukturen, die der politischen Entwicklung vorauseilten und ihr den Weg bahnten. Je mehr sich die Angelsachsen von dem Grundsatz des „Präjudizierens durch Nichtpräjudizieren" leiten ließen, desto weiter öffnete sich das Betätigungsfeld der deutschen Seite.

Die Sowjetunion verzichtete im Jahre 1947 auf die Politik der Liberalisierung, deren wesentliche Funktion darauf ausgerichtet war, die mit der Linken sympathisierenden Bevölkerungsschichten zu überzeugen, daß der Kommunismus auch „erträglich und de-

mokratisch sein könne". Die lauten Ergebnisse des letzten Jahres – die Erklärungen Byrnes', Churchills und Trumans, die Bekanntmachung des Marshallplans, das Fiasko der Londoner Konferenz der Außenminister sowie die Lage in den Vasallenstaaten führten zu der Einschätzung, daß
- die Vereinigten Staaten entschlossen waren, die Sowjetunion an der Elbelinie zurückzuhalten und sich deshalb aus Deutschland und dem Westen nicht mehr zurückzogen;
- die Position der Kommunisten in den Ländern Ostmitteleuropas noch nicht hegemonisch und der westliche Einfluß auf die Gesellschaften dieser Länder nach wie vor lebendig war.

Stalin reagierte darauf mit dem Zuziehen des „Eisernen Vorhangs" und mit der hastigen Vereinheitlichung und Festigung des eigenen Lagers. Deutsche und Polen wurden zu den ersten Opfern des Kalten Krieges, aber zugleich wurden sie auch auf die Rolle ihrer Teilnahme am Kalten Krieg vorbereitet, wobei man ihre gegenseitigen großen Probleme für Ziele der globalen Konfrontation skrupellos ausnutzte. Beiden Völkern wurde Unrecht angetan, das später von niemandem mehr erwähnt wurde.

In den Jahren 1948 und 1949 spürten die Gesellschaften beider Länder eine Verbesserung der Wirtschaftslage. In Polen wurde die Realisierung des dreijährigen Wiederaufbauplans zufriedenstellend beendet. In Westdeutschland machten sich die ersten Ergebnisse der organisatorischen Änderungen, der Währungsreform, des Marshallplans und die gute Ernte bemerkbar. Die folgenträchtigste Erscheinung jener Jahre war die Berliner Krise, die u. a. die Vorbereitungen zur Gründung zweier deutscher Staaten beschleunigte.

Von vielen Aspekten soll zum Schluß noch auf die psychologischen Konsequenzen der sich damals vollziehenden Wandlungen hingewiesen werden. Knapp vier Jahre brauchte die Welt für die Verkehrung der Bündnisse und für die Umwandlung der Freundschaft in Feindschaft. Unter dem Banner der amerikanischen Demokratie schloß sich die westliche Völkergemeinschaft zusammen, in die sich Westdeutschland integrierte. Den Gegenpol bildete das kommunistische „Imperium des Bösen", das Polen und den östlichen Teil Deutschlands einschloß. In den polnisch-deutschen Beziehungen fand keine Umwertung statt. Im Gegenteil, die neue Lage erweckte die Gefahr der Summierung und Intensivierung der Feindschaft und der Vorbehalte, der alten und neuen Begriffsanhäufungen und Klischees. Auf das negative Bild vom Polen, das aus der Kriegszeit herrührte, legte sich nunmehr das düstere Bild des Kommunisten. In Polen dagegen schmückte man in den Jahren des Kalten Krieges das Propagandabild des Imperialisten mit nazistischen deutschen Emblemen. Der psychologische Prozeß der mentalen Abstandnahme vom Krieg wurde dadurch verzögert und kompliziert.

Anmerkungen

[1] K. Martell, Czy prawda o Niemcach, Co zobaczył p. Osmańczyk przez anglosaskie okulary, in: „Trybuna Robotnicza", 26. September 1946.

[2] Ums Leben kamen 38 Prozent der Personen, die in der Zeit zwischen den beiden Weltkriegen Hochschulbildung erworben hatten, 30 Prozent mit Oberschulbildung und 53 Prozent der Berufsschulabgänger, T. Szarota, Upowszechnianie kultury, in: Polska Ludowa 1944–1950, Warszawa 1974.

[3] 65 Prozent der Industriebetriebe wurden mehr oder weniger devastiert: Gebäude zu 35 Prozent, technische Anlagen zu 45 Prozent. In den an Polen angegliederten Gebieten waren ca. 73 Prozent der Industriebetriebe zerstört worden. Der Wert der Verluste in der Landwirtschaft wird auf etwa 2 Mrd. Dollar geschätzt. Ca. 22 Prozent der Bauerngehöfte und 50–80 Prozent des Viehbestands gingen als Folge des Krieges verloren. Die Eisenbahn büßte 75 Prozent ihres Vermögens ein. Siehe Cz. Madajczyk, Polityka III Rzeszy w okupowanej Polsce, Bd. 2, Warszawa 1970, S. 372; Sprawozdanie w przedmiocie strat i szkód wojennych Polski w latach 1939–1945, Warszawa 1947.

[4] Hierzu gehörten u. a. die Demontage des Produktionsvermögens und anderen Hab und Guts, je nach dem Dafürhalten der Sowjetunion. Zugleich raubten sowjetische Soldaten auf eigene Faust. Diese Erscheinungen hatten in den Westgebieten die größten Ausmaße. Der Wert des offiziell von den Sowjets aus den an Polen angegliederten Gebieten mitgenommenen Vermögens belief sich nach Angaben der sowjetischen Regierung auf mehr als eine halbe Milliarde Dollar. Eine Form der dauerhaften Ausbeutung war die Polen auferlegte Pflicht, beträchtliche Kohlenmengen zu einem Zehntel des Weltmarktpreises an die Sowjetunion zu liefern.

[5] Die Devastationen in ganz Deutschland betrugen in Bergwerken und Stahlhütten 10 Prozent, in der Maschinenindustrie 15–20 Prozent, in der Fahrzeugindustrie 40 Prozent, J. Krasuski, Historia RFN, Warszawa 1987, S. 42.

[6] H. Gnatowska, Rola Polskiej Partii Robotniczej w kształtowaniu i realizacji polityki socjalnej Polski Ludowej 1942–1948, Białystok 1986.

[7] C. Kleßmann, Die doppelte Staatsgründung, Göttingen 1986, S. 48.

[8] Ebenda, S. 56.

[9] R. Grunberger, Historia społeczna Trzeciej Rzeszy, Warszawa 1987, S. 79.

[10] Zur Unterscheidung der am Kampf um die Macht in Polen engagierten Zentren und Strukturen nannte ich sie: „System der Stärke" – sowjetische Institutionen mit der Roten Armee und ihre Organe; „Usurpationssystem" – der durch das Polnische Komitee der Nationalen Befreiung repräsentierte Staat und danach die Provisorische Regierung; „Autoritätssystem" – die der Exilregierung in London unterstellten Strukturen. Ausführlicher dazu E. Dmitrów, Bilans otwarcia, Warszawa 1992.

[11] Kleßmann, S. 19.

[12] Zum Beispiel stellten im Jahre 1947 Umsiedler und Flüchtlinge 30 Prozent der Bevölkerung von Schleswig-Holstein, 25 Prozent von Niedersachsen und 20 Prozent von Bayern. Die Zusammensetzung der Bevölkerung in den „neuen" polnischen Gebieten gestaltete sich 1950 zum Vergleich folgendermaßen: Von rund 6 Mio. Einwohnern waren 50 Prozent Umsiedler aus den „alten" Gebieten, 30 Prozent Repatrianten aus den östlichen Grenzgebieten und 20 Prozent autochthone Einwohner.

[13] Schreiben des Zentralkomitees der Polnischen Arbeiterpartei an Dymitrow vom 7. März 1944, in: Zeszyty Historyczne, Bd. 26, Paris 1973.

[14] Siehe u. a. S. Winge, Die Wirtschaftliche Aufbau-Vereinigung (WAF) 1945–1953, Uppsala 1976, S. 55.

[15] Zu einer Intensivierung der Demontagen in der britischen Besatzungszone kam es erst 1948 und 1949, nachdem Großbritannien beschlossen hatte, auf diese Weise die Konkurrenz der deutschen Wirtschaft angesichts des sich abzeichnenden Integrationssystems zu mindern.

[16] Mehr als 200 Großbetriebe wurden von der Sowjetunion als Eigentümer übernommen – als Repräsentanten fungierten die Sowjetischen Aktiengesellschaften. Die Sowjetunion versuchte auch, Polen die Gründung gemischter Gesellschaften aufzuzwingen, die zur Exploitation der

Fabriken in Schlesien dienen sollten. Nach Ablehnung dieses Angebots wurden Kohlelieferungen nach eigens kalkulierten Preisen gefordert, Die Reparationen der SBZ in den Jahren 1945 bis Ende 1953, Bonn 1953.

[17] Zitiert nach J. Fiszer, Geneza i rozwój NRD w latach 1949–1961, Warszawa 1990, S. 276.

[18] Bei einer hohen Beteiligung stimmten für das Projekt 77,62 Prozent, gegen das Projekt 16,56 Prozent, Fiszer, S. 246; Kleßmann, S. 182.

[19] Die Fragen lauteten: 1. Bist Du für die Abschaffung des Senats? 2. Bist Du für die Festigung der sozioökonomischen Reformen? 3. Willst Du die Fixierung der polnischen Westgrenzen an der Oder und Lausitzer Neiße?

[20] Nach dem Sieg bei der Volksabstimmung hatte die SED offensichtlich den Gegner unterschätzt und bei den Wahlen im Herbst 1946 mit Mühe 47,5 Prozent der Stimmen gewonnen, W. Weidenfeld, H. Zimmermann (Hrsg.), Deutschland-Handbuch, Eine doppelte Bilanz, Bonn 1989, S. 73.

[21] Zitiert nach K. Kersten, Narodziny systemu władzy, Polska 1943–1948, Warszawa 1984, S. 212.

[22] Zitiert nach Fiszer, S. 300.

[23] Als zulässige Grenze für die Bauernwirtschaften setzte man 100 ha fest (mit gewissen Unterschieden in Polen). Die Beschlagnahme erfolgte ohne Entschädigung. Von 9300 Gütern, die man in Polen auflöste, wurden rund 2,1 Mio. Hektar Bodenfläche parzelliert. In der sowjetischen Besatzungszone umfaßte die Aktion „Junkerland in Bauernhand" 11 390 Güter, von deren Bodenfläche man 2,5 Mio. Hektar parzellierte. Bodenzuteilungen infolge der Reform erhielten in Polen ca. 400 000 Landarbeiter und Bauern, 163 000 neue Bauernwirtschaften wurden gebildet. In der sowjetischen Besatzungszone zogen aus der Reform ca. 500 000 Personen Nutzen, es entstanden 210 000 neue Bauernwirtschaften. In beiden Ländern waren die in Kirchenbesitz befindlichen Güter von der Enteignung befreit, Fiszer, S. 248 ff.; G. Leptin, Deutsche Wirtschaft nach 1945, Opladen 1980, S. 21; H. Słabek, Reforma rolna, in: Gospodarka Polski Ludowej 1944–1945, Warszawa 1978, S. 60 ff.

Deutschland und Polen 1939 bis 1949 – Geschichtsdidaktische Aspekte vor dem Hintergrund der jüngsten weltpolitischen Wandlungen

von Falk Pingel

Die folgenden Überlegungen entsprechen dem Stil eines Konferenzbeitrages, der von eigenen Erfahrungen als Schulbuchautor ausgeht, der ein Gespräch anregen möchte und nicht eine ausgefeilte und quantitativ untermauerte Analyse der Schulbücher und Schülereinstellungen bietet.

Ich frage danach, was wir besser machen und mehr tun können, um den eingetretenen Wandlungen im deutsch-polnischen Verhältnis gerecht zu werden. Die Schulbuchforscher fragen meistens nach dem „mehr" und „was noch". Realistischer wäre es wohl, die Frage nach möglichen Einschränkungen, nach mehr Konzentration auf weniger Themen und Inhalte zu stellen. Erlauben Sie mir, davon beim Gegenstand Polen auf einer deutsch-polnischen Konferenz abzusehen.

Der Länder Osteuropas, von Rußland einmal abgesehen, werden selten ausführlicher in den Geschichtsschulbüchern behandelt. Bisher standen sie im Sog der Sowjetunion, der die Schulbuchautoren als Weltmacht hinreichend Aufmerksamkeit zollten, und auch in Zukunft wird Rußland sicherlich am breitesten von den Ländern jenseits des ehemaligen „Eisernen Vorhangs" behandelt werden; allerdings war bei Rußland, und noch mehr gilt dies für die Sowjetunion, den Geschichtsbuchautoren nicht immer klar, ob und wieweit es sich hier eigentlich um eine europäische Macht handelt, ob politisches System und kulturelle Prägung nicht eher für eine Zugehörigkeit zum „asiatischen Kulturkreis" sprächen. In der Zeit des Kalten Krieges führte diese Unsicherheit dazu, daß auch Länder, die unter sowjetischem Einfluß standen und damit von der westeuropäischen Entwicklung abgekoppelt waren, bisweilen nicht mehr Europa zugerechnet wurden.[1] Eine Ausnahme machen die Autoren und Autorinnen nur bei Polen – und in vielen Bundesländern können sie sich hierbei sogar auf die Rahmenrichtlinien stützen, die dem Geschichtsunterricht zu Grunde liegen. Die „neue Ostpolitik" der damaligen sozialliberalen Koalition und die deutsch-polnischen Schulbuchempfehlungen, die wohl erst in ihrem Kontext möglich wurden, haben gesichert, daß der Geschichtsunterricht an Polen nicht einfach so vorübergeht wie etwa an unseren tschechischen Nachbarn, die in der modernen Geschichte oft nur in Zusammenhang mit der Zerstörung der Tschechoslowakei im Gefolge des Münchener Abkommens ins Blickfeld geraten.

Obwohl die deutsch-polnischen Schulbuchempfehlungen die Aufmerksamkeit für die polnische Geschichte geschärft haben, folgten die Schulbuchdarstellungen doch nicht immer ihren Intentionen – die Auseinandersetzung hierüber ist bekannt. Die erste und vielleicht auch wichtigste Folge der beiderseitigen Schulbuchkonferenzen war, daß dem Gegenstand mehr Sorgfalt, detailliertere Argumentation entgegengebracht und mehr Platz in Schulbuch und Unterricht eingeräumt wurde. Erst allmählich fanden auch die inhaltlichen Positionen Anerkennung.[2] Nun, da die Blockgrenzen gefallen sind – und die Polen haben sehr früh dazu beigetragen, daß sie an Festigkeit verloren –, scheinen da nicht erst recht alle Hindernisse mitweggeräumt, unseren Nachbarstaat im Osten unvoreingenommen und mit neu erwachtem Interesse zu betrachten und seine Behandlung im Geschichtscurriculum vorzusehen?

Wir müssen nicht zu den üblichen Argumenten – der Zeitknappheit, dem anwachsenden Stoff, dem Druck durch konkurrierende Fächer – Zuflucht nehmen, um solche Erwartungen ein wenig zu dämpfen. Der Gegenstand selbst bleibt sperrig, er ist auch unter den günstigeren politischen Voraussetzungen der jüngsten Entwicklung nicht einfach oder unproblematisch zu unterrichten. Vergegenwärtigen wir uns dazu den Stellenwert, den Polen bisher im Geschichtsunterricht genossen hat. Wir können dabei auf Erkenntnisse vorausgegangener Konferenzen zurückgreifen.

Beschränken wir uns dabei auf die Moderne, denn nur sie ist für unser Thema relevant, so stehen die negativen Bezugspunkte der deutsch-polnischen Beziehungsgeschichte eindeutig im Zentrum der Behandlung: nach den Teilungen im 18. Jahrhundert die vierte Aufteilung Polens im Zweiten Weltkrieg sowie die Vertreibungen und die Neubestimmung der Grenzen in der Nachkriegszeit. Die Grundhaltung der Autoren und sicherlich auch der Lehrer gegenüber Polen ist gerade wegen dieser negativen Geschehnisse durchaus positiv: Es geht darum, Verständnis zu wecken für die Leiden des polnischen Volkes; die harten Konsequenzen, die Deutschland und der deutschen Bevölkerung nach dem Krieg aus der Mißachtung elementarer polnischer Rechte erwuchsen, müßten in diesem Kontext gesehen und als Grundbedingungen einer stabilen Nachkriegsordnung und der Aussöhnung mit Polen akzeptiert werden. Es ist sicherlich legitim, auf diese Weise Empathie für die polnische Sache zu wecken; auf der anderen Seite darf aber bezweifelt werden, ob das Ziel wirklich erreicht wird, wenn wenig Möglichkeiten bestehen, über Polen selbst und nicht nur über seine Zerstörung und Rekonstituierung nach dem Zweiten Weltkrieg in einem auch von deutscher Seite aus problembeladenen Zusammenhang zu berichten. Die Wiedergeburt des polnischen Staates in unserem Jahrhundert wird häufig nur als eine unter den vielen Neuordnungsmaßnahmen nach dem Ersten Weltkrieg erwähnt, wobei die Kurzlebigkeit der demokratischen Verhältnisse das Land durchaus in die Reihe der diktatorisch-autoritären Entwicklungen in anderen, z. T. auch neugegründeten osteuropäischen Staaten stellt. Die Sowjetisierung Polens, die Grenzverschiebungen und Bevölkerungstransfers nach dem Zweiten Weltkrieg können natürlich ebensowenig ein positives Bild der polnischen Gesellschaft entstehen lassen wie die Schilderung der deutschen Besatzungspolitik, die ja bestrebt war, eben jene als nationale Gemeinschaft überhaupt aufzulösen. Erst Solidarność als Vorkämpferin von Demokratie und Selbstbestimmung hebt Polen in einen eindeutig positiv besetzten Kontext. Diese Schwerpunktsetzungen werden sich voraussichtlich auch in nächster Zeit nicht ändern. Je einsichtiger uns aber die Auflösung des kommunistischen Systems werden wird, je erklärbarer künftige Historikergenerationen machen werden, was uns überraschend schien, desto mehr könnte auch das Bild von Solidarność verschwimmen in den undeutlicher zu fassenden Schwankungen der polnischen Politik der Vergangenheit und Gegenwart. Die Berichterstattung unserer Medien über politische Ereignisse in Polen hebt nicht gerade Festigung der Demokratie, stabile Strukturen, klare Zukunftsaussichten hervor; vielmehr besteht die Gefahr, daß sich erneut Zersplitterung, Uneinigkeit, Unstetigkeit auftun, die an alte, immer noch virulente Bilder erinnern. Manche konkrete Äußerung zu „Polens schwierigem Weg nach Europa" liest sich schon wieder wie eine Zusammenstellung von Gravamina, die mit alten Schlagworten von polnischer Mißwirtschaft und politischer Zersplitterung in Verbindung gebracht werden könnten, wenn sie in der medialen Berichterstattung beherrschend werden würden.[3]

Nicht mehr die Überwindung der Vergangenheit, die Meisterung der Zukunft steht im Vordergrund

Bevor ich auf einzelne Unterrichtsinhalte eingehe, möchte ich daher fragen, in welche politisch-historische Ausgangslage der Unterricht heute eingebettet ist und auf welche Voreinstellungen bei Schülern und Lehrern er möglicherweise trifft. Exakte oder umfassende Forschungen hierzu liegen nicht vor. Erlauben Sie mir deshalb, thesenartig auf einige Erfahrungsberichte einzugehen.

Die Bestrebungen in den siebziger und achtziger Jahren, Polen im Geschichtsunterricht stärker als in den vorausgegangenen beiden Jahrzehnten zu berücksichtigen, folgten weitgehend der Zielsetzung der Versöhnung. Im Gegensatz dazu waren zahlreiche Geschichtsdarstellungen in den fünfziger und z. T. noch in den sechziger Jahren der Bundesrepublik von einem Geist der Aufrechnung oder Legitimation durchdrungen. Einerseits scheint mir weder heute noch in absehbarer Zukunft ein Rückfall in alte Legitimationsschemata zu befürchten, andererseits die empathische Fortschreibung der Versöhnungsdidaktik aber nicht zu erwarten zu sein. Befürworter und Gegner der deutsch-polnischen Schulbuchempfehlungen stritten darum, wieweit die durch den Zweiten Weltkrieg geschaffenen politischen Verhältnisse in den deutsch-polnischen Beziehungen anerkannt werden müßten, um ein versöhnliches, friedliches Miteinander beider Staaten und Völker zu gewährleisten. Seit dem Zusammenbruch des kommunistischen Systems ist für diesen Streit die Geschäftsgrundlage weitgehend entfallen. So viele Grenzen durch die Auflösung der Sowjetunion auch revidiert worden sind, die deutsch-polnische Grenze, obwohl im wesentlichen Ergebnis sowjetischen Machtanspruchs und sowjetischer Machtsicherung, ist durch sie erst endgültig geworden. Polen heute ist ein selbstbestimmtes Land, dessen Grenzen und in mancher Hinsicht auch dessen Bevölkerungsstruktur zwar ohne Bezugnahme auf sowjetische und nationalsozialistische Herrschaft nicht erklärbar sind, das sich deswegen aber nicht ständig legitimieren oder verteidigen und die lange Geschichte der Unterdrückung seiner Ansprüche auf nationale Selbständigkeit als Rechtfertigung für seinen heutigen Zustand anführen müßte. Ich glaube, daß die überwiegende Mehrheit der deutschen Bevölkerung, zumal der jüngeren Generation, die deutsch-polnische Grenze als selbstverständlich akzeptiert, auch wenn in Polen selbst ein großer Teil der Bevölkerung laut Umfragen noch immer nicht im Gefühl gesicherter Grenzen lebt. Der moralische Impetus, der insbesondere die Generation der „Achtundsechziger" engagiert für die Anerkennung der polnischen Wirklichkeit parteinehmen ließ und der durch historische Erfahrung oder historische Argumente untermauert war, hat an Kraft verloren. Mit dem Ende des Kommunismus hat Polen nicht nur den sowjetischen Einfluß abgeschüttelt; auch die deutsche Vergangenheit ist damit weniger gegenwärtig als vorher. Das trifft sowohl auf die Eigenwahrnehmung polnischer als auch auf die Fremdwahrnehmung deutscher Jugendlicher zu. Beider Gesellschaftshorizont ist wesentlich auf die Gegenwart (oder die Zukunft) ausgerichtet. Doch haben sie z. T. sehr unterschiedliche Erwartungen voneinander, die eine offene, von Vorurteilen ungetrübte Begegnung nicht unbedingt leichter machen als in den Zeiten, in denen es galt, erst einmal die historischen Belastungen und den Systemgegensatz zu überwinden, bevor unvoreingenommen miteinander gesprochen werden konnte.

1. Die „mentale Geographie" ist ein junges Forschungsgebiet, das die Raumvorstellungen von bestimmten Bevölkerungsgruppen auf die historisch-politische Wahrnehmungswelt und Alltagskategorien bezieht. Dabei stellen sich oft ganz andere Distanzen zwischen Völkern, Ländern und Kulturen her, als in der Landkarte eingezeichnet sind.[4] Für unseren Gegenstand ist dabei entscheidend, daß Polen bislang eindeutig dem „Ost-

block" zugerechnet worden ist und von unserer heutigen Schülergeneration mit großer Wahrscheinlichkeit auch viel näher an Rußland und dem „Osten" als an Deutschland und dem „Westen" gesehen wird. Die neue Wirklichkeit hat die mentale Geographie zumal von Schülern noch nicht so radikal verändert, wie das der Abschied von der geteilten Welt, der Bruch mit der Ordnung nach dem Zweiten Weltkrieg erfordert. Die Zweiteilung Europas in den kommunistischen Osten und den liberal-kapitalistischen Westen hatte einen Begriff Europas gestärkt, der im wesentlichen auf die westeuropäischen Ausgangsländer der lateinischen Kultur beschränkt war. Diese bildete den Maßstab des Europäischen. In diesem Sinne wird nun von einer „Rückkehr" der ehemals kommunistischen Länder „nach Europa" gesprochen, dem sie gleichsam eine Zeitlang nicht angehört hätten. Daß das östliche System zusammengebrochen ist, hat diesen Kulturimperialismus eigentlich nur bestätigt. Der osteuropäische Weg unter der Führung der kommunistischen Sowjetunion hat sich als falsch erwiesen, das westlich-kapitalistische System dagegen als überlegen; die westeuropäische Lebensweise, zu der es keine Alternative mehr zu geben scheint, übt hohe Attraktivität insbesondere auf Jugendliche aus. Diese Einseitigkeit des Integrationsprozesses kennen wir ja von der deutschen Vereinigung her. Sie kennzeichnet das Verhältnis Westeuropas zu den ehemals kommunistischen Gesellschaften insgesamt und hat bei uns kaum ein Gefühl einer neu-alten gesamteuropäischen Zugehörigkeit aufkommen, sondern nur Unsicherheit darüber entstehen lassen, wie weit nun eigentlich Westeuropa reicht. Etwas günstiger gestaltet sich vielleicht das Verhältnis zu Tschechen und Ungarn, deren Hauptstädte – dies gilt insbesondere für Prag – bevorzugtes Reiseziel von Schulklassen und Jugendgruppen sind; sie gelten als „europäische" Städte, die eher gewohnte Lebenskultur und weniger „Fremdheit" bieten als etwa Warschau.[5]

Im Gegensatz zu den siebziger und achtziger Jahren, als man sich in den Medien breit und kontrovers über die Gewinnung eines neuen Verhältnisses zu Polen auseinandersetzte, steht in der heutigen Debatte um die Rekonstruktion Osteuropas nicht Polen, sondern Rußland im Vordergrund – und zwar nicht nur, weil die dortigen Verhältnisse in der Tat mehr Anlaß zur Besorgnis geben, sondern auch weil dieses Land weltpolitisch wichtiger bleibt. Schon Solidarność wurde bald von Perestrojka überdeckt, Gorbačev und Jelzin bekannter als Wałęsa. Das bringt einerseits den Vorteil mit sich, daß unser Verhältnis zu Polen weniger belastet ist von aktuellen Debatten, sich gleichsam neutralisiert, andererseits aber Jugendliche, die die Debatten der vorhergegangenen Jahrzehnte nicht mehr kennen, eher gleichgültig gegenüber dem werden, was in Polen passiert. Sie fühlen kaum Anreize, auch im Grenzgebiet nicht, die polnische Sprache zu erlernen oder nach Polen zu reisen – Polen scheint zwar nicht besonders negativ besetzt zu sein, es hat aber auf das Gros der Jugendlichen bei uns auch keine positive Ausstrahlung; wohlwollend neutral bis desinteressiert würden Schüler Polen gegenüberstehen, wie Wolfgang Hug auf der deutsch-polnischen Schulbuchkonferenz bei der Erläuterung der Darstellung Polens in dem von ihm herausgegebenen Buch „Unsere Geschichte" formulierte.[6]

2. Dem sind die Wahrnehmungen polnischer Jugendlicher entgegengesetzt: Sie grenzen sich von Rußland ab und sehen sich in ungleich stärkerer Nähe zum Westen. Sie legen auch eine deutliche Distanz zwischen sich und ihre ehemals kommunistischen Nachbarn: Die Russen stehen ganz am Ende der Wertigkeitsskala; für uns wohl eher überraschend, sind beispielsweise auch die Tschechen und Ungarn auf den unteren Rängen zu finden. Auf der „mentalen Landkarte" plazieren sich polnische Jugendliche eher in eine Region, wo sie fern von ihren östlichen Nachbarn angesiedelt sind, während deutsche Jugendliche die Polen dorthin setzen, wo diese eher ihre osteuropäischen Nachbarn,

nicht aber sich selbst sehen möchten.[7] So gilt noch immer das Wort von Stanisław Lec: „Auch uns nennt man im Westen den Osten, und im Osten den Westen."[8]

Die kommunistische Ideologie scheint vom Großteil der polnischen Jugend stärker und früher abgelehnt worden zu sein als dies in der DDR der Fall gewesen ist, wo gerade die akademische Jugend sich eher an den Sozialismus gebunden fühlte. Der polnische Soziologe Markowski bezeichnet die Jugend als „den Hauptträger demokratischer Wandlungen, die in der Entstehungszeit der Bewegung Solidarność (1980–1981) erfolgten".[9] Es ist kaum zu erwarten, daß deutsche Jugendliche ihre polnischen Altersgenossen in dieser antisozialistischen Bewegung verankert sehen; allerdings ist es auch eine Frage, wieweit sich nach den schnellen politischen und wirtschaftlichen Veränderungen die heutigen polnischen Jugendlichen noch in der Tradition ihrer Vorkämpfer aus der Solidarność verstehen. Die Zeit des Kriegsrechts hatte zu tiefgreifenden Frustrationen geführt; Umfragen aus den achtziger Jahren verzeichneten eine Tendenz, das Verlangen nach materieller Verbesserung von politischen Reformforderungen im eigenen Lande abzukoppeln; dem entsprach eine deutliche Zunahme des Wunsches nach Auswanderung. „Deutschland", so formulierte Franciszek Ryszka 1990, „ist die beliebteste Richtung" – allerdings repräsentiert es nicht das bei den Polen beliebteste Volk: Da stehen die Amerikaner, Kanadier und Franzosen weit vor den Deutschen; für die Polen sind diese ihre „Idealnationen" leider nur schlechter erreichbar.[10] Deutschland ist vor allem wegen seiner materiellen Möglichkeiten attraktiv, seine Bevölkerung selbst scheint noch wenig Reize auszustrahlen; skeptische Haltungen überwiegen. Außer der nationalsozialistischen Herrschaft, die auch von Angehörigen der jungen Generation noch häufig auf die Frage genannt wird, was man mit „Deutschland" assoziiere, scheint dafür die Nähe zum kommunistischen Deutschland verantwortlich zu sein. „Wirkliche Dissonanzen zu den *konkreten Ostdeutschen* (d. h. als menschliche Wesen) sind niemals abgeschafft worden", schreibt Ryszka. Und es bleibe ein Minderwertigkeitsgefühl, das sich durch die Vereinigung wohl noch gesteigert hat. Es scheint, als habe die Zeit zwischen Grenzöffnung und Wiedervereinigung Antihaltungen gegenüber dem DDR-Nachbarn verstärkt; auch konnten diese nun ohne politische Rücksichten offen geäußert werden. Zurückweisungen durch DDR-Grenzpolizei bzw. Zoll, das Gefühl, als Konsument in der DDR – und heute als Anbieter im vereinigten Deutschland – unwillkommen (gewesen) zu sein, hat diffuse Haltungen mit konkreten Erfahrungen aufgeladen, von denen wir allerdings hoffen können, daß sie kurzfristigen Charakter haben. Polnische Untersuchungen aus dem Grenzgebiet zur ehemaligen DDR betonen, daß in den siebziger und achtziger Jahren nichtoffizielle persönliche Kontakte auf beiden Seiten zu einem Abbau traditioneller Feindbilder beigetragen hätten.[11] Man sollte daher die negativen Tönungen des Deutschlandbildes nicht überbetonen. Jüngere Umfragen zeigen wenigstens partiell, ähnlich wie bei den Deutschen gegenüber Polen, eine Entspannung durch Desinteresse oder neutrale Haltungen.[12]

3. Polnische Jugendliche hegen relativ hohe Erwartungen gegenüber Europa: Der Anschluß an die europäischen Organe soll den Lebensstandard heben und Sicherheit gegenüber Rußland gewähren. Die Integration in westliche Lebens- und Wirtschaftsweise wird allgemein bejaht. Das drückt sich auch im Erziehungssektor aus. Das „Europäische Geschichtsbuch" wurde frühzeitig ins Polnische übersetzt[13], polnische und europäische Geschichte gehören zusammen. Hiermit grenzt man sich deutlich von der russisch-sowjetischen Tradition ab. Die überkommene Trennung von Nationalgeschichte und Weltgeschichte im Geschichtsunterricht und im Geschichtsbuch wird in Rußland in der Regel beibehalten. Wirtschaftlich scheint eine Verbindung mit Westeuropa zwar auch hier unausweichlich, kulturell will man aber Eigenständigkeit bewahren.[14]

Freilich haben sich die hohen Erwartungen gegenüber Europa, die die Regierung Mazowiecki möglichst schnell in konkrete Politik umsetzen wollte, als illusorisch oder zumindest verfrüht erwiesen. Die kurzfristig angezielte Mitgliedschaft in der EU oder gar in der NATO lassen sich, wenn überhaupt, erst nach langer Vorbereitungszeit und nicht ohne Rücksichtnahme auf russische Belange erreichen – damit ist die polnische Politik wieder auf die doppelte Interessenlage – nach West und Ost – verwiesen, von der sie sich nach dem Zusammenbruch des sozialistischen Systems eigentlich lossagen wollte. Das hat zu kritischen Reaktionen gegenüber der unentschlossenen Haltung der EU und der NATO geführt; das Europavertrauen der ersten Jahre nach der Öffnung scheint merklich geschwunden. Die Europaorientierung wird einerseits diffuser, andererseits verengt sie sich besonders unter den Konservativen auf eine christlich-katholische Strömung.

4. Zwar sind auch bei deutschen Jugendlichen, ähnlich wie in der Gesamtbevölkerung, die Einstellungen zu Europa positiv[15]; in ihnen drücken sich aber weniger zukünftige Erwartungshaltungen als vielmehr Bestrebungen aus, bereits Erreichtes zu bewahren. Insofern bietet die Erweiterung Europas nach Osten Gefahren, Unsicherheiten, und wird daher skeptisch, eher als eine Schwächung denn als eine Stärkung der Union beurteilt.

5. Von der Einstellung *der* Jugendlichen in Deutschland zu sprechen, ist ohnehin sehr allgemein; müssen wir nicht mindestens differenzieren nach Ost- und Westdeutschland? Die Informationen über Polen, die in der BRD und DDR zugänglich waren, und die Wertungen, mit denen sie verbunden wurden, unterschieden sich. Im Westen hat in den vergangenen drei Jahrzehnten eine offene, kontrovers geführte Debatte über unser Verhältnis zu Polen stattgefunden, die jedem Interessierten die Möglichkeit gab, sich seine eigene Position zu suchen. Die Argumente wurden öffentlich ausgetauscht, die unterschiedlichen Positionen fanden (und finden) sich in vielen Geschichtsbüchern und waren den meisten Schülern wohl in ihren Grundzügen bekannt.

Der Geschichtsunterricht scheint Überlegenheitsgefühle gegen ehemals schwächere Gegner Deutschlands (oder deutscher Staaten) nicht zu fördern; eher unterstützt er die Identifikation mit den Unterdrückten.[16] Damit scheint gleichsam ein roter Faden gewonnen, der die Wahrnehmung Polens im Schulunterricht durchzieht: Polen als politisch wie wirtschaftlich schwaches, als armes und (von den Deutschen in der Vergangenheit, von den Sowjets bis in die jüngste Zeit) unterdrücktes Land.[17] Das hat positive wie negative Seiten. Fragt man nach Bewertungen einzelner, im Geschichtsunterricht behandelter Ereignisse der polnischen Geschichte, wie etwa der polnischen Teilungen, der nationalsozialistischen Besatzungspolitik, so sind die Sympathien durchaus auf polnischer Seite; das Gesamtbild aber, und das wird durch gegenwärtige Erfahrungen abgestützt, wird von Eigenschaften geprägt, die allgemein eher negativ besetzt sind.

In der DDR war die Freundschaft zu Polen verordnet, andere Haltungen konnten sich öffentlich nicht artikulieren. Verbarg sich dahinter aber nicht eine heimliche Feindschaft? Galt nicht selbst bei den Kommunisten Polen als unsicherer Genosse, wirtschaftlich wie politisch? Hielten sich hier nicht alte Vorstellungen von „polnischer Wirtschaft" und politischem Chaos? Nach der Grenzöffnung gestalteten sich die Wirtschaftsbeziehungen im Grenzraum nicht ohne Probleme. Die „Polenmärkte" führten zu Ressentiments, die sich mancherorts mit Artikulationen von allgemeiner Ausländerfeindlichkeit verbanden – einer Xenophobie, die sich stets gegen die als unterprivilegiert angesehenen „Fremden" richtet, kaum aber gegen Ausländer etwa aus der „westlichen" Europäischen Union, zu der „wir" ja gehören. Hier blieb – und bleibt – die Trennung in Ost- und Westeuropa deutlich zu spüren.

Daß sich das Verhältnis der DDR zu ihren innenpolitisch unruhigeren Nachbarn nicht unproblematisch und in purer sozialistischer Freundschaft gestaltete, läßt sich indirekt auch aus der Geschichtsbuchdarstellung folgern. Die Geschichte der sozialistischen Länder konzentrierte sich in den Auflagen der achtziger Jahre von „Geschichte 10" immer mehr auf die Sowjetunion und die DDR selbst; zwar wurde noch relativ breit über die Herausbildung des sozialistischen Systems in den Nachbarstaaten berichtet, dann aber kommen diese nur noch selten und nur in kurzen Abschnitten in den Blick.

Die Skizzierung dieser eher problematischen Momente deutsch-polnischer Wahrnehmung sollte nicht überstrapaziert werden. Sie erscheint mir aber Anlaß genug, darauf hinzuweisen, daß wir es nicht bei den üblichen Berührungspunkten deutsch-polnischer Beziehungen in der geschichtlichen Vermittlung belassen sollten. Ich wähle diesen allgemeineren Ausdruck, weil nicht alles auf den Geschichtsunterricht geschoben werden kann; viel hängt davon ab, wie oft und in welchem Zusammenhang von Polen in der Zeitung, im Fernsehen, in den Äußerungen unserer PolitikerInnen die Rede ist: Das schärft Bewußtsein, weckt Aufmerksamkeit und bietet eine Grundlage, auf Polen im Unterricht näher einzugehen.

Polen 1939–1949 im Geschichtsunterricht heute – Ausgangslage und Anregungen

Die Behandlung Polens in diesem Zeitraum ist stets Teil der Darstellung des Zweiten Weltkriegs und seiner Folgen; sie ist eingebettet in dieses Rahmenthema und wohl nur selten wird eine Klasse hiervon abweichen und Polen selbst zu einem eigenständigen, herausgehobenen Unterrichtsgegenstand machen. Es ist ein praktisch kaum aufzuhebender Nachteil eines Geschichtsunterrichts, der trotz aller weltgeschichtlichen Öffnung an der Nationalgeschichte orientiert bleibt, daß „andere" in der Regel an den Stellen in den Blick geraten, wo „sie" in Beziehung mit „uns" (oder „wir" mit „ihnen") treten. Oft also wissen weder die SchülerInnen noch die LehrerInnen etwas darüber, wie sich die polnische Bevölkerung und ihre Politiker auf die sich anbahnende Auseinandersetzung mit Deutschland vorbereitet haben; zwischen der Neugründung des Staates und seiner Zerstörung durch die nationalsozialistischen und sowjetischen Armeen wird Polen kaum einmal erwähnt. Wollte man die fehlenden Zusammenhänge ergänzen, so käme es darauf an zu zeigen, daß die Grenzen des neuen Staates von vornherein umstritten waren, daß sie sich endgültig erst nach militärischen Auseinandersetzungen, vor allem mit Deutschland und Rußland bzw. der Sowjetunion, festigten. Innen- und Außenpolitik waren von Anfang an ganz eng aufeinander bezogen. Die schwierige Verfassungsentwicklung läßt sich vergleichen mit dem Weg, den andere Staaten des östlichen und südöstlichen Europas gegangen sind. Viele unserer Bücher kennzeichnen wohl die Schwächung der demokratischen Strukturen und die Herausbildung autoritärer Regime in vielen dieser Staaten, differenzierte Begründungen können aber aus Zeit- und Raummangel nicht gegeben werden.

Es bedarf von unserer Seite aus kaum der Erwähnung, daß die westdeutschen Geschichtsbuchdarstellungen Hitlers Weg in den Krieg besondere Aufmerksamkeit zukommen lassen. Wie wurden Expansions- und „Lebensraumpolitik" vorbereitet, auf welche Weise eine außenpolitische Konstellation geschaffen, die das Risiko eines Krieges tragbar erscheinen ließ? Der Hitler-Stalin-Pakt spielt für die Auslösung des Krieges eine zentrale Rolle. Auch wenn die deutsch-polnischen Schulbuchempfehlungen ihn umgangen haben – die Schulgeschichtsbücher machen seine Tragweite bewußt und arbeiten heraus, daß sein Abschluß die Zerstörung Polens ermöglichte und den Auftakt zum Zweiten Weltkrieg bildete.[18] In der Darstellung der NS-Kriegs- und Besatzungspolitik steht das Vorgehen in Polen für die radikalste, rassistische und von einem mörderischen Antisemitismus geprägte Form der deutschen Besatzungsherrschaft. Dieser Zugang wird schon seit Mitte der siebziger Jahre gewählt; er ist durch die Veröffentlichung der deutsch-polnischen Schulbuchempfehlungen eigentlich nur bestätigt worden und hat sich seitdem gefestigt. Allerdings wird die Besatzungspolitik in Polen nicht immer als gesonderter Abschnitt behandelt; oft steht die strukturell ja ähnliche Vernichtungspolitik in den besetzten Gebieten der Sowjetunion im Vordergrund der Darstellung. Natürlich können nicht alle besetzten Länder mit gleichem Gewicht behandelt werden; welchen Typ der Besatzungspolitik ich besonders hervorheben und an welchem Länderbeispiel ich ihn erläutern möchte, bleibt bis zu einem gewissen Grade arbiträr. Die Sowjetunion und Polen aber können nicht ausgelassen werden. In Polen ging es der Besatzungsmacht um die Auslöschung von Staat und Nation und um die Vernichtung ganzer Bevölkerungsschichten. Rassenideologie, wirtschaftliche Ausbeutung und politische Unterwerfung griffen ineinander und prägten das Vorgehen der Besatzungsorgane. Die polnische Bevölkerung war dem anfangs nahezu schutzlos ausgesetzt und entwickelte erst in der Konfrontation einer in dieser Weise nicht antizipierten und wohl auch nicht vorher einkalkulierbaren Ausrottungspolitik Formen der Gegenwehr. Der Widerstand zeigte eine Palette ziviler und bewaffneter Aktionen auf politischem, wirtschaftlichem und kulturellem Gebiet, die in ihrer Vielfalt durch die Breite der deutschen Unterdrückungsmaßnahmen hervorgetrieben wurden. Er artikulierte sich sowohl im Lande als auch im Exil. Im Widerstand enstanden unterschiedliche Zukunftsentwürfe für ein neues Polen nach der nationalsozialistischen Herrschaft; der Widerstand trug die Keime der späteren Konflikte bereits in sich.

NS-Dokumente sprechen die Vernichtungs- und Zerstörungsabsichten, die die Führung gegenüber der polnischen Gesellschaft hegte, in frappierend deutlicher Weise aus. Sie sind sprachlich hinreichend einfach und auch so knapp gefaßt, daß sie im Unterricht der Sekundarstufe I eingesetzt werden können. Freilich bedürfen sie eines sorgfältigen Klassengespräches und klarer Kommentierung. Wie war eine solch menschenverachtende Haltung eigentlich möglich? Sprachen hier noch Menschen über Menschen? Für heutige Schüler mag der Nationalsozialismus so entfernt sein, daß sie sich nicht mehr bewußt sind, daß hier die Generation ihrer Großeltern handelte.

Ich habe mich in meiner Schulbuchdarstellung von Besatzungspolitik und Widerstand[19] für den ersten der beiden Themenbereiche auf drei Quellen konzentriert, die im Oktober 1939 bzw. März 1940 entstanden sind: In der ersten formuliert Hitler vor dem Oberkommando der Wehrmacht die Aufgaben der Besatzungspolitik im Generalgouvernement u. a. mit den Worten: „Die Durchführung [der Verwaltung] bedingt einen harten Volkstumskampf, der keine gesetzlichen Bindungen gestattet [...] Der Generalgouverneur soll der polnischen Nation nur geringe Lebensmöglichkeiten geben und die Grundlage für die militärische Sicherheit erhalten [...] Die Führung des Gebietes muß es uns ermöglichen, auch das Reichsgebiet von Juden und Polacken zu reinigen." In der zweiten Quelle hält Martin Bormann aus einer Besprechung Hitlers mit Generalgouverneur Hans Frank u. a. fest, die Polen müßten „ihre eigene Arbeitskraft, d. h. sozusagen sich selbst, exportieren." Und: zwei Herren dürfe es nicht geben, „daher seien alle Vertreter der polnischen Intelligenz umzubringen". Die dritte Quelle stellt einen Auszug aus Himmlers „Gedanken über die Behandlung der Fremdvölkischen im Osten" vom Mai 1940 dar, in der er folgende Restriktionen im Bildungswesen unter der deutschen Herrschaft empfiehlt: „Für die nichtdeutsche Bevölkerung darf es keine höhere Schule geben als die vierklassige Volksschule. Das Ziel dieser Volksschule hat lediglich zu sein: Einfaches Rechnen bis höchstens 500, Schreiben des Namens, eine Lehre, daß es ein göttliches Gebot ist, den Deutschen gehorsam zu sein und ehrlich, fleißig und brav zu sein. Lesen halte ich nicht für erforderlich." Die hier nur auf die wesentlichen Zitate zugeschnittenen Quellenauszüge sind trotz ihrer Kürze und Holzschnittartigkeit so kompakt, daß schon sie ein schrecklich plastisches Bild der Besatzungsherrschaft entwerfen; angesichts der rigiden, Zweifel an den gesetzten Zielen kaum zulassenden Sprachform stellt sich nahezu von selbst die Frage nach den Mustern, die einer solchen Wahrnehmung des „Fremden", besser: der Erzeugung von Fremdsein zugrundelagen. Die Umsiedlungs- und Vernichtungspolitik, eine verachtende Haltung gegenüber der polnischen Bevölkerung waren intendiert und zwischen der höchsten politischen und militärischen Führung abgestimmt. Den so offenkundig gemachten und – wie der Darstellungstext zeigt – auch in die Tat umgesetzten Intentionen der Nationalsozialisten entsprachen politisch-militärische Gegenaktionen von polnischer Seite sowie Maßnahmen zur Erhaltung des kulturellen Systems; der Kampf ums Überleben bezieht sich nicht nur auf den politischen Sektor, die Nation, da der Staat nicht gehalten werden kann, sondern auch auf Bildung und Kultur. Geheime „Examenskommissionen" werden errichtet, die sichern sollen, „daß das Vorkriegsprogramm der Oberschulen für Unterricht und Prüfungen eingehalten" wird, wie eine Quelle des Widerstandes berichtet; eine Untergrundzeitung schreibt, daß Bewohner von Dörfern, die von Umsiedlung bedroht seien, ihre „Hütten" verbrennen und „Hab und Gut" vernichten, damit es nicht den Deutschen in die Hände fällt. Die Widerstandsbewegung empfiehlt darüber hinaus aktive Gegenmaßnahmen; sie verlangt „die Zerstörung des Nachrichten- und Verkehrswesens, der Ämter, die erbarmungslose Bekämpfung der Besatzer"[20] – so läßt sich zeigen, wie Umfang der Zerstörungsabsicht und Differenzierung des Widerstandes korrespondierten. Vergleiche zum deutschen Widerstand können gezogen werden, dem solche Zerstörungsakte fremd waren, da sie Selbstzerstörung gewesen wären. Der wichtige Unterschied zwischen Widerstand im besetzten Land und gegen die eigene Regierung kann so thematisiert werden.

Freilich gehört zur Vielfalt und zur Allgegenwärtigkeit des polnischen Widerstands – zumindest läßt sich dies für das Generalgouvernement in den letzten Kriegsjahren sagen – auch seine politische Fraktionierung, die für den Weg der polnischen Nachkriegsgeschichte außerordentlich wichtig geworden ist. Entschließt man sich dazu, auch sie zum Gegenstand des Unterrichts zu machen, so muß sich der/die Lehrende der schwierigen Aufgabe unterziehen, die doppelte, ja mitunter dreifache politische Zielsetzung von Widerstandshandlungen zu erklären, ohne dabei die Vermittlung des Hauptanliegens der Widerstandskämpfer, ihren moralischen Impetus und ihre hohe Risikobereitschaft zu verunklaren: Denn Widerstand richtete sich unter Umständen nicht nur gegen die Deutschen, sondern auch gegen den Einfluß der sowjetischen Armee und gegen polnische Widerstandsgruppen anderer politischer Orientierung. Diese inneren Widersprüche des polnischen Widerstandes werden von kaum einem deutschen Schulbuch thematisiert. Auch ich habe dies vermieden. Wollte man diese Problematik einbeziehen, so müßte man wohl den Hitler-Stalin-Pakt noch stärker in die Gesamtstruktur des Krieges gegen Polen einbinden: Er wirkte insofern über das Bündnis hinaus, als von Polen aus gesehen die Sowjetunion nicht nur als Verbündeter im Kampfe gegen den und als Befreier vom Nationalsozialismus, sondern auch als Besatzungsmacht auftrat – für die Sekundarstufe I sicherlich kein leicht zu vermittelnder Gedanke. Diese komplizierte Lage war für mich z. B. ein Grund, auf die Darstellung des Warschauer Aufstandes zu verzichten, weil er ohne die gegen die sowjetische Armee gerichtete Komponente und ohne die innere Auseinandersetzung in der polnischen Widerstandsbewegung nicht mehr verstanden werden kann. Der Führer der Armia Krajowa, General Bór-Komorowski, umreißt in einem Lagebericht vom Juli 1944 diese doppelte Zielrichtung:[21] „Der Sinn zur Führung unseres letzten Kampfes ist: a) vor der Welt zu dokumentieren, daß unsere Haltung gegenüber den Deutschen unbeugsam […] ist, b) den Sowjets den Trumpf zu entreißen, uns in die Reihe heimlicher Verbündeter oder nur gegenüber den Deutschen Neutraler einzugliedern" und c) diejenigen, die nicht der Heimatarmee angehören, „von den sowjetischen Einflüssen zu befreien". Die Tragik dieser Strategie machen die Einleitungs- und Schlußbemerkungen des Dokuments deutlich: „Der Aufstand", so Bór-Komorowski, „hat keine Aussicht auf Erfolg." Dennoch soll er ausgeführt werden: „In unserer schwierigen Lage halte ich diesen Entscheid für notwendig und realisierbar", schließt seine Stellungnahme. Widerstand, so läßt sich folgern, war nicht nur Gegenwehr gegen die gegenwärtige Unterdrückung, er war auch ein Versuch, neue Fremdbestimmung zu verhindern.

Eine Schulbuchdarstellung, die den Aufstand nicht erwähnt, übergeht zweifellos das von national-polnischer Sicht aus zentrale Ereignis des Widerstandskampfes und zieht es vor, letzteren vor allem in seiner moralischen Dimension zu sehen: pädagogisch ist dies gut und klar, politisch wirkt es eher verklärend. Weniger Probleme als die Debatte um den Warschauer Aufstand, aber ebenso einen Einstieg in die politischen Konzeptionen des Widerstands bietet das Programm der polnischen sozialistischen Partei vom August 1941. Im Untergrund nannte sich die Partei WRN (Wolność, Równość, Niepodległość – Freiheit, Gleichheit, Unabhängigkeit); ihr Programm sollte möglichst breite Kreise der polnischen Bevölkerung für den Widerstand gewinnen. Zur Zeit der vollkommenen Niederlage formulierte die Partei Ziele für eine „dauerhafte unabhängige Existenz" Polens nach dem Kriege, das „einen Hort der Freiheit unter den benachbarten Nationen" bilden solle. Im einzelnen führt das Programm politische und soziale Reformen auf, die die Erreichung dieses Zieles gewährleisten sollen, wie Landreform, Enteignung und Selbstverwaltung in Teilen der Industrie, Rückkehr zur parlamentarischen Verfassung.[22] Das Programm läßt sich gut vergleichen mit Ausarbeitungen des Kreisauer Kreises, dem „Buchenwalder Manifest" oder ähnlichen Dokumenten aus dem deutschen Widerstand, die bezeichnenderweise in der Regel später entstanden sind.

Seit Jahren ist es selbstverständlich, daß Auschwitz als Vernichtungsstätte in unseren Schulbüchern nicht nur erwähnt, sondern auch mit Nüchternheit, aber nicht ohne Deutlichkeit, als Stätte des Völkermords beschrieben wird – oft durch Fotografien und Quellen, auch aus dem Widerstand, konkretisiert. Obwohl manche Texte ausdrücklich erwähnen, daß Auschwitz auf polnischem Boden lag, ist es doch ein Ort *deutscher* Geschichte. Auschwitz ist zum Synonym für die Vernichtung der jüdischen Bevölkerung geworden, und so verstehen sicherlich auch die SekundarstufenschülerInnen diesen Namen. Dennoch kann im Unterricht undeutlich bleiben, welche spezifischen Leiden Auschwitz für die *polnische* Bevölkerung bedeutete. Ich erlaube mir, hierfür noch einmal eigene Erfahrungen anzuführen. In einem ausführlichen Arbeitsteil im bereits erwähnten „Geschichtsbuch", der im wesentlichen aus jüdischen biographischen Berichten besteht, habe ich den Leidensweg der jüdischen Bevölkerung von der Diskriminierung 1933 bis hin zur Vernichtung in Auschwitz gekennzeichnet. Als ich den Versuch unternahm, diesen Teil in einer achten Hauptschulklasse an einem Seminartag zu unterrichten, wurde mir durch eine eher unsystematisch gestellte Frage bewußt, daß die SchülerInnen, die überwiegend von der Vernichtung durch Gas schon allgemeine Kenntnisse vor dem Unterricht hatten, der Meinung waren, daß ca. 90 Prozent der ermordeten Juden Deutsche waren – und keine meiner Quellen widersprach dieser Ansicht explizit.

Im Unterricht war es nicht schwer und zugleich für die Schüler eindrücklich, durch eine bloße statistische Angabe das Verhältnis geradezu umzukehren: mehr als 90 Prozent waren Nichtdeutsche und Auschwitz war der Ort, an dem unter vielen anderen vor allem auch polnische Juden ermordet worden waren.[23]

Auschwitz ist heute auch zu einem Ort deutsch-polnischer Begegnung geworden. Klassenreisen waren zur Zeit der getrennten Systeme selten und von vornherein nur mit großem Einsatz, mit Lernbereitschaft und Zugewandtheit durchführbar, so daß ein ehemaliger polnischer Häftling, der deutsche Klassen durch das Lagergelände führte, gar schrieb, die Jugendlichen würden „mit heiliger Furcht" nach Auschwitz kommen.[24] Die Klassenbesuche haben in den letzten Jahren zugenommen; doch die Erfahrungen sind nun weniger eindeutig, die Reaktionsweisen breiter, die pädagogischen Herausforderungen werden größer. Aber im Gegensatz zum Unterricht über Auschwitz sind Besuche in Auschwitz immer auch Anlaß, sich mit Polen selbst zu beschäftigen, persönliche Begegnungen zu schaffen und damit eine Erfahrungsebene zu erschließen, die im Unterricht meist nicht zugänglich ist.[25]

Angesichts des schon weltgeschichtlichen Zugriffs, den die meisten unserer Schulbücher heute beim Aufriß der Nachkriegszeit wählen, ist die Neukonstitution des polnischen Staates nach der Befreiung von der NS-Herrschaft kein Ereignis, das in einem gesonderten Abschnitt oder in größerer Ausführlichkeit erörtert würde. Es steht ganz im Zusammenhang der neuen Grenzziehungen, der Bevölkerungstransfers, der Vertreibungen und des sich anbahnenden Ost-West-Konflikts. Von den inneren gesellschaftlichen Verschiebungen, von den politischen Kämpfen in Polen bis hin zur Sowjetisierung oder Stalinisierung ist nur in wenigen Sätzen die Rede. Das moderne Polen taucht dann erst wieder mit der Solidarność auf, zuweilen untermauert mit Bildern von den Danziger Werftarbeitern und Lech Wałęsa. Der politische Streit um die Anerkennung der polnischen Westgrenze wird des öfteren dokumentiert; ein deutsches Schulbuch druckt sogar unterschiedliche Haltungen zu den deutsch-polnischen Schulbuchempfehlungen ab.[26] Ergänzen ließen sich diese „Standardinformationen" durch die Berücksichtigung der neuen Situation nach 1989. Die vergleichende Jugendforschung stellt bereits einige leicht lesbare Ergebnisse zur Verfügung, die einerseits zeigen, daß Jugendliche in Deutschland und Polen sich zunehmend an gleichen Lebensstilen orientieren und daß ein gewichtiger Teil der Befragten bereit ist, aufeinanderzugehen, daß aber andererseits auch noch Geringschätzung und ein historisch gewachsener Skeptizismus geäußert werden.[27]

Diese relativ knappen Schlaglichter auf Wendepunkte der polnischen Geschichte im 20. Jahrhundert, die die Geschichtsbuchreihen und der normale Unterricht bieten, bleiben weitgehend auf unmittelbare Zusammenhänge mit der deutschen Politik bezogen, sie erlauben es kaum einmal, Polen selbst zu behandeln. Wer dies tun möchte, kann auf wenige weiterführende Materialien zurückgreifen, die einen größeren Rahmen setzen und z. T. schon die neueste Entwicklung umgreifen.[28] Die Zusatzmaterialien bieten die Chance, mehr Kenntnisse über Polen und darüber hinaus Verständnis für Haltungen polnischer Jugendlicher oder Erwachsener heute zu erwerben, als die Schulbücher sie in der Regel vermitteln, und so über die wohlmeinende, aber letztlich auch in einer Voreinstellung verhaftete Identifizierung mit dem in der Geschichte Schwächeren hinauszugehen. Denn zu Recht stellen Dammar und Weber als Ergebnis ihrer Umfrage unter Berliner Schülern die Frage, ob man nicht das aktuelle Bemühen in Polen um eine neue politische und gesellschaftliche Ordnung „als einen perspektivreichen, wenn auch schwierigen Übergang vom Alten zum Neuen *gleichberechtigt* neben die problematische deutsch-polnische Geschichte" stellen solle.[29] Ideal wäre es, gelänge es, die Behandlung

Polens im Zweiten Weltkrieg zum Anlaß zu nehmen, eine Einheit zu konstruieren, die von der Neugründung des polnischen Staates 1916/18 bis hin zur Redemokratisierung in unserer Zeit reicht. Könnte ein entsprechendes Heft nicht im Rahmen der deutsch-polnischen Schulbuchkonferenzen entwickelt und in die neue Ergänzungsreihe des „Handbuchs für den Geschichtslehrer" aufgenommen werden?

Anmerkungen

[1] F. Pingel (Hrsg.), Macht Europa Schule? Die Darstellung Europas in Schulbüchern der Europäischen Gemeinschaft, Frankfurt/M. 1995.
[2] Gemeinsame deutsch-polnische Schulbuchkommission, Zum pädagogischen Ertrag der deutsch-polnischen Schulbuchkonferenzen der Historiker 1972–1987, Red. W. Jacobmeyer, Braunschweig 1989.
[3] „Die labile politische Lage, eine schlechte Infrastruktur, unklare Rechtsbestimmungen, bürokratische, kaum transparente Verwaltungsmaßnahmen sowie eine streikfreudige Arbeiterschaft schreckten mögliche Investoren ab", faßt ein Tagungsbericht einen Vortrag zu „Polen auf der Suche nach einem neuen Ort in Europa" zusammen; Polen, Europa und das vereinigte Deutschland, Symposium des Gesamteuropäischen Studienwerks in Zusammenarbeit mit dem Posener Westinstitut (24.–26. Mai 1992), in: aktuelle ostinformationen, H. 3/4.
[4] E. Heinecken, H. Ottesch, Gesellschaftlich bedingte Verzerrungen kognitiver Landkarten – Topographie der ehemaligen DDR und BRD in der Vorstellung von Oberschülern aus ehemals Ost- und West-Berlin, in: Internationale Schulbuchforschung 14 (1992), S. 157–172.
[5] Diese Aufspaltung des kulturellen Entwicklungsstandes der osteuropäischen Länder besteht seit langem; schon Wolf stellte bei seiner Schülerbefragung Anfang der sechziger Jahre fest, daß Tschechen und Ungarn wesentlich günstiger als Polen beurteilt würden, die in großer Nähe zu den am ungünstigsten bewerteten Russen gesehen wurden, H. E. Wolff, Stellungnahmen deutscher Schüler zu osteuropäischen Völkern, in: KZfSS 15 (1963), S. 478–510.
[6] W. Hug, „Unsere Geschichte" und die deutsch-polnischen Schulbuchempfehlungen, in: Gemeinsame deutsch-polnische Schulbuchkommission, Zum pädagogischen Ertrag, S. 147–155, hier zitiert S. 148. „Das Interesse am Thema ist durchgängig gering. Im Zusammenhang mit Polen gibt es scheinbar nichts, was den Schülern auf den Nägeln brennt", heißt es im Resümee einer Berliner Untersuchung, I. Dammer, N. H. Weber, Ferne Nachbarn. Über das Polenbild Westberliner Schüler, in: Internationale Schulbuchforschung 14 (1992), S. 5–19.
[7] W. Haas, Interkulturelle Beziehungen zwischen Deutschen und Polen aus der Sicht von Jugendlichen. Ergebnisse einer Befragung von deutschen und polnischen Schülern, in: Interfinitimos, 1955, Nr. 7, S. 16–20.
[8] Zitiert bei C. Kleßmann, Polen – geteiltes Land und Vorkämpfer politischer Freiheit, in: Praxis Geschichte, H. 3, 1993, S. 4–9.
[9] Schon 1979 antworteten in einer Umfrage auf die Frage „Hältst du dich für einen Marxisten" nur 18 Prozent der Befragten mit „ja"; 1981 zeigten ca. ein Drittel der Befragten bis 30 Jahre „eine entschiedene kritische Einstellung zur vorhandenen sozialistischen Staatsordnung", D. Markowski, Veränderungstendenzen im politisch-geschichtlichen Bewußtsein der polnischen Jugend in den siebziger und achtziger Jahren, unveröffentl. Vortrag auf der Tagung „Coscienza nazionale e coscienza europea nei giovani e immagini dell'Europa nei manuali scolastici", Università degli studi di Perugia, 17.–19. November 1991. Die Befragungsergebnisse sind veröffentlicht bei S. Nowak, System wartości społeczeństwa polskiego, in: Studie socjologsczene, 1979, Nr. 4 und Kultura polityczna społeczeństwa polskiego (1983–1985), F. Ryszka (Hrsg.), Bd. 1, Warszawa 1987.
[10] F. Ryszka, Die Jugend in Polen, in: W. Melzer u. a. (Hrsg.), Osteuropäische Jugend im Wandel, Ergebnisse vergleichender Jugendforschung in der Sowjetunion, Polen, Ungarn und der ehemaligen DDR, Weinheim 1991, S. 63–71, hier zitiert S. 67 und 71.
[11] A. Kwilecki, From Studies in the Stereotype of a „German" in Poland and a „Pole" in the GDR and the FRG, in: Polish Western Affairs XIX (1978), S. 287–305.

[12] B. Jonda, Die Deutschen und die beiden deutschen Staaten in der Sicht der Jugendlichen in Polen, in: Melzer (Hrsg.), S. 101–116.

[13] J. Aldebert u. a., Historia Europy, Warszawa 1994.

[14] So äußerte sich ein Vertreter des MIROS-Instituts, Moskau, auf der letzten deutsch-russischen Schulbuchkonferenz im November 1994 in Braunschweig.

[15] T. R. Henschel, „Europa – det is'n Anfang", Jugendliche und ihre Einstellungen zu Europa 1993, Arbeitspapiere der Forschungsgruppe Jugend und Europa, Bd. 2, Universität Mainz 1993.

[16] So stellt v. Borries in der Analyse seiner Umfrage unter west- und ostdeutschen SchülerInnen in Hinsicht auf die Bewertung des Krieges um Schlesien fest: „Faszination durch das Kriegsabenteuer des Genies Friedrich II." sei am wenigsten, dagegen „Empörung über das Elend tausender durch Fehlentscheidung eines einzelnen" am häufigsten empfunden worden, B. v. Borries, Von gesinnungsbildenden Erlebnissen zur Kultivierung der Affekte? Über Ziele und Wirkungen von Geschichtslernen in Deutschland, in: B. Mütter, U. Uffelmann (Hrsg.), Emotionen und historisches Lernen, Frankfurt/M. 1992, S. 67–92, hier zitiert S. 79.

[17] Dammer, Weber.

[18] H. Jung-Paarmann, Zweckbündnis oder Teufelspakt? Der deutsch-sowjetische Vertrag vom 23. August 1939, in: Geschichte lernen, H. 20, 1991, S. 49–59.

[19] Geschichtsbuch, Die Menschen und ihre Geschichte in Darstellungen und Dokumenten, Bd. 4, P. Hüttenberger, B. Mütter (Hrsg.), Berlin 1988, S. 160 ff.

[20] Ein ins „Geschichtsbuch" aus Platzmangel leider nicht aufgenommenes Telegramm der Armia Krajowa (Heimatarmee) an die Exilregierung in London vom 8. Januar 1943 berichtet, daß man Eisenbahnbrücken und -züge gesprengt und deutsche Siedlungen niedergebrannt habe; Zamojszczyzna – Sonderlaboratorium SS, Bd. 1, Warschau 1977, S. 288.

[21] H. v. Krannhals, Der Warschauer Aufstand 1944, Frankfurt/M. 1962, S. 347–49.

[22] Veröffentlicht in: Vierteljahreshefte für Zeitgeschichte, 21 (1973), S. 186 ff.

[23] Zur Schulbuchdarstellung über Auschwitz s. E. Kolinsky, Remembering Auschwitz. A survey of recent textbooks for the teaching of history in German schools, in: Yad Vashem Studies XXII (1992), S. 287–307.

[24] T. Szymanski, Erfahrungen mit Jugendgruppen in der Gedenkstätte Auschwitz, in: Internationale Schulbuchforschung 6 (1984), S. 159–163.

[25] Konkrete Erfahrungen geben wider W. Rauch, Die Fahrt nach Auschwitz. Ein Unterrichtsprojekt zum Thema Nationalsozialismus an einer „vorbelasteten" Hauptschule, in: Pädextra, Februar 1992, S. 37–40; Von Berlin nach Lodz und Auschwitz, Materialien zum nationalsozialistischen Massenmord, zusammengest. u. kommentiert v. S. Hillebracht, Pädagogisches Zentrum Berlin, 1993. Weitere Berichte in H.-F. Rathenow, N. H. Weber (Hrsg.), Erziehung nach Auschwitz, Pfaffenweiler 1989.

[26] Unsere Geschichte, W. Hug (Hrsg.), Bd. 3, Diesterweg, Frankfurt/M. 1991^2, S. 218.

[27] Aufschlußreich und für eine Diskussion anregend finde ich eine Tabelle bei: Jonda, S. 106. Sie gibt Auskunft darüber, wieweit vergangene Ereignisse gegenwärtige Haltungen prägen und wie stark polnische Jugendliche die Nachwirkung der nationalsozialistischen Vergangenheit auf ihre Einstellung zu Deutschland veranschlagen. Aus den Antworten spricht sowohl die Bereitschaft zu einer friedvollen guten Nachbarschaft als auch ein mit Rekurs auf die Vergangenheit begründetes Mißtrauen vor der – zur Zeit der Befragung gerade anstehenden – Wiedervereinigung; ich habe diese Tabelle in einen Quellenteil zu Fremd- und Feindbildern in den internationalen Beziehungen übernommen, der für das in Arbeit befindliche „Geschichtsbuch für die Oberstufe", Bd. 2, Cornelsen: Berlin 1996, vorgesehen ist.

[28] Einen Anfang haben für die deutsch-polnischen Schulbuchkonferenzen die Geographen gemacht, s. W. Sperling, Die deutsche Ostgrenze sowie die polnische West- und Nordgrenze in den deutschen Schulatlanten seit 1946, Frankfurt/M. 1991; E. Buchhofer, B. Kortus (Hrsg.), Deutschland und Polen, Geographie einer Nachbarschaft im neuen Europa, Frankfurt/M. 1994. Praxis Geographie, H. 4, 1992, ist Polen gewidmet, u. a. mit einer Einleitung von J. Tycner, „Polen und Deutsche – Probleme mit der Versöhnung" sowie mit Beiträgen zur Danziger Werft, zur Lage von Aussiedlern aus Polen u. ä.; zur Geschichte s. Anm. 8.

[29] Dammer, Weber, S.15.

Deutschland und die Deutschen in der Sicht der Jugendlichen in Polen

von Ewa Nasalska

Das riesige Ausmaß der deutschen Naziverbrechen in Polen während des Zweiten Weltkrieges führte dazu, daß Ressentiments gegen Deutsche, die aus diesen Geschehnissen resultieren, lange Zeit fortgewirkt haben und es bis heute tun. Auch Anfang der neunziger Jahre, vor dem Hintergrund der deutschen Vereinigung, waren aufgrund historischer Erfahrungen Vorbehalte und Besorgnisse bei den Polen ausgeprägter als bei anderen Nachbarn Deutschlands.

Die Fragen, die sich im Hinblick auf unsere Untersuchung stellen, sind, welches Bild heutzutage die polnischen Jugendlichen von Deutschland haben und welche Spuren die zurückliegenden historischen Ereignisse in ihren Einstellungen zu den Deutschen hinterlassen haben.

Einen nicht geringen Einfluß auf die Einstellungen der Polen gegenüber den Deutschen haben Lehrbücher, insbesondere die Lehrbücher für Geschichte und den muttersprachlichen Polnischunterricht. In den vergangenen vier Jahrzehnten waren sie ein Faktor, der das Deutschlandbild in Polen in großem Ausmaß beeinflußte. Die Schulprogramme der Nachkriegszeit behandelten antideutsche Einstellungen als ein wichtiges Instrument der patriotischen Erziehung. In den Texten und Pflichtlektüren für den muttersprachlichen Unterricht wurden die Eigenschaften und Einstellungen der nationalsozialistischen Funktionäre auf das gesamte deutsche Volk übertragen, das als anonyme, zerstörende Gewalt dargestellt wurde. Die vermittelten Inhalte sind dabei durch einen hohen Emotionalitätsgrad gekennzeichnet.[1] Die Ergebnisse der Inhaltsanalyse der polnischen Schulbücher für Zeitgeschichte, die Anfang der neunziger Jahre für das letzte Pflichtschuljahr zugelassen worden sind, zeigen, daß die polnisch-deutschen Beziehungen seit dem Zweiten Weltkrieg vorwiegend als Konfliktverhältnis, vor allem als polenfeindliche Politik der westdeutschen Regierung nach dem Kriege (1949–1969) dargestellt werden.[2] Innerhalb von zwanzig Jahren lassen sich aber auch manche Veränderungen in der Darstellung der Deutschen und der polnisch-deutschen Beziehungen, insbesondere vor dem Hintergrund der Umsiedlung der Deutschen aus den Gebieten östlich von Oder und Neiße, feststellen: Die deutsche Zivilbevölkerung wird nicht nur als Feind, sondern auch als Opfer des Krieges betrachtet.[3]

Erwähnung verdienen polnische Filme der Nachkriegszeit, die einen wesentlichen Anteil an der Verbreitung des Stereotyps, das den Deutschen als Nationalsozialisten definierte, besaßen. Die Dominanz der Kriegs- und Okkupationsthematik in Filmen, in denen deutsche Motive vorkommen, hatte bestimmte historische, orale und emotionale Konsequenzen. Einige Generationen haben in Polen Kriegsbilder von den Greueltaten der Deutschen als Bestandteil ihrer Bildung und Erziehung rezipiert. Seit Anfang der siebziger Jahre zeichnet sich ein Bestreben nach objektiverer Darstellung deutscher Themen und Motive ab. Zugleich verringerte sich aber die Zahl der Filme, die sich auf diese Themen und Motive konzentrieren.[4] In der letzten Zeit bringt das Fernsehen auch andere Bilder aus Deutschland: Die rechtsradikale Jugendszene und andere politische Nachfahren Hitlers sind ein Thema, dem sich die Medien immer wieder annehmen.

Die immer größer werdende zeitliche Distanz zu den geschichtlichen Erfahrungen und nicht zuletzt wachsende Möglichkeiten, mit den Deutschen Kontakt aufzunehmen, haben einen Wandel in den Einstellungen der Polen zu Deutschland und den Deutschen bewirkt. Eine wesentliche Rolle spielte die Politik der bundesdeutschen Regierung gegenüber Polen in den siebziger und achtziger Jahren. Die Ergebnisse der empirischen Untersuchungen lassen eine ständige positive Veränderung in der Einstellung polnischer Jugendlicher zu Deutschland erkennen. Innerhalb von zwanzig Jahren verbesserte sich das Bild von den Deutschen im Bewußtsein der jungen Generation. Die Deutschen werden häufiger akzeptiert als noch im Jahre 1974.[5] Im Jahre 1985 wurde beispielsweise Deutschland von 53 Prozent der Jugendlichen im Alter von 16 bis 21 Jahren als Bedrohung empfunden, im Jahre 1989 war diese Zahl auf 31 Prozent gesunken.[6] Jedoch wurde 1990 die mit der deutschen Vereinigung verknüpfte Furcht vor einem neuen „Großdeutschland" sichtbar: Sogar 71 Prozent der Schüler von Mittel- und Berufsschulen empfanden Deutschland als Bedrohung.[7] Auch unter der älteren Bevölkerung in Polen ging die Sympathie für die Deutschen deutlich zurück.[8] In den folgenden Jahren verbesserte sich allmählich die Bewertung des polnisch-deutschen Verhältnisses im Bewußtsein der polnischen Gesellschaft.[9] Dieser Trend ist besonders unter den Jugendlichen ausgeprägt: Beispielsweise wurden die Chancen der Versöhnung zwischen Polen und Deutschen im Mai 1992 von 46 Prozent der Jugendlichen im Alter von 18 bis 24 Jahren hoch eingeschätzt („Die Versöhnung ist möglich") und im Juni 1994 bereits von 63 Prozent der Jugendlichen. Die ältere Bevölkerung (ab 65 Jahren) bewertete die Chancen der Versöhnung mit 42 Prozent im Jahre 1992 und 49 Prozent im Jahre 1994 entsprechend vorsichtiger.[10]

1. Welches Bild haben die polnischen Jugendlichen von Deutschland und den Deutschen?

Die folgende Analyse ist bestrebt, die charakteristischen Merkmale des Bildes der polnischen Jugendlichen von Deutschland und den Deutschen nach der Vereinigung der beiden deutschen Staaten zu ermitteln. Grundlage der Auswertungen ist eine Untersuchung, die man im Januar 1994 in Warschau und in einer Kleinstadt (Tomaszów Mazowiecki) unter den Schülern der achten Klasse der Einheitlichen Grundschule durchführte. Insgesamt nahmen ca. 900 Jugendliche im Alter von 15 Jahren an der Befragung teil, darunter 474 in der Kleinstadt und 432 in Warschau. Diese Klassenstufe wurde ausgewählt, weil sie in Polen das letzte Pflichtschuljahr ist. Die Schüler der achten Klasse sind am Ende der acht Jahre dauernden, relativ einheitlichen politischen Sozialisation. Ein Aspekt dieser Sozialisation ist die Behandlung anderer Völker und Länder im Schulunterricht. Kenntnisse über das polnisch-deutsche Verhältnis und Einstellungen zu Deutschland und den Deutschen werden vorwiegend in den Fächern Geschichte und Polnisch vermittelt. In den Schulen, die die Jugendlichen nach dem Abschluß der Grundschule besuchen (Berufsschule, Mittelschule) sind die Lerninhalte in diesem Bereich von Schulform zu Schulform unterschiedlich.

Das Bild, welches die polnischen Jugendlichen von Deutschland und den Deutschen haben, wurde mit Hilfe offener Fragen ermittelt. Den Befragten gab man keine Antwortkategorien vor, um die Schüler zur freien Äußerung zum Thema „Deutschland" und „die Deutschen" zu bewegen. Die Fragestellung lautete: „Was fällt Dir zu Deutschland ein?" Eine wortgetreue Übersetzung der Frage ins Deutsche ist in diesem Falle nicht möglich, weil das Wort „Niemcy" in der polnischen Sprache sowohl „Deutschland" wie auch „die Deutschen" bedeuten kann. In den Vorstellungen, die sich auf Grund der untersuchten Aussagen rekonstruieren lassen, verknüpfen sich deskriptive und evaluative Bestandteile miteinander. Zunächst soll versucht werden, wesentliche deskriptive Merkmale des Deutschlandbildes aufzuzeigen und die von den Schülern geäußerten allgemeinen Einstellungen zu den Deutschen einzuschätzen.

1.1 Assoziationsfelder mit Deutschland und den Deutschen

Die Begriffe „Deutschland" und „die Deutschen" aktivieren im Bewußtsein der polnischen Jugendlichen eine Reihe von Assoziationsfeldern. Die Mehrheit der genannten Assoziationen ist von Negativ-Vorstellungen geprägt. Die Bilder von Deutschland und den Deutschen sind stark historisch bedingt. Dies zeigen die Daten eindeutig: Für mehr als 40 Prozent der befragten Schüler haben sich in dieses Bild Reminiszenzen an den Zweiten Weltkrieg und für etwa 10 Prozent Erinnerungen an die Naziokkupation in Polen tief eingeprägt (Tabelle 1). Daß die Jugendlichen im allgemeinen häufiger auf den Zweiten Weltkrieg als auf die Okkupationszeit hinweisen, kann auf einen geringeren Einfluß der familiären Vermittlung von Kriegserfahrungen hinweisen. Die Großeltern würden vorwiegend an eigene Erfahrungen während der Naziokkupation erinnern.

Die Analyse der Tabelle zeigt, daß die Größe des Wohnortes die gewonnenen Deutschlandbilder in beiden Gruppen sehr schwach differenziert. Dies trifft sowohl hinsichtlich der Erinnerung an zurückliegende historische Ereignisse wie auch im Falle der Assoziationen mit dem heutigen Deutschland zu. Die Wirkung der vorherrschenden Informationsquellen, hauptsächlich von Schulunterricht und Massenmedien, scheint dabei besonders wesentlich zu sein.

In den Äußerungen, die sich auf das heutige Deutschland und die heutigen Deutschen beziehen, kristallisieren sich vorwiegend zwei Variationen heraus: Auf der einen Seite tauchen Aussagen auf, die auf den Wohlstand der deutschen Gesellschaft wie auch auf die blühende Wirtschaft und den hohen Stand der deutschen Industrie verweisen. Erwähnenswert erscheint an dieser Stelle, daß die Assoziationen eines hohen Lebensstandards in Deutschland erst mit weitem Abstand den negativen Assoziationen folgen. Die Schüler bewundern die moderne Industriegesellschaft, die es in Polen nicht gibt, doch das Bild der Wohlstandsgesellschaft wird mit dem polnisch-deutschen Konflikt verknüpft. Neben Aussagen wie z. B. „Deutschland ist ein Land mit blühender Wirtschaft und hohem Stand der Technik" (815) finden sich auch Urteile wie „An dieses Wort knüpft sich für mich ein großer Luxus, aber auch ein kriegerischer Staat. Die Deutschen haben den Polen den Krieg erklärt, und deshalb habe ich die Deutschen nicht besonders gern" (833). Auf der anderen Seite sprechen die Schüler über Fremdenfeindlichkeit der Deutschen, Gewalt und Terrorismus, was gewiß auf die durch die Massenmedien gelieferten Bilder zurückzuführen ist. Manche der Äußerungen sind kurz, aber dennoch eindrucksvoll: „Deutschland ist ein feindliches Land. Man hört manchmal im TV über Angriffe auf ausländische Gäste" (402).

Es ist bemerkenswert, daß die Errungenschaften der deutschen Kultur, ein bisher traditioneller Bestandteil des Ansehens von Deutschland in der Welt, im Hintergrund stehen. In den Aussagen der Jugendlichen, die von deutschen Dichtern, Schriftstellern, Philosophen und Musikern im Schulunterricht gehört haben, tritt das Element der Kultur selten auf; es wird nur von 1 Prozent der Befragten betont. Ein ähnliches Ergebnis brachte die Untersuchung von 1989 unter den Schülern der Grundschule und Studenten der Universität.[11]

Tabelle 1:

Assoziationsfelder mit Deutschland und den Deutschen (Angaben in Prozent*, Mehrfachnennungen waren möglich)		
Assoziationen	Kleinstadt	Warschau
A. Historisches Assoziationsumfeld		
Assoziationen mit dem 2. Weltkrieg – allgemein	45	40
Okkupationszeit in Polen	11	12
B. Gegenwärtiges Assoziationsumfeld		
Positiv gemeinte Assoziationen:		
Wohlstand, Reichtum	9	11
Blühende Wirtschaft	6	6
Deutschland als mächtiger Staat	7	5
Hoher Stand der Technik	5	5
Schönes Land	1	3
Wirtschaftlichkeit	2	1
Gute Verwaltung	2	0
Deutsche Kultur	1	2
Errungenschaften der Demokratie	1	1
Leistungen der deutschen Sportler	1	1
Negativ gemeinte Assoziationen:		
Polenfeindlichkeit	8	6
Fremdenfeindlichkeit	5	4
Gewalt, Terrorismus	2	4
Bedrohung für Polen	3	4
Rassismus	2	2
Rauhe, derbe Sprache	1	1
Neutral gemeinte Assoziationen:		
Westliche Nachbarn	5	6
Berliner Mauer	1	2
C. Es fällt mir nichts besonderes ein, schwer zu sagen	6	7

* – alle Werte abgerundet

In unserer Analyse muß noch eine Art von Aussagen berücksichtigt werden: Etwa 7 Prozent der Befragten finden an Deutschland und den Deutschen nichts Besonderes: „Es kommt mir gar nichts in den Sinn, Land wie jedes andere" (803), „Land wie jedes andere. Die Deutschen sind Menschen wie wir alle" (278). Die weit verbreiteten Stereotype der Deutschen haben in diesen Fällen vermutlich geringe oder gar keine Wirkung.

Zusammenfassend ist festzustellen, daß das ermittelte Bild von den zurückliegenden historischen Ereignissen geprägt wird, die sowohl die Schüler wie auch ihre Eltern aus eigener Erfahrung nicht kennen. Etwa die Hälfte der Befragten assoziiert mit Deutschland und den Deutschen das polnisch-deutsche Konfliktverhältnis, insbesondere im 20. Jahrhundert. Die Erinnerung an die Zeit des Zweiten Weltkrieges und an die Naziokkupation in Polen ist im Bewußtsein der polnischen Gesellschaft fest verwurzelt.[12] Das heutige Deutschland hat im Bewußtsein der polnischen Jugendlichen seine guten und schlechten Seiten: Einerseits verbinden sie mit ihm eine gute wirtschaftliche Lage und den Wohlstand seiner Bürger, andererseits wird den heutigen Deutschen Polenfeindlichkeit und im allgemeinen Fremdenfeindlichkeit zugeschrieben.

1.2 Historische Reminiszenzen im heutigen Deutschlandbild

Nehmen wir nun das historische Assoziationsfeld unter die Lupe: Für wen verknüpft sich das Wort „Deutschland" mit den Zeiten des Zweiten Weltkrieges, und in welchem Ausmaß ist das Auftauchen dieser Assoziationen mit positiven oder negativen Einstellungen gegenüber den Deutschen verbunden? Insgesamt läßt sich feststellen, daß die historischen Assoziationen in allen untersuchten Gruppen von etwa 40 Prozent oder sogar über 50 Prozent der Befragten genannt wurden. Es ist dabei zu beobachten, daß Faktoren wie Geschlecht, Ortsgröße und Bildungsstand der Eltern nur eine geringe Rolle spielen.

Tabelle 2:

Historisches Assoziationsfeld – differenziert nach Geschlecht und Bildungsstand des Vaters (Angaben in Prozent*, Mehrfachnennungen waren möglich)				
	Der 2. Weltkrieg – allgemein		Okkupationszeit in Polen	
	Kleinstadt	Warschau	Kleinstadt	Warschau
Weiblich	54	44	14	16
Männlich	42	39	9	7
Bildungsstand des Vaters:				
Berufsschule	41	56	9	15
Abitur	55	36	9	10
Hochschule	49	45	13	9

* – alle Werte abgerundet

Die historischen Ereignisse beeinflussen das Deutschlandbild in der Kleinstadt stärker als in Warschau. Es zeigen sich dabei Geschlechtsunterschiede: Polnische Mädchen assoziieren häufiger Ereignisse des Zweiten Weltkrieges als Jungen, insbesondere trifft das für die weiblichen Jugendlichen in der Kleinstadt zu. Diese Mädchen sind auch am häufigsten negativ gegenüber den Deutschen eingestellt (vgl. Tabelle 3), was auf einen Zusammenhang zwischen Geschichtsbewußtsein und Einstellung hinweisen könnte. Der Bildungsstand der Eltern, gemessen am Bildungsstand des Vaters, scheint einen relativ geringen Einfluß darauf auszuüben, ob die historischen Assoziationen in den Aussagen der Jugendlichen auftauchen oder nicht. Die beoabachteten Unterschiede lassen eine nur geringe Wirkung familiärer Sozialisationsprozesse vermuten und verdeutlichen den Einfluß des Schulunterrichts und der Massenmedien. Diese Behauptung kann ausdrücklich anhand der Befragten in der Kleinstadt nachgewiesen werden, wo die weiblichen Jugendlichen und insgesamt die Schüler, deren Väter einen höheren Bildungsstand haben, häufiger als andere in ihren Äußerungen an geschichtliche Ereignisse erinnern. Es scheint, daß sich diese Gruppen den Gehalt des Schulunterrichts besser angeeignet haben als ihre Kollegen. Mädchen lernen in der Regel fleißiger und lesen mehr Pflichtlektüre; dasselbe trifft grundsätzlich für Schüler zu, deren Eltern höhere Schulbildung haben.

Viele Schüler bedienen sich in ihren Äußerungen häufig einer mit Emotionen beladenen Sprache. Die Tatsache, daß die erforschten Bilder selten wertneutral sind, zeugt davon, daß das Thema ihnen nicht gleichgültig ist. Betrachtet man die Äußerungen von

sprachlicher Seite, indem man eine ganz einfache Textbeschreibung vornimmt, sieht man, daß von den Befragten relativ häufig Begriffe mit negativem Inhalt gebraucht werden:
- Hitler, Hitlerismus, Nazis (etwa 14 Prozent in beiden Gruppen);
- Faschismus, Faschisten (etwa 8 Prozent);
- Grausamkeit, Morde, Gewalttaten (etwa 5 Prozent sowohl in der Kleinstadt als auch in Warschau).

Zwei Beispiele für solche Aussagen sind: „Ich denke an Konzentrationslager, Morde und Verbrechen, die die Deutschen während des Zweiten Weltkrieges begangen haben" (830); „Ich denke an die Zeiten des Zweiten Weltkrieges, wo die Deutschen die Menschen von vielen Nationen der Welt grausam töteten" (862).

Die Frequenz bestimmter Begriffe kann hier nur als ein Kriterium für die Erfassung des manifesten Inhalts dienen, das negative Einstellungen offenlegt. Es gibt auch eine Menge von Aussagen, in denen die oben genannten Begriffe nicht wörtlich auftauchen; es ist dennoch nach intuitivem Sprachverständnis klar, daß hier von einem negativen Bild die Rede ist. Es ist anzunehmen, daß Gemeinsamkeiten der sprachlichen Sozialisation (Elternhaus, Schule) bestimmte Interpretationsweisen nahelegen, so daß man durchaus recht eindeutig evidente semantische Implikationen bezeichnen kann. Die Mehrheit der angegebenen Begriffe bezieht sich offensichtlich auf den historischen Kontext und besonders auf die Zeit des Zweiten Weltkrieges. Vergleicht man die Lehrbücher für Geschichte oder für den muttersprachlichen Polnischunterricht, ist auf den ersten Blick zu erkennen, daß der von den Schülern angewandte Wortschatz unter dem Einfluß der in den Schulbüchern vermittelten Inhalte steht. In Aussagen mancher Schüler (etwa 1 Prozent der Befragten) ist eine Tendenz deutlich, die stereotypen Assoziationen der Kriegszeit im Deutschlandbild bewußt zu verneinen. Man kann beispielsweise folgende Aussagen der 15jährigen Jugendlichen anführen: „Es kommt mir ein Staat mit blühender Wirtschaft in den Sinn, aber ich hege gegen Deutschland keinen Groll wegen des Krieges" (827) oder „Es kommt mir bestimmt nicht in den Sinn, daß Deutschland mit Polen im Krieg gestanden hat. Es kommt mir nichts in den Sinn" (802).

1.3 Allgemeine Einstellungen zu Deutschland und den Deutschen

Die allgemeinen Einstellungen der polnischen Jugendlichen zu Deutschland und den Deutschen sind häufiger negativ als positiv; durchschnittlich ist etwa jeder zweite der befragten Schüler negativ eingestellt (Tabelle 3). Auffällig ist, daß eine ziemlich große Anzahl von Befragten ambivalente Einstellungen, weder eindeutig positive noch eindeutig negative, äußert. Unentschieden sind vor allem die Jungen aus Warschau (42 Prozent), aber auch aus der Kleinstadt (37 Prozent). Solche Einstellungen können sich in unterschiedlichen Kontexten, je nach Erfahrungen oder aktuellen Erlebnissen, entweder in positiver oder in negativer Richtung herauskristallisieren.

Die Frage, welche Faktoren die Einstellungen der polnischen Jugendlichen gegenüber den Deutschen beeinflussen, kann nicht eindeutig beantwortet werden. Auf Grund der analysierten Aussagen ist festzustellen, daß sich die ausgeprägte negative Bewertung der Deutschen eher auf die genannten historischen Gründe zurückführen läßt. Diejenigen, die positive Einstellungen haben, assoziieren mit Deutschland seltener die Zeit des Zweiten Weltkrieges, als die, die negative Einstellungen äußern. Dieser Zusammenhang tritt besonders im Falle der Kleinstadt hervor: Unter den Schülern, die positiv gegenüber den Deutschen eingestellt sind, erwähnen die zurückliegenden historischen Ereig-

Tabelle 3:

Allgemeine Einstellungen zu Deutschland und den Deutschen (Angaben in Prozent*)	Positiv		Negativ		Unentschieden	
	Kleinstadt	Warschau	Kleinstadt	Warschau	Kleinstadt	Warschau
Insgesamt	15	18	53	48	32	34
Weiblich	14	27	59	46	27	27
Männlich	16	5	47	53	37	42
Bildungsstand des Vaters:						
Berufsschule	15	15	58	55	27	30
Abitur	14	18	48	47	38	35
Hochschule	22	24	47	38	31	38
Schüler mit Deutschlanderfahrung	24	25	46	42	30	33
Schüler ohne Deutschlanderfahrung	13	15	55	52	32	33

* – alle Werte abgerundet

nisse etwa 26 Prozent, unter denen dagegen, die negativ eingestellt sind, schon 55 Prozent. Geringe Unterschiede zwischen den Untersuchten zeigen sich, wenn man den Einfluß der sozialen Herkunft der Jugendlichen, gemessen am Bildungsgrad des Vaters, vergleicht. Jugendliche, deren Väter Facharbeiter sind, äußerten häufiger negative Einstellungen zu den Deutschen als Jugendliche, deren Väter eine Hochschule absolviert haben.

Geschlechts- und ortsspezifische Differenzierungen sind deutlich ausgeprägt. Die weiblichen Jugendlichen aus Warschau weisen häufiger positive Einstellungen auf als die Jungen. Dagegen äußern Mädchen aus der Kleinstadt mehr negative Einstellungen als die Jungen. Wie läßt sich dieser Unterschied erklären? Eine mögliche Erklärung wäre, daß Mädchen in der Kleinstadt in höherem Maße als Jungen unter dem Einfluß von Faktoren wie nationale Tradition und traditionelles Geschichtsbewußtsein stehen, in denen negative Einstellungen gegenüber den Deutschen tief verwurzelt sind. Die Wirkung dieser Faktoren wird bei Mädchen in Warschau durch vielerlei Informationsquellen und (oder) persönliche Erfahrung abgeschwächt. Hier erhebt sich die Frage, warum dies bei den Jungen in Warschau nicht auch der Fall ist. Einerseits assoziieren die Jungen in Warschau häufiger als ihre Altersgenossen mit dem heutigen Deutschland Fremdenfeindlichkeit und Gewalt. Andererseits nehmen über 40 Prozent von ihnen keine klare Haltung gegenüber den Deutschen ein, was als Tendenz zu deuten wäre, eindeutige Antworten zu vermeiden, seien es positive oder negative.

Es wurde ebenfalls der Einfluß des Faktors „persönliche Erfahrung" erforscht. Die Schüler wurden gefragt, ob sie schon jemals in Deutschland gewesen sind. Etwa 26 Prozent der Befragten waren schon in Deutschland, von den Schülern aus Warschau jeder Dritte, aber von den Schülern aus der Kleinstadt nur jeder Sechste. Die Jugendlichen, die bereits in Deutschland waren, haben seltener eindeutig negative Einstellungen als ihre Altersgenossen. Sie sind den Deutschen gegenüber häufiger positiv eingestellt als die Schüler, die noch niemals in Deutschland waren. Die insgesamt relativ kleinen Unterschiede lassen auf einen geringen Einfluß des Faktors „persönliche Erfahrung" schließen. Daß jedoch die Einstellungen überwiegend als negativ oder eher negativ zu bezeichnen sind, zeigt, daß es nicht die bloßen persönlichen Kontakte sind, die zur Überwindung der nationalen polnisch-deutschen Antagonismen führen. Es muß darauf hingewiesen werden, daß der Faktor „persönliche Erfahrung" zumeist einen ehemaligen Aufenthalt in Deutschland, z. B. anläßlich eines Schulausfluges, bedeuten kann. Mehr positive Einstellungen gegenüber den Deutschen weisen die Jugendlichen auf, die in deutsch-polnischen Grenzgebieten leben, wo Kontakte mit den Deutschen verständlicherweise häufig sind.[13] In den Gebieten Polens, in denen bis heute verbliebene Angehörige der angestammten deutschen Bevölkerung leben, z. B. in Großpolen, Nieder- und Oberschlesien, ist die ethnische Distanz zwischen den Polen und den Deutschen gering. Das stereotype Bild vom westlichen Nachbarn entsteht dort vorwiegend auf Grund der empirischen Erfahrung, also der Beobachtung der kulturellen Verhaltensweisen, und fällt meistens positiv aus.[14]

Tabelle 4:

„Wie beliebt sind die Polen in Deutschland?" (Angaben in Prozent*)	Sehr beliebt		Ziemlich beliebt		Ziemlich unbeliebt		Sehr unbeliebt	
	Kl.	W.	Kl.	W.	Kl.	W.	Kl.	W.
Insgesamt	1	1	31	27	54	61	14	11
Weiblich	1	1	26	31	62	60	12	9
Männlich	1	2	35	21	46	62	18	15
Schüler mit Deutschland-erfahrung	0	1	34	30	51	60	15	9
Schüler ohne Deutschland-erfahrung	1	1	30	25	55	61	14	13

* – alle Werte abgerundet   Kl. – Kleinstadt   W. – Warschau

Manche der Befragten weisen auf die Notwendigkeit der Überwindung der Antagonismen zwischen beiden Nationen hin. Unter den Schülern in Warschau wird diese Meinung häufiger ausgesprochen (7 Prozent) als unter den Schülern in der Kleinstadt (3 Prozent). Es sind vor allem Mädchen in Warschau (10 Prozent dieser Gruppe) und im allgemeinen diejenigen, deren Väter Hochschulbildung haben (etwa 10 Prozent sowohl in Warschau als auch in der Kleinstadt), die unaufgefordert den Wunsch nach einer polnisch-deutschen Annäherung äußern. Man stößt auf Aussagen wie beispielsweise: „Ich meine, daß wir wenigstens zum Teil vergessen sollen, was sie uns getan haben." (401) oder „Für mich hat sich früher an dieses Wort der Krieg geknüpft. Heutzutage meine ich, daß wir die ganze deutsche Nation nicht der Greueltaten der Vergangenheit beschuldigen sollen." (316).

Besonders auffallend ist, daß 8 Prozent der Befragten in der Kleinstadt und 6 Prozent in Warschau auf Polenfeindlichkeit der Deutschen hinweisen. Auf die zusätzliche Frage nach ihrer eigenen Einschätzung, wie beliebt oder unbeliebt die Polen in Deutschland sind, antwortete die überwiegende Mehrheit der Jugendlichen, daß die Polen in Deutschland ziemlich unbeliebt oder sehr unbeliebt sind.

Aus Vergleichsgründen werden in Tabelle 4 die Antworten nach Ortsgröße, Geschlecht und nach dem Faktor „persönliche Erfahrung" differenziert. Bemerkenswert ist, daß sich in der Bewertung der Einstellungen der Deutschen gegenüber Polen zwischen den Schülern, die schon in Deutschland waren, und den Schülern, die noch nie in Deutschland waren, kaum Unterschiede zeigen. Die Unterschiede lassen sich dagegen im Orts- und Geschlechtervergleich feststellen. Mädchen aus der Kleinstadt sind außerordentlich skeptisch eingestellt. 74 Prozent von ihnen vertreten die Meinung, die Polen seien in Deutschland ziemlich oder sehr unbeliebt, und sogar 77 Prozent der Jungen aus Warschau sind derselben Meinung. Das Bild wird manchmal in schwarzen Farben ausgemalt, wie folgende Aussagen verdeutlichen: „Es kommt mir in den Sinn, daß die Deutschen seit Urzeiten die größten Feinde Polens sind und ich denke, daß es weiter so bleibt" (285) oder „An dieses Wort knüpfen sich für mich Gewalt und brutale Behandlung der Ausländer" (828).

Tabelle 5:

Sympathiewerte für Deutschland und andere Staaten im Vergleich (Mittelwerte*)				
	Schüler		Lehrer	
	Kleinstadt	Warschau	Kleinstadt	Warschau
Deutschland	4.4	4.4	3.6	4.0
USA	7.9	7.4	5.5	5.6
England	7.1	7.1	5.3	5.4
Japan	5.5	5.6	5.4	5.8
Ungarn	5.2	5.3	5.8	5.8
Bulgarien	5.3	5.1	4.7	4.5
Tschechien	4.9	5.1	4.4	4.7
Slowakei	4.5	5.0	4.8	5.5
Israel	4.4	4.6	3.9	4.3
Litauen	4.1	4.4	4.7	4.8
Ukraine	3.7	4.1	3.5	3.9
Rußland	3.0	2.9	3.3	4.0

* – Die Mittelwertangaben beziehen sich auf eine 10stufige Skala im Wertebereich von 1 („sehr unbeliebt") bis 10 („sehr beliebt")

In diesem Zusammenhang stellt sich die Frage, wie die Einstellungen gegenüber Deutschland und den Deutschen im internationalen Vergleich ausfallen. In unserer Untersuchung sollten die Schüler und ihre Lehrer anhand einer Skala von 1 bis 10 ihre Sympathien für Deutschland und andere Länder bewerten. An den Ergebnissen ist ablesbar, daß Deutschland in der Sympathie der Polen durchaus nicht am Ende der Skala rangiert.

Zwar liegen die Werte deutlich unter den Sympathiewerten der USA und Englands, aber doch über denen der Ukraine und Rußlands. Gerade in den Einstellungen der Schüler läßt sich eine relativ hohe Übereinstimmung mit den Einstellungen ihrer Lehrer feststellen, dennoch ist ein geringer Unterschied bezüglich der Einstellungen gegenüber Deutschland sichtbar. Die Lehrer sind gegenüber Deutschland negativer eingestellt als ihre Schüler. Die Ergebnisse lassen auf gewisse Generationsunterschiede schließen. Bei den Jugendlichen spielen vermutlich die historisch begründeten Reminiszenzen nicht eine so große Rolle wie bei ihren Lehrern, obwohl sie dennoch von großer Bedeutung sind.[15] Ähnliche Ergebnisse brachte eine Untersuchung, die im Jahre 1981 unter den Schülern der 8. Klasse der Grundschule und ihren Eltern durchgeführt wurde. Die Ergebnisse sprachen dafür, daß im Bewußtsein der jüngeren Generation „der deutsche Komplex" allmählich an Bedeutung verliert. Obwohl der Widerwille gegen Deutsche in beiden Gruppen stark ausgeprägt war, war er dennoch relativ schwächer in der Gruppe der Jugendlichen als in der Gruppe ihrer Eltern.[16]

Die in Tabelle 5 enthaltenen Ergebnisse verweisen gleichzeitig auf eine generelle Tendenz: Die Jugendlichen sind stärker am Westen, insbesondere an den USA, orientiert als ihre Lehrer. Es sind mir zwar keine Studien zu diesem Thema bekannt, aber einige Anzeichen deuten darauf hin, daß hier auf die Wirkung der Massenmedien hingewiesen werden sollte. Das gegenwärtige Angebot der Medien, vor allem im Rahmen der jugendlichen Subkulturen, wird international gesehen immer gleichförmiger. Die Universalität jugendkultureller Symbolik, vorwiegend von der amerikanischen Kultur geprägt, scheint eine Rolle bei der Abschwächung nationaler Antagonismen zu spielen.

Die neuesten empirischen Untersuchungen sprechen dafür, daß die ökonomischen Faktoren für die Bewertung anderer Nationen von besonderer Bedeutung sind. Generell wird solchen Ländern mehr Vertrauen geschenkt, deren Wirtschaftslage gut ist, als Ländern, die sich in einer wirtschaftlichen Krise befinden. Diese Tendenz wurde mehrmals im internationalen Vergleich nachgewiesen.[17]

2. Die typischen Eigenschaften der Deutschen

Im Bewußtsein der polnischen Gesellschaft werden die Deutschen ambivalent bewertet. Auf der einen Seite ist das durch geschichtliche Erfahrung vermittelte Bild vom bösen Deutschen sowohl in der Nachkriegsliteratur als auch in den Medien lebendig. Auf der anderen Seite werden die Deutschen relativ positiv eingeschätzt, insbesondere werden Eigenschaften im Bereich Arbeitsethik als charakteristisch für deutsche Menschen anerkannt. Insgesamt wurde Ende der achtziger Jahre ein hoher Grad an Übereinstimmung in der Bewertung der Deutschen zwischen den Jugendlichen und den älteren Generationen in Polen festgestellt.[18]

In unserer Untersuchung wollten wir unter anderem erforschen, mit welchen Eigenschaften das Bild von den Deutschen heutzutage ausgestattet wird. Die Jugendlichen wurden nach typischen Eigenschaften der Deutschen gefragt. Den Schülern legte man keine Liste mit Eigenschaften vor, sondern sie sollten selbst Eigenschaften nennen. Die Übersicht in Tabelle 6 zeigt charakteristische Merkmale, die in der untersuchten Gruppe als typisch deutsch gelten.

Die Eigenschaften, die die polnischen Jugendlichen als typisch deutsch bezeichnen, werden offensichtlich von den langfristigen Stereotype des Deutschen in Polen geprägt. Daß das Bild eher von Tradition und Geschichte als von anderen Faktoren beeinflußt ist, zeigt die Tatsache, daß eine Differenzierung nach Geschlecht, Größe des Wohnortes oder Bildungsstand der Eltern keine relevanten Unterschiede bei der Beantwortung dieser Frage ergibt. Den Deutschen werden neben traditionellen Eigenschaften aus den Bereichen Sozialverhalten und Arbeit auch fremdenfeindliche Verhaltensweisen zuge-

Tabelle 6:

Die typischen Eigenschaften der Deutschen[+]		
(Angaben in Prozent*, Mehrfachnennungen waren möglich)		
Eigenschaft	Kleinstadt	Warschau
Fleißig	8	10
Diszipliniert	7	9
Habgierig, eroberungssüchtig	10	4
Überheblich	6	7
Machtgierig	4	8
Faschisten, Rassisten	7	5
Stark	6	6
Gegen andere Nationen feindlich gesinnt	7	4
Ordnungsliebend	5	6
Reich	5	5
Höflich, freundlich, gesittet	4	5
Egoistisch	6	3
Betrügerisch, unehrlich	6	2
Sauber	3	5
Grausam	4	3
Aggressiv	1	6
Zielstrebig	2	5
Gegen Polen feindlich gesinnt	2	3
Menschen wie wir alle	6	9
Schwer zu sagen	20	21

[+] – Nur Eigenschaften, die insgesamt mindestens 3 Prozent der Befragten angegeben haben
** – alle Werte abgerundet

schrieben. Das Sozialverhalten wird durch Eigenschaften wie Überheblichkeit, Egoismus und Unehrlichkeit eher negativ bewertet, während positive Eigenschaften wie Höflichkeit und Freundlichkeit seltener vorkommen. Der Bereich Arbeit ist mit traditionellen Werten wie Ordnung, Sauberkeit, Fleiß und Zielstrebigkeit positiv besetzt. Unter den fremdenfeindlichen Verhaltensweisen, die von den polnischen Jugendlichen genannt wurden, tauchen außer allgemeiner Fremdenfeindlichkeit auch Polenfeindlichkeit und rassistische Denkweisen auf. In manchen Aussagen verdichten sich Spuren des „Komplexes des armen Verwandten". Für 5 Prozent der befragten Schüler erscheint das Leben in Wohlstand als eine charakteristische deutsche Eigenschaft: Die Deutschen werden, im Gegensatz zu den Polen, als reiche Leute bezeichnet. Vergleicht man die Eigenschaftskomplexe, die den Deutschen zugeschrieben werden, tritt die Ambivalenz des erforschten Bildes deutlich hervor. Sowohl die positiv bewerteten Eigenschaften, vorwiegend im Bereich Arbeit, als auch die negativ bewerteten Eigenschaften im Bereich Sozialverhalten, auch im internationalen Kontext, werden beinahe mit der gleichen Häufigkeit genannt. Ähnliche Ergebnisse brachten eine Bevölkerungsumfrage im Herbst 1988[19] und weitere Untersuchungen zu dieser Thematik[20].

Auffällig ist die Tatsache, daß über ein Viertel der Befragten eine Antwort auf die Frage nach den typischen Eigenschaften der Deutschen verweigert hat. Der Grund für diese Zurückhaltung könnte sowohl die Überzeugung sein, daß die Deutschen keine charakteristischen nationalen Merkmale haben, als auch die Schwierigkeit, solche zu formulieren. In beiden Fällen wird eine Erosion des traditionellen Stereotyps sichtbar, in dem Eigenschaften der Deutschen (positive und negative) sehr stark ausgeprägt sind.

Schlußbemerkungen

Es wäre zu vereinfachend, wollte man von einem Bild (Stereotyp) der Deutschen in Polen sprechen. Wie die Ergebnisse früherer empirischer Untersuchungen beweisen, bestehen in Polen unterschiedliche Bilder von den Deutschen, je nachdem, wie groß die ethnische Distanz zwischen Polen und Deutschen ist. In den polnischen Gebieten, in denen die ethnische Distanz ziemlich groß ist – eben das trifft für diese Untersuchung zu – wird das Bild von den Deutschen eher durch generalisierte Urteile geprägt, die auf der Basis geschichtlicher Erfahrung entstanden sind.

Wie die Ergebnisse der Erhebung zeigen, besteht ein enger Zusammenhang zwischen dem Geschichtsbewußtsein polnischer Jugendlicher und deren Einstellungen gegenüber den Deutschen. Die zurückliegenden historischen Ereignisse spielen eine bedeutende Rolle im heutigen Deutschlandbild der jungen Generation in Polen. Nach den Umwälzungen in Mittel- und Osteuropa und mit der deutschen Vereinigung ist es zu einer Neuorientierung im Verhältnis zwischen der Bundesrepublik und Polen gekommen. Der Geschichtsunterricht, sowohl in Deutschland als auch in Polen, steht dabei vor neuen Herausforderungen. Eine besondere Erwähnung verdienen Schulbücher und andere Formen der Vermittlung von Geschichte, nicht zuletzt die Massenmedien. Auf diese Herausforderungen einzugehen kann aber nicht heißen, ältere Inhalte, wie beispielsweise die Geschichte des deutsch-polnischen Konfliktverhältnisses, durch neuere auszutauschen, die die gegenseitigen Beziehungen als eine Periode des Friedens und der Freundschaft darstellen würden.

Die Erinnerungen an die Zeit des Zweiten Weltkrieges und die von ihnen beeinflußten negativen Einstellungen der Polen zu den Deutschen werden noch in der Zukunft die deutsch-polnische Annäherung belasten. Eine Chance für die Überwindung der Antagonismen bietet sich auf dem Gebiet der Kultur. Eine Verbreitung der Errungenschaften der deutschen Kultur in Polen, besonders in der Schule, aber auch in den Massenmedien, könnte den Einfluß der negativen historischen Erfahrung bis zu einem gewissen Grade ausgleichen.

Das Deutschlandbild der polnischen Jugendlichen wird zwar in hohem Maße von der tradierten Geschichte des polnisch-deutschen Konfliktverhältnisses beeinflußt, es kommen aber auch Fragen der erlebten Gegenwart zum Ausdruck. Die von manchen Schülern in ihren Aussagen angeführte Polenfeindlichkeit, die den heutigen Deutschen zugeschrieben wird, kann den Annäherungsprozeß bedauerlicherweise erschweren.

Anmerkungen

[1] M. Wagińska-Marzec, Niemcy, wojna i okupacja w podręcznikach do nauki języka polskiego, in: A. Wolf-Powęska (Hrsg.), Polacy wobec Niemców, Z dziejów kultury politycznej Polski 1945–1989, Poznań 1993, S. 307–335.

[2] E. Nasalska, Ethnocentrism in the image of Germans and Poles in German and Polish textbooks of recent history, Revue des Études sud-est européennes, 1–2/1995.

[3] Dies., Polish-German relationship in schoolbooks in Germany and Poland in the Early 1990s, Vortrag, gehalten auf dem 16. World Congress International Political Science Association, Berlin 1994.

[4] T. S. Wróblewski, Tematyka niemiecka w polskim filmie fabularnym, in: A. Wolf-Powęska (Hrsg.), S. 307–335.

[5] B. Wilska-Duszyńska, „Swoi" i „inni" – postawy studentów wobec etnicznie innych, in: Kultura i Społeczeństwo, 3/1992, S. 99–106.

[6] Sojusznicy i wrogowie Polski, Opinie młodzieży o niektórych czynnikach bezpieczeństwa i zagrożenia kraju, CBOS, Warszawa 1990.

[7] Ebenda.

[8] A. Jasińska-Kania, Zmiany stosunku Polaków do różnych narodów i państw, in: Dies. (Hrsg.), Bliscy i dalecy, Studia nad postawami wobec innych narodów, ras i grup etnicznych, Bd. 2, Warszawa 1992, S. 219–246.

[9] Ebenda; Między Niemcami a Rosją – ocena międzynarodowego bezpieczeństwa Polski, CBOS, Warszawa 1994.

[10] Opinia publiczna o międzynarodowym położeniu Polski, CBOS, Warszawa 1992; Między Niemcami a Rosją.

[11] A. Kłoskowska, Sąsiedztwo narodowe i uniwersalizacja kultury, in: Kultura i Społeczeństwo 4/1991, S. 19–33.

[12] E. Nowicka, Dystans wobec Niemców w społeczeństwie polskim, in: Kultura i Społeczeństwo 4/1991, S. 167–177.

[13] L. Janiszewski, R. Woźniak, Polacy i Niemcy, Sondaż opinii i postaw, Szczecin 1992, S. 7–61.

[14] B. Linette, Etnologiczne aspekty badań nad stereotypem Niemca, in: W. Wrzesiński (Hrsg.), Wokół stereotypów Polaków i Niemców, Wrocław 1991, S. 175–180.

[15] Vgl. auch Między Niemcami a Rosją.

[16] B. Frątczak-Rudnicka, Socjalizacja polityczna w rodzinie w warunkach kryzysu, Warszawa 1990, S. 133–134.

[17] Między Niemcami a Rosją; R. Siemieńska, East-Europeans Look at Each Other: How and Why?, Vortrag, gehalten auf dem 16. World Congress International Political Science Association, Berlin 1994.

[18] Nowicka.

[19] Opinie o Niemcach, Republice Federalnej Niemiec i stosunkach polsko-niemieckich, CBOS, Warszawa 1989.

[20] Unter anderem Nowicka.

Benutzte Literatur

Frątczak-Rudnicka, B., Socjalizacja polityczna w rodzinie w warunkach kryzysu, Warszawa 1990, S. 133–134.

Janiszewski, L.; R. Woźniak, Polacy i Niemcy, Sondaż opinii i postaw, Szczecin 1992, S. 7–61.

Jasińska-Kania, A., Zmiany stosunku Polaków do różnych narodów i państw, in: dies. (Hrsg.), Bliscy i dalecy, Studia nad postawami wobec innych narodów, ras i grup etnicznych, Bd. 2, Warszawa 1992, S. 219–246.

Kłoskowska, A., Sąsiedztwo narodowe i uniwersalizacja kultury, in: Kultura i Społeczeństwo 4/1991, S. 19–33.

Linette, B., Etnologiczne aspekty badań nad stereotypem Niemca, in: W. Wrzesiński (Hrsg.), Wokół stereotypów Polaków i Niemców, Wrocław 1991, S. 175–180.

Nasalska, E., Ethnocentrism in the image of Germans and Poles in German and Polish textbooks of recent history, Revue des Études sud-est européennes, 1–2/1995.

Dies., Polish-German relationship in schoolbooks in Germany and Poland in the Early 1990s, Vortrag, gehalten auf dem 16. World Congress International Political Science Association, Berlin 1994.

Między Niemcami a Rosją – ocena międzynarodowego bezpieczeństwa Polski, CBOS, Warszawa 1994.

Nowicka, E., Dystans wobec Niemców w społeczeństwie polskim, in: Kultura i Społeczeństwo 4/1991, S. 167–177.

Opinia publiczna o międzynarodowym położeniu Polski, CBOS, Warszawa 1992.

Opinie o Niemcach, Republice Federalnej Niemiec i stosunkach polsko-niemieckich, CBOS, Warszawa 1989.

Siemieńska, R., East-Europeans Look at Each Other: How and Why?, Vortrag, gehalten auf dem 16. World Congress International Political Science Association, Berlin 1994.

Sojusznicy i wrogowie Polski, Opinie młodzieży o niektórych czynnikach bezpieczeństwa i zagrożenia kraju, CBOS, Warszawa 1990.

Wagińska-Marzec, M., Niemcy, wojna i okupacja w podręcznikach do nauki języka polskiego, in: A. Wolf-Powęska (Hrsg.), Polacy wobec Niemców, Z dziejów kultury politycznej Polski 1945–1989, Poznań 1993, S. 307–335.

Wilska-Duszyńska, B., „Swoi" i „inni" – postawy studentów wobec etnicznie innych, in: Kultura i Społeczeństwo, 3/1992, S. 99–106.

Wróblewski, T. S., Tematyka niemiecka w polskim filmie fabularnym, in: A. Wolf-Powęska (Hrsg.), S. 307–335.

Anschrift der Autorin:
Dr. Ewa Nasalska
Universität Warschau
Institut für Soziologie
Karowa 18
Warszawa 64, Polen

Zum Stand der polnischen Lehrpläne für Geschichte

von Zofia T. Kozłowska

Ein Lehrplan setzt die Normen für das Niveau, die Reichweite und die Qualität der Edukation nach modernem didaktischem Verständnis; er muß dem Stand der geschichtswissenschaftlichen Kenntnisse und des historischen Bewußtseins, der Entwicklungsstufe der jungen Generation und den Zielen entsprechen, welche die Gesellschaft mit der historischen Bildung verfolgt. Von dieser Regel weichen die polnischen Lehrpläne und die historische Bildung in Polen – diesen Unterschied muß man machen – auf spezifische Weise ab bzw. bereichern sie fast während des gesamten 19. und partiell auch des 20. Jahrhunderts.

Jedes Teilungsgebiet Polens hatte eine andere Art, ein anderes Niveau der Bildungsanforderungen. Das russische Teilungsgebiet war von der Russifizierung der Beamten und Lehrer geprägt. Diese hatten nicht das Gefühl, für das eigene Land zu wirken – so erklärt sich das geringe Engagement. Es war einfacher, sich dem zu entziehen. Das deutsche (preußische) Teilungsregime war – besonders in der Ära des Kulturkampfes – eine Herausforderung für die Beamten und Lehrer. Sie waren sich ihrer Aufgabe bewußt und für diese gut gerüstet. Die einheimische Kultur der Polen stieß auf einen Gegner, dem man nicht so leicht widerstehen konnte. Man mußte in ausgereifter und differenzierter Art und Weise handeln.

Im österreichischen Teilungsgebiet war in der Zeit der Autonomie die nationale Wiedergeburt möglich. Neben konstruktiven Lehrplänen, genügend Lehrbüchern, historischer Literatur und Universitäten spielten verschiedene Vereinigungen eine bedeutende Rolle. Ihr Ziel war die Verbreitung der historischen Kultur. Darunter waren die Polnische Historische Gesellschaft (gegr. 1886), deren erster Kongreß schon 1880 in Krakau stattgefunden hatte, sowie zahlreiche regionale Vereinigungen. Auch wurden nationale Gedenktage gefeiert: das Kościuszko- und Grunwald-Jubiläum, Jahrestage von Schriftstellern und Malern – Veranstaltungen, an denen, soweit möglich, auch Polen von jenseits der Teilungsgrenzen teilnahmen.

Die Fragen an die Geschichte, wie sie nach den verschiedenen Lehrplänen in dem geteilten Land gestellt wurden, betrafen die Entstehung der Nation, die Aufrechterhaltung ihrer Einheit und Identität. Auf diese Fragen gab es nicht nur Antworten in den verschiedenen Formen der nationalen historischen Kultur, sondern auch in den Programmen geheimer Vereinigungen zum Selbststudium der Gelehrten und Studenten sowie in den verschiedensten gesellschaftlichen und politischen Organisationen.

Das historische Bewußtsein einer geteilten Nation erforderte eine spezifische historische Bildung. Neben der Praxis der schulischen Lehrpläne in den Teilungsgebieten stand eine breit verstandene, vielschichtige, lebendige historische Kultur. Sie setzte sich zusammen aus populärer Historiographie, historischen Erzählungen (vor allem Józef Kraszewskis und Henryk Sienkiewicz'), der Malerei Jan Matejkos, der Musik Stanisław Moniuszkos (mit patriotischen Liedern) und auch der Belebung des historischen Tourismus, der um die Jahrhundertwende einsetzte, sowie Geschichtsjubiläen.

Einen wichtigen Platz bei der Bewahrung der nationalen Einheit nahm die katholische Kirche ein. Es gab unter anderem Pilgerfahrten, besonders nach Tschenstochau, wohin man aus allen Teilungsgebieten kam. Zu dieser historischen Kultur gesellte sich die Heimatgeschichte, die in allen gesellschaftlichen Schichten lebendig war, wenn auch jeweils in anderer Form. Sie verband die historische Kultur und die historische Wissenschaft mit der regionalen und lokalen Wirklichkeit. Es war die Illustration der Wissenschaft in der nachbarschaftlichen und heimatlichen Umgebung, dem „kleinen Vaterland".

Mit der Erlangung der Unabhängigkeit nach dem Ersten Weltkrieg vereinheitlichte man in Polen die Unterschiede im Schulwesen. Die ersten neuen Lehrpläne wurden schon in der Ära des Regentschaftsrates (1916–18) geschrieben und in den folgenden Jahren modifiziert. Sie blieben in Kraft – bei einer unveränderten Struktur der Schule, d. h. drei bis vier Klassen Elementarschule, acht Jahre Gymnasium – bis zur strukturellen Schulreform in den dreißiger Jahren. Die Lehrpläne und ihre Reform wurden in Zeitschriften und verschiedenen gesellschaftlichen Gremien, in denen die Polnische Historische Gesellschaft eine führende Rolle spielte, besonders aber in ihrer Didaktischen Kommission von 1927, lebhaft diskutiert. Unter den zahlreichen strittigen Themen muß man die Kontroversen um die Proportionen zwischen der vaterländischen und der allgemeinen Geschichte erwähnen. Im Rahmen der vaterländischen Geschichte gab es Streitfragen zum 19. Jahrhundert. Die Didaktiker forderten auch andere Themen ein als nur die „Geheimen Zirkel" und Aufstände.

Die Schulreform von 1932/33 hatte strukturellen und programmatischen Charakter: Die sechsklassige allgemeine Grundschule (für die Endabsolventen war es eine siebenklassige mit besonderem Programm für die letzte Klasse) war die Grundlage für den Übergang in das vierklassige Gymnasium und das zweiklassige Lyzeum.

Die Lehrpläne für Geschichte in der Grundschule (Klasse 5 und 6) und im Gymnasium hatten konzentrischen Charakter; beiden Zyklen lag die Periodisierung der Geschichte des polnischen Staates zugrunde. Die Grundlage für diese Entscheidung bildete die Existenz der vielen nationalen Minderheiten. Ihnen wurde auch in dem erweiterten Teil des Lehrplans, der speziell für die Geschichte der Minderheiten, der Regionen und der lokalen Gesellschaften vorgesehen war, Platz für die eigene Geschichte eingeräumt. Damit knüpfte man an edukatorische Traditionen Galiziens an. Das Lehrprogramm für das Lyzeum präsentierte sich problemorientierter. Allgemeine Geschichte sollte als Hintergrund für die vaterländische Geschichte im Gymnasium und im Lyzeum gelernt werden.

Das 1933 angenommene Programm war die Grundlage des geheimen Unterrichts im Zweiten Weltkrieg und für kurze Zeit – mit geringen Modifikationen – auch nach dem Krieg.

In der Ära der Volksrepublik Polen muß man neben den Lehrplänen und der traditionellen historischen Kultur auf ein drittes Element achten, nämlich auf die mündliche Lehre als Bestandteil des Geschichtsunterrichts, sei es als Illustration ausgewählter Probleme oder als Auffüllung von Lücken in den Lehrbüchern.

Im März 1945 wurde der neue Lehrplan vom Minister unterzeichnet, die folgenden nach den Wahlen von 1947 und 1948, als die Schulzeit auf elf Jahre festgesetzt wurde. Den nächsten Lehrplan gab es 1950; er galt, zusammen mit den jährlichen Instruktionen, bis 1957. Im Lehrplan von 1950 wurde die marxistische Periodisierung eingeführt. Die abschließende Zäsur bildete der Erste Weltkrieg. Auch inhaltlich galt die marxistische Terminologie, die mit ihrer primitiven Kirchenfeindlichkeit Ablehnung hervorrief, vor allem, weil es keinen Zusammenhang mit der polnischen historischen Tradition mehr gab. Die Besonderheit dieses Lehrplans war – einmalig in der polnischen Bildungsgeschichte des 20. Jahrhunderts – die Aufteilung in die gesondert behandelte Geschichte Polens und die allgemeine Geschichte. Der Teil des Lehrplans, der für die Klassen 4 und 5 bestimmt war, berücksichtigte in keiner Weise das Alter der Rezipienten.

Der Lehrplan von 1950 basierte auf sowjetischen Lehrbüchern. Die Geschichte Polens wurde auf der Grundlage der Bearbeitungen Żanna Kormanowas gelehrt.

Der Lehrplan, der nach dem ersten Liberalisierungsimpuls von 1956 im Jahre 1957 unterzeichnet wurde, enthielt kleine inhaltliche Modifikationen. Die Zäsur verlegte man in das Jahr 1944. 1964 wurde ein neuer Lehrplan gleichzeitig mit einer strukturellen Reform eingeführt: Es gab jetzt acht Klassen Grundschule und vier Jahre Lyzeum, und die Endzäsur reichte bis zur Gegenwart.

Die nächste Lehrplanreform, die ebenfalls mit einer politischen Krise verbunden war, datiert vom Juni 1970. Erst in diesem Lehrplan verzichtete man auf die marxistische Periodisierung, doch behielt man die klassenbezogene Interpretation der wichtigsten Ereignisse bei, ebenso wie die Bevorzugung der linken Bewegung auf Kosten eines vollständigen Spektrums der politischen Kräfte. Entsprechend dieser Tendenz wurde nicht genügend deutlich, daß in der Aufklärung die Grundlage der Gewaltenteilung angelegt war. Die Verfassungen des 18. Jahrhunderts, die Genese und Entwicklung demokratischer Handlungsweisen bezeichnete man in diesem Lehrplan weiterhin als „bourgeoise".

Das Bildungsgesetz von 1973 sah die Einführung der allgemeinen Mittelschule nach dem Muster der zehnklassigen sowjetischen Schule vor. Diese Entscheidung des Sejms rief wegen ihrer Willkürlichkeit eine breite Diskussion hervor. Man sah aber auch die Chance eines zehnklassigen Schulabschlusses für die gesamte Bevölkerung, was indes selbst in der Sowjetunion nicht verwirklicht werden konnte. Die geplante Strukturreform erforderte neue Lehrpläne, die jetzt das Institut für Geschichte der Warschauer Universität sowie das Institut für Lehrpläne des Ministeriums ausarbeiteten. Eine Neuheit war das propädeutische Programm für Geschichte in der vierten Klasse und der lineare Aufbau in den folgenden Klassen. Die Lehrpläne für die Klassen 4, 5 und 6 wurden zusammen mit Probelehrbüchern eingeführt, ein jedes in zwanzig Klassen verschiedener Schulen. Als man 1980 beschloß, die Reform, die schon bis zur vierten Klasse vorgedrungen war, zu stoppen, behielt man die propädeutische Klasse unter großer Zustimmung der Lehrer bei. Auch blieben viele Bestandteile des Lehrplans und der Schulbücher für die Klassen 5 und 6 unangetastet. Sie wurden im Zusammenhang mit der Preisgabe des linearen Programms und der Rückkehr zum konzentrischen nur geringfügig geändert. Wohlgemerkt, gerade die Lehrpläne der Klassen 5 und 6 lösten die schärfste Kontroverse im Zusammenhang mit Perzeptionsschwierigkeiten einiger Schüler in bezug auf Probleme wie der athenischen Demokratie oder der spartanischen Bildung aus, die nur ein einziges Mal während der gesamten Schulzeit behandelt wurden.

Obgleich der Lehrplan die marxistische Periodisierung aufgegeben hatte, erhielt er doch bei vielen Ereignissen die Begründung aus der Zeit des Klassenkampfes aufrecht. Die Endzäsur lag jetzt in den siebziger Jahren. Dennoch fehlten die Ereignisse des Jahres 1968. Im Zuge der auflebenden Diskussion über die Schulreform entstanden – unabhängig von politisch polarisierten Einstellungen – viele didaktische Bearbeitungen, die Einsichten der Pädagogik, Psychologie und Soziologie verwerteten. Der Inhalt der Lehrpläne wurde modernisiert, freilich galt das weniger für die Sprache.

Um zu einem abschließenden Urteil über die Jahre 1945–50 zu kommen, muß man beachten, daß sich neben den Lehrplänen des Geschichtsunterrichts trotz aller Schwierigkeiten eine historische Kultur entwickelte. Vor allem hatte der Lehrplan „Polnische Sprache" immer eine historische Struktur. Neben Positionen der zeitgenössischen Literatur, die Zweifel weckten, enthielten die Lehrpläne poetische Texte, Erzählungen und Dramen, die integral mit der polnischen Geschichte verbunden waren, wenn nicht als obligatorische, so doch als fakultative Lektüre. Auch auf die Illustrationen historischer

Malerei wurde hingewiesen. Neben den neuaufgelegten, manchmal jahrelang vergriffenen Erzählungen Sienkiewicz', Kraszewskis, Żeromskis entstanden neue, darunter die Antoni Gołubiews und Zofia Kossaks, sowie auch formal besondere Erzählungen, wie die metaphorischen Werke von Hanna Malewska, Kazimierz und Marian Brandys sowie Jerzy Zawieyski. Das schriftstellerische Talent Paweł Jasienicas oder Melchior Wańkowicz' bildete einen lebendigen historischen Kommentar, dessen Leser sich zu eigenen Reflexionen angeregt fühlten. Auch muß beachtet werden, daß in dieser Zeit große Geschichtsgemälde in Filmen entstanden, ebenso Zyklen von Fernseh- und Radiosendungen. Die Verkürzungen, die die Schullektüre oder auch das Filmmaterial mit sich brachten, weckten eher mehr Interesse, als daß sie das Fehlen von Erzählungen wie Sienkiewicz' „Feuer und Schwert" im Lehrplan hervorkehrten.

In den siebziger Jahren wandte auch die Opposition ihr Interesse der Schule zu. Sie kümmerte sich um Fragen der Geisteswissenschaften, insbesondere um deren Berücksichtigung in der Schule. Halboffizielle Aktivitäten entfalteten die Polnische Historische Gesellschaft und die Geheime Gesellschaft für wissenschaftliche Kurse sowie andere Zentren der Jugenderziehung. Eine nicht geringe Rolle spielte das sich entwickelnde Verlagswesen mit den Fortschritten der Drucktechnik. Die Ausweitung dieser Aktivitäten bildete die Grundlage für eine Diskussion über obligatorische Lehrpläne, deren didaktische Korrektur schon durch die Debatte über die Lehrpläne der zehnjährigen Schule vorbereitet worden war.

Eine Korrektur der Lehrpläne erwies sich als unentbehrlich, wo es um die Übereinstimmung mit dem aktuellen Wissensstand ging – sowohl in bezug auf die Faktographie als auch auf die Auffassung des gesamten historischen Prozesses. Das bezieht sich nicht allein auf die neueste Geschichte, sondern auch auf die früheste. Das Verhältnis zwischen allgemeiner und vaterländischer Geschichte war ebenso korrekturbedürftig, unter anderem mußte der Zeitraum für die Entwicklung demokratischer Verfassungsstrukturen ausgeweitet werden. Viele Erwägungen betrafen die Überbürdung mit Fakten, wodurch die Lehrpläne übermäßig enzyklopädisch geworden waren.

Auch im Zuge der politischen Wandlungen der Jahre 1980/81 forderte man die Korrektur der Lehrpläne für Geschichte. Der vierte Punkt der Danziger Verhandlungen wurde in den Gesprächen zwischen der Solidarität und dem Bildungsministerium unter dem Vorsitz von Prof. Marian Wojciechowski und Frau Minister Radziwiłłowa aufgegriffen. Als Grundlage der Gespräche diente ein Dokument mit einem Vorschlag zur wesentlichen Veränderung des Lehrmaterials für Geschichte in den Grundschulen und den weiterführenden Schulen. Dieser Vorschlag war im Frühjahr 1981 ausgehandelt worden. Neben einem detaillierten Protokoll der Änderungen, die in das Lehrprogramm vom Juli 1981 eingeführt wurden, bestimmte man als Endzäsur für den Geschichtsunterricht das Jahr 1970. Außerdem stellte man einen sehr viel differenzierteren Katalog für die neueste Geschichte zusammen. Hinzu kamen bisher unberücksichtigte Streitfragen im Zusammenhang mit dem Warschauer Aufstand. Auch legte man Änderungen in den Schulbüchern für die neueste Geschichte fest.

Eine der wichtigsten Errungenschaften der Verhandlungen von 1981 war die Wiedereinführung des Geschichtsunterrichts in den elementaren Berufsschulen. Dort war er 1965 abgeschafft worden. Den neuen Lehrplan arbeiteten Zofia Kozłowska und Anna Mączakowa aus. Dieser Lehrplan war der erste, den auch die Autorinnen unterzeichnet hatten. Er umfaßte ein Programm gesellschafts- und kulturgeschichtlichen Zuschnitts, verbunden mit Regionalgeschichte, und für drei Wochenstunden berechnet (zwei davon in der ersten Klasse und eine in der zweiten Klasse). Ausschlaggebend für die Inhalte war die Tatsache, daß der Schüler dieses Schultyps in seinem ganzen Leben nur hier

Gelegenheit hatte, Geschichte zu lernen. Er mußte daher für die Erfüllung von Aufgaben in der Öffentlichkeit und in der Familie mit dem entsprechenden Geschichtswissen ausgerüstet werden.

Das Kriegsrecht vom Dezember 1981 führte nicht zu den alten Lehrplänen zurück, doch berief das Ministerium eine neue Kommission, die auch korrekt arbeitete. Ihr Lehrplan wurde 1984 unterzeichnet und 1986/87 eingeführt. Obgleich er inhaltliche Korrekturen aufwies, die bedenklich erscheinen, muß man jetzt den eigentlich didaktischen Aufbau des Lehrplans beachten. Er war ein Ertrag der Diskussion über die zehnjährige Schulzeit: Für jede Klasse legte man nach inhaltlicher Auswahl die Themen für die Wiederholung, das Anforderungsniveau sowie eine Liste der erinnerungswürdigen Begriffe und Daten fest. Das Programm für die Berufsschulen wurde ganz zurückgezogen. An seine Stelle trat ein neues, das bei der Verminderung der Stundenzahl auf eine Wochenstunde sehr schwer zu realisieren war.

Seit den siebziger Jahren gab es die Forderung nach Reduktion der Schlagwörter in den Lehrplänen. Das führte 1987 und 1988 zu erneuten Korrekturen. Viele Inhalte wurden gestrichen, andere für fakultativ erklärt. Das betraf die allgemeine Geschichte, z. B. den Dreißigjährigen Krieg, die Nachbarn Polens in der Zeit Bolesław Chrobrys, aber auch die Einführung des Polnischen in den Schulunterricht während der Revolution von 1905.

Nach der Wahl vom 4. Juni 1989 kam es zu einer erneuten Überarbeitung der Lehrpläne. Sie wurden im März 1990 zum Druck freigegeben und mit einführenden Bemerkungen versehen. Die Ziele der Planänderungen wurden ausdrücklich angegeben, und zwar sollte denjenigen Inhalten mehr Aufmerksamkeit gewidmet werden, die auf ein Leben in der Welt des demokratischen Wandels vorbereiteten. Der Entscheidungsspielraum des Lehrers war genau festgelegt; danach war für ihn der Lehrplan und nicht das Lehrbuch verbindlich. Im einzelnen ging es um die Wiederholungsthemen, die Anforderungen an die Schülerkompetenz, die Daten und die Verteilung des Stoffes auf die Stunden.

Angesichts der für die Jugend belastenden Programmfülle kehrte man zu den Gedanken von 1981 zurück, als man ein Minimum an Anforderungen festgelegt hatte. Dieses wurde in das Bildungsgesetz von 1991 aufgenommen. Gleichzeitig zwang man das Ministerium, Einsparungen vorzunehmen. Das führte zur Verringerung der Stundenzahl, im Fach Geschichte um 25 Prozent. Die Kürzungen brachten den Lehrern größte Schwierigkeiten, zumal das Minimum des Lehrplans nur unklar beschrieben war. Das Ministerium bereitete deshalb im August 1992 einen Minimallehrplan vor. Die Kürzungen und die weitreichende Autonomie des Direktors bei der Zuteilung der Stunden für Geschichte beunruhigten die Lehrer, besonders wegen der ständigen Verminderung der Zahl der Geschichtsstunden, namentlich in den Berufsschulen.

Es zeigt sich eine stetige Tendenz zur Verminderung der Stundenzahl des Geschichtsunterrichts. In der Zwischen- und der Nachkriegszeit bis 1950 gab es drei Stunden Geschichte in jeder Klasse; seit 1956 sind es in den meisten Klassen zwei Stunden. Gegenwärtig gibt es viele Klassen mit nur einer Wochenstunde Geschichte. Unter den Bedingungen einer schwindenden Lesekultur verringern sich auch die Fähigkeiten des Umgangs mit Schulbüchern. Deshalb ist die Verminderung der Stundenzahl eine substantielle Verminderung des Umgangs der Schüler mit Geschichte.

Man muß hinzufügen, daß mit den Wandlungen seit 1989 wieder ältere Intentionen der Schulbuch- und Pädagogikverlage zum Tragen kommen, alternative Lehrbücher herauszubringen. Einige von ihnen sind angereicherte Übungshefte. Auch befassen sich jetzt andere Verlage mit der Herausgabe von Schulbüchern. Das schafft viele Probleme hinsichtlich des Niveaus und der Eignung für die Ausbildungsbedürfnisse.

Derzeit gibt es für den Unterricht vier Lehrpläne: für die Grundschule, für das allgemeinbildende Lyzeum, für das Technikum und das Programm von 1981 für die Berufsschulen. Diese Lehrpläne bedürfen zweifellos der Verbesserung. Die vielen Umarbeitungen haben dazu geführt, daß die Texte nur noch wenig konsistent sind. Nicht allzu deutlich sind die Relationen zwischen den Lehrplänen der Grundschule und Mittelschule zu erkennen, doch wird die Situation durch den Minimallehrplan etwas verbessert. Dieser ist jedoch ein temporäres Dokument und stellt keinen eindeutigen, erklärenden Lehrplan dar. Im Lehrplan für die Grundschule läßt das Verhältnis von vaterländischer Geschichte und allgemeiner Geschichte viel zu wünschen übrig. Vom frühen Mittelalter bis zum Anfang des 18. Jahrhunderts gibt es – mit Ausnahme der geographischen Entdeckungen, der Renaissance und der Reformation – keine allgemeine Geschichte. Im 19. Jahrhundert fehlt es an Informationen über die Entstehung der unabhängigen Staaten Amerikas und Südamerikas. Italiens Einigung ist ganz ausgelassen. Ähnlich sieht der Lehrplan für das Technikum aus, in dem darüber hinaus die alte Geschichte völlig fehlt. Der Lehrplan für das allgemeinbildende Lyzeum hat gleichfalls wesentliche Lücken in der allgemeinen Geschichte. So fehlen der Hundertjährige und der Dreißigjährige Krieg, die Entstehung der Staaten Mittel- und Südamerikas und die Einigung Italiens. Wesentlich ist weiterhin in allen Lehrplänen die Disproportion zwischen der Arbeiterbewegung und anderen Parteien. Gänzlich unzureichend ist das Funktionsmodell demokratischer Staaten im legislativen und exekutiven Bereich dargestellt. Diese Lücken kompensiert allerdings der gut geschriebene Minimallehrplan.

Im Jahr 1989 hatte man eine Schulreform anvisiert, die von dem 1990 eingesetzten Büro für Reformen geplant und realisiert wurde. Im März 1991 stand die „Konzeption der allgemeinen Bildung" zur Diskussion. Das Dokument sah weniger Strukturreformen für die Schule als vielmehr die Änderung ihres Geistes vor. Die Lehrpläne sollten danach eine größere Auswahl anbieten, sowohl hinsichtlich der Gegenstände als auch in bezug auf den Zeitaufwand. Das aber macht einen Grundlehrplan erforderlich, gleichzeitig müssen Grundlagen für die Examinierung geboten werden. Nach langen Diskussionen formulierte man solche Grundlagen für die einzelnen Fächer und legte sie nach kleinen Korrekturen zur Unterschrift vor. Das Dokument, das am 22. November 1992 fertiggestellt worden ist, wartet auf die Entscheidung der Exekutive.

Dieser Grundlehrplan für Geschichte durchlief mehrere Versionen. Scharfe Kontroversen verursachten die Proportionen zwischen der Geschichte Polens und der allgemeinen Geschichte in den verschiedenen Klassenstufen, ferner der Platz der Kultur im Unterricht, schließlich der Grad der Detailliertheit und die Sprache des Textes. Für viele Leser war nicht hinreichend klar, wo die Grenzen zwischen dem Grundlehrplan und den Lehrplänen selbst lagen. In ihrer Sparsamkeit mit Werturteilen wurde die Sprache als allzu wertneutral gegenüber den Bildungszielen des Geschichtsunterrichts verstanden. Die Anzahl der Wochenstunden müßte nach der Reform zwei betragen.

Im November 1992 entschloß man sich jedoch, die Reform zu verschieben. Es wird nun vielerorts weiter darüber diskutiert. Aber der Unterricht läuft nach den alten engen Lehrplänen. Einige Schulen haben experimentelle Lehrpläne eingeführt, die sich aber dem Minimalprogramm von 1992 unterordnen.

Die wesentliche Besonderheit der polnischen Lehrpläne ist die – trotz aller politischer Bedenken – weiterhin tiefe Verbindung mit der Geschichte der Nation. Die ständige Präsenz von Geschichte in der gesellschaftlichen und familiären Bildung erscheint ebenfalls als ein dauerhafter Zug.

Es hat den Anschein, als habe der Druck einer lebendigen historischen Kultur die polnische Schulhistorie in der Nachkriegszeit gerettet. Sie verlief dabei manchmal auf zwei Gleisen und trotz eines zeitweilig vulgarisierten Marxismus gab sie ein Bild von vielen wesentlichen Erfahrungen der Nation, wie der Aufstände und der diese begleitenden Worte, Bilder und Lieder. Auch die Verbundenheit der zahlreichen politischen und wirtschaftlichen Emigrationen mit dem Mutterland wurde betont. Helden und Politiker, die in der Zeit in den Lehrplänen fehlten, da die Massen das Geschichtsbild dominierten, waren aber in der Literatur gegenwärtig, in Kirchenepitaphien und auf Friedhöfen, schließlich auch in der heimatlichen Tradition. Ebenso hatten die politischen Diskussionen ihr Gewicht: Der große Streit um das Millennium des Staates oder um die Taufe Polens befruchtete die Popularisierung der Forschung von Archäologen und Historikern, und der Streit um die Szlachta-Kultur einigte ihre glühenden Anhänger, auch in der jungen Generation.

Vielleicht ist noch ein Problem wichtig: Die Sprache des Lehrplans von 1950, die gewiß auf eine nachlässig formulierte Version zurückgeht, ist so sehr aus der polnischen Tradition verschwunden, daß sie für viele Lehrer heute grotesk wirkt. Sie wurde zur Rechtfertigung dafür, das Dokument von 1950 nicht ernst zu nehmen. Das widerfuhr freilich auch anderen Lehrplänen, an deren Lektüre man mit geschärftem Sprachbewußtsein heranging.

Das Verhältnis zum Lehrplan sagt auch viel aus über den Lehrer, der ihn umsetzt. Er war oft auch durch die Änderungen gezwungen, einen eigenen Standpunkt gegenüber den Zielen des Geschichtsunterrichts einzunehmen. Häufig arbeitete er selbständiger als es in seiner Ausbildung begründet war. Denn die Norm der Hochschulausbildung wird im wesentlichen nur in der Mittelschule eingehalten. In der Grundschule unterschreitet sie oft 50 Prozent. Die übrigen Absolventen werden dort in zweijährigen Lehrerstudiengängen ausgebildet. Das wesentliche Problem der Ausbildung der Geschichtslehrer ist die Aktualität ihres Wissens. In den achtziger Jahren nahmen die Lehrer gerne an Kursen zur Lehrerfortbildung teil. In den letzten Jahren läßt diese Aktivität nach; dafür finden die neuerschienenen, recht guten Lehrbücher wieder mehr Beachtung. Gleichfalls beobachten wir den Rückgang des Interesses der Lehrer an Vorträgen zur neuesten Geschichte zugunsten der Diskussionen über Lehrpläne und Lehrbücher in der Arbeit der Polnischen Historischen Gesellschaft und ihrer Didaktikkommission.

Am meisten bewegen heute die Geschichtslehrer in ihren Diskussionen die Fragen der theoretischen Grundlagen und der praktischen Bedingungen ihrer Arbeit. Ein wesentliches Problem ist die Überalterung der Geschichtslehrer als Berufsgruppe im Zusammenhang mit der fortschreitenden Pauperisierung ihrer materiellen Situation sowie die unklare Politik des Ministeriums. Es hat sich so ergeben, daß die überwiegende Gruppe der Lehrer Frauen im mittleren Alter sind. Ihre Mühen und Verantwortung entscheiden über das Niveau der historischen Bildung der jungen Generation in Polen, auf daß diese ihre staatsbürgerlichen Funktionen wird erfüllen können.

Bericht über aktuelle Schulbücher für das Fach Geschichte in Polen

von Rudolf A. Mark / Robert Maier

Die vorliegende Analyse geht der Frage nach, inwieweit aktuelle polnische Geschichtslehrwerke den Empfehlungen der deutsch-polnischen Schulbuchkommission entsprechen. Richtschnur ist dabei nicht ausschließlich der Wortlaut der Empfehlungen aus dem Jahr 1976, der durch den Wegfall des Systemgegensatzes in etlichen Aussagen anachronistisch geworden ist, sondern der Geist dieser Empfehlungen, der in den Nachfolgekonferenzen kontinuierlich zu weiteren Differenzierungen und Aktualisierungen geführt hat und der sich nach 1989 schließlich gänzlich über ideologische Vorgaben erheben konnte.

Grundlage der Analyse sind 18 Schulbücher, die fast alle 1990 oder später erschienen sind und als Lehrwerke in den Klassenstufen 7 und 8 an Grund- und Mittelschulen sowie in den Klassen 2 bis 4 an Lyzeen und Technika benutzt werden. Lediglich das Buch von Szymon Kobyliński, Dzieje Polski ist für die 4. Klasse Grundschule verfaßt. Zwei der durchgesehenen Bücher sind reine Text- und Quellensammlungen (Marek Borucki, Z dziejów Polski 1864–1939 und Adam Galos, Polska w latach 1864–1918), eines ist ein begleitendes Lesebuch (Witold Pronobis, Polska i świat w XX wieku), ein weiteres eine Ereignissynopse (Karol Grünberg u. a., Historia od X-XX wieku). Sieht man von den beiden genannten Büchern von Grünberg und Kobyliński ab, ist in allen Büchern die Geschichte des 19. und 20. Jahrhunderts ganz oder teilweise Gegenstand der Darstellung. Entsprechend waren die Empfehlungen 10 bis 26 bei der Überprüfung relevant. Es wurde zum einen darauf geachtet, inwieweit die in den Empfehlungen zur Behandlung vorgeschlagenen historischen Ereignisse, Entwicklungen und herausgehobenen Epochen des deutsch-polnischen Mit- und Gegeneinander überhaupt Eingang in die Lehrwerke gefunden haben, des weiteren, ob die Darstellung sich an Buchstabe resp. Geist der gemeinsamen Empfehlungen orientiert.

Schon ein erster Einblick in die Lehrwerke läßt deutlich werden, daß unter den genannten Aspekten keines der Bücher alle Erwartungen erfüllt. Hier kann man auch keinen Unterschied bezüglich der einzelnen Klassenstufen oder Schularten feststellen. Defizite bzw. positive Ansätze im Sinne der Intentionen der Schulbuchkommission sind fast gleichmäßig verteilt. Die Defizite fallen besonders ins Gewicht, wenn man sich vor Augen hält, daß die Empfehlungen nur in wenigen, wirklich unstrittigen Fällen mit konkreten Anleitungen aufwarten und Formulierungen vorgeben, die eigentlich unbesehen übernommen werden könnten. Wenn dies aber dennoch unterlassen wird, ist es besonders bedauerlich, vergibt man sich doch die Möglichkeit, jenes Gemeinsame und Verbindende in den Mittelpunkt zu rücken, was es neben Konflikten und Katastrophen in den gegenseitigen Beziehungen ja auch immer wieder und gar nicht so selten gegeben hat.

Eine Chance in diesem Sinne bietet bekanntlich die Geschichte in der ersten Hälfte des 19. Jahrhunderts. Sie wird jedoch kaum adäquat genutzt. In dem neueren, für die 7. Klasse gedachten Geschichtsbuch Historia 7 von Maciej Milczarczyk und Andrzej Szolc werden unter den Überschriften Klassik und Romantik zwar Goethe und Heine als herausragende deutsche Schriftsteller und als Freunde der Polen vorgestellt, dafür ist aber dann unter dem Stichwort Vormärz/Völkerfrühling keine Rede von der deutschen Polenbegeisterung, den Vorstellungen und Hoffnungen, die man in nicht wenigen Teilen Deutschlands und seiner Bevölkerung mit den polnischen Ereignissen verknüpfte. In dem ebenfalls für die 7. Klasse von Elżbieta Centkowska und Jerzy Centkowski verfaßten Buch wird immerhin ein Bild vom festlichen Empfang polnischer Emigranten in Leipzig gezeigt. Dafür fehlt aber eine entsprechende Erwähnung im Lehrtext. Man könnte sich auch fragen, ob polnische Schulkinder heute noch so dezidiert mit der ersten Strophe des 1841 entstandenen Deutschlandliedes vertraut gemacht werden müssen, wie es A. L. Szcześniak in seiner Historia 3 tut (S. 64). Den Text dieser Strophe (... von der Maas bis an die Memel, von der Etsch bis an den Belt ...), kennt selbst in Deutschland kaum noch ein Schulkind, von den darin vorkommenden geographischen Begrifflichkeiten ganz zu schweigen.

Sachlich und differenziert wird in den jeweiligen Büchern die Geschichte des preußischen Teilungsgebietes bis 1848/49 dargestellt. Dies gilt auch für Ereignisse wie die Befreiung der in Berlin inhaftierten polnischen Insurgenten durch die Bürger der Stadt oder etwa die Rolle, die Mierosławski für die Revolution in Süddeutschland gespielt hat. Damit ist der Kanon des Verbindenden aber auch schon erschöpft.

In den Empfehlungen wird u. a. darauf hingewiesen, daß etwa bei der Behandlung des Industrialisierungsprozesses auch auf die Bedeutung deutscher Handwerker und Industrieller z. B. beim Aufbau der Industrie in Lodz eingegangen werden soll. Expressis verbis geschieht dies nur in Historia 7 von Milczarczyk/Szolc und dem Lehrwerk von Koprukowniak/Mencel. In allen übrigen Fällen wird ausschließlich die polnische Eigenleistung hervorgehoben bzw. hie und da in einem halben Satz von ausländischem Kapital gesprochen. Im erwähnten Geschichtsbuch von Koprukowniak/Mencel wird darauf hingewiesen, daß die Tatsache der deutschen Herkunft von Fabrikeigentümern und Meistern in Schlesien und Lodz zu einer Verschärfung des Klassenkampfes geführt habe. Dieses Buch stammt in der Erstauflage jedoch noch aus dem Jahr 1981. Relikte der marxistisch-leninistischen Doktrin sind darin selbstredend noch virulent.

Daß Deutsche wie Lasalle, Marx und Engels in der europäischen Arbeiterbewegung, aber auch für die Entwicklung entspechender Organisationen und Parteien in den polnischen Teilungsgebieten eine wesentliche Rolle gespielt haben, wird in keiner Darstellung übergangen. Ebensowenig kommt Rosa Luxemburgs Bedeutung für die deutsche Sozialdemokratie jener Zeit zu kurz. Darin könnte man ebenfalls eine Erbschaft – diesmal aber eine positive – des alten Regimes erblicken. Daß aber die Verzahnung von deutscher und polnischer Arbeiter- und Gewerkschaftsbewegung auch auf unterer Ebene recht stark war, daß die SPD vehement gegen die preußische Polenpolitik auftrat, wird – anders als von der Kommission angeregt – nirgends erwähnt.

Einen zentralen Platz nimmt in allen Geschichtsbüchern der für den nationalen Selbstbehauptungswillen der Polen so wichtige Widerstand gegen die preußisch-deutsche Polenpolitik und Bismarcks Kulturkampf ein. In diesen Passagen wird bis ins Detail das heroische Aufbäumen der polnischen Bevölkerung gegen Germanisierung und Unterdrückung durch den „eisernen Kanzler" in und außerhalb des Teilungsgebietes geschildert. Daß sich der Kulturkampf aber nicht ausschließlich gegen die Polen, sondern auch gegen die deutschen Katholiken richtete, wird nur in der Publikation von Szcześniak geschildert. Dort ist auch angesprochen, daß die Mehrheit des Parlaments und Mitglieder der kaiserlichen Familie gegen Bismarck standen. Im übrigen beschränken sich die Differenzierungen bei der Betrachtung der preußischen Polenpolitik im einen oder anderen Buch auf den Hinweis, daß im Unterschied zur Situation in anderen Teilungsgebieten im preußischen immerhin Versammlungs- und Demonstrationsfreiheit existierten.

Zu den wirklich problematischen Kapiteln in den Schulbüchern zählen nach wie vor die Abhandlungen über den Posener Aufstand sowie die Abstimmungen in Schlesien, Ermland und Masuren. Die für Deutschland günstigen Ergebnisse werden als eine nationale Niederlage erster Ordnung verstanden und auch so dargestellt. Als Ursache wird unterschiedslos eine Koalition antipolnischer Kräfte genannt, zu der neben dem Deutschen Reich und den Deutschen selbst, England, die interalliierten Beobachter und die im Frühjahr und Sommer 1920 noch initiativen Verbände der Roten Armee gezählt werden (siehe hierzu die Bücher von Borucki, Szcześniak, Glubiński und Pronobis). Mit Terroranschlägen, Morddrohungen oder mindestens behördlichen Repressionen habe die deutsche Seite die polnische Bevölkerung unter Druck gesetzt, damit sie für die Zugehörigkeit zum Reich votierte. Von Fälschung der Wählerlisten und Bestechung ist die Rede. Entscheidendes Gewicht wird außerdem den Abstimmungsberechtigten, die aus den westlichen Teilen Deutschlands zur Abstimmung zugelassen wurden, beigemessen. Sie werden übrigens in der Textsammlung von Borucki als „Emigranten aus Deutschland" tituliert (S. 120). Bei Szcześniak findet sich eine Illustration, die Menschen auf einem Berliner Bahnhof zeigt, mit dem Untertext: „Abfahrt von Deutschen aus Berlin nach Oberschlesien zur Teilnahme am Plebiszit" (S. 71). Nun mögen dies im einzelnen alles Fakten sein, die den Ausgang jener Abstimmungen mit beeinflußt haben, aber sicherlich nicht ausschließlich. In der Art und Weise, wie dies in den Schulbüchern präsentiert wird, geraten jene Ereignisse zu einer üblen, brutalen deutschen Gewaltaktion, der die polnische Bevölkerung, von allen Seiten bedrängt, nahezu hilflos ausgeliefert war. Wie einseitig in diesem Fall das vermittelte Geschichtsbild ist, und wie sehr hier auch didaktisch die Chance vertan wurde, durch eine differenzierte Darstellung den Schülern komplexe Zusammenhänge und historisch bedingte Besonderheiten deutlich zu machen, zeigt etwa das Beispiel der Abstimmung in Ostpreußen. Lediglich das von Pronobis 1993 in vierter Auflage erschienene Lesebuch läßt ansatzweise erkennen, daß auch objektive Faktoren und Momente, ohne daß sie im einzelnen spezifiziert würden, das Abstimmungsverhalten der Bevölkerung bestimmt haben, wenn hier zu lesen ist: „Die konsequente Germanisierungspolitik, die seit Bismarcks Zeiten besonders intensiv durchgeführt wurde, bewirkte, daß in einzelnen Regionen Schlesiens, Pommerns und Ermlands die deutsche Bevölkerung dominierte" (S. 45). Dieser Gedanke findet sich allerdings auch schon in dem soeben stark kritisierten Quellenbuch Boruckis. Bei ihm wird unter der Überschrift „Gründe für die Niederlage in Ermland, Masuren und dem Weichselgebiet" eine von Z. Lietz 1958 erschienene Darstellung zitiert, aus der etwa auch ein Desinteresse der polnischen Öffentlichkeit an dieser Abstimmungsregion hervorgeht und die Verwurzelung der ansässigen Bevölkerung im preußischen Staat und seinen Einrichtungen zwischen den Zeilen erkennbar wird. Auch Szcześniak führt bezüglich der Masuren und Ermländer den Erfolg der systematischen Denationalisierung durch schulische Sozialisation etc. an, ohne allerdings auf die breite Schilderung von deutschem Terror zu verzichten.

Resümiert man das zuletzt Dargestellte, so ist festzuhalten, daß mit einer Ausnahme (Pronobis, Polska i świat w XX wieku) selbst die neuesten Schulbücher hinter dem aktuellen Stand auch der polnischen Forschung zurückbleiben, ganz zu schweigen von den Empfehlungen und entsprechenden Ausarbeitungen einzelner Schulbuchkonferenzen.

Die Geschichte der Weimarer Republik, die Geschichte des nationalsozialistischen Deutschlands und der Zweite Weltkrieg werden insgesamt faktengerecht wiedergegeben, auch wenn interpretierende Darlegungen nicht immer frei von stark emotional geprägten Verallgemeinerungen (v. a. Radziwiłł/Roszkowski und Pronobis) sind. Beispielhaft ist die Textstelle im Buch von Radziwiłł/Roszkowski: „Ziel [des Terrors während der Besatzung – R. M.] war es, die Polen von Handlungen abzuschrecken, die sich gegen die breit verstandenen Interessen der Deutschen richteten, [...]" (S. 299). Da im Satz davor von der „polityka hitlerowskich Niemiec" die Rede ist, darf man solche Formulierungen – dies soll gerne konzediert werden – als sprachliche Nachlässigkeit verbuchen, denn prinzipiell wird zwischen Deutschen und der Politik Hitlers schon unterschieden.

Anderes gilt für jene Abschnitte, die Flucht, Vertreibung und Umsiedlung am Ende des Krieges thematisieren. Auch wenn man hier berücksichtigt, daß die Schulbuchkommission in der Beurteilung jener Ereignisse zu keiner einheitlichen Meinung gelangt ist, sollte dies kein Grund sein, die für das deutsch-polnische Verhältnis so grundlegenden Geschehnisse in der verkürzten Form zu präsentieren, wie dies in den vorliegenden Geschichtsbüchern praktiziert wird. In Pronobis' Lesebuch läßt sich gerade ein Satz über dieses Geschehen finden, nämlich daß auf der Potsdamer Konferenz „darüber hinaus beschlossen wurde, aus den Polen zugeschlagenen Gebieten alle Deutschen auszusiedeln". Es herrscht hier noch der Tenor vor, daß Krieg und Nazi-Terror, unter denen Polen furchtbar zu leiden hatte, die Aussiedlung der deutschen Bevölkerung gerechtfertigt erscheinen ließen. Diese Argumentation findet sich expressis verbis in dem Buch von Glubiński (S. 341). Von Vertreibung ist begrifflich erwartungsgemäß nirgends die Rede; in zwei Darstellungen (Pankowicz und Szcześniak) wird der Aspekt von Flucht und Evakuierung betont; bei Glubiński ist von „Übersiedlern" (*przesiedleńcy*) die Rede. Die Aktion sei „auf energische Weise" (*w sposób stanowczy*) durchgeführt worden, wobei die objektiven Bedingungen zu „Beschwerlichkeiten" (*uciążliwości*) für die Übersiedler geführt hätten (S. 341). Pankowicz hebt gar an einer Stelle hervor, daß die polnische Regierung alles ihr Mögliche getan hatte, um die Umsiedlung der Deutschen in geordneter Form zu vollziehen. Von der Bereitstellung von Transportmöglichkeiten und Lebensmitteln ist die Rede. Auch medizinische Versorgung sei zugesichert worden. Unter den damals vorherrschenden Bedingungen sei dies aber sehr schwierig gewesen, da es an allem gefehlt habe und außerdem deutsche Werwolfgruppen die polnische Bevölkerung terrorisiert hätten. Wörtlich heißt es: „Die Deutschen fielen über die polnischen Ansiedler her, zerstörten die Maschinen und Industrieausrüstungen, sprengten Gleisanlagen und Brücken und zerstörten Zentren der polnischen Verwaltung" (S. 182). In keinem der durchgesehenen Texte ist etwa das Wort Zwangsumsiedlung zu finden, nirgends Hinweise auf Willküraktionen. Letztere werden nur in bezug auf die Autochthonen konzediert, denen mit der Verifikationsprozedur eine große Ungerechtigkeit widerfahren sei. Die Ausweisungen werden als „Repatriierung von nationalen Minderheiten" (Pankowicz) oder einfach als „Aussiedlung" (*wysiedlenie*) (Pankowicz, Szcześniak, Pronobis) bezeichnet.

Eine erfreuliche Ausnahme findet man in dem Buch Dzieje PRL, Zdobycie władzy 1945–1947 von Andrzej Paczkowski, das vom polnischen Bildungsministerium als Zusatzmaterial für Mittelschulen sowie als Lehrerbegleitmaterial empfohlen wird. Dort heißt es: „Obwohl der westlichen Demokratie nationale Xenophobie fremd war (zumal offiziell) und die UdSSR sich stets laut ihres Internationalismus rühmte, beschlossen die Großmächte fast übereinstimmend, daß der neue polnische Staat monoethnisch sein sollte. Die Deutschen sollten aus den Gebieten, die sich außerhalb ihres zukünftigen Staatsgebietes befanden, abgeschoben werden. In der Folge begann jene Aussiedlungsaktion, die für die Deutschen sehr schmerzhaft und schwierig war. In den knapp 2 Jahren wurden 1,5 Mio. Menschen ins Gebiet jenseits der Oder überführt. Dazu sind noch ein paar Millionen Menschen zu zählen, die im Winter 1945 ihr väterliches Erbe verließen, um vor der heraufziehenden Gefahr zu flüchten sowie einige Hunderttausende, die sich im Sommer 1945 nach Westen aufmachten, ohne auf einen Transport zu warten. Von den 7 Mio. dort vor dem Krieg lebenden Deutschen verblieben auf den durch Polen neu gewonnenen Gebieten nicht mehr als 300–400 000" (S. 12). Keine Rechtfertigungsversuche, keine Versuche, Zahlen herunterzurechnen, und eine Äußerung von Mitgefühl – das ist erfreulich. Es soll auch nicht der Satz vorenthalten werden, mit dem Andrzej Paczkowski das Kapitel über die Bevölkerungstransfers und die Entstehung eines ethnisch sehr einheitlichen polnischen Staates abschließt: „Die Umstände, unter denen dieser Zustand herbeigeführt wurde, räumten nicht nur Ressentiments und gegenseitige Phobien nicht aus, sondern gebaren nicht wenige neue" (S. 12).

Als Gesamtresümee ist festzuhalten: In fast allen der hier durchgesehenen Lehrwerke und Geschichtsbücher herrscht ein stark polnisch-patriotischer, nationalaffirmativer Ton vor. Der Gedanke, Dinge oder Ereignisse aus der Sicht „des anderen" zu beleuchten, ist bei polnischen Schulbuchautoren nicht populär. Es sind gewiß die für Polen traumatischen Ereignisse des 20. Jahrhunderts, die fortwirken und einer unvoreingenommenen Beschäftigung mit entscheidenden Epochen und Ereignissen der deutsch-polnischen Beziehungen nach wie vor im Wege stehen. Dies erscheint auch angesichts der politischen Bedeutung und Brisanz, die etwa die Vertreibungsproblematik oder die Frage der Anerkennung der Oder-Neiße-Linie bis vor nicht allzu langer Zeit besaßen und die gegenseitigen Beziehungen beeinträchtigen, bis zu einem bestimmten Grad verständlich. Auch die Schulbuchkommission hat dieser Tatsache Rechnung getragen, indem sie z. B. auf die unterschiedliche Bewertung und Akzentuierung des Themas Flucht, Vertreibung, Zwangsumsiedlung etc. auf polnischer und deutscher Seite hinwies. Hier bleiben Fragen offen, und die Texte der Geschichtsbücher reflektieren dies in entsprechender Weise. Weniger verständlich ist jedoch die einseitige Darstellung von Ereignissen der ferneren Vergangenheit, zumal wenn diese längst Gegenstand wissenschaftlicher Untersuchung waren und hinlänglicher Konsens über ihre Interpretation besteht, wie dies etwa zur Geschichte der Teilungszeit oder auch für die Entwicklungen nach dem Ersten Weltkrieg doch weitgehend der Fall ist. Es ist darüber hinaus festzustellen, daß die Autoren aller Geschichtsbücher viele Gelegenheiten auslassen, den positiven Wechselbeziehungen in der gemeinsamen Geschichte einen entsprechenden Platz einzuräumen. Schließlich wäre noch anzumerken, daß die Empfehlungen der Schulbuchkommission, etwa bei der Behandlung des Dritten Reiches auch auf den deutschen Widerstand hinzuweisen oder auch in anderen Zusammenhängen nicht nur kein falsches, sondern ein differenzierteres Bild vom deutschen Nachbarn zu vermitteln, noch keinen allzu großen Niederschlag in den untersuchten Unterrichtswerken gefunden haben.

Schulbücher:

Marek Borucki (Bearb.), Z dziejów Polski 1864–1939, Teksty źródłowe do nauczania historii Polski (1864–1939), Warszawa 1978.
Albin Koprukowniak, Tadeusz Mencel, Historia dla klasy II technikum, Warszawa 1981.
Adam Galos (Red.), Polska w latach 1864–1918, Wybór tekstów źródłowych do nauczania historii, Warszawa 1987.
Jerzy Prokopczuk, Historia powszechna 1871–1939, 4. Aufl., Warszawa 1990.
Jerzy Skowronek, Historia do niepodległej, Podręcznik dla klasy siódmej szkoły podstawowej, 4. Aufl., Warszawa 1990.
Andrzej Leszek Szcześniak, Historia, Dzieje nowożytne i najnowsze od połowy XIX wieku do roku 1918, Podręcznik dla szkół średnich klasy III liceum ogólnokształcącego oraz klasy II technikum i liceum zawodowego, Warszawa 1990.
Andrzej Pankowicz, Historia, Polska i świat współczesny, Podręcznik dla szkół średnich, dla klasy IV liceum ogólnokształcącego oraz dla klasy III technikum i liceum zuwodowego, 2. Aufl., Warszawa 1991.
Andrzej Leszek Szcześniak, Historia, Polska i świat naszego wieku lata 1914–1990, Podręcznik dla klasy ósmej szkoły podstawowej, 5. Aufl., Bydgoszcz 1992.
Maciej Milczarczyk, Andrzej Szolc, Historia 7, W imię wolności, Warszawa 1992.
Tadeusz Glubiński, Historia 8, Trudny wiek XX, Warszawa 1992.
Szymon Kobyliński, Dzieje Polski, Podręcznik dla klasy IV, Warszawa 1992.
Anna Radziwiłł, Wojciech Roszkowski, Historia 1871–1945, Podręcznik dla szkół średnich, Warszawa 1993.
Elżbieta Centkowska, Jerzy Centkowski, Historia dla klasy 7, „Jeszcze polska...", Wiek XIX, Warszawa 1993.
Witold Pronobis, Polska i świat w XX wieku, 4. Aufl., Warszawa 1993.
Karol Grünberg u. a., Historia od X-XX wieku, Kronika wydarzeń, Polska i sąsiedzi, Toruń 1993.
Krystyna Kersten, Dzieje PRL, Rok pierwszy, Warszawa 1993.
Roman Tusiewicz, Historia 4, Polska współczesna 1944–1989, Podręcznik dla klasy IV liceum ogólnokształcącego, Warszawa 1993.
Andrzej Paczkowski, Dzieje PRL, Zdobycie władzy 1945–1947, Warszawa 1993.

Die politischen Beziehungen zwischen der DDR und der VR Polen (1949 bis 1989)

von Christoph Kleßmann

Anders als die polnisch-westdeutschen haben bislang die Beziehungen zwischen Polen und der DDR ganz am Rande des öffentlichen und historiographischen Interesses gestanden. Daß es weder von polnischer noch von deutscher Seite eine einschlägige Monographie dazu gibt, scheint symptomatisch. An der „preußischen Volksdemokratie" fand man in Polen kaum wirkliches Interesse. Umgekehrt blieb das Verhältnis der DDR zu Polen floskelhaft. In der Bundesrepublik dagegen wurde es heftig diskutiert. Ironisch überspitzt könnte man sagen, daß die Hallstein-Doktrin mit dem politischen Alleinvertretungsanspruch hier noch lange nachwirkte. Wer vor 1990 von deutsch-polnischen Beziehungen sprach, meinte im Grunde nur die westdeutsch-polnischen, weil hier die wirklichen politischen Probleme lagen oder zu liegen schienen.

Ich will diese verquere dreifache Beziehungskonstellation mit drei Aufsatztiteln illustrieren, die aus völlig unterschiedlichen Perspektiven das Thema umreißen:

1. In der Zeitschrift für Geschichtswissenschaft von 1970 veröffentlichten Heinrich Scheel, Heinrich Gemkow und Reinhold Jeske einen Aufsatz unter dem Titel: „Die Beziehungen zwischen der DDR und der VR Polen und ihr gemeinsamer Kampf gegen den westdeutschen Imperialismus."[1]

2. Der Heidelberger Politikwissenschaftler Klaus Ziemer hielt 1987 auf der DDR-Forschertagung in Bonn ein Referat: „Die DDR – Polens ungeliebter, aber notwendiger Partner."[2]

3. Ludwig Mehlhorn, Mitglied der „Initiative für Frieden und Menschenrechte", ist in dem 1992 erschienenen Band über hundert Schlüsselbegriffe zu Deutschen und Polen mit dem Beitrag vertreten: „Die Sprachlosigkeit zwischen Polen und der DDR: eine Hypothek."[3]

Die drei Titel beleuchten schlagwortartig die beiden Dimensionen, auf die im Rahmen dieses Themas einzugehen ist:

1. Die „verordnete politische Freundschaft" zwischen Polen und der DDR im Rahmen des sowjetischen Blocksystems, die sich aus Sicherheitsinteressen primär gegen die Bundesrepublik richtete;

2. die außenpolitische Staatsräson, die Polen und die DDR zwar in eine Partnerschaft zwang, damit aber keineswegs die historischen und mentalen Vorbehalte auf beiden Seiten ausräumte. In allen Phasen gab es die wechselseitigen Schwierigkeiten beider Gesellschaften miteinander. Die Bevölkerung identifizierte sich zwar nicht mit der jeweiligen politischen Propaganda, aber sie blieb von ihr auch nicht unbeeinflußt. Unterhalb der offiziellen Kontakte dominierte Sprachlosigkeit.

Auf die Vielschichtigkeit eines solchen beziehungsgeschichtlichen Themas hat Klaus Ziemer nachdrücklich hingewiesen.[4] Eine große Zahl unterschiedlicher Faktoren wirkt auf unterschiedlichen Ebenen auf die Akteure und die Verhältnisse ein. Ein knappes Referat kann daher nur die groben Linien und die wichtigsten Erscheinungsformen des ostdeutsch-polnischen Verhältnisses nachzeichnen. Vier Phasen möchte ich dabei unterscheiden:

1. die ersten Nachkriegsjahre;
2. die Phase von der Staatsgründung der DDR bis zum polnischen „Frühling im Oktober";
3. die Periode der innenpolitischen Verhärtung und außenpolitischen Veränderung vom Ende der fünfziger Jahre bis zum Sturz Gomułkas 1970;
4. die Phase der internationalen Entspannungspolitik und der Krise des polnischen Herrschaftssystems bis zur Wiederzulassung der Solidarność und zur Herbstrevolution in der DDR.

I. Die Ausgangskonstellation nach 1945 war durch drei grundlegende Faktoren geprägt, die hier zumindest genannt werden sollen:
1. die Aufnahme eines großen Kontingents von Flüchtlingen, Vertriebenen und „Umsiedlern" aus den Gebieten jenseits von Oder und Neiße (hinzu kam noch eine große Zahl von Sudetendeutschen). Nach der Volkszählung von 1950 waren es 2,21 Millionen in der SBZ und 55 249 in Ostberlin.[5]
2. Nach anfänglichen und wohl im wesentlichen taktisch bestimmten Schwankungen vor den Land- und Kreistagswahlen im Oktober 1946 erklärte die SED bereits 1948 die Oder-Neiße zur endgültigen deutsch-polnischen Grenze. In einer vom ZK der SED Anfang 1949 herausgegebenen Broschüre „Die Grundlagen der deutsch-polnischen Freundschaft" schrieb Walter Ulbricht: „Wenn das deutsche Volk gutnachbarliche Beziehungen zum volksdemokratischen Polen herstellen will, muß es entschlossen den Bruch mit den verhängnisvollen nationalistischen, antipolnischen und antisowjetischen Traditionen vollziehen. [...] Vernichtung des Nationalismus und aller Revanchetendenzen in Deutschland, d. h. vor allem: Anerkennung der Oder-Neiße-Grenze als Friedensgrenze. Erst diese Schlußfolgerung beweist, daß wir ehrlich gewillt sind, ein neues, freundschaftliches Verhältnis zum polnischen Volk zu schaffen."[6]

Die inhaltliche politische Vorentscheidung für den Görlitzer Vertrag von 1950 war damit bereits getroffen.

3. Im Zuge der politischen und sozioökonomischen Transformation Polens und der DDR zur Volksdemokratie und im Prozeß der Monopolisierung der politischen Macht bei der PVAP und der SED wurde nicht nur die Freundschaft zwischen Polen und der SBZ wechselseitig lautstark proklamiert, sondern man versuchte auch, diese neuen Beziehungen durch verschiedene Initiativen materiell und ideologisch zu untermauern und auszufüllen. Dazu gehörten u. a.:
- der Handelsvertrag vom 25. März 1948, der vor allem für die Lieferung von Kohle, Koks, Stahl, aber auch von landwirtschaftlichen Produkten wichtig war;
- die Konstituierung der Helmut-von-Gerlach-Gesellschaft am 19. August 1948, die für ein gutnachbarliches Verhältnis zu Polen wirken sollte;
- die veränderte Behandlung der ca. 40 000 deutschen Kriegsgefangenen in Polen und der Versuch, mit ihnen einen Stamm von Personen zu gewinnen, die sich nach der Rückkehr aktiv für die deutsch-polnische Freundschaft einsetzen würden.[7]

Die Ende der vierziger Jahre beginnende Stalinisierung Polens und der SBZ schuf somit insgesamt eine in der deutsch-polnischen Beziehungsgeschichte völlig veränderte Konstellation, in der äußerlich enge Kooperation und Freundschaft proklamiert und dabei zugleich mit erheblichem Propagandaaufwand die Abgrenzung zum „revanchistischen Westen" betrieben wurde. In dreifacher Hinsicht ergaben sich jedoch Probleme, die in unterschiedlicher Ausprägung das Verhältnis zwischen Polen und der DDR bis zu deren Ende prägten.

Zum einen: mit der verordneten Anerkennung der Oder-Neiße als „Freundschaftsgrenze" und der gezielt vorangetriebenen Integration der „Umsiedler" war noch keineswegs eine Akzeptanz der territorialen Neuordnung bei dieser Bevölkerungsgruppe erreicht. Im einzelnen wissen wir darüber bislang sehr wenig, weil historische und soziologische Forschung zum „Umsiedlerproblem" in der DDR völlig vernachlässigt wurde und erst seit 1989 intensiver in Gang kam.

Zum anderen: der Prozeß der mentalen Veränderung und des Abbaues nationaler Vorurteile und Stereotype und auch der Aufarbeitung historischer Belastungen, insbesondere der jüngsten Zeit, ließ sich nicht mit Proklamationen und politisch von oben gesteuerten Initiativen erreichen. Dazu brauchte es nicht nur Zeit, sondern auch Ehrlichkeit und Bereitschaft zu unbequemen und kritischen Diskussionen. Beides war unter den Vorgaben der SED-Diktatur nicht gegeben. Die Kluft zwischen der verordneten politischen Freundschaft auf der Führungsebene und dem gespannten und von wechselseitigem Mißtrauen, Überlegenheitsbewußtsein oder auch Verachtung bestimmten Verhalten gegenüber der breiten Bevölkerung ist nie wirklich geschlossen worden. Auch dieser Themenkomplex ist bislang kaum intensiver bearbeitet worden und eher aus impressionistischen Hinweisen bekannt.[8]

Schließlich: die von den Parteiführungen proklamierte Freundschaft geriet aber auch auf höchster Ebene immer wieder ins Wanken, sobald in der poststalinistischen Phase der ideologische Gleichklang der kommunistischen Staaten nicht mehr gesichert war. Zwar waren beide aus Gründen der außenpolitischen Räson aufeinander angewiesen, aber innerhalb dieses Rahmens blieben zahlreiche Reibungsflächen für mehr oder minder offene politisch-ideologische Konflikte.

II. Als Stichworte für die zweite Phase der frühen fünfziger Jahre seien hier lediglich genannt:
– das Görlitzer Abkommen „über die Markierung der festgelegten und bestehenden deutsch-polnischen Staatsgrenze" vom 6. Juli 1950;
– das Abkommen zwischen der DDR und Polen vom 10. November 1951 über gegenseitige Warenlieferungen und Zahlungen in den Jahren 1952 bis 1955;
– das Abkommen über kulturelle Zusammenarbeit vom 8. Januar 1952.[9]

Der Görlitzer Vertrag bestätigte lediglich in rechtlicher Form, was politisch längst entschieden war. Insofern nahm bereits die Präambel den wesentlichen Inhalt vorweg, wenn dort festgestellt wird, „daß die festgelegte und bestehende Grenze die unantastbare Friedens- und Freundschaftsgrenze ist, die die beiden Völker nicht trennt, sondern einigt". Die einzelnen Vertragsartikel regelten dann im wesentlichen die Modalitäten der genauen Markierung der Grenze. Ministerpräsident Cyrankiewicz erklärte anläßlich der Unterzeichnung: „Ein breiter Weg zur Weiterentwicklung und Vertiefung der gutnachbarlichen Beziehungen unter Freundschaft zwischen unseren Völkern ist geöffnet."[10] Er wandte sich dann mit pathetischen Worten an die anwesenden Delegierten der polnischen und deutschen Arbeiter, Bauern und der deutschen Jugend, die für die künftige Sicherung des Friedens und der dauerhaften Freundschaft bürgen sollten. Otto Grotewohl betonte vor allem die Lehren, die man in der DDR aus der Geschichte gezogen habe. Ziel sei es, „den überheblichen und verhaßten deutschen Nationalismus mit der Wurzel auszurotten".[11]

Die offizielle Interpretation folgte auf beiden Seiten einem einfachen Schema: Früher hätten die Klasseninteressen die deutsch-polnischen Beziehungen vergiftet, mit der in beiden Staaten erfolgten politischen Umgestaltung und der Erringung der Hegemonie der Arbeiterklasse seien nun aber die tieferen Ursachen der früheren Spannungen beseitigt.

Daß die Realität erheblich komplizierter war, zeigte sich bereits ein halbes Jahr später beim Staatsbesuch des polnischen Partei- und Staatschefs Bierut im April 1951. Die

„deutsch-polnische Gesellschaft für Frieden und gute Nachbarschaft", die Nachfolgerin der Helmut-von-Gerlich-Gesellschaft hatte dafür zu sorgen, daß dem polnischen Präsidenten ein würdiger Empfang bereitet wurde. Die Lösung dieser Aufgabe, so schrieb der Historiker Felix Heinrich Gentzen 1969, „war in einigen Fällen allerdings mit großen Schwierigkeiten verbunden. Im Leuna-Werk z. B., wo mehrere tausend Umsiedler aus den Gebieten östlich der Oder-Neiße arbeiteten, bedurfte es harter Diskussionen, um auch diese Teile der Belegschaft von der Bedeutung des Besuches des polnischen Staatspräsidenten in den Leuna-Werken und der Notwendigkeit einer würdigen Begrüßung zu überzeugen."[12] Im Klartext hieß das: Von Akzeptanz der Grenze und nachbarlicher Freundschaft konnte noch keine Rede sein. Das Thema blieb jedoch offiziell tabu. Als sozialpsychologisches und rechtliches Problem (Entschädigung) ist der Integrationsprozeß von Flüchtlingen, Vertriebenen und Umsiedlern, der in der DDR ebensowenig eine bloße Erfolgsgeschichte wie in der Bundesrepublik war, erst nach 1989 offener und kritisch erörtert worden.

Die wirtschaftlichen Beziehungen zwischen Polen und der DDR blieben in den fünfziger Jahren hinter den optimistischen Erwartungen zurück. Bis 1956 zeigen die Daten aus den statistischen Jahrbüchern eine sinkende Tendenz in beiden Richtungen. Der Anteil der DDR am gesamten polnischen Außenhandel fiel von 14 Prozent (1954) auf 12 Prozent (1956).[13] Gleichwohl war die DDR zwei Jahrzehnte für Polen nach der Sowjetunion der wichtigste Handelspartner. Mit der verstärkten Öffnung Polens nach Westen in den siebziger Jahren ging diese Position dann aber verloren.[14]

Daß politische Faktoren im Außenhandel ihren Niederschlag fanden, zeigte sich vor allem im Krisenjahr 1956 sehr deutlich: Neben anderen Momenten führten die innenpolitischen Veränderungen in Polen dazu, daß die Kohlelieferungen zeitweilig ins Stokken gerieten und die Wirtschaftsplanung in der DDR in erhebliche Schwierigkeiten kam, so daß der zweite Fünfjahrplan erst im Januar 1958 verabschiedet werden konnte.[15]

Wichtiger aber war die politische Bedeutung des Jahres 1956 für die bilateralen Beziehungen.

III. Bereits der Posener Aufstand im Juni 1956 ließ die Alarmglocken schrillen. Das „Neue Deutschland" übernahm in drastischer Sprache die offizielle polnische Version einer vor allem von außen gesteuerten „Provokation der Imperialisten". „Getroffen werden sollten aber nicht allein jene tapferen polnischen Soldaten, die sich den Provokateuren und ihren Helfern entgegenstellten und fielen, getroffen werden sollte der Frieden, getrübt werden sollte die friedlich gewordene Atmosphäre der internationalen Beziehungen, gestoppt werden sollte der Aufbau des Sozialismus", lautete der Kommentar.[16]

Der Posener Aufstand bildete den Vorwand, um den ohnehin nur schwachen Entstalinisierungsimpuls in der DDR weiter abzustoppen.

Die Wahl Gomułkas zum Ersten Sekretär der PVAP löste in der SED-Führung, insbesondere bei Ulbricht persönlich, große Erregung aus. Ernst Wollweber, der Chef der Staatssicherheit, hat in seinen Erinnerungsfragmenten eine Szene dazu festgehalten. Ulbricht erklärte Wollweber gegenüber: „Was sich abspielt, ist unerhört. Die polnische Staatssicherheit hat vollkommen versagt. Der Innenminister, von dem du ja etwas hältst, ist sogar ein Gomułka-Mann. Man hat Gomułka gestattet, seine Rede im Radio zu halten und damit über ganz Polen zu verbreiten. Damit ist die Sache entschieden. [...] Die Staatssicherheit hätte verhindern müssen, daß die Gomułka-Rede verbreitet wird. Solange das nicht nach außen gedrungen wäre, hätte man vieles in Polen verhindern können."[17]

Die SED kanalisierte die Information über Polen, konnte sie aber nicht völlig unterdrücken. So wurde Gomułkas Rede auf dem 8. Plenum der PVAP erst am 28. Oktober wiedergegeben und auch das nur in Auszügen.[18] Eben diese Form der verstümmelten Information wurde in der polnischen Presse offen attackiert. Edda Werfel richtete im „Przegląd Kulturalny" harte Worte an die DDR und mokierte sich über die SED: „Wir gratulieren der Partei der DDR, daß sie frei ist von Streitigkeiten."[19]

Da Polen in dieser Zeit an der Herstellung von Kontakten zur Bundesrepublik interessiert war, steuerte Ulbricht um so schärfer dagegen. Das Grundelement der späteren „Ulbricht-Doktrin" wird bereits hier erkennbar: Die SED wünschte bei allen deutschlandpolitischen Fragen konsultiert zu werden und bemühte sich um eine Vetoposition. Aus dieser Interessenlage waren auch die Vorbehalte gegen den Rapacki-Plan 1957/58, der auf eine Entspannung in Mitteleuropa zielte und die Bundesrepublik ebenso wie die DDR betraf, konsequent.[20] In aller Offenheit machte Albert Norden 1960 in der Zeitschrift des polnischen Instituts für internationale Fragen die deutschlandpolitische Generallinie deutlich: „Es ist nicht möglich, gleichzeitig für freundschaftliche Beziehungen zwischen der VR Polen und der DDR wie auch für eine Freundschaft mit den westdeutschen Imperialisten einzutreten. Die Prämisse für eine ehrliche polnisch-deutsche Freundschaft ist der Kampf gegen das Bonner Regime und seine rechts-sozialdemokratische Unterstützung. So werden die Beziehungen mit Polen zum Prüfstein der deutschen Außenpolitik."[21] Die eingangs erwähnte Dreiecks-Konstellation wird hier in ihrer grob polemischen Form sichtbar.

Zu diesem Zeitpunkt war die polnische Führung bereits auf die sowjetische Europa-Politik eingeschwenkt, die auf eine Stärkung der außenpolitischen Position der DDR zielte. Zum 10. Jahrestag des Görlitzer Abkommens fand in Magdeburg eine Großkundgebung statt, auf der Cyrankiewcz erklärte: „Wer die Hand gegen die Elbe erhebt, erhebt sie auch gegen Oder-Neiße." Das „Neue Deutschland" titelte: „Schulter an Schulter auf Friedenswacht an der Elbe."[22] In ähnlichen Tönen lobte Gomułka im Oktober 1961 den Mauerbau in Berlin und begrüßte herzlich die Soldaten, „die auf der Wacht für die Sicherheit der Grenze der DDR stehen, auf der Wacht an der Staatsgrenze in Berlin, auf der Wacht für die Sicherheit Polens und der anderen sozialistischen Länder."[23] Mit dem 1967 abgeschlossenen Vertrag „über Freundschaft, Zusammenarbeit und gegenseitigen Beistand" wurde dieser Schulterschluß auch völkerrechtlich unterstrichen. Ulbricht schien mit seiner Doktrin gesiegt zu haben. Latente Spannungen und Vorbehalte blieben gleichwohl. Ein kurioses, aber charakteristisches Beispiel war die Wiedergabe einer Rede Gomułkas in Schwedt im April 1967. Sie war nicht nur entstellt, sie wurde überdies noch auf bemerkenswerte Weise ergänzt. Gomułka hatte erklärt: „Sie Deutsche und wir Polen und alle Völker Europas verdanken der DDR viel." Das „Neue Deutschland" fügte hinzu: „Viel mehr, als man beweisen kann."[24]

Die relative „Normalisierung" zwischen der DDR und Polen auf der Basis ideologischer Erstarrung und außenpolitischer Anpassung wurde erst mit der Entspannungspolitik in Bonn wieder verändert, für die Gomułkas Rede vom 17. Mai 1969 ein wichtiges Signal gab. „Wir sind jederzeit bereit", erklärte Gomułka, „mit der BRD einen solchen zwischenstaatlichen Vertrag abzuschließen, ähnlich, wie wir mit der DDR vor 19 Jahren in dieser Frage einen Vertrag geschlossen haben."[25] Der Warschauer Vertrag von 1970 bildete den Schlußpunkt dieses Kurswechsels.

IV. Die vierte und letzte Phase ist in vieler Hinsicht die interessanteste, über die wir auch relativ am besten informiert sind. Mit Gomułkas und Ulbrichts Rücktritt 1970/71 und den Ostverträgen änderte sich die innen- und außenpolitische Konstellation für beide Länder nachhaltig. Das persönliche Verhältnis zwischen Honecker und Gierek war besser als das zwischen Ulbricht und Gomułka. Die Struktur des Außenhandels zwischen beiden Ländern wandelte sich, und die internationale Entspannungspolitik bot neue Chancen, schuf allerdings innenpolitisch auch neue Risiken. Zugleich standen beide Regime vor einem ähnlichen Problem, das die polnischen Arbeiteraufstände an der Küste im Dezember 1970 dramatisch deutlich gemacht hatten. Gomułka war mit dem Versuch einer ökonomisch notwendigen Preiserhöhung gescheitert, Honecker, möglicherweise von diesem Beispiel gewarnt, unternahm einen solchen Versuch erst gar nicht, sondern bemühte sich im Gegenteil mit seinem Konzept der Einheit von Wirtschafts- und Sozialpolitik um die Sicherung der Loyalität der Bevölkerung.

1973 unterzeichneten Honecker und Gierek eine „Deklaration zur Festigung der Freundschaft und zur Vertiefung der Zusammenarbeit zwischen der DDR und Polen". Ein wichtiger Test für derartige Absichtserklärungen war der bereits zum 1. Januar 1972 vereinbarte visafreie Reiseverkehr. Die Folgen sind bekannt. Polen kamen vor allem zum Einkaufen, DDR-Bürger reisten vor allem als Ferientouristen, so daß schließlich der Reisestrom vom Staat wieder gebremst wurde. Die Wirkungen der durch die Reiseerleichterungen intensivierten Kommunikation waren ambivalent. Einerseits verstärkte der polnische „Einkaufstourismus" alte antipolnische Stereotype, andererseits gab es bei jüngeren Polen, wie Klaus Ziemer betont, deutliche Ansätze zu einem positiveren Bild der DDR-Deutschen.[26]

Wenn hier unterhalb der staatlichen Ebene immerhin Ansätze zu einer vorsichtigen Verbesserung der Beziehungen in der Bevölkerung faßbar werden, so war damit im Jahre 1980 erst einmal Schluß. Der wichtigste Faktor für die Abschottung der DDR und für den abrupten Stopp des individuellen Reiseverkehrs war ohne Zweifel die Entstehung der Solidarność, die der SED-Führung als Menetekel der Konterrevolution erschien. Aus polnischer Sicht wurde jedoch die Situation durch ein neues deutschlandpolitisches Moment komplizierter: Entgegen der offiziellen Abgrenzungspropaganda bemühte sich die DDR gegenüber der Bundesrepublik angesichts der drohenden Neuauflage eines Kalten Krieges um eine „Politik der Schadensbegrenzung". Diese deutsch-deutsche Annäherung löste Irritationen in Polen aus, weil sie den polnischen Spielraum begrenzte und das Verhältnis zum deutschen Nachbarn weniger kalkulierbar machte. Daß Jaruzelski den für 1984 geplanten Besuch Honeckers in Bonn nach Kräften zu verhindern versucht haben soll[27], fügt sich in diese Interessenkonstellation. M. Tomala, stellvertretender Direktor des Polnischen Instituts für internationale Angelegenheiten, sprach das Problem 1986 offen an: „Es ist nicht leicht, sich mit der Tatsache abzufinden, daß gegenwärtig gerade die Deutsche Demokratische Republik zum Ort von Politikertreffen wird, als sollte sie unsere Rolle übernehmen. Aber so ist die bittere Wahrheit."[28]

Einschneidender, weil an die Substanz der SED-Herrschaft gehend, waren jedoch die mit der Solidarność entstandenen innenpolitischen Veränderungen in Polen. Daß sie die SED in höchstem Maße beunruhigten, läßt sich schon aus den zeitgenössischen Stellungnahmen und Pressekommentaren hinreichend deutlich ablesen.[29] Der Inhalt des Danziger Abkommens mit seinen 21 Forderungen, die über traditionelle Gewerkschaftsbelange weit hinausgingen, wurde in der DDR-Presse verschwiegen. Um so nachdrücklicher kommentierten die Zeitungen den Einfluß „antisozialistischer Elemente" mit „konterrevolutionären Zielsetzungen".

Mittlerweile weiß man aus den Partei- und NVA-Akten, daß sich parallel zu dieser immer aggressiver werdenden Linie der offiziellen Berichterstattung die Bemühungen der Staats- und Parteiführung verstärkten, auf eine Intervention des Warschauer Paktes in Polen hinzuarbeiten. Honecker gehörte – ohne Erfolg – zu den treibenden Kräften einer „brüderlichen Hilfe" nach dem Muster von Prag 1968. „Die Lage in Polen ist schlimmer als 1968 in der ČSSR, schlimmer als unter Dubček", so lautete die interne Lageeinschätzung der SED-Führung.[30] In einem internen Bericht der Stasi an das Politbüro der SED findet sich folgende Lagebeurteilung, verbunden mit der Erörterung dreier Handlungsvarianten:

„Der verhängnisvolle Verlauf der politischen, ökonomischen und sozial-ökonomischen Entwicklung in der VRP, der seit Mitte 1980 offenkundig wurde, aber in der Politik der PVAP in den vorhergehenden Jahrzehnten bereits seine Ansätze findet, kann nur durch entschiedene Maßnahmen zum Schutz des Sozialismus gestoppt werden. Dafür gibt es folgende Varianten:

1. Formierung einer marxistisch-leninistischen Gruppe innerhalb der PVAP noch vor dem Parteitag, die in der Lage sein müßte, einen Führungswechsel in Partei und Staat durchzusetzen und einen Teil der PVAP auf marxistisch-leninistischer Grundlage neu zu organisieren. Das erfordert die Einsetzung der Machtmittel gegen die Konterrevolution und die schrittweise Zurückeroberung der aufgegebenen Positionen in den Hauptinstrumenten der Diktatur des Proletariats. Gegenwärtig bestehen vor dem Parteitag noch objektiv gewisse Möglichkeiten, einen solchen Schritt zu gehen und die marxistisch-leninistischen Kräfte um eine energische Führungsgruppe zu sammeln. Diese Führungsgruppe kann sich stützen auf einen Teil der ZK-Mitglieder (ca. 40–50 Genossen), auf einen Teil des Parteiaktivs in den Woiwodschaften, auf Teile des Parteiapparats sowie ca. 200 000 Kommunisten in den Grundorganisationen. Des weiteren sind Teile der Miliz, der Staatssicherheit und der Armee zur Anwendung von Machtmitteln noch geeignet.

Je weiter der Parteitag heranrückt und die gegenwärtigen Tendenzen der kadermäßigen und inhaltlichen Vorbereitung des Parteitags fortschreiten, desto geringer wird die Chance, die konterrevolutionäre Entwicklung zu stoppen.

Die Formierung einer marxistisch-leninistischen Gruppe erfordert die direkte Unterstützung dieser Genossen durch die Bruderparteien. Dazu müßten kurzfristig eine Vielzahl von möglichen Kontakten und Verbindungen genutzt werden. Gleichzeitig wäre es erforderlich, Maßnahmen zur Weiterführung dieser Unterstützung zu erarbeiten und zwischen den Bruderparteien zu koordinieren. Eine Formierung und Stärkung einer solchen Führungsgruppe innerhalb der PVAP allein aus eigenen Kräften und eigenen Initiativen ist schon nicht mehr möglich.

2. Eine zweite kurzfristige Variante könnte sein, daß der Vorsitzende des Nationalen Verteidigungsrates (gegenwärtig Gen. Jaruzelski) von den Verbündeten aufgefordert wird, den Ausnahmezustand zu verhängen, der Armee zeitweilig die Machtausübung zu übertragen und Machtmittel gegen die „Solidarność" und andere konterrevolutionäre Kräfte einzusetzen. Diese Pflicht könnte aus den Bündnisverpflichtungen und der Einhaltung der verfassungsmäßigen Ordnung abgeleitet werden. Diese Variante müßte zur machtmäßigen Absicherung der Variante 1 dienen.

3. Falls die Varianten 1 und 2 nicht realisierbar sind, besteht dann nur noch die Möglichkeit einer direkten allseitigen Hilfsmaßnahme der Bündnispartner."[31]

Aus der Interessenlage des herrschenden Apparates war diese Haltung stimmig und konsequent. Die Partei fürchtete ein Überspringen des revolutionären Funkens auf die DDR. In einer Vorlage Erich Mielkes wurde festgestellt, „daß manche glauben, durch die konterrevolutionären Ereignisse in der VR Polen Oberwasser zu bekommen, sich aus Polen Materialien zu beschaffen, sich mit dortigen konterrevolutionären Kräften zu solidarisieren, um bei uns Diskussionen in diesem Sinne entfachen zu können. Das alles gilt es, mit größter Konsequenz zu unterbinden".

Nach den bisherigen Kenntnissen gab es jedoch wenig Grund für eine solche Befürchtung. Denn die polnische Revolution stieß in der breiten Bevölkerung der DDR eher auf Ablehnung als auf positive Resonanz.

Anders als 1956 haben die innenpolitischen Veränderungen von 1970 und vor allem von 1980, die den Anfang vom Ende des kommunistischen Systems in Polen einleiteten, kaum vergleichbare oppositionelle Impulse in der DDR ausgelöst. Erst Mitte der achtziger Jahre hat die illegale Solidarność für winzige intellektuelle Gruppierungen, wie die „Initiative für Frieden und Menschenrechte", als Vorbild und Stimulans gewirkt, um zusammen mit dem Ruf nach Friedenssicherung und Beachtung der verbrieften Menschenrechte auch politische Systemveränderungen zu fordern. Anders als in Polen, wo die „Dissidenten" der gesellschaftlichen Norm weitgehend entsprachen und insofern keine Dissidenten waren[32], konnte sich diese Position in der DDR jedoch nicht in breiterem Umfang durchsetzen.

Erst im Zuge der Perestrojka in der Sowjetunion, der wachsenden Erosion der SED-Herrschaft aufgrund der sturen Ablehnung aller Reformen und schließlich angesichts des friedlichen Machtwechsels in Polen trat eine tendenzielle Änderung der Einstellungen zum östlichen Nachbarn in Erscheinung. Darauf ist hier nicht mehr einzugehen.

Die verschiedenen Phasen in den schwierigen Beziehungen zwischen Polen und der DDR möchte ich resümieren mit einem Passus aus dem eingangs genannten Artikel von Ludwig Mehlhorn und einem Abschnitt aus einer Rede, die Adam Krzemiński im September 1990 in Weimar gehalten hat. „Wir hatten in unseren Schulbüchern zwar keine Karten in den Grenzen von 1937", stellt Mehlhorn fest, „doch im Geschichtsunterricht erfuhren wir kaum etwas vom Terrorregime der Nazis in Polen (es ging immer nur um die Sowjetunion). Die Auschwitz-Erzählungen von Tadeusz Borowski [...] durften in der DDR, von Ausnahmen in Anthologien abgesehen, auf Veranlassung des Verbandes der Nazi-Verfolgten nie erscheinen. Und gar nichts erfuhren wir von dem gesamten Komplex Flucht und Vertreibung [...] Die meinungsbildenden Diskussionen um die Denkschrift der EKD und den Briefwechsel der katholischen Bischöfe blieben uns ebenso ‚erspart' wie die Kontroversen um die Ostverträge der sozialliberalen Regierung [...] Wir hatten keinen Historikerstreit, keine deutsch-polnische Schulbuchkommission, und die ‚Blechtrommel' erst mit 25jähriger Verspätung [...] Die Beziehungen blieben neurotisiert [...]."[33]

Aus polnischer Sicht charakterisierte Krzemiński diese Beziehungen mit realistischer Ironie: „Wir haben uns nie sonderlich gemocht, die Polen und die DDR-Deutschen. Wir Polen durften mehr, haben es auch erzwungen, ihr Deutsche hattet mehr, habt es zum Teil erarbeitet, zum Teil bekommen von denen, die die ‚menschliche Erleichterung' mit ‚eingefädelten' Geld wollten. Ihr hieltet euch auch für etwas besseres. Es klingen uns noch die arroganten Worte aus der ersten Solidarność-Zeit und dem Kriegszustand in den Ohren: Die sollen lieber arbeiten anstatt zu streiken. Daß ihr heute die Werkzeuge von der Deutschlandfahne abtrennen konntet, verdankt ihr auch diesen Streikenden von damals. Daß ihr aber heute selber streikt, verdankt ihr der normalen Logik, der harten Währung und der Ernüchterung, daß man doch manchmal auch den Rasen betreten muß, wenn man seine Lage ändern will."[34]

Anmerkungen

[1] In: ZfG 18 (1970), S. 1429–1447.

[2] In: Das Profil der DDR in der sozialistischen Staatengemeinschaft, Köln 1987, S. 46–58.

[3] In: E. Kobylińska, A. Lawaty, R. Stephen (Hrsg.), Deutsche und Polen, 100 Schlüsselbegriffe, München 1992, S. 522–528.

[4] Ziemer, S. 46–58.

⁵ F. H. Gentzen, Die Umerziehung der Bevölkerung in der sowjetischen Besatzungszone Deutschlands und der DDR im Geiste freundschaftlicher Beziehungen zum neuen Polen 1945–1952, in: Jahrbuch für Geschichte der sozialistischen Länder Europas 13 (1969), S. 111–142, hier: S. 116.
⁶ Zitiert ebenda, S. 120.
⁷ Ebenda, S. 119 ff.
⁸ Vgl. Ziemer, S. 46–58 und Mehlhorn, S. 522–528.
⁹ Texte in: H.-A. Jacobsen, M. Tomala (Hrsg.), Bonn – Warschau 1945–1991, Die deutsch-polnischen Beziehungen, Köln 1992.
¹⁰ Ebenda, S. 131.
¹¹ Ebenda, S. 133.
¹² Gentzen, S. 131.
¹³ F. Sikora, Sozialistische Solidarität und nationale Interessen, Polen, Tschechoslowakei, DDR, Köln 1977, S. 138.
¹⁴ Ziemer, S. 53.
¹⁵ C. Kleßmann, Zwei Staaten, eine Nation, Deutsche Geschichte 1955–1970, Göttingen 1988, S. 309.
¹⁶ „Neues Deutschland", 30. Juni 1956; SBZ-Archiv 7 (1956), S. 207.
¹⁷ Beiträge zur Geschichte der Arbeiterbewegung 32 (1990), S. 350 ff.
¹⁸ Sikora, S. 142.
¹⁹ Zitiert ebenda, S. 144.
²⁰ Ebenda, S. 152.
²¹ Zitiert ebenda, S. 151.
²² Beide Zitate ebenda, S. 152 ff.
²³ Zitiert ebenda, S. 158.
²⁴ Zitiert ebenda, S. 166.
²⁵ Jacobsen, Tomala (Hrsg.), S. 188.
²⁶ Vgl. Ziemer, S. 50 f.
²⁷ Ebenda, S. 50.
²⁸ Zitiert ebenda, S. 49.
²⁹ Vgl. die Analysen von P. J. Winters, Zur Reaktion der DDR auf die Ereignisse in Polen, in: Deutschland-Archiv 13 (1980), S. 1013 ff., 14 (1981), S. 4 ff.
³⁰ M. Wilke, R. Gutsche, M. Kubina, Die SED-Führung und die Unterdrückung der polnischen Oppositionsbewegung 1980/81, in: German Studies Review 17 (1994), S. 109.
³¹ „Lage und Perspektiven" [o. D.] am 5. Juni 1981 von E. Honecker weitergeleitet an die Politbüromitglieder, Stiftung Archiv der Parteien und Massenorganisationen, Berlin, IV 2/2.035/48, Bl. 31–41.
³² Information vom 13. Februar 1981, ebenda, Bl. 10–18.
³³ H. Hirsch, Bewegungen für Demokratie und Unabhängigkeit in Polen 1976–80, Mainz 1985.
³⁴ Mehlhorn, S. 525 f.

Die politischen Beziehungen zwischen der DDR und der VR Polen

von Franciszek Ryszka

Gestatten Sie mir, mit einer persönlichen Erinnerung zu beginnen. Von 1965 bis 1972 war ich Mitvorsitzender der deutsch-polnischen Historikerkommission; „deutsch" bedeutete in diesem Falle die Vertretung der DDR-Historiker. Zu meinen Pflichten gehörte die Organisation der Konferenzen, die jährlich abwechselnd in der DDR und in Polen stattfanden.

Es war im Jahre 1967. Diesmal fand die Tagung bei uns in Augustów statt und widmete sich der Vorkriegsperiode. Der Ribbentrop-Molotov-Pakt gehörte dazu, durfte also nicht unberücksichtigt bleiben. In der Debatte ergriff ein Vertreter der polnischen Delegation das Wort und erwähnte u. a. das Geheimprotokoll, was zu heftigen Protesten der deutschen Teilnehmer führte mit der Begründung, es handle sich um eine pure Verfälschung der „Imperialisten", um die UdSSR zusätzlich zu belasten. In diesem Moment meldete sich Marian Wojciechowski mit den Worten: „Bitte wenden sie sich gefälligst an das Bundesarchiv in Koblenz, wo sie unter der Signatur so und so den Originaltext finden können." Die Atmosphäre im Saal war gespannt. Damit war diese Angelegenheit noch nicht beendet. Sie zog Konsequenzen nach sich, die sich glücklicherweise als relativ mild erwiesen.

Es wäre gewiß stark übertrieben, würde man dahinter die große Politik vermuten. Allerdings ist dies ein Hinweis auf das politische Klima jener Zeit, das gerade durch das Aufeinandertreffen zweier divergierender politischer Auffassungen besonders deutlich wurde. Einerseits war der nationale Faktor im Politikverständnis stets präsent, andererseits mußte die Politik nach den Interessen der „internationalen Gemeinschaft" (darunter verstand man die Sowjetunion) ausgerichtet und bewertet werden. Die internationale Einbindung war also primär, offenbar im Sinne des Marxismus-Leninismus.

Das soll keineswegs bedeuten, daß die herrschende polnische Elite mit dem Marxismus nichts gemein hatte, aber die „volkspolnische" Politikauffassung unterschied sich in ihrer Werteskala deutlich von der „deutschdemokratischen". Es hatte den Anschein, als sei ostwärts der „deutsch-deutschen Grenze" der „nationale Faktor" gar nicht vorhanden. Erstaunlicherweise wurden damals bereits autoritäre, sogar preußisch-militärische Traditionen hoch geschätzt und bekräftigt, wenn auf alte Bündnisse mit den Russen hingewiesen wurde, die reaktionäre Heilige Allianz nicht ausgenommen. Das kleine Museum der deutsch-russischen Waffenbrüderschaft (im Kampfe gegen Napoleon) am grandiosen Völkerschlachtdenkmal in Leipzig ist ein gutes Beispiel dafür. Auf polnische Besucher wirkt es – vorsichtig ausgedrückt – nicht besonders einladend.

Traditionen allein genügen nicht, um eine kohärente Politikauffassung zu konstruieren. Aber auch das Politikverständnis allein reicht nicht aus, um konkrete politische Beziehungen zu beschreiben. Dennoch ist das Politikverständnis nicht unbedeutend, denn gerade parallel zu jener Auffassung gestaltete sich die Trennungslinie, die in der ganzen Zeit spürbar gewesen ist, ungeachtet unzähliger Deklarationen mit ihrer eigenen Symbolik, auch ihren Anspielungen oder latenten Drohungen.

Es scheint vonnöten, ein möglichst passendes Politikverständnis darzulegen, wonach konkrete politische Beziehungen beschrieben und bewertet werden können, um sie später in geordneter Weise zu präsentieren. Da dies im Rahmen eines kurzen Referats kaum geschehen kann, sollen nachfolgende Ausführungen als Vorschlag, ja als Anregung für eine künftige Diskussion verstanden werden. Es sei mir erlaubt, hier einige elementare Voraussetzungen zu skizzieren. Die politische Zielsetzung ist in diesem Kontext folgendermaßen zu verstehen:

1. Es müssen konkrete Entscheidungen fallen, die als „politisch" bezeichnet werden können („strong decisions" nach Lasswell und Kaplan, 1950), d. h., daß sie die wichtigsten (vitalen) Interessen bilateral oder multilateral regulieren.

2. Sie werden durch die zu diesem Zwecke berufenen Instanzen abgehandelt, bevor die Entscheidung fällt, und dann – vorwiegend – in völkerrechtliche Normen umgesetzt.

3. Sie kommen in konkreten Situationen zustande, wobei der Begriff „Situation" ein gewisses intellektuelles und geistiges Klima erfaßt, dessen Ausdrucksformen nicht unbedingt konkrete (feststellbare) Willensäußerungen voraussetzen.

Ganz bewußt sollen sogenannte ideologische Grundsätze bzw. programmatische Differenzierungen ausgeklammert werden. Dabei ist darauf zu achten, daß der national-politische Faktor weder unterschätzt noch überschätzt werden darf. In unserem Falle haben wir es nicht mit kleinen Schönheitsfehlern zu tun, die durch kosmetische Korrekturen behoben werden können. Mit Sicherheit bleibt der ideologische Faktor relevant; ihm wurde in der Praxis mehr und mehr die Rolle einer homogenen „politischen Religion" (E. Voegelin), einer „totalitären" Weltauffassung zugeteilt. Ideologie verstand sich praktisch als Grundlage für eine zentralistische Befehlsordnung samt entsprechenden Verhaltensweisen. Angefangen von der Erziehung der Kinder mit ihren eigenen „rites de passage" (A. de Gennep) über Arbeitsdisziplin bis hin zur Freizeitgestaltung. Es herrschte keine Übereinstimmung mit dem verinnerlichten Identifikationsgrad.

Anstelle der „ideologischen Gemeinschaft" möchte ich eine andere Thematisierung vorschlagen, nämlich – nach dem Modell der „Großraumordnung" in einer multilateralen zwischenstaatlichen Kombination – eine politische Einheit mit begrenzter Souveränität der Mitglieder zugunsten der Grossraummacht, in diesem Falle der Sowjetunion. Theoretische Grundlagen dazu finden sich bei Carl Schmitt. Ein „Großraum" (mit Interventionsverbot für raumfremde Mächte, so Schmitt 1939) bildete also eine politische, supernationale Einheit mit der hegemonialen Macht an der Spitze (deren Stellung nicht in Frage gestellt werden darf), völkerrechtlich sanktioniert, doch (wenigstens vorläufig) ohne quasi-religiöse Gleicherhaltung. Totale Verschmelzung marxistisch-leninistischer Prägung, im Sinne der „politischen Religion", wird in die Zukunft verschoben, weil der ursprüngliche Identifikationsgrad die sofortige Überwindung der Differenzen nicht erlaubt. „Mehr Sozialismus" würde bedeuten, Ähnlichkeiten mit der Sowjetunion zu schaffen, wie nach dem sogenannten Gottwald-Gesetz. Angestrebt wurde hierbei keine sofortige Lösung. Prozeß wäre in diesem Zusammenhang der passendere Ausdruck.

Die Spezifik dieses „Großraumes" lag darin, daß die Einstufung der Mitglieder vertikal orientiert war. Alle sollten gegenüber der UdSSR „gleich" sein, doch waren einige „gleicher". Daraus resultierte manchmal eine erbitterte Konkurrenz um den zweiten Platz und seine Behauptung. Gemessen an der Größe, dem Wirtschaftspotential und der militärischen Stärke hätte Polen den zweiten Platz einnehmen müssen. Als Mitglied der antifaschistischen Koalition besaß Polen noch einen weiteren Pluspunkt, obwohl der tatsächliche Anteil am Siegesfeldzug und der Einsatz der eher bescheidenen Streitkräfte mehr politische als militärische Konsequenzen hatte.

Im Laufe der Zeit veränderten sich jedoch die Rollen; Polen verlor seine Stellung. Die seltsame Entwicklung der DDR, mit großem Aufwand betrieben, wenn auch hauptsächlich aus eigenen Kräften, doch nicht ohne diskrete Unterstützung des Westens, erlaubte es der Republik, sich allmählich auf Platz zwei vorzuschieben. Tatsache ist, daß die DDR beweisen konnte, wie wichtig ihre wirtschaftliche Kooperation und ihre ausgeprägte ideologische Treue war. Partei und Staatsführung verstanden es gut, die Rolle des „Frontstaates" am Rande des „imperialistischen Westens" zu spielen. Ferner sollte sie als Symbol all dessen gelten, was man mit „Antifaschismus" assoziierte, z. B. durch die „Annexion" der Widerstandstradition gegen Hitler; zumindest so lange wie in der Bundesrepublik diese Traditionen zwiespältig betrachtet wurden. „Die Deutschen", so schrieb Hans Zehrer in der „Welt" 1958, „haben wieder die Uniformen angezogen, diesmal die Uniformen des Kalten Krieges." Die DDR hatte bestimmt ihren Bürgern diese Uniformen anziehen wollen, die denen der Anti-Hitler-Koalition ähneln sollten. Für die Polen war es irritierend, wenn z. B. am Jahrestag des Sieges in der DDR gefeiert wurde, und zwar so, als ob sie Mitglied der Koalition gewesen wären.

Der Gebrauch der Begriffe des Kalten Krieges an dieser Stelle ohne ausdrückliche Kennzeichnung geschieht deshalb, weil diese in die Umgangssprache als legitimes und funktionsfähiges Kommunikationsmittel Eingang gefunden haben. Erinnert man sich daran, dann steht nicht nur das perverse Paradigma vor Augen, sondern ebenfalls die komplexe Realität im ost- und mitteleuropäischen Raum („Großraum"), wo die „deutsche Frage" zum Schlüsselproblem der internationalen Politik wurde und Polens politische Beziehungen zu seinem westlichen Nachbarn außerordentlich stark geprägt hat.

Es ist an der Zeit, die Frage historisch einzuordnen. Dafür wird eine wohl eher provisorische Periodisierung notwendig sein. Zuerst muß aber eine Vorbemerkung gemacht werden. Das Datum 1949 als Terminus ante quem ist nicht akzeptabel. Die Geschichte beginnt mit den ersten Nachkriegsregelungen, mit dem Potsdamer Abkommen, mit der Massenausweisung der Deutschen aus Polen und mit den ersten Versuchen, die politische Lage in der sowjetischen Besatzungszone neu zu gestalten. Daraus ergibt sich folgende Aufteilung:

1. Der erste Abschnitt erstreckt sich von 1945 bis 1950, vom Kriegsende und der faktischen Eingliederung der bisher deutschen Territorien in das polnische Hoheitsgebiet bis zur Gründung der DDR und des Grenzvertrags von Zgorzelec im Jahre 1950. Der letzte Punkt scheint hier besonders wichtig. Manchmal wurde vergessen, daß die Grenzlinie von Zgorzelec sich ungeachtet aller Veränderungen bewährt hat.

2. Danach folgt die Periode bis 1956, deren Höhepunkt die Unterzeichnung des Warschauer Vertrags gewesen ist, der die Geschlossenheit des „Großraums" nicht nur militärisch-politisch zementierte. Die Veränderungen in Polen im Oktober 1956 bedeuteten zwar kein Abrücken von den grundsätzlichen Prinzipien, führten aber zu zahlreichen Reibereien zwischen Polen und der DDR in verschiedenen Bereichen der Wirtschaft und Kultur, mal stärker, mal in latenter Form, doch letzten Endes immer mit politischem Charakter. Zur Besonderheit des „Großraums" gehörte eine durchgehende Politisierung, die auf die gegenseitigen Differenzen aufmerksam machte. Die Veränderungen vom Oktober 1956 gehörten zur polnischen Geschichte. Verursacht wurden sie jedoch indirekt durch den 20. Parteitag der KPdSU als Folge der Entstalinisierung in der Zentrale. In der DDR konnte von Veränderungen keine Rede sein. Fast alles blieb beim alten. Das Mißtrauen gegen das „nationalistisch gesinnte" Polen wuchs und war mehr oder weniger deutlich spürbar, wenn es auch nur selten deutlich ausgesprochen wurde.

3. Die Errichtung der Berliner Mauer am 13. August 1961 und die einstimmige und vorbehaltlose Erklärung aller Ostblockstaaten vom selben Tag scheinen dagegen eine scharfe Abgrenzung einer Periode zu sein. Dies ist allerdings umstritten, denn es gibt verschiedene Meinungen darüber, ob die Berliner Mauer das endgültige Scheitern von

Chruščevs Geheimdiplomatie zur deutschen Wiedervereinigung bedeutete und drei Jahre später zu seinem spektakulären Fall führte. Künftige bilaterale Beziehungen waren von vornherein durch die innere Entwicklung belastet. Abgesehen von den schrecklichen Erfahrungen, gemeint sind die bekannten Ausschreitungen der sowjetischen Besatzer, schien die östliche Besatzungszone zu einem ersehnten Land für die deutsche radikale Linke zu werden, insbesondere für die Kommunisten. Etliche Bedingungen waren vorhanden, um möglichst authentische Machtstrukturen von unten aufzubauen. Ich kann nicht ganz mit der Beurteilung Michal Reimans bezüglich der „nationalen Elemente in den Reformbewegungen Osteuropas" übereinstimmen (in: H. Horn, W. Knobelsdorf, M. Reiman (Hrsg.), Der unvollkommene Block, Berlin 1988, S. 277 ff.). Dennoch hat der Berliner Politologe Recht, wenn er die inneren Differenzen und Distanzen bei der Beschreibung der Gründungsphase des Sowjetblocks berücksichtigt.

Polen unterschied sich von der künftigen DDR, was die politische Ausgangslage betrifft, mindestens in zwei Punkten. Erstens gehörte es, wie bereits erwähnt, wenigstens formell zum Lager der Sieger, was auch seine weitere Entwicklung komplizierte. Zweitens besaß der überwiegende Teil der Bevölkerung eine ausgeprägte antisowjetische Einstellung. Die Kommunisten haben in Polen keine feste Tradition. Sie wurden vor dem Kriege von der öffentlichen Meinung nur wenig beachtet, von den Behörden verfolgt, von Stalin dezimiert und von den Besatzern mit außerordentlicher Härte vernichtet. Sie spielten auf der politischen Bühne nur eine winzige Rolle. Nach dem Krieg zeigten sie sich entweder als Patrioten oder präsentierten sich als kämpfende revolutionäre Minderheit, um ihre bedrohte Machtposition mit aller Gewalt zu erhalten. Zwei Richtungen konkurrierten miteinander. Der Wettkampf spielte sich in einer Atmosphäre ab, in der keine wirkliche Annäherung an Deutsche möglich gewesen wäre.

Gomułka, damals noch der unumstrittene Führer der Kommunistischen Partei, läßt sich als eine der führenden Figuren auf der politischen Bühne in Polens Nachkriegszeit dem „nationalen Flügel" zurechnen, ungeachtet der schweren Vorwürfe, die ihm vom „stalinistischen Flügel" der Partei gemacht wurden. Tatsache ist, daß er sich von seinen antideutschen Ressentiments nie befreien konnte. In seinen unlängst veröffentlichten Memoiren – hrsg. von Andrzej Werblan, seinem früheren Sekretär und langjährigen Intimus, also einem Sachkenner par excellence und einem Mann von brillanter Intelligenz – wird deutlich, wie tief jene Ressentiments verwurzelt waren.

Gomułka war zweimal vor dem Krieg in Deutschland. Einerseits imponierte ihm die deutsche Ordnung und Effizienz – eine typische Attitüde der Polen, andererseits entstand gerade daraus eine tief verborgene Angst vor den Deutschen. Krieg und Besatzung haben die Ressentiments noch gefestigt. Gomułka blieb den Deutschen gegenüber stets mißtrauisch. Aus diesem Grund hat er sich so stark für eine Verständigung mit Westdeutschland eingesetzt, wobei er viel staatsmännisches Gespür bewies.

An dieser Stelle sei auf eine wenig bekannte Episode hingewiesen. Kurz nach der Unterzeichnung des sowjetisch-polnischen Vertrags über Freundschaft und Zusammenarbeit am 21. April 1945, der die Grundlagen für den „Großraum" schuf, versuchte Gomułka, Stalin zum Abschluß eines Geheimprotokolls zu motivieren. Darin sollte eine Klausel enthalten sein, die die UdSSR dazu verpflichtete, Polens Sicherheit gegenüber Deutschland unabhängig von der jeweiligen Regierung zu garantieren. Gemeint war auch eine kommunistische Regierung, wie sie im Laufe einiger Jahre in Ostdeutschland geschaffen wurde. Es entspricht der Wahrheit, daß die Stellungnahme von Wilhelm Pieck und Otto Grotewohl zur polnischen territorialen Expansion auf Kosten Deutschlands zur Zeit der Vereinigung von SPD und KPD zur SED nicht sehr ermutigend war.

Trotz späterer Kurswechsel der DDR blieb Gomułka den Deutschen gegenüber zurückhaltend.

Den Vermutungen zufolge hätte man annehmen können, daß es, wenn auch nicht gleichzeitig, zum Sturz von Chruščev und Ulbricht kommen würde. Dem ersten warf man vor, daß leichtsinnig in der Öffentlichkeit gegebene Erklärungen und Enthüllungen seines Schwiegersohns Adžubej die Glaubwürdigkeit des Kreml in Frage stellten und sich kompromittierend auf die Staatsführung in Ostberlin auswirkten. Ulbricht hielt zwar konsequent an der harten Parteilinie fest, doch die Tatsache, daß er sich der Kremlführung widersetzt hatte, widersprach den eisernen Regeln des Großraumdenkens. Der Großmacht widersetzt man sich nicht, auch nicht in guter Absicht.

4. Die nächste Periode umfaßt den Zeitabschnitt bis 1968, den Höhepunkt der Brežnev-Doktrin. Im Sommer 1973 habe ich ein langes Interviev mit Carl Schmitt geführt. Mit Recht hatte Schmitt damals angekündigt, die Brežnev-Doktrin sei das beste Beispiel dafür, daß sowohl die Doktrin selbst als auch ihre Nachfolger nichts von ihrer Bedeutung verloren haben. Sogar das „Interventionsverbot für raumfremde Mächte", so im Titel einer Studie von Carl Schmitt vom Frühjahr 1939, hat sich bestätigt. Prüfstein war die Intervention in der Tschechoslowakei im August 1968. „Raumfremde Mächte", d. h. der NATO-Block, haben die Aktion eindeutig verurteilt, aber keinen Schritt zu einem politischen oder wirtschaftlichen Eingreifen unternommen.

Am Ende der 60er Jahren kam es zu einer deutlichen Verschlechterung der Beziehungen zwischen Polen und der DDR. Im Frühjahr 1968 brach in Polen die bekannte antisemitische Hetzkampagne aus, zum Teil als Ausdruck innerparteilicher Spannungen. Bei den Altkommunisten der DDR war bekannt, daß der Antisemitismus tief in der polnischen national-katholischen Tradition verwurzelt war. Politisch konforme Kreise der polnischen Katholiken – gemeint ist hier in erster Linie die Vereinigung „PAX" – haben sich bei dieser Hetzaktion mit solcher Schärfe und Verbissenheit engagiert, daß sie sogar die „Betonköpfe" der herrschenden Partei übertrafen. Erstaunlicherweise sind die bekannten Personen aus dieser Zeit weiterhin in der Öffentlichkeit tätig, vielleicht mit Ausnahme der engagiertesten Aktivisten, die inzwischen auch das Alter erreicht haben, um sich von ihren öffentlichen Ämtern zurückzuziehen. In den intellektuellen Kreisen der DDR – nicht nur in Kreisen der Altkommunisten, in denen ich persönliche Erfahrungen sammeln konnte – hinterließen die Ereignisse in Polen einen unangenehmen Nachgeschmack, um es euphemistisch auszudrücken. Eine eigenartige Demonstration seitens der maßgebenden Kreise in Ostberlin war die Einladung für Leopold Trepper, den legendären „Grand Chef" der Spionage- und Widerstandsgruppe in ganz Westeuropa, die später in Berlin unter dem Codenamen „Rote Kapelle" bekannt wurde. Trepper, der nach jahrelanger stalinistischer Verfolgung in Warschau ansässig wurde, sah sich während der „März-Kampagne" Schikanierungen ausgesetzt und wurde schließlich der Funktion des Präsidenten der Jüdischen Kulturgesellschaft einstweilig enthoben. An einem schweren Herzleiden erkrankt, konnte sich Trepper in einer Prominentenklinik in der DDR behandeln lassen.

Die polnische Parteiführung hatte dagegen das Vorhaben, DDR-Truppen direkt an der Intervention in der Tschechoslowakei teilnehmen zu lassen, eher negativ beurteilt. Zwar gab es dazu keine offizielle Parteierklärung, aber dafür bezogen die von der Partei stets kontrollierten Medien eindeutig Stellung. Es war klar, daß deutsche Truppen, auch die der „guten Deutschen", in der Tschechoslowakei unerwünscht waren. Dies empfand man als eine Frage des guten Geschmacks. Auf die DDR-Führung, die sich für die Beilegung der Prager Affäre voll engagiert hatte, mußte solch eine Haltung tief beleidigend wirken.

Nehmen wir an, es handle sich um Nebeneffekte. Damals wurden auf beiden Seiten tief verborgene, aber spürbare Tendenzen sichtbar. In Polen beobachtete man mit zunehmendem Unbehagen die wachsende Bedeutung Ostberlins im gesamten „Großraum". Nicht ohne Hilfe des „zwischendeutschen Handels" verbesserte sich tatsächlich die materielle Lage der ostdeutschen Staatsbürger, die im Gegensatz zur krisenähnlichen Situation der Polen in den späten Jahren der Regierung Gomułka stand. Der deutsch-deutsche Handel wurde in Polen als Argument bei der Kritik an den wirtschaftlichen Erfolgen der DDR ziemlich häufig ins Feld geführt. Die Unterschiede in der täglichen Versorgung zwischen Polen und Deutschen vergrößerten sich beträchtlich. Während Polen aufgrund dieser Situation einen gewissen Neid entwickelte, erblickte Deutschland darin ein Argument für die strenge Befolgung paradigmatischer sozialistischer Regeln in der Wirtschaft, d. h. ohne private Bauernhöfe, ohne sogenannte „private Initiative" und nicht zuletzt ohne polnischen Schlendrian und Mangel an „sozialistischer Disziplin", die deutlich bessere Resultate erzielte.

In der DDR reagierte man mit großem Mißtrauen auf die (west)deutsch-polnischen Verhandlungen über die „Normalisierung" der gegenseitigen politischen Beziehungen, die von polnischer Seite mit der Anerkennung der Oder-Neiße-Grenze beginnen sollte. Die Verhandlungen zwischen den beiden Bevollmächtigten, Staatssekretär Winiewicz vom polnischen Außenministerium und dem deutschen Botschafter a. D. und jetzigen Staatssekretär Duckwitz, wurden geheim geführt. Dennoch berichteten die westdeutschen Medien relativ ausführlich darüber. Die omnipotente Stasi müßte – nach heutigem Kenntnisstand – ebenfalls den Verhandlungen beigewohnt haben. Daraus resultierte auch die Irritation maßgebender Stellen in Ostberlin. Ihre Argumentation bezog sich auf die endgültige Grenzregelung von Zgorzelec – in diesem Punkt hatten sie mit Sicherheit recht. Nicht recht hatten sie mit der Einschätzung einer prinzipiellen Abneigung gegen jede Annäherung zwischen Bonn und Warschau. Die Unterzeichnung des Warschauer Vertrags am 6. Dezember 1970 durch Bundeskanzler Willy Brandt, der bei seinem Besuch in Warschau vor dem Denkmal für die Opfer des Getto-Aufstandes niederkniete, und den polnischen Ministerpräsidenten Cyrankiewicz wurde in den offiziellen Medien der DDR beinahe verschwiegen. Daß die DDR den Vertrag als eine „res inter alios acta" betrachtete, kann kaum als Rechtfertigung für die Nichtbeachtung dienen.

5. Die Unterzeichnung des Warschauer Vertrags wurde für Gomułka zum Schwanengesang. Dies mußte er um so schmerzlicher empfinden, als die „Normalisierung" der Beziehungen mit der Bundesrepublik Deutschland seine „idee fixe" gewesen war, das Hauptziel seiner Außenpolitik, der höchste Ausdruck der polnischen „raison d'État". Einige Wochen nach dem Arbeiteraufstand an der Küste hatte der 65jährige, erkrankte polnische Diktator, der wohl die polnische Nachkriegspolitik am nachhaltigsten geprägt hat, abdanken und den Platz für Edward Gierek räumen müssen. Es folgte wahrscheinlich jene zu kurze Periode, in der die politischen Beziehungen zwischen Polen und der DDR am besten waren. Bald danach kam es in Ostberlin zum Machtwechsel. Der sture Walter Ulbricht, der inzwischen ausgedient hatte, mußte das Steuer dem zwar jüngeren, aber immerhin auch schon fast 60jährigen Erich Honecker übergeben. Honecker galt in Polen als wesentlich flexibler und moderner, frei von den Differenzen, die das persönliche Verhältnis zwischen Ulbricht und Gomułka vergiftet hatten.

Die Gierek-Honecker-Ära begann mit einer festlichen Grenzöffnung, aus der eine tatsächliche, nicht nur eine deklarative Freundschaft zwischen beiden Völkern entstehen sollte. Das Ergebnis widersprach den Erwartungen. Zahlreiche Pressemeldungen, Reportagen, Augenzeugenberichte und nicht zuletzt bissige Anekdoten zeichneten ein wenig sympathisches Bild von der polnischen Kaufwut, insbesondere beim Erwerb von Mangelwaren, das die stereotype Darstellung des „Polacken" noch negativer erscheinen ließ. Aber auch die polnischen Bürger brachten den DDR-Bürgern wenig freundliche Gefühle entgegen; sie galten als stur, arrogant, egoistisch usw. Es ist interessant, daß die Westdeutschen, die in der Regel viel weniger persönlich bekannt waren, allgemein als sympathischer eingeschätzt wurden. Diese Aussage bestätigte die erste, 1972 von Soziologen durchgeführte demoskopische Untersuchung; allerdings bestand der untersuchte Personenkreis ausschließlich aus Studenten. In der Ulbricht-Gomułka-Ära, als man sich konsequent abriegelte und ein Mangel an persönlichen Kontakten herrschte, hatte man mit Symbolen, wie „Freundschaft unter Nationen" spielen können. Nun war die Zeit der empirischen Erkenntnis gekommen. Die Wirklichkeit wich manchmal erheblich von der Propaganda ab. Was mehr oder weniger erhalten blieb, war die bei den Polen stets vorherrschende Überzeugung, deutsche Erzeugnisse seien von hoher Qualität. Noch heute fahren auf polnischen Straßen viele Autos der Marken Trabant und Wartburg – mit oder ohne westdeutsche Accessoires, und in den Haushalten befinden sich immer noch Haushalts- und Küchengeräte „made in GDR". Um auf die Situation in den siebziger Jahren zurückzukommen, das Experiment der Grenzöffnung war ein Fehlschlag und hat den politischen Beziehungen kaum geholfen, indirekt sogar geschadet.

Sowohl die DDR als auch Polen strebten in dieser Zeit nach einer Modernisierung ihres Know-how, der Produktion und der Verwaltungsstrukturen. Es wäre falsch zu behaupten, daß alle Modernisierungsversuche mißlungen sind, wie es in Polen des öfteren und nicht selten tendenziös berichtet wird. Eine wirkliche Modernisierung des veralteten Produktionsapparats, einschließlich der Verwaltungsstrukturen, erwies sich aufgrund der harten Großraumregel als nicht durchführbar. Jede Initiative, jede wichtige Investition, jeder Entscheidungsprozeß in der Wirtschaft mußte vom COMECON unter Berücksichtigung der Großrauminteressen, die als primär galten, sanktioniert werden. Erst wenn die Vorbedingungen erfüllt waren, konnte an eine eigene Planung gedacht werden.

Der polnischen Wirtschaft hatte man die Verarbeitung von Rohstoffen aus dem Osten übertragen, insbesondere von Eisenerz aus der Westukraine, weil die sowjetische Stahl- und Eisenindustrie bereits für die Rüstung auf Hochtouren lief. Gleiches galt für die Werften an der Küste, deren erster Kunde die Sowjetunion war. Mit größter Eile baute die sowjetische Werftindustrie Kriegsschiffe, wodurch die UdSSR Mitte der 70er Jahre über die größte Kriegsmarine der Welt verfügte, obwohl die Qualität, d. h. die Einsatzbereitschaft, im Vergleich zu den enormen Kosten zu wünschen übrig ließ. Schon früh erwies sich in allen Ländern des COMECON die Energieversorgung als unzureichend. Polen konzentrierte sich auf traditionelle Rohstoffquellen, d. h. auf die Erschließung neuer Bergwerke im südlichen Teil Oberschlesiens. Nach dem Vorbild der DDR investierte man enorme Summen in die Braunkohleindustrie; nach wie vor gewann Polen seine Energie vornehmlich aus Stein- und Braunkohle. Die Investitionen unter Gierek wurden auch für die Erweiterung der Rohölverarbeitung eingesetzt. In Danzig und Płock entstanden große Industriekomplexe. Man versuchte sich den Bedürfnissen der Marktwirtschaft anzupassen und bezog allmählich Importe aus dem Süden; das Sowjetmonopol war längst durchbrochen. Ob die Umorientierung gelang oder nicht, ist eine andere Frage, die über das hier behandelte Thema hinausgehen würde. Tatsache ist jedoch, daß der zeitweilige polnische Aufschwung während der Gierek-Ära nicht mit der Entwicklung der DDR-Wirtschaft in Zusammenhang gebracht werden kann. Die DDR war aus geopolitischen und zum Teil aus politischen Gründen an die Bundesrepublik gebunden, was im Interesse der Großraummacht lag. Die Statistik des Warenaustauschs zwischen Polen und der DDR in den 70er Jahren täuscht. Einzelheiten liegen nicht vor, und es ist nicht bekannt, in welchem Ausmaß die DDR davon profitierte oder ob die oben genannten Tendenzen indirekt politisch bedingt waren. Polen steuerte auf eine „Öffnung" nach Westen zu, um die wirtschaftliche Misere, die sich Ende der Dekade ganz deutlich abzeichnete, zu überwinden. Im Programm der DDR-Führung gab es keine Annäherung an den Westen, doch sie bemühte sich – nicht ganz ohne Erfolg – um die eigene Anerkennung, die Legitimierung und um ihr Prestige. Der pompöse Ablauf von Honeckers Besuch in Bonn im August 1987 – mit rotem Teppich, mit Paradenmarsch der Bundeswehr usw. – war nicht nur sein größter persönlicher Triumph anläßlich seines 75. Geburtstags, sondern wahrscheinlich der Höhepunkt in der ganzen Geschichte der DDR. Von da an ging es bergab.

Honeckers Schwanengesang klang eher grotesk als dramatisch. Fast zwei Jahre später nutzten DDR-Bürger ihren Sommerurlaub, um scharenweise aus der Republik zu flüchten. Zuerst öffnete sich der Eiserne Vorhang an der österreichisch-ungarischen Grenze. Dann kam der Versuch, die „polish connection" zu nutzen. In meinem Wohnviertel in Warschau an der Weichsel, wo seit 33 Jahren die bundesdeutsche Vertretung logiert – seit 1963 die Handelsvertretung, seit 1972 die Botschaft – haben wir eine regelrechte Invasion von Autos mit DDR-Kennzeichen erlebt, die für Wochen das Leben in Saska Kępa paralysierte. Ein bißchen Schadenfreude war auch dabei. Anstatt Panzer und Kanonen kamen Hunderte von Wartburgs, Ladas, Moskvičs und Trabbis. Das war das unerwartete Finale einer Nachbarschaft mit den Deutschen, die uns niemals verstehen, niemals kennenlernen wollten, was übrigens auf Gegenseitigkeit beruhte.

Bevor der Vorhang fiel und die Schauspieler die Bühne verließen, haben die Polen den letzten Akt des Dramas in Form des Kriegszustands erlebt. Über die Periode 1980–89 unter dem Gesichtspunkt der (ost)deutsch-polnischen Beziehungen ist nicht viel zu sagen. Die Politik spielte sich auf der Ebene der Großraummacht ab, mehr im Rahmen des Warschauer Pakts, weniger im COMECON. In letzter Zeit wurden in Moskau, Prag, aber vor allem in Ostberlin neue Dokumente entdeckt. Es steht heute außer Frage, daß die DDR-Parteiführung im Spätherbst 1980 darauf drängte, in Polen militärisch einzugreifen, ganz im Sinne der Brežnev-Doktrin, verglichen mit dem Vorgehen in der Tschechoslowakei sogar in verschärfter Form.

Die Ausrufung des Kriegszustands in Polen im Dezember 1981 wurde in Ostberlin ohne großen Enthusiasmus aufgenommen. Erstens hielt man den Zeitpunkt für zu spät und zweitens die Durchführung für allzu mild, zumindest um ein strenges Exempel zu statuieren. Jaruzelzkis Herrschaft wurde zudem skeptisch eingeschätzt, sobald 1983 die schärfsten Maßnahmen wieder aufgehoben worden waren und 1986 die „Solidarność" faktisch legalisiert wurde.

Routinemäßige Begegnungen auf Staats- und Parteiebene, d. h. das Zusammentreffen der Staatsoberhäupter und Parteichefs, wurden so gut wie eingestellt, mit Ausnahme der Sitzungen des politischen Gremiums des Warschauer Pakts. Die erste nach Ausrufung des Kriegszustandes fand im Sommer 1983 unter der Leitung von Andropov statt, die letzte am 7. Juni 1990 unter Gorbačev, als der Warschauer Pakt faktisch aufgelöst war. Inzwischen kam es noch zu Spannungen. Die DDR-Führung versuchte im Sommer 1988 noch einmal, Polen eine Lektion zu erteilen, oder, um es vorsichtiger auszudrücken, indirekt unter Druck zu setzen.

Im Sommer 1988 fand an der deutsch-polnischen Nordostgrenze unter Teilnahme polnischer und DDR-Truppen das Manöver des Warschauer Pakts mit dem Codenamen „Schild '88" statt, mit dem Hauptziel, einen Durchbruch über die Oder ostwärts zu zwingen. War dies ein Szenario aus den Jahren 1980/81? Dies wäre durchaus möglich. Jedenfalls wurde damit die aufgezwungene Waffenbrüderschaft beendet.

Die letzte Periode ist bisher wenig dokumentiert. Die unlängst veröffentlichten Erinnerungen des gelernten und brillanten Journalisten Wiesław Górnicki, einem engen Mitarbeiter Jaruzelskis, bringen in plastischer Form und mit einem Kommentar versehene interessante Details zum Thema.[1] Jaruzelski selbst äußert sich in seiner eigenen Darstellung des Kriegszustandes zu den Beziehungen zur DDR eher sparsam; manche essentielle Frage bleibt unbeantwortet. Sein Werk enthält zu viele Emotionen und zu wenig wissenschaftliche Zurückhaltung in den Analysen.[2]

Gegenwärtig überwiegt die Betrachtung der schlimmen Seiten jenes Prozesses, der über vierzig Jahre zwischen Polen und Deutschen aus der DDR ablief. Der „Deutsche", mit dem wir am häufigsten zu tun gehabt haben, war der DDR-Bürger. Abgesehen davon scheint der heutige „Ossi" im Vergleich zum „Wessi" den Polen näher zu stehen. Es läßt sich kaum leugnen, daß dies nicht der offiziellen Politik zu verdanken ist.

Anmerkungen

[1] W. Górnicki, Teraz już można, 1994, S. 353 ff.
[2] W. Jaruzelski, Stan wojenny, dlaczego ..., 1990.

Die kulturellen Beziehungen zwischen Polen und der DDR in den Jahren 1949–1990

von Józef Fiszer

Einführung

Es ist nicht möglich, in einem kurzen Referat die Genese und das Gesamtbild der Entwicklung der kulturellen Beziehungen zwischen Polen und der DDR in den Jahren 1949–1990 zu zeigen. Um so mehr, als zu dieser Problematik in Polen bisher weder Quellenverzeichnisse noch wissenschaftliche Arbeiten entstanden sind.[1] Ähnlich sah die Situation in der ehemaligen DDR aus, wo nur eine Arbeit zu diesem Thema herausgegeben worden ist. Es handelt sich hierbei um einige Referate, die von polnischen und von DDR-Historikern auf der 19. Tagung der Historikerkommission Polens und der DDR in Stralsund vom 23. bis zum 26. Mai 1972 gehalten worden sind.[2] Es wäre vielleicht interessant zu erwähnen, daß unter den damaligen Teilnehmern auch die heute hier anwesenden Professoren Franciszek Ryszka und Heinz Olschowsky gewesen sind, die damals über „Die antifaschistische Literatur in Polen von 1918 bis 1939" bzw. über „Die Aufnahme der polnischen Literatur in der DDR" berichtet haben. Es sollte noch erwähnt werden, daß diese Konferenz – eine von ganz wenigen – den „Deutsch-polnischen kulturellen Verbindungen, insbesondere den kulturellen Beziehungen zwischen der DDR und der VR Polen" gewidmet war.

Übrigens beriet die gemeinsame Historikerkommission Polens und der DDR nur zweimal über die polnisch-deutschen kulturellen Beziehungen innerhalb ihrer 30jährigen Tätigkeit in den Jahren 1956 bis 1986. Vom 12. bis zum 16. September 1983 fand in Toruń eine Konferenz zum Thema „Die deutsch-polnischen Kulturbeziehungen in der zweiten Hälfte des 19. und im 20. Jahrhundert. Literatur – Historiographie – Kulturpolitik" statt, und vom 16. bis zum 21. September 1985 diskutierte man in Wrocław über das Thema „Die sozialen und kulturellen Umwälzungen in der sowjetischen Besatzungszone Deutschlands und in der Volksrepublik Polen 1944/45 bis 1949".[3] An dieser Konferenz nahmen hervorragende polnische Historiker teil, die auch heute hier in Bautzen anwesend sind, und zwar die Professoren F. Ryszka, J. Tazbir und M. Wojciechowski.

Heute bereitet die objektive Bewertung des Gesamtbilds der kulturellen Beziehungen zwischen den beiden Ländern in den Jahren 1949–1990 noch größere Schwierigkeiten. Sie beruhen auf der Knappheit der Sekundärliteratur und der Quellenbasis, insbesondere der Archivalien. An dieser Stelle muß hervorgehoben werden, daß nicht nur die Kulturbeziehungen zur DDR, sondern auch ihre Innen- und Außenpolitik sowie die Beziehungen zu anderen Staaten in der Volksrepublik Polen stiefmütterlich behandelt worden sind. Davon zeugen die wenigen Publikationen zu diesem Thema, das nur anläßlich von runden Jahrestagen bzw. am Rande breiter angelegter wissenschaftlicher Arbeiten, die der Nachkriegsgeschichte Polens, den Ost-West-Beziehungen oder der Nachkriegsgeschichte Deutschlands gewidmet waren, Berücksichtigung fand. Für diese Situation gab es viele Ursachen. Zu den wichtigsten gehörte die Unzugänglichkeit glaubwürdiger Informationen und Archivalien. Außerdem war die kommunistische Regierung in Warschau bemüht, alle möglichen Provokationen gegenüber der DDR zu vermeiden, weil sie sich des Mißtrauens des ostdeutschen Regimes gegenüber Polen bewußt war. Auf dem Gebiet der Wissenschaft, wie auch in der Publizistik, hatte das ein Verbot jeglicher Kritik am ostdeutschen Regime zur Folge.[4]

Das vorliegende Referat ist also nur ein Versuch, die Genese und den Verlauf der Kulturbeziehungen zwischen Polen und der DDR in den Jahren 1949–1990 zu zeigen. Genauer gesagt, es sollen einige Probleme dieser Beziehungen und deren Voraussetzungen, Mängel, Folgen und Bedeutung für die polnisch-ostdeutsche Nachbarschaft sowie die gesamte Zusammenarbeit im Ostblock aufgezeigt werden. Das Ergebnis ist die Antwort auf folgende Fragen: Haben die kulturellen Beziehungen Polens und der DDR in den Jahren 1949–1990 dazu beigetragen, die Xenophobie und die seit Jahrhunderten vorhandene Mißachtung der kulturellen Errungenschaften der polnischen Nation aus dem Bewußtsein der Deutschen zu streichen, und dienten diese Beziehungen tatsächlich der Überwindung der gegenseitigen Feindschaft und der negativen Stereotype sowie der Verbreitung „der Idee der Freiheit und Demokratie, der Idee der Völkerverständigung und des sozialen Fortschritts"?[5]

Die Quellenbasis des vorliegenden Referats bilden die bisher nicht publizierten Dokumente und Materialien, die das Archiv des Kultur- und Kunstministeriums und das Archiv der Neuen Akten in Warschau, in dem sich jetzt auch die Akten des ehemaligen Archivs des ZK der PVAP (Polnischen Vereinigten Arbeiterpartei) befinden, zur Verfügung gestellt haben.

Die Genese und die Voraussetzungen der polnisch-ostdeutschen Kulturkontakte

Die Entstehung der DDR am 7. Oktober 1949, nachdem sich bereits zuvor die Bundesrepublik Deutschland konstituiert hatte, bedeutete den rechtlich-staatlichen Bruch der Einheit Deutschlands und seine künstliche Teilung, die bis Herbst 1990 andauerte. Die DDR und die Bundesrepublik befanden sich plötzlich in verschiedenen, einander feindlich gesinnten Staatsblöcken und standen unter dem Einfluß unterschiedlicher Kulturen, der westlichen und der östlichen, insbesondere der amerikanischen und der sowjetischen, mit ihren politisch-ideologischen und moralischen Implikationen.

Sowohl die DDR als auch die Bundesrepublik besaßen ihr eigenes Verhältnis zur Vergangenheit und entfalteten ihre Vision der Zukunft als selbständige Staaten, die 1949 verschiedene gesellschaftliche, politische und wirtschaftliche Entwicklungswege betreten hatten. Die DDR und Polen fanden sich in demselben Block zusammen. Beide Staaten waren von der Sowjetunion gezwungen worden, denselben Weg der kommunistischen Entwicklung einzuschlagen, den man in Polen anfänglich als „volksdemokratische Revolution" und in der DDR als „antifaschistisch-demokratische Revolution" tarnte. Seit Beginn der fünfziger Jahre hatte man aber in Polen und in der DDR offiziell mit dem Aufbau der sogenannten Grundlagen des Sozialismus begonnen. In der Praxis bedeutete das totale Abhängigkeit und Stalinisierung. Dies blieb auf ihre innere und äußere Kulturpolitik nicht ohne Einfluß. Es hatte auch wesentliche Bedeutung bei der Formulierung von Zielen und Aufgaben, die der Kultur in Polen und in der DDR, wie auch den kulturellen Beziehungen zwischen den beiden Staaten gestellt wurden.

Die von der sowjetischen Besatzungsmacht geleiteten deutschen Kommunisten übten seit 1945 starken Druck aus, um eine „neue, fortschrittliche Kultur" zu schaffen, deren Hauptaufgabe die „Änderung der Einstellung der deutschen Gesellschaft gegenüber der

Sowjetunion und Polen"⁶ war. Zu diesem Zweck entstand bereits 1945 auf ihre Initiative hin der Kulturbund zur demokratischen Erneuerung Deutschlands. Sein erster Vorsitzender war Johannes R. Becher. Am 19. August 1948 gründete man die Helmut-von-Gerlach-Gesellschaft.⁷

Anfang Februar 1946 organisierte man auf Anregung der KPD den ersten gesamtdeutschen Zentralen Kulturkongreß. Im Programmvortrag betonte Wilhelm Pieck, daß das kulturelle Leben des wiedergeborenen Deutschlands einen Prozeß der Demokratisierung und Humanisierung erleben müsse. Er verlangte die Ausmerzung des „Rassenwahnsinns, der Glorifizierung des reaktiven Preußentums, des Hurrapatriotismus und Militarismus". Die Lehrbücher sollten von Grund auf reformiert und alle Nazis aus ihren Positionen in der Wissenschaft, im Schulwesen und in der Kultur entfernt werden. Auch versicherte er, der neue deutsche Staat werde der wissenschaftlichen und künstlerischen Arbeit „unbedingte Freiheit und alle materielle und moralische Unterstützung" gewähren.⁸ Ähnliche Postulate und Aufgaben für die Kultur der DDR fanden sich im ersten Memorandum der Regierung der DDR vom 12. Oktober 1949 und im Referat des Ministerpräsidenten Otto Grotewohl vom 23. November 1949, das er auf der Sitzung des Kulturbundes hielt. Bereits zu dieser Zeit empfahl Grotewohl den deutschen Wissenschaftlern, Lehrern, Künstlern und Kulturfunktionären aktiver an der Aufbau- und Propagandaarbeit mitzuwirken, um den „ersten Arbeiter- und Bauernstaat auf deutschem Boden" zu stärken.⁹

Es sollte sich rasch herausstellen, daß die Praxis völlig anders aussah, insbesondere, wenn es sich um die versprochene „unbedingte Freiheit" handelte, die es naturgemäß in einem totalitären Staat, wie der DDR, nicht geben konnte. Die Kultur wurde der aktuellen Politik der SED unterstellt und mußte der Indoktrinierung der ganzen DDR-Gesellschaft dienen. Ähnliche Aufgaben hatte auch die Kultur in Polen zu erfüllen.

Bis zur Entstehung der DDR hatten die kulturellen Beziehungen zu Polen eher Zufallscharakter und beschränkten sich auf einzelne Auftritte, Vorlesungen und Treffen. Zu den wichtigsten Ereignissen dieser Zeit gehörte das erste Zusammentreffen deutscher und polnischer Schriftsteller, das 1948 während des Weltkongresses der Intellektuellen zur Verteidigung des Friedens in Wrocław stattfand.¹⁰

Von Anfang an unterstützte die polnische Regierung das künstliche Gebilde auf dem internationalen Forum und bemühte sich darum, mit der DDR auf allen Gebieten zusammenzuarbeiten. Besonders intensiv entwickelten sich die politischen und wirtschaftlichen Kontakte, während die kulturellen und gesellschaftlichen Verbindungen weniger gepflegt wurden, obwohl offiziell von einer Stärkung „des Bündnisses und der Freundschaft zwischen den Völkern Polens und der DDR" die Rede war.¹¹ Polen gewährte der DDR auch großzügige, oft nicht rückzahlbare wirtschaftliche Hilfe, insbesondere nach dem Juniaufstand 1953 und der Berliner Krise im August 1961. Nach den offiziellen Angaben war die DDR, gleich nach der Sowjetunion, Polens zweitgrößter Handelspartner unter den RGW-Staaten.¹²

Die Regierungen des kommunistischen Polens exponierten in den Jahren 1949–1990 die fehlerhafte These, daß die Sicherheit Polens und der Frieden in Europa mit der Existenz der DDR verbunden sei.¹³ Diese Einschätzung war für die Entfaltung der Beziehungen zwischen Polen und der DDR nicht ohne Bedeutung. Aus bisher nicht publizierten Dokumenten, die sich in den Archiven der ehemaligen PVAP befinden, geht hervor, daß Ulbricht und später auch Honecker dies dazu ausgenutzt hatten, um auf die polnische Führung Druck auszuüben und ihre politischen, wirtschaftlichen und internationalen Ziele realisieren zu können. W. Gomułka beschwerte sich in Moskau über Verständigungsschwierigkeiten mit der DDR-Führung und wies auf Verluste im Handel mit der DDR hin. Er bat die sowjetische Führung darum, ihn bei seinen Bemühungen um eine gleichberechtigte Partnerschaft zwischen Polen und der DDR zu unterstützen.[14]

Trotz dieser Probleme und ganz im Sinne der oben genannten These wirkten die polnischen Regierungen für die Aufrechterhaltung der Teilung Deutschlands und der Integration der DDR in den Ostblock.[15] Das brachte u. a. Gomułka zum Ausdruck, als er während eines Gesprächs mit führenden Politikern der Sowjetunion am 3. März 1969 in Moskau betonte, „die Perspektive der Aufrechterhaltung der DDR als eines sozialistischen Staates kann nur dann gesichert werden, wenn es zu einer wirtschaftlichen Integrierung mit unseren Ländern kommt. [...] Wenn wir das nicht schaffen, so sehe ich als Perspektive, daß die DDR von der BRD geschluckt wird. Ich sprach mit Ulbricht ebenfalls darüber. [...] Ich merke aber, daß die SED-Führung weiterhin gegen diese Integration ist. Die DDR möchte das höchstentwickelte Land in unserem Lager sein, das von uns – und hauptsächlich aus der UdSSR – Rohstoffe bezieht und sich günstige Absatzmärkte schafft".[16]

Mit Recht schreibt Ludwig Mehlhorn also von der „erzwungenen Freundschaft" zwischen der VR Polen und der DDR.[17] Sie war die Resultante der sowjetischen Politik gegenüber Deutschland und Europa.[18] Die Sowjetunion, und nach ihr andere kommunistische Länder, betrachteten die DDR als das wichtigste „Bollwerk des sozialistischen Weltsystems". In der Praxis wurde die „erzwungene Freundschaft" und die mit ihr verbundenen Konflikte von der Zensur und der Propaganda sowohl Polens als auch der DDR fleißig getarnt und mit Losungen des Friedens, der Brüderlichkeit, des proletarischen Internationalismus und der partnerschaftlichen Zusammenarbeit maskiert. Dies war nicht ohne Bedeutung für die Gestaltung und die Entwicklung der Beziehungen, darunter auch der kulturellen Kontakte, zwischen Polen und der DDR.

Die Entwicklungsetappen der kulturellen Beziehungen zwischen Polen und der DDR

Man kann im Prozeß der Gestaltung und Entwicklung der kulturellen Beziehungen zwischen Polen und der DDR in den Jahren 1949–1990 einige Etappen unterscheiden. Sie verliefen parallel zur politischen Lage innerhalb des Sowjetblocks und wurden durch den inneren Entwicklungsstand Polens und der DDR determiniert. Eine Rolle spielte auch die Stellung der DDR auf internationaler Ebene, die sich evolutionär von Isolation und Negation bis hin zu allgemeiner Akzeptanz und Anerkennung entwickelte. Folgende Einteilung erscheint sinnvoll:
 1. Etappe: 1949/50–1955;
 2. Etappe: 1956–1970;
 3. Etappe: 1971–1980;
 4. Etappe: 1981–1990.

Jede dieser Etappen hatte ihr Spezifikum und zeichnete sich durch eine unterschiedliche Bandbreite der kulturellen Kontakte aus, die entweder intensiviert und verbreitert oder aber aus verschiedenen Gründen eingeschränkt wurden. Unterschiedlich waren auch ihre rechtlichen Grundlagen. Aber in allen Etappen mußten sich die kulturellen Beziehungen zwischen Polen und der DDR den ideologisch-politischen Anforderungen der PVAP und der SED unterordnen.[19] Sie gestalteten sich also nicht autonom und konnten sich nicht auf natürliche Weise entwickeln. Davon zeugt die extreme Bürokratisierung. Aus der Analyse der Dokumente läßt sich schließen, daß mehr Bürokraten und sogenannte Funktionäre eingebunden waren als echte Künstler und Vertreter der Kulturwelt.

Die erste Etappe, die die Jahre von der Gründung der DDR bis zur Beendigung des Kriegszustandes mit Deutschland umfaßte, gehörten zu den schwierigsten. In den Jahren 1949/50–1955 hatte man sowohl in der DDR als auch in Polen die materielle Basis der Kultur ausgebaut, aber die dafür zur Verfügung gestellten Mittel waren gering. Den Vorrang hatten nämlich Schwerindustrie und Rüstung. Außerdem war es die Zeit der Uniformierung und totalen Stalinisierung. Die Stalinisierung erreichte auch auf kulturellem Gebiet ihren Höhepunkt. Die zu dieser Zeit in der DDR und Polen realisierte sogenannte Kulturrevolution bestand aus der „Einträpfelung" des Marxismus-Leninismus in die Literatur und die Kunst.[20]

Der „sozialistische Realismus" war die einzige in Literatur und Kunst gestattete Richtung. Von den Künstlern und Schriftstellern erwartete man, daß sie sich nur mit dem Schicksal der Menschen und mit der Arbeit für den Sozialismus beschäftigten. Als Muster galt die stalinistische Kultur der Sowjetunion. Wer sich nicht unterordnen wollte, wurde zum „Klassenfeind" und verlor den Status eines Künstlers, Schriftstellers, Dichters oder Wissenschaftlers. Die Kultureinrichtungen setzte man einem starken administrativen Druck aus, der die Initiativen des Milieus hemmte. Das übertriebene Mißtrauen und die Verordnung des „sozialistischen Realismus" schränkten das Wirken vieler Künstler ein, was zur Erstarrung des kulturellen Lebens in Polen und in der DDR führte. Zu dieser Zeit verzeichnete man besonders in der DDR keine interessanten kulturellen Errungenschaften in Literatur und Kunst. Auf dem Büchermarkt dominierten Übersetzungen der „Klassiker" sowjetischer Literatur, d. h. der Werke von Marx, Engels, Lenin und Stalin. Bis 1955 führte man in den Kinos hauptsächlich sowjetische Filme vor. Ähnlich sah es in den Theatern aus. Die Filme und Theaterstücke thematisierten hauptsächlich die „Erfolge" beim Aufbau des Kommunismus in der Sowjetunion und des Sozialismus in Polen und der DDR.

Die Verknöcherung und der Dogmatismus in der östlichen Kultur hemmten die Entwicklung der kulturellen Beziehungen zwischen Polen und der DDR in den Jahren 1950–1955 und auch später. In der bisher sowohl in Polen als auch in der DDR herausgegebenen Literatur betonte man, daß diese Jahre den grundlegenden Bruch der Kulturbeziehungen brachten.[21] Es war aber die Zeit ihrer Normalisierung, Institutionalisierung und der Schaffung rechtlicher Grundlagen. Dies kam im Protokoll über die kulturelle Zusammenarbeit zwischen Polen und der DDR[22], das am 6. Juni 1950 in Warschau von Friedrich Wolf, dem ersten Botschafter der DDR in Polen, unterzeichnet worden war, zum Ausdruck. Es regulierte die Prinzipien der Zusammenarbeit beider Staaten auf den Gebieten der Wissenschaft, der Bildung, der Literatur, des Films, des Theaters, der Musik, des Rundfunks und anderer Formen des kulturellen Lebens. Die Vereinbarung setzte sich zum Ziel, die beiderseitigen Errungenschaften und Erfahrungen durch die Entwicklung der Zusammenarbeit zwischen den einzelnen Einrichtungen, Gesellschaften, Jugend-, Sport- und anderen Organisationen kennenzulernen. Für die DDR war es die erste Vereinbarung dieser Art. Sie förderte die Institutionalisierung der bilateralen Zusammenarbeit, die im ersten Fünfjahresabkommen über kulturelle Zusammenarbeit vom 8. Januar 1952 zum Ausdruck kam.[23] Dieses war bereits ein umfassender Kooperationsplan auf dem Gebiet der Kultur und legte die konkreten Ziele fest. Das Abkommen umfaßte eine Vereinbarung über die Zusammenarbeit auf den Gebieten des Schulwesens und der Bildung, der Presse, des Rundfunks, des Theaters und der Körperkultur und sah die gegenseitige Vertiefung der Kenntnisse der kulturellen Leistungen beider Länder vor. Die geplante gemeinsame Weiterbildung junger Wissenschaftler schuf die Möglichkeit, direkte Beziehungen zwischen wissenschaftlichen Instituten und Hochschulen aufzunehmen. Zu dieser Zeit unterzeichneten Polen und die DDR noch weitere Abkommen, die andere Bereiche betrafen.

Trotz dieser Vereinbarungen und Abkommen waren die Kulturbeziehungen zwischen Polen und der DDR und insbesondere die Verbreitung kultureller Errungenschaften in den Gesellschaften beider Staaten weiterhin wenig ausgedehnt. Offiziell aber hob man hervor, daß „die feste Freundschaft zwischen dem deutschen und dem polnischen Volke und die daraus herauswachsende enge Zusammenarbeit auf politischem, wirtschaftlichem und kulturellem Gebiet zum friedlichen Wiederaufbau unserer Länder beitragen und ihre Bedeutung als wichtige Friedens- und Sicherheitsfaktoren in Europa" vergrößern.[24]

Zu den wichtigen Momenten der gegenseitigen kulturellen Beziehungen in dieser Zeit gehörte am 19. Dezember 1953 die Überreichung von 117 Werken deutscher Malerei des 19. und 20. Jahrhunderts an die Regierung der DDR durch die polnische Regierung. Darunter befanden sich Bilder von Tischbein, von Graff, Runge, Menzel, Lenbach und Hans Thoma. Noch am selben Tag wurde im Pergamonmuseum in Berlin die Ausstellung „Deutsche Malerei – Gabe des polnischen Volkes an das deutsche Volk" eröffnet.[25]

Eine gewisse Belebung der Kulturbeziehungen zwischen Polen und der DDR fand erst während der zweiten Etappe ihrer Entwicklung, d. h. in den Jahren 1956–1970, statt. Verantwortlich dafür waren im wesentlichen die Entstalinisierungsprozesse im Sowjetblock nach dem 20. Parteitag der KPdSU und die Einführung neuer Rechtsnormen. Aber im Vergleich zum polnischen „Tauwetter" gab es in der DDR fast keine Entstalinisierung. Wie Prof. D. Staritz schreibt, war sie nur „eine isolierte Erscheinung des Überbaus".[26] Im Zusammenhang damit kam es zwischen Gomułka und Ulbricht in den Jahren 1956–1970 zu ernsten Konflikten.[27] Dennoch nahmen die Kontakte zu, und die Zusammenarbeit zwischen Polen und der DDR vertiefte sich auf allen Gebieten, einschließlich der Kultur. Dies war im wesentlichen der am 26. Mai 1967 in Warschau ins Leben gerufenen Gesellschaft zur Entwicklung der Westgebiete (TRZZ) zu verdanken, die sich als eine der Hauptaufgaben die Intensivierung der Beziehungen zur DDR gestellt hatte und diese als den Anfang einer zukünftigen Freundschaft und Kooperation mit dem ganzen deutschen Volk betrachtete.[28]

Eine besonders große Rolle bei der Verbreitung von Kultur spielten die 1957 gegründeten Kulturzentren. Beispielsweise organisierte allein in den Jahren 1957–1962 das polnische Kulturzentrum in Berlin über 3 000 Veranstaltungen in der ganzen DDR. Das Kulturzentrum der DDR in Warschau führte allein im Jahre 1962 in der polnischen Hauptstadt 315 Veranstaltungen und Filmvorführungen durch, an denen 22 000 Menschen teilnahmen. Das Zentrum verlieh in dieser Zeit etwa 600 Filme an Schulen, Kulturinstitutionen usw.[29]

Zu den positiven Änderungen in der historischen Bildung in Polen und der DDR trug die am Anfang erwähnte, 1956 gebildete Historikerkommission Polens und der DDR bei, die aus hervorragenden Historikern bestand. Die Leitung auf polnischer Seite übernahmen Prof. Prof. B. Leśnodorski, K. Piwarski, K. Popiołek, F. Ryszka, M. Wojciechowski und M. Biskup.

Den Ausbau der kulturellen Zusammenarbeit und die Ausweitung direkter Kontakte bewirkte auch das am 14. März 1964 unterzeichnete Abkommen über die Aufhebung der Visapflicht[30] und das neue Abkommen über die kulturelle Zusammenarbeit vom 6. Oktober 1964[31]. Von großer Bedeutung war ferner das am 15. März 1967 unterschriebene erste Abkommen „über Freundschaft, Zusammenarbeit und gegenseitige

Hilfe zwischen der Regierung der VRP und der DDR". In Artikel 9 verpflichteten sich beide Staaten dazu, daß sie „die Beziehungen auf dem Gebiet der Kultur und der Wissenschaft, und insbesondere im Bereich des Schulwesens, der Kunst, der Presse, des Rundfunks, Fernsehens und Films sowie der Körperkultur und Touristik entwickeln und stärken werden".[32]

Als Folge dieser Rechtsakte kam es in der zweiten Hälfte der sechziger Jahre zu direkten Kontakten zwischen den Künstlerverbänden. Wie aus der Dokumentation des Archivs des Ministeriums für Kultur und Kunst in Warschau hervorgeht, haben von polnischer Seite u. a. folgende Verbände entsprechende Vereinbarungen unterzeichnet: der Polnische Schriftstellerverband, der Verband der Polnischen Dolmetscher, der Polnische Verband der Theater-, Bühne-, Rundfunk-, Fernsehen- und Filmschaffenden (ZASP), der Polnische Bildhauerverband, der Polnische Verband Bildender Künstler und der Verband des Polnischen Films.[33]

Es kam auch zur Vertiefung der Zusammenarbeit zwischen den Akademien der Wissenschaften, Universitäten, Hochschulen, Bibliotheken usw. Der Austausch der Künstler, Wissenschaftler und Funktionäre sowie die Anzahl der organisierten Kunst- und Buchausstellungen, Konzerte, Theatervorstellungen, Rundfunk- und Fernsehdirektsendungen schnellten explosionsartig in die Höhe.[34]

Das beharrliche Festhalten der DDR an den dogmatischen Tendenzen in Politik und Kultur, das nach dem 5. Parteitag der SED sogar noch eine Intensivierung erfuhr, was im Bitterfelder Weg[35] zum Ausdruck kam, beeinflußte Form und Niveau der kulturellen Beziehungen zwischen Polen und der DDR negativ. Davon zeugt u. a. ein vertrauliches Dokument, das als „Anmerkungen zur bisherigen kulturellen Zusammenarbeit mit der DDR" 1964 im polnischen Ministerium für Kultur und Kunst erarbeitet wurde.[36] Dort ist zu lesen:

„Trotz eines recht beträchtlichen Austauschs von Personen (individuell und in Gruppen) ist innerhalb der Bevölkerung der DDR das Wissen um die kulturellen Errungenschaften der VR Polen noch unzureichend. In der Mentalität der Bürger der DDR ist noch das Bild vom zurückgebliebenen Polen geblieben. Das betrifft vor allem die kulturellen Werte unseres Volkes. Auch wenn über die wirtschaftlichen und gesellschaftlichen Errungenschaften die DDR-Presse ausführlich berichtet, so gibt es doch über das kulturelle Leben in Polen allzu wenig eingehende Informationen. Nach Meinung des Ministeriums ergibt sich das aus einer gewissen Bedachtsamkeit der DDR-Behörden gegenüber den Erscheinungen des kulturellen Lebens in Polen, aus einem andersartigen Herangehen an diese Probleme und aus der besonderen Lage und der inneren Probleme der DDR. [...] Völlig vernachlässigt wird in der DDR die Popularisierung der polnischen Dramatik und Musik, sowohl in ihrer klassischen als auch neuzeitlichen Form. Nur einige wenige Werke der polnischen Dramatik (Zapolska, Kruczkowski) sind auf deutschen Bühnen aufgeführt worden. [...] Die von hervorragenden polnischen Komponisten der Gegenwart (Lutosławski, Baird, Serocki) lancierten neuen Richtungen finden kein Verständnis in der DDR, wo die Großzahl der Musiker und Komponisten die deutsche Klassik kultiviert und sich auf ihrer Basis entwickelt. Insgesamt sind das besorgniserregende Erscheinungen, da sie in erheblichem Grade das reale Bild von der polnischen Kultur beeinflussen. Großer Vorbehalt kennzeichnete (bis vor kurzem) auch die DDR in bezug auf den polnischen Film und die Gegenwartsliteratur, insbesondere was die direkten Kontakte zu polnischen Schriftstellern betrifft. Bis vor kurzem beschränkte sich die deutsche Seite darauf, polnische Folkloreensembles einzuladen, und erst infolge unserer Interventionen hat sie polnische Symphoniker, Theater und Oper entdeckt. Nach Auffassung des Ministeriums ist weiterhin vor allem der Austausch ernster Kunst und nur beschränkt folkloristischer Ensembles zu intensivieren, damit die gängige Meinung der Bürger der DDR durchbrochen wird, daß Polen nur Folklore zu bieten habe."[37]

Eine ähnlich kritische Einschätzung findet man in einer vertraulichen Notiz der Botschaft der VR Polen in Berlin vom 14. April 1965 über die Zusammenarbeit zwischen den Filmemachern Polens und der DDR. Dort ist zu lesen:

„Zwischen den Filmemachern beider Länder bestehen bereits langjährige Kontakte. Doch sind es Kontakte, die hauptsächlich auf technisch-organisatorischer Zusammenarbeit und offiziellen festlichen Begegnungen beruhen. [...] Unsere Staaten realisieren fast überhaupt keine Koproduktionen (ausgenommen der „Schweigende Stern" und „Begegnung im Dunkel"), und es gibt keinen über eine gelungene Zusammenarbeit entscheidenden Austausch, wie z. B. als Gastregisseur, Mitverfasser des Drehbuchs usw."[38]

Darüber hinaus war die kulturelle Zusammenarbeit zwischen Polen und der DDR weiterhin der aktuellen Tagespolitik und Propaganda untergeordnet. Beispielsweise legte man im Durchführungsvertrag des Kulturabkommens von 1964 das Hauptaugenmerk für das Jahr 1970 auf die Organisation von Kulturveranstaltungen, die „den Staatsfeierlichkeiten beider Länder, dem 100. Geburtstag Lenins, dem 20. Jahrestag der Unterzeichnung des Görlitzer Abkommens und dem 25. Jahrestag des Sieges über den Faschismus gewidmet" waren.[39]

Die angeführten kritischen Bemerkungen können auch in bezug auf die kulturellen Beziehungen zwischen Polen und der DDR in den siebziger und achtziger Jahren als adäquat angesehen werden. Denn trotz damals neu ausgehandelter Verträge und unterzeichneter Abkommen, u. a. auch über die kulturelle Zusammenarbeit, hinkte deren Qualität hinter der Anzahl der organisierten Veranstaltungen hinterher. Weiterhin benutzte man sie auf beiden Seiten zu ideologischen und indoktrinären Zwecken. In Polen und insbesondere in der DDR nach dem 8. Parteitag der SED im Jahre 1971 verkündete man den Beginn der „sozialistischen geistig-kulturellen Revolution", deren wichtigstes Ziel es sein sollte, „die sozialistische Persönlichkeit des Menschen herauszubilden".[40]

Im Zusammenhang damit gewährte man in der Praxis nicht den Aufgaben Priorität, die ein besseres Verständnis beider Völker und Kulturen begünstigten, sondern zog jene Veranstaltungen vor, die der „Festigung der sozialistischen Staatengemeinschaft" und der „Verbreitung der marxistisch-leninistischen Theorie über die gesellschaftliche Entwicklung"[41] dienten.

Die dritte Etappe der kulturellen Beziehungen zwischen Polen und der DDR fällt in die Jahre 1971–1980, d. h. in das Jahrzehnt von Edward Gierek und Erich Honecker. Sie ist gekennzeichnet von einer recht beträchtlichen Dynamik. Die Einführung des visa- und paßfreien Reiseverkehrs zwischen Polen und der DDR am 1. Januar 1972 wirkte sich positiv aus. Es ist jedoch zu bedenken, daß die Leute um Gierek, ähnlich wie zu Gomułkas Zeiten, bei der Aufnahme von Kontakten zu beiden deutschen Staaten nur in begrenztem Umfang eine eigene Politik betreiben konnten. Die 1968 in der Tschechoslowakei wirksam durchgesetzte Brežnev-Doktrin demonstrierte, daß jegliche Versuche, die eigene Unabhängigkeit zu exponieren, zum Scheitern verurteilt waren.[42]

Daher bewegten sich auch die kulturellen Beziehungen zwischen Polen und der DDR in den Jahren 1971–1980 auf der Basis des Vertrags aus dem Jahre 1964. Sie wurden darüber hinaus determiniert von dem im Januar 1973 unterzeichneten Abkommen über die ideologische Zusammenarbeit zwischen PVAP und SED, der Deklaration über die Festigung der Freundschaft und Vertiefung der Zusammenarbeit zwischen der VR Polen und der DDR vom 20. Juni 1973 und dem neuen „Vertrag über Freundschaft, Zusammenarbeit und gegenseitigen Beistand" vom 28. Mai 1977. In all diesen Dokumenten nahm die Problematik der kulturellen Zusammenarbeit den geringsten Stellenwert ein. Das bestätigt die oben aufgestellte These, daß die kulturellen Beziehungen in der Politik der DDR und der VR Polen eine stiefmütterliche Rolle spielten.

Natürlich nahm im Vergleich zum vorherigen Zeitabschnitt in den siebziger Jahren die Zahl der zusammenarbeitenden kulturellen, wissenschaftlichen und Bildungseinrichtungen und gemeinsamen kulturellen Veranstaltungen immens zu. Der Austausch von Vertretern der Wissenschaft, Kultur, Hochschulen, Kunst und Literatur, Presse, Radio und Fernsehen, Film usw., individuell und in Gruppen, weitete sich aus. Theater- und Musikgruppen, Solisten und Dirigenten begegneten sich immer öfter. Festivals, Konferenzen und Vorlesungen im Nachbarland standen auf der Tagesordnung. In größerer Aufmachung und immer häufiger fanden die „Tage der Kultur und Freundschaft zwischen der DDR und der VR Polen" statt, zu denen die besten Künstler und Ensembles eingeladen wurden. Gleichzeitig kam es zu Kooperationen, Koproduktionen und Spezialisierungen als höherer Form der kulturellen und wissenschaftlich-technischen Zusammenarbeit. Verwaltung und Behörden unterstützten ebenfalls organisierte Gruppenreisen zu bestimmten gemeinsamen kulturellen Veranstaltungen, die jedoch schnell zu Einkaufs- und Handelsreisen ausarteten. Größeres Augenmerk legte man auf die Zusammenarbeit junger Kulturschaffender und die Entwicklung der Begegnung von Kindern und Jugendlichen. Die kulturelle Zusammenarbeit in den grenznahen Gebieten wurde intensiviert. Den Bezirken und Woiwodschaften räumte man größere Möglichkeiten ein, unmittelbare Kontakte anzuknüpfen.[43]

Fast täglich berichtete die Presse beider Länder in den siebziger Jahren über Veranstaltungen, zu denen Vertreter der verschiedensten kulturellen Bereiche Polens und der DDR geladen worden waren. Es ist nicht notwendig, alle an dieser Stelle aufzuzählen. Wichtiger erscheint die Qualität dieser Veranstaltungen und die Frage, inwieweit sie der Annäherung und Aussöhnung beider Völker dienten, welche unmittelbaren Kontakte geknüpft wurden und ob sie dazu beitrugen, die negativen Meinungen und jahrhundertealten Antagonismen zwischen Polen und Deutschen zu überwinden. Heute fällt es schwer, eine objektive Antwort auf diese Fragen zu geben, doch viele der damals geknüpften persönlichen Kontakte bestehen bis auf den heutigen Tag. Marian Szyrocki, ein Kenner dieser Problematik, schrieb bereits in den siebziger Jahren, daß die kulturelle Zusammenarbeit zwischen Polen und der DDR und das künstlerische Werk der DDR-Schriftsteller „es erleichtert haben, das grauenhafte Bild vom griesgrämigen Deutschen zu überwinden [...] und wesentlich zur Vertiefung des gegenseitigen Verständnisses und zur Festigung der Bande zwischen unseren Völkern beigetragen haben".[44] Auf diese Frage wird im Schlußteil noch einmal zurückzukommen sein.

Die vierte und letzte Etappe, die die Jahre 1981–1990 umfaßt, ist ein schwieriger, geradezu dramatischer Abschnitt in den Beziehungen zwischen Polen und der DDR, und das ebenfalls im Bereich der Kultur. Nach der Krise von 1980 und der Gründung der unabhängigen Gewerkschaft „Solidarność", die das Recht der Deutschen anerkannte, selbst über ihr Schicksal zu entscheiden, verlor das kommunistische Regime in Polen das Vertrauen der DDR-Staatsführung. Aus Furcht vor der „polnischen Konterrevolution" – wie die Presse der DDR offiziell die Ereignisse in Polen nannte – versuchte sie, die DDR vor Polen abzuschirmen. Diese Politik, die de facto bis zum Fall des Honecker-Regimes weitergeführt wurde, führte am 30. Oktober 1980 zur Aufhebung des visafreien Reiseverkehrs nach Polen.[45] Auch nicht rein zufällig schloß man 1981 das Kraszewski-Museum in Dresden, das erst 1986 wiedereröffnet wurde. Zugleich setzte das ostdeutsche Regime intensive Vorbereitungen zur Intervention in Polen in Gang und bedrängte die Führer der Staaten des Warschauer Pakts, mit gemeinsamen Kräften die „Konterrevolution" zu ersticken und den Kommunismus im „brüderlichen" Polen[46] zu retten.

All das hatte zur Folge, daß sich die kulturelle Zusammenarbeit zwischen Polen und der DDR abschwächte. Deutlich zum Ausdruck kam dies während der Ausrufung des Kriegszustands von 1981–1984. In dieser Zeit verzichtete man darauf, den neuen „Vertrag über die kulturelle und wissenschaftliche Zusammenarbeit"[47], der am 5. Juni 1980 von den beiden Regierungen unterzeichnet worden war und in den man große Hoffnungen gesetzt hatte, inkraftzusetzen.

Die kulturelle Zusammenarbeit mit der DDR unterlag – nach Meinung des polnischen Ministeriums für Kultur und Kunst – „einer bedeutsamen Belebung erst in den Jahren 1984/85. Im Jahre 1984 stand sie unter den Losungen der Staatsfeierlichkeiten zum 40. Jubiläum der VR Polen und des 35. Jahrestages der Gründung der DDR. 1985 realisierte man die Zusammenarbeit unter den Losungen des 35. Jahrestages der Unterzeichnung des Görlitzer Abkommens und des 40. Jahrestages des Sieges über den Faschismus".[48] Allerdings trugen die diesbezüglichen kulturellen Veranstaltungen schon nicht mehr den spektakulären Charakter der Massenfestivals der siebziger Jahre. Darüber hinaus erschienen in Polen 1985 35 Buchtitel der DDR-Literatur und der deutschen Klassik mit einer Gesamtauflage von 1,7 Millionen Exemplaren. 1984/85 zeigte man in den Kinos der DDR 25 polnische Filme, und in der Theaterspielzeit 1985/86 setzte man auf polnischen Bühnen acht Werke von DDR-Dramatikern in Szene.

Am 17. Januar 1986 unterzeichnete man nach halbjährigen Verhandlungen einen „Plan zur kulturellen und wissenschaftlichen Zusammenarbeit zwischen der Regierung der VR Polen und der Regierung der DDR für die Jahre 1986–1990". Er war sehr bescheiden angelegt. Sein Hauptanliegen galt der „Vertiefung und Erweiterung der gesellschaftlichen Kontakte und der kulturellen Einrichtungen untereinander und der Bereicherung der dargebotenen Veranstaltungen, insbesondere der 1986 abgehaltenen ‚Kulturtage' der VR Polen in der DDR und der ‚Kulturtage' der DDR in der VR Polen".[49]

Die sich in den Jahren 1982–1990 nach Osten hin abgrenzende DDR verstärkte zugleich ihre Kontakte zur Bundesrepublik Deutschland, mit der 1986 auch ein Vertrag über kulturelle Zusammenarbeit unterzeichnet wurde. Währenddessen belasteten ständig neue Probleme die Beziehungen zu Polen.

In einer vertraulichen Notiz vom 20. Januar 1986, die vom stellvertretenden Mitglied des Politbüros und Außenminister der VR Polen M. Orzechowski aus Anlaß seines Besuchs am 16. und 17. Januar in der DDR stammt, ist u. a. zu lesen:

„Im Verlauf der Gespräche [...] hat O. Fischer [der Außenminister der DDR – J. F.] sog. offene Fragen in den beiderseitigen Beziehungen aufgeworfen, wobei er die Abgrenzung der Küstengewässer der DDR und der VR Polen und die Frage der ‚Rückgabe' der Sammlungen der Preußischen Staatsbibliothek durch Polen an die DDR erwähnte. [...] Bezüglich der Sammlungen der ehemaligen Preußischen Staatsbibliothek habe ich unterstrichen, daß die polnische Seite diese Frage als abgeschlossen ansieht und es nicht akzeptieren kann, daß sie in den Kategorien ‚Rückgabe' behandelt wird, worüber sie die Seite der DDR mehrfach in Kenntnis gesetzt hat. Ich habe unsere aufrichtige Bereitschaft erneuert, den Wissenschaftlern aus der DDR den Zugang zu den Sammlungen in noch größerem Umfang zu erleichtern. Unsererseits habe ich die Forderung nach Rückgabe der Liegenschaften und der auf DDR-Konten blockierten Sparguthaben angesprochen, die am 8. Mai 1945 polnischen Bürgern gehörten."[50]

Die strittigen Fragen, u. a. die Forderung nach Rückgabe der Sammlungen der Preußischen Bibliothek, welche die DDR in der zweiten Hälfte der achtziger Jahre noch mehrfach erneuerte, begünstigten keinesfalls die Ausweitung der kulturellen Zusammenarbeit zwischen beiden Staaten. Notabene sind diese Probleme bis auf den heutigen Tag nicht entschieden, und vor ihrem Hintergrund herrscht ein Zwist zwischen Bonn und Warschau.[51]

Wenig positiv wirkten sich in den achtziger Jahren auch die schwierige Situation der polnischen Künstlerkreise, die immer größere Dimensionen annehmende innere Emigration und der Mangel an finanziellen Mitteln auf die kulturelle Zusammenarbeit mit der DDR aus. Auch in der DDR war es der SED nicht gelungen, das Vertrauen der jungen Generation von Literaten und Künstlern zu gewinnen, die sich in unabhängigen Strukturen, in der Jugendszene zusammenschlossen, die unter der Obhut der evangelischen Kirche stand.[52]

Die letzten bedeutsamen Ereignisse in den kulturellen Beziehungen zwischen Polen und der DDR waren die vom 26. Mai bis zum 7. Juni 1986 in der DDR abgehaltenen „Kulturtage der VR Polen" und die „DDR-Kulturtage" im Herbst 1987 in Polen, die nach Auffassung des Kultusministeriums der DDR „mit großem Erfolg durchgeführt worden sind und unter dem Publikum breiten Widerhall gefunden haben".[53]

Während der „Kulturtage der VR Polen" in der DDR fanden 500 verschiedene Auftritte polnischer Ensembles und Solisten statt, wurden 100 Ausstellungen und mehr als 30 Treffen mit polnischen Künstlern organisiert. Großen Eindruck hinterließen die Konzerte der Krakauer Philharmoniker unter Krzysztof Penderecki in Dresden und die Auftritte des Warschauer Großen Theaters mit der Oper „Straszny Dwór". Der damalige polnische Kulturminister Żygulski bestätigte, daß sie „zweifellos zur weiteren Popularisierung der polnischen Kultur unter den Bürgern der DDR beigetragen haben".[54]

Nach offiziellen Angaben war die DDR seinerzeit – nach der UdSSR – für Polen der zweitgrößte Partner im kulturellen Austausch. Umgekehrt verhielt es sich genauso. In seinem Bericht über den Besuch in der DDR vom 1.–6. Dezember 1987 wies der polnische Kulturminister Aleksander Krawczuk u. a. darauf hin, „daß die kulturelle Zusammenarbeit zwischen unseren Ländern bei der Begegnung mit Herrn Minister Hoffmann sehr hoch eingeschätzt worden ist. [...] Wir sind zu dem gemeinsamen Schluß gekommen, daß bei der weiteren Entwicklung der Zusammenarbeit das Hauptaugenmerk auf qualitative, und nicht so sehr quantitative Faktoren zu richten ist".[55] Laut Krawczuk bezeichnete der Chefideologe der SED, Kurt Hager, „die kulturellen Beziehungen zwischen der DDR und Polen als ‚bevorzugt', besser als mit anderen sozialistischen Ländern, und daß der DDR an ihrer weiteren künftigen Entwicklung gelegen ist".[56]

Wie hinlänglich bekannt, ist es anders gekommen, denn kaum ein halbes Jahr später brach das kommunistische Regime in Polen zusammen und im Herbst 1989 die Diktatur Honeckers. Hagers Prognose war fehlerhaft und falsch, wie der ganze Kommunismus in Polen und in der DDR.

Im Gegensatz zu dem, was Kurt Hager behauptete, waren die kulturellen und allgemeinen Beziehungen zwischen Polen und der DDR, wie bereits erwähnt, in den Jahren 1949–1989/90 keineswegs bevorzugt oder privilegiert. Das belegen bislang wenig bekannte Tatsachen und Dokumente. Es ist z. B. von einer am 2. April 1987 im polnischen Kultur- und Informationszentrum in Berlin abgehaltenen Versammlung der Mitglieder des Arbeitskreises Polonistik die Rede, in dem fast alle Übersetzer polnischer Literatur und wissenschaftliche Angestellte der Fakultäten für Polonistik in Berlin, Rostock und Leipzig sowie der sich mit polnischer Kultur befassenden Personen wie Verleger, Lektoren, Literaturkritiker usw. zusammengeschlossen waren. Die Versammelten „schätzten Verfassung und Perspektiven der Polonistik an den DDR-Hochschulen sehr kritisch ein". Sie gaben zu bedenken, daß „die alleinige Ausbildung von Übersetzern und Dolmetschern und der De-facto-Verzicht auf echte philologische Studien an den Universitäten dazu führt, daß es an entsprechenden Hochschulkadern für Wissenschaft und Kultur mit dementsprechendem Wissen und Kenntnissen der polnischen Geschichte, Kultur, Literatur und Sprachgeschichte mangelt".[57]

So verwundert es nicht, daß die kulturellen Beziehungen zwischen Polen und der DDR in den Jahren 1949–1990 wohl kaum zu radikalen Veränderungen im historischen Bewußtsein der Menschen beider Länder geführt haben, ein enger Kreis der Intelligenz ausgenommen. Davon zeugen die Anzeichen von Nationalismus und Fremdenfeindlichkeit, zu denen es in der DDR und in Polen schon einen Tag nach dem „Völkerherbst 1989" kam und die sich laufend ausweiten, insbesondere unter den jungen, in den Zeiten des sogenannten Realsozialismus geborenen und erzogenen Menschen.

Anmerkungen

[1] Es gibt eine Gemeinschaftsarbeit PRL-NRD, Sojusz i współpraca (VRP-DDR, Bündnis und Zusammenarbeit), Warszawa, Berlin 1974. Das 4. Kapitel dieser Arbeit ist teilweise der kulturellen Zusammenarbeit zwischen Polen und der DDR gewidmet. Außerdem erschienen zu diesem Thema einige Artikel, u. a. G. Witwicka-Czuchrowska, Działalność Towarzystwa Rozwoju Ziem Zachodnich na rzecz przyjaźni i współpracy kulturalnej Polski i NRD, in: Z dziejów stosunków polsko-radzieckich i rozwoju wspólnoty państw socjalistycznych, Bd. XIX, Warszawa 1979, S. 148–159; T. Michalska-Pacyniak, Współpraca kulturalna i naukowa Polski i NRD po drugiej wojnie światowej, in: Rola Polskiej Rzeczypospolitej Ludowej w świecie 1944–1974, Praca zbiorowa pod redakcją S. Kubiak, Poznań 1975.

[2] Kulturelle und wissenschaftliche Beziehungen zwischen der DDR und der Volksrepublik Polen, Materialien der 19. Tagung der Kommission der Historiker der DDR und Volkspolens, Universität Rostock, Sektion Geschichte, o. J.

[3] 30 Jahre Kommission der Historiker der DDR und Volksrepublik Polen, Eine Chronik, Berlin 1986.

[4] Umfassender zu diesem Thema J. Fiszer, Geneza i rozwój NRD w latach 1949–1961, Warszawa 1990, S. 12–14; J. Fiszer, Stosunki PRL-NRD 1949–1982, in: Z dziejów rozwoju państw socjalistycznych, Bd. 2, Warszawa 1984, S. 255–271.

[5] Manifest des Kulturbundes zur demokratischen Erneuerung Deutschlands, Berlin 1945, S. 4.

[6] J. Fiszer, Stosunki polityczne, gospodarcze i kulturalne między PRL a NRD w latach 1950–1955, in: Z dziejów stosunków, S. 102; H. Heitzer, Niemiecka Republika Demokratyczna, Zarys historyczny, Warszawa 1983, S. 25–27; B. Piotrowski, Nowy model kultury w NRD, in: Powstanie i rozwój NRD w pierwszym ćwierćwieczu jej istnienia, Gemeinschaftsarbeit unter der Redaktion von A. Czubiński, Poznań 1976, S. 87–106.

[7] PRL-NRD, Sojusz, S. 160.

[8] W. Pieck, W walce o nowe Niemcy, Warszawa 1950, S. 188–200; Piotrowski, S. 88–89.

[9] Piotrowski, S. 90–91.

[10] M. Szyrocki, 25 lat literatury NRD, Wcrocław 1975, S. 55.

[11] Die Rede Erich Honeckers während des Treffens mit der Bevölkerung Warschaus am 8. Juni 1984, in: „Trybuna Ludu", 9. Juni 1974.

[12] Stosunki Polski z innymi państwami socjalistycznymi, Gemeinschaftsarbeit unter der Redaktion von Cz. Mojsiewicz, Warszawa 1973, S. 81–104; Fiszer, Geneza, S. 11.

[13] Mit dieser These trat 1949 bereits B. Bierut hervor, Polska-NRD, Materiały i Dokumenty, Red. J. Sułek, M. Tomala, Warszawa 1970, S. 34–35.

[14] Vertrauliche Notiz über die Gespräche der Staats- und Parteidelegation der VR Polen in Moskau vom 13. bis zum 15. April 1964, Archiwum Akt Nowych [AAN], P. 113, Bd. 30, S. 158.

[15] D. Selvage, Polska, NRD i „doktryna Ulbrychta" w świetle dokumentów, Yale University 1994, S. 2.

[16] Vertrauliches Protokoll über das Treffen der Führung der PVAP und der KPdSU in Moskau vom 3. bis zum 4. März 1969, AAN, P. 114, Bd. 33, S. 54–59.

[17] L. Mehlhorn, Die Polenpolitik der DDR – Zwangsfreundschaft oder Partnerschaft?, in: F. Pflüger, W. Lipscher (Hrsg.), Feinde werden Freunde, Von den Schwierigkeiten der deutsch-polnischen Nachbarschaft, Bonn 1993, S. 223–229.

[18] Geheimes Protokoll über das Treffen des Ersten Sekretärs des ZK der PVAP E. Gierek und des Ministerpräsidenten der VR Polen P. Jaroszewicz mit dem Ersten Sekretär des ZK der SED W. Ulbricht und dem Vorsitzenden des Ministerrates der DDR W. Stoph, Berlin, 11. Januar 1971, AAN, P. 110, Bd. 18, S. 6.

[19] Fiszer, Geneza, S. 559; G. Rossmann (Hrsg.), Zarys historii Niemickiej Socjalistycznej Partii Jedności, Warszawa 1979, S. 501.

[20] M. Jäger, Kultur und Kulturpolitik in der DDR, in: W. Weidenfeld, H. Zimmermann (Hrsg.), Deutschland-Handbuch, Bonn 1989, S. 436–439; E. Schubbe (Hrsg.), Dokumente zur Kunst-, Literatur- und Kulturpolitik der DDR-SED, Bd. 1, 1949–1970, Stuttgart 1972; A. Abusch, Kulturelle Probleme des sozialistischen Humanismus, Beiträge zur Deutschen Kulturpolitik 1946–1961, Berlin 1962.

[21] Michalska-Pacyniak, S. 203.

[22] „Zbiór Dokumentów", 1950, Nr. 7, S. 611–614.

[23] DzURP, 1952, Nr. 27, Pos. 183, S. 281.

[24] Interview des Präsidenten der DDR W. Pieck für „Trybuna Ludu", 6. Juni 1954.

[25] Protokoll der Übergabe der Kunstwerke an die DDR-Regierung durch die Regierung der VR Polen, Berlin, 19. Dezember 1953, Archiwum MSZ, PRL, Warszawa; siehe auch Dokumenty i materiały do stosunków Polski z NRD, Bd. 1, Warszawa 1986, S. 375–380.

[26] D. Staritz, Geschichte der DDR 1949–1985, Frankfurt/Main 1985, S. 119.

[27] H. Weber (Hrsg.), DDR, Dokumente zur Geschichte der DDR 1945–1985, München 1986, S. 225–226; Fiszer, Geneza, S. 502–511.

[28] Ausführlicher zur Genese und Tätigkeit der TRZZ Witwicka-Czuchrowska, S. 148–159.

[29] Ebenda, S. 156.

[30] Sammlung von internationalen Abkommen der VR Polen, 1964, Warszawa 1964, S. 16–17.

[31] Ebenda, S. 56–58.

[32] Polska-NRD, Materiały, S. 142.

[33] Archiv des Ministeriums für Kultur und Kunst, DWKZ, Bd. 713/147.

[34] Michalska-Pacyniak, S. 203–204; PRL-NRD, Sojusz, S. 161–162.

[35] Erarbeitet auf der 1. Autorenkonferenz in Bitterfeld, die auf Initiative der SED am 24. April 1959 stattfand. Als „einzig geltend" für das künstlerische Schaffen erkannte man den „sozialistischen Realismus" an und stellte der Kultur als Hauptaufgabe „die Stärkung der sozialistischen Weltanschauung der Arbeiterklasse und der ganzen DDR-Gesellschaft", Weber (Hrsg.), S. 239–243; Jäger, S. 438–439.

[36] Archiv des Ministeriums für Kultur und Kunst, DWKZ, Bd. 545/31.

[37] Ebenda.

[38] Ebenda.

[39] Ebenda, Bd. 713/47.

[40] K. Hager, Die entwickelte sozialistische Gesellschaft, Aufgaben der Gesellschaftswissenschaften nach dem 8. Parteitag der SED, Berlin 1971; Piotrowski, S. 102–104.

[41] Mehrjahresplan zur Realisierung des „Abkommens zwischen der Regierung der VR Polen und der Regierung der DDR über die kulturelle Zusammenarbeit" vom 6. Oktober 1964 für die Jahre 1972–1975, unterzeichnet am 8. Februar 1972 in Warschau, in: R. Markiewicz, G. Sas (Hrsg.), PRL-NRD 1970–1981, Dokumenty i materiały, PISM, Warszawa 1983, S. 103–110.

[42] B. Koszel, Między dogmatyzmem i prgmatyzmem (1971–1989), in: Polacy wobec Niemców, S. 95–96.

[43] Markiewicz, Sas (Hrsg.), S. 179–182 und 282–290; K. Fiedor (Hrsg.), Zusammenarbeit auf den Grenzgebieten der VRP und der DDR, Wrocław 1987.

[44] Szyrocki, S. 59.

[45] Kommuniqué der polnischen Presseagentur PAP über die Modifizierung der Regulierung der Touristenbewegung zwischen Polen und der DDR für eine Übergangszeit, in: „Trybuna Ludu", 29. Oktober 1980.

[46] M. Wilke, R. Gutsche, M. Kubina (Hrsg.), Die SED contra Polen, Die Planung der SED-Führung zur Vorbereitung einer Invasion in Polen 1980/81, Berlin 1994.
[47] Dziennik Ustaw PRL 1981, Nr. 2, Pos. 6.
[48] Archiv des Ministeriums für Kultur und Kunst, DWKZ-II-0490/ NRD/86, Mappe 1322/60.
[49] Vertrauliche, eilige Notiz des Außenministeriums an das Ministerium für Kultur und Kunst vom 2. Januar 1986, in: ebenda.
[50] Vertrauliche, eilige Notiz über den offiziellen Besuch M. Orzechowskis in der DDR am 16. und 17. Januar 1986, MSZ, Pf-40/ Dep. I/86, in: ebenda.
[51] Der Streit Bonn – Warszawa, „Życie Warszawy", 20. April 1994; auch „Der Spiegel", Nr. 16, April 1994.
[52] Notiz der Botschaft der VR Polen in Berlin die Vorbereitungen zum Schriftstellerkongreß der DDR betreffend, in: Archiv des Ministeriums für Kultur und Kunst, Bd. 1357/32.
[53] Der Brief des DDR-Kulturministers H. J. Hoffmann an den Minister für Kultur und Kunst der VRP A. Krawczuk vom 14. November 1987, in: Archiv des Ministeriums für Kultur und Kunst, Bd. 1322/53.
[54] K. Żygulski, Bericht über den Aufenthalt während der Tage der polnischen Kultur in der DDR, in: ebenda.
[55] A. Krawczuk, Bericht über den DDR-Besuch, in: ebenda, Bd. 1357/32.
[56] Ebenda.
[57] Schrift des Rates der polnischen Botschaft in Berlin an die Kulturabteilung des ZK der PVAP vom 10. Juli 1987, in: ebenda.

Die politischen Beziehungen zwischen der Bundesrepublik Deutschland und Polen (1975–1991)

von Dieter Bingen

1. Thesen zu den Bestimmungsfaktoren des bilateralen Verhältnisses

Die Jahre 1975 (deutsch-polnisches Stichwort: Treffen Schmidt-Gierek) und 1991 (deutsch-polnisches Stichwort: Freundschaftsvertrag) umfassen einen Zeitraum, in dem die europäische Nachkriegsordnung ihre umfassendste politische Bestätigung – den KSZE-Gipfel in Helsinki – und ihre friedliche, schreiend lautlose Verpuffung – im „Völkerfrühling" 1989 – erfuhr. Galten Mitte der siebziger Jahre ungeachtet der zweifellosen Erfolge der Entspannungspolitik weiterhin die Regeln einer bipolaren Welt, so waren am Beginn der neunziger Jahre die Akteure der internationalen Politik in Europa und im globalen Maßstab (Stichwort: Irak-Krise und -Krieg 1990/91) noch auf der Suche nach einer neuen One-World-Ordnung, und die Politikwissenschaftler mühten sich, der neuen Unordnung theoretisch habhaft zu werden.[1] Die Folgen für den Analyse- und Interpretationsrahmen (west)deutsch-polnischer Beziehungen müssen erheblich sein.

Im Unterschied zu den vorhergehenden Nachkriegsphasen umfaßt der Berichtszeitraum demnach eine paradigmatische Bruchstelle insofern, als
1. die *internationalen Rahmenbedingungen* bilateraler Beziehungen und
2. die *Identität* der Akteure „Bundesrepublik Deutschland" und „Polen"
einer grundlegenden Veränderung unterworfen wurden.

Abgesehen von den konstitutiven bi- und multilateralen Verflechtungen, die die außenpolitischen Entscheidungsprozesse der beiden Akteure seit den fünfziger Jahren bestimmten, wie Bündniszugehörigkeit, Verhältnis zu den beiden Supermächten, bilaterale Sonderverhältnisse, war die Gestaltung der politischen Beziehungen zwischen der Bundesrepublik Deutschland und der Volksrepublik Polen in den siebziger und achtziger Jahren – wie in den vorhergehenden Nachkriegsphasen – nicht ohne den zweiten deutschen Staat, die Deutsche Demokratische Republik, darstellbar. Schließlich sahen die politischen Entscheidungsträger in Bonn weitgehend unabhängig von parteipolitischer Couleur Ost- und Polenpolitik durchgängig auch durch das Prisma der Deutschlandpolitik. Für die polnischen Entscheidungsträger, seien es die kommunistischen oder die Ende der achtziger Jahre an die Macht gekommenen Gegeneliten, stellte Bundesrepublik-Politik durchgängig auch die eine der beiden Seiten der DDR-Politik dar. Folglich läßt sich unter Beachtung des Beziehungsdreiecks Bonn-Warschau-Ost-Berlin und im Bewußtsein der deutsch-deutschen Dynamik am Ausgang der achtziger und zu Beginn der neunziger Jahre auch die dritte Grundthese ausführen, daß
3. die beiden Akteure BR Deutschland und Polen zugleich *Auslöser* und *Betroffene* des 1989 eintretenden *Wandels* internationaler Rahmenbedingungen im Herzen Europas – zwischen Rhein und Bug – wurden.

Denn es gehört schon zu den Binsenweisheiten politischer Deutungsmuster für die „Refolutionen" (Timothy Garton Ash) im europäischen „Völkerfrühling",
– daß ohne „Solidarność" die Auflösung des Realsozialismus im Orbit der Sowjetunion nicht in diesem Zeitraum vorstellbar gewesen wäre;

- daß der vorübergehend aufgehaltene Zusammenbruch des Sozialismus in Polen (1980/81) wiederum nachhaltige Auswirkungen auf die Gorbačevsche Innen- und Blockpolitik zeitigte;
- daß diese den polnischen Kommunisten neue Freiheiten, die sie schließlich zur Abdankung verurteilen sollten, und der demokratischen Opposition einen neuen Handlungsspielraum eröffneten;
- daß sowjetische Glasnost' und Perestrojka, zu Ende gedacht und zu Ende geführt, die Systemkrise und den Systemzerfall in der DDR beschleunigen mußten, der wiederum ohne vorhergehende demokratische Öffnung in Polen kaum vorstellbar war;
- daß die daraus entstehende deutsche Vereinigungsdynamik die saturierte Bonner Republik in die Position eines agilen Akteurs drängte, der sich in die ungewohnte Rolle eines konstruktiven Zerstörers der Nachkriegsordnung, von der kommunistischen Propaganda Polens jahrzehntelang als die „Potsdamer Friedensordnung" bezeichnet, gezwängt sah. „Konstruktiv" meint die kooperative, internationalen Konsens suchende Politik der Bundesregierung im Kontext der 2+4-Verhandlungen. „Destrukteur" war die Bundesrepublik in dem Sinne, daß sie – ausdrücklich gemeinsam mit dem anderen deutschen Staat und in der letzten Phase schon in seinem Namen – in den Verhandlungen mit den vier Siegermächten des Zweiten Weltkriegs im Verein mit diesen die 1944/45 von diesen Mächten geschaffene Ordnung zu Grabe trug.

Ausgangspunkt „1975"

Die Analyse der Beziehungen zwischen der Bundesrepublik Deutschland und Polen mit dem Eckdatum „1975" beginnen zu lassen erhält den politikwissenschaftlichen Reiz dadurch, daß die herausragende politische Übereinkunft zwischen Bonn und Warschau nach der Unterzeichnung des „Warschauer Vertrags" im Dezember 1970, nämlich die Paketlösung wirtschaftlich-finanzieller und humanitärer Fragen zwischen Bundeskanzler Helmut Schmidt und dem Ersten Sekretär des ZK der PVAP, Edward Gierek, in der Nacht vom 1. auf den 2. August 1975 zeitlich mit der Unterzeichnung der Helsinki-Schlußakte zusammenfällt, die von der Volksrepublik Polen und den anderen sozialistischen Staaten als die Legitimierung des politisch-territorialen Status quo in Europa durch alle Signatare gefeiert wurde. Die politischen Akteure der Bundesrepublik Deutschland wiederum rechneten wie ihre Verbündeten – wenn überhaupt und falls überhaupt erwünscht – mit einer Änderung dieses Status quo nur in sehr langfristigen Zeiträumen. Das Jahr 1975 wird also gekennzeichnet durch eine Politik des äußerlichen Arrangements mit der bipolaren Ordnung in Europa und durch ein stark verinnerlichtes Sich-Abfinden breiter politischer und intellektueller Kreise in der Bundesrepublik und in der westlichen Welt mit deren Unveränderlichkeit auf absehbare Zeit.

Zwischenbilanz „1991"

Aus der zeitlichen Distanz von knapp zwei Jahrzehnten fällt es leicht zu beweisen, daß mit dem vermeintlichen europäischen Ersatzfriedensvertrag von Helsinki auf der Basis des Status quo, der Schlußakte vom 1. August 1975, der für aufmerksame Zeitgenossen bereits wenig später in einigen Abteilungen des sogenannten sozialistischen Lagers sichtbare Keim der Veränderung und des Wandels international legitimiert und moralisch gestärkt wurde. Wandel, Krise und Wechsel des Systems östlich der Elbe gestatteten schließlich im Jahre 1991, daß ein vereinigtes Deutschland mit dem Namen „Bundesrepublik Deutschland" und ein freiheitlich-demokratisches Polen, die „Republik Polen", einen Freundschaftsvertrag abschließen konnten.

Ausgehend von diesen nur skizzierten, da allgemein bekannten Tatbeständen, erhebt sich die Frage, zu welchem Zeitpunkt die jahrzehntelang gültige Grundannahme von den notwendigen Ausgangsbedingungen für Systemstabilität und ausgehend davon von „Normalisierung" bzw. „Normalität" in den bilateralen Beziehungen bei den Beziehungspartnern Bundesrepublik Deutschland und Polen in Frage gestellt war. Wann wurde in der Zeitspanne 1975–1991 die Mitte der achtziger Jahre geäußerte Wunschvorstellung, „an das bis Mitte 1970 [korrekt vermutlich: Mitte der siebziger Jahre – D. B.] Erreichte wieder anzuknüpfen"[2], obsolet?

Da wir uns mit Blick auf die Jahre 1975 bis 1991 in einem Zeitrahmen bewegen, der noch nicht lange zurückliegt, Akteure jener Jahre sowie deren Beobachter und Analytiker am politischen und wissenschaftlichen Diskurs weiter teilnehmen, ist die Forderung nach einer „objektiven" Betrachtung, sine ira et studio, besonders nachdrücklich zu stellen und besonders schwer zu erfüllen. Die Beteiligten und Beobachter des Paradigmenwechsels in der europäischen Nachkriegsgeschichte sehen sich vor mindestens zwei Aporien gestellt:

– Der eine Irrweg besteht darin, aus einem emanzipatorischen Erkenntnisinteresse heraus mit dem Wissen *nach* dem Geschehen rigide politische und moralische Bewertungskriterien an politisches Denken und an Entscheidungsprozesse jener Jahre heranzutragen, in gewissem Sinne sich also unhistorisch dem Gegenstand und den Akteuren anzunähern und demzufolge zu überzogenen Urteilen zu gelangen.

– Ebenso irrig wäre es, Opportunismus, Gefälligkeit und Bequemlichkeit des Denkens und Handelns, den Mangel an Klarheit im Urteil, der erkennbare Entscheidungsalternativen in dem Berichtszeitraum von vornherein ausschließt, nicht wahrzunehmen und nicht beim Namen zu nennen. Gerade am Beginn der achtziger Jahre nahm in bundesdeutschen Entscheidungszentren die Tendenz zu, sich angesichts der intellektuellen, politischen und mentalen Herausforderung durch eine systemfremde demokratische Massenbewegung in Polen allzu gerne und allzu rasch auf einen vermeintlich unauflöslichen Gegensatz zwischen Verantwortungsethik und Gesinnungsethik festlegen zu lassen und sich mit einem deterministischen Denken in neuem Gewande zu beruhigen.

Weder Tribunal noch Apologie sind gefragt, und doch sind beide Denkweisen real existierende Erschwernisse bei der wissenschaftlichen Analyse und Bewertung der Jahre 1975 bis 1991 in den politischen Beziehungen zwischen der Bundesrepublik Deutschland und der (Volks-)Republik Polen. In erster Linie geht es hier selbstverständlich um die Einschätzung bundesdeutscher Polenpolitik, nicht um die offizielle polnische Deutschlandpolitik der siebziger und achtziger Jahre, die sich solcher ethischer Kriterien (Gesinnung versus Verantwortung) a priori entzieht.

Nur selten wird die Polarisierung so idealtypisch evokativ, wie im Fall der Polemik zwischen dem Leiter des Forschungsverbunds SED-Staat an der Freien Universität Berlin und Mitglied der Enquete-Kommission des Deutschen Bundestages „Aufarbeitung von Geschichte und Folgen der SED-Diktatur in Deutschland", Manfred Wilke, und dem ehemaligen Bundeskanzler Helmut Schmidt.[3] In der gar nicht zahlreichen politikwissenschaftlichen Literatur kann man eher eine „Neigung" in die eine oder in die andere Richtung feststellen, wobei die Tendenz zu einer „systemimmanenten" Kritik an Denkstrukturen und Entscheidungsprozessen bundesdeutscher Polenpolitik derzeit zu überwiegen scheint.[4] Bemerkenswerterweise und bedauerlicherweise sind es vor allem jüngere polnische Politikwissenschaftler[5], die sich in der deutschen politikwissenschaftlichen Diskussion mit den bundesdeutsch-polnischen Beziehungen und der Bonner Polenpolitik sowie dem realpolitischen Dilemma im Berichtszeitraum beschäftigen, während der deutsche politikwissenschaftliche Nachwuchs[6] kaum nachweisbar ist und die Zunft sich eher zurückhält.

2. Versuch einer Periodisierung der Beziehungsgeschichte

Unter Berücksichtigung der „refolutionären" Veränderung der internationalen Rahmenbedingungen und der Subjektidentität der Akteure „Bundesrepublik Deutschland" und „Polen" wird hier eine vorläufige Periodisierung der politischen Beziehungsgeschichte vorgeschlagen.

1. Phase: 1975–1980
Fortsetzung der Normalisierungspolitik der vorhergehenden Periode bei beiderseitiger Anerkennung der Status-quo-Bedingungen

2. Phase: 1980–1981
Das polnische Jahr. Polens Beitrag zum dauerhaften Paradigmenwechsel – auch in den deutsch-polnischen Beziehungen

3. Phase: 1981/82–1989
Bilaterale Status-quo-Politik in der Aporie
Unterphase: 1981–1985
Inkonsequente Fortsetzung der status-quo-orientierten Normalisierungspolitik unter veränderten Rahmenbedingungen
Unterphase: 1985–1989
Inkonsequente Überwindung der Status-quo-Politik in den bilateralen Beziehungen. Beginn des Paradigmenwechsels: Die Rückkehr zum Ausgangspunkt 1975 wird obsolet

4. Phase: 1989/1990
Der Völkerfrühling und das „deutsche Jahr": Der deutsche Beitrag zur Überwindung des Status quo – auch in den deutsch-polnischen Beziehungen – und die Bedeutung des Beziehungsgeflechts Bonn-Ost-Berlin-Warschau

5. Phase: 1990/91
Wende zur deutsch-polnischen Partnerschaft in einem neuen europäischen Koordinatensystem

3. Zur Problematisierung der politischen Beziehungen

3.1 Die Jahre 1975–1980

Nach der Beendigung der Ratifizierungsdebatte über den Normalisierungsvertrag zwischen Bonn und Warschau im Mai 1972 war im Hinblick auf das westdeutsch-polnische Konfliktpotential das Territorialproblem praktisch im Sinne einer Modus-vivendi-Regelung vorläufig geregelt; Familienzusammenführung und Umsiedlung Deutschstämmiger verliefen unbefriedigend, die wirtschaftliche Kooperation über den normalen

Handelsaustausch hinaus entwickelte sich nur langsam. Es war offensichtlich, daß nach dem Abschluß der Vertragsphase die in Bonn und Warschau beträchtlich voneinander abweichenden Vorstellungen von „Normalität" die Qualität der gegenseitigen Beziehungen beeinträchtigten.

Die unterschiedlichen, in Teilbereichen antagonistisch aufeinander bezogenen außenpolitischen Gesamtkonzeptionen der Bundesrepublik Deutschland (Forderung nach Offenhaltung der deutschen Frage) und der Volksrepublik Polen (Status-quo-Politik), in die die Politik gegenüber dem bilateralen Partner eingebettet war, spielten hier eine entscheidende Rolle. Der Normalisierungsprozeß wurde ja von beiden Seiten nicht als ein Ziel an sich definiert, sondern als ein Weg, der ihnen die Erreichung ihrer inkompatiblen Ziele ermöglichen sollte.

Die Bundesregierung hatte darauf gehofft, daß mit dem Verzicht auf die Aufrechterhaltung territorialer Ansprüche gegenüber Polen jetzt und in Zukunft (Artikel 1 des Warschauer Vertrages) die Hypothek der Vergangenheit vor allem auch im Hinblick auf eventuelle finanzielle Folgekosten abgetragen sei und die Beziehungen zu Polen ganz den Zukunftsperspektiven enger und weitgefächerter Kooperation gewidmet werden könnten. Die Warschauer Regierung sah dagegen im Warschauer Vertrag nur die Voraussetzung für die Einleitung des vielbeschworenen Normalisierungsprozesses, dessen Bestandteil beispielsweise auch die Regelung der Entschädigungsfrage zugunsten polnischer Opfer aus der Zeit der nationalsozialistischen Okkupation und KZ-Haft sowie die weitgehende Revision der deutschen Rechtsprechung und Gesetzgebung in Anpassung an die polnische Rechtsauffassung zum Potsdamer Protokoll und zur Oder-Neiße-Grenze sein sollte.

Die unterschiedlichen Ausgangspositionen Bonns und Warschaus in den Fragen der Umsiedlung und Familienzusammenführung, die von der polnischen Seite als politisches Druckmittel benutzt wurden, und in der Frage der finanziellen Entschädigung von Opfern der NS-Herrschaft führten bis 1975 zu einer stetigen Verschlechterung des politischen Klimas zwischen den Vertragspartnern. Polen wartete im Frühjahr 1975 noch immer auf den von der Bundesregierung im Herbst 1973 in Aussicht gestellten „Kredit zu günstigen Bedingungen".

Wenn auch deutsche und polnische Regierungsvertreter ein Junktim zwischen den Postulaten beider Seiten vehement bestritten, so wurde doch mit wachsendem zeitlichen Abstand zum Jahr 1972 immer offensichtlicher, daß für eine Lösung des Knotens unabdingbare Voraussetzung sein würde, Deutsche und Polen jeweils bewegende Komplexe diplomatisch auf eine verhandlungsfähige Ebene zu heben, ohne daß der Ruch des Menschenhandels (deutscherseits) oder der moralischen Bestechlichkeit (polnischerseits) aufkommen konnte. Es bleibt festzuhalten, daß die Voraussetzung für das Gelingen einer politischen Paketlösung ein bestimmter Grad an Rationalität und Orientierung an kooperativem Denken bei den regierenden Politikern beider Seiten sein mußte, der ungeachtet des weiterhin bestehenden Systemantagonismus als ein unbestreitbarer Erfolg der Entspannungspolitik zu konstatieren war.

Während des Helsinki-Gipfels in der Nacht vom 1. auf den 2. August 1975 wurde zwischen Bundeskanzler Schmidt und Parteisekretär Gierek ein diplomatischer Kompromiß gefunden, der für eine Minimallösung (Renten- und Unfallversicherungsabkommen, Pauschalabgeltung von Rentenansprüchen, Finanzkredit, Umsiedlungsprotokoll und langfristiges Kooperationsprogramm für Wirtschaft, Industrie und Technik) des bis dahin anstehenden Konfliktpotentials ausreichte. Es bestand jedoch der bemerkenswerte Dissens fort, daß die Entschädigungsfrage für Polen bis 1991 ein ungeregeltes Problem blieb, während nach deutscher Ansicht mit der Bonner Morgengabe in Helsinki Ansprüche ehemaliger KZ-Häftlinge befriedigt werden und für die deutsche Seite ein für allemal weitere polnische Entschädigungsansprüche vom Tisch sein sollten.

Die Meinungsverschiedenheiten in der CDU/CSU über die Haltung zu den ratifizierungsbedürftigen Teilen der Polen-Vereinbarungen dauerten bis zum Frühjahr 1976 fort. Am 19. Februar 1976 konnten die Abkommen im Bundestag mit großer Mehrheit und am 12. März 1976 im Bundesrat einstimmig verabschiedet werden.

Der vor allem atmosphärisch außerordentlich erfolgreich verlaufene Besuch des Parteichefs Gierek vom 8. bis 12. Juni 1976 in der Bundesrepublik sollte die neue Qualität in den westdeutsch-polnischen Beziehungen symbolisch besiegeln. Im Überschwang der „Erfolgspropaganda" am Rande des bereits sichtbaren wirtschaftlichen Abgrunds wurde der Gierek-Besuch in der polnischen (Wissenschafts-)Publizistik als ein exzeptionelles Ereignis in der tausendjährigen deutsch-polnischen Beziehungsgeschichte gefeiert. Die hierdurch erfolgte Desavouierung und qualitative Degradierung der polnisch-ostdeutschen Beziehungen wurde in Kauf genommen und zugleich nolens volens verdeutlicht, daß von den kommunistischen Eliten die Bundesrepublik Deutschland als das „eigentliche" Deutschland erkannt, bewundert, gefürchtet und propagandistisch instrumentalisiert wurde.

Gerade an den Umständen des Gierek-Besuchs in der Bundesrepublik und an der zeitlichen Koinzidenz mit der Verschärfung der innen- und wirtschaftspolitischen Lage in Polen läßt sich exemplarisch die fast schicksalhafte Verknüpfung von Versuchen der Herrschaftssicherung und -legitimierung mit deutschlandpolitischen Aktivitäten der jeweils regierenden Parteielite in Polen ablesen. Das war 1969/70 in der Agonie der Gomułka-Ära der Fall, als Gomułka in einem Hazardspiel die Akzeptanz der wirtschaftspolitischen Restriktionsmaßnahmen in der Bevölkerung mit dem außenpolitischen Erfolg der Unterzeichnung des Warschauer Vertrags und der vorläufigen Grenzanerkennung durch die Bundesrepublik erkaufen wollte und verlor. Die polnische Regierung kündigte fünfeinhalb Jahre später, unmittelbar nach Giereks Bundesrepublik-Besuch, drastische Lebensmittelpreiserhöhungen an und konnte den Ausbruch von Unruhen in Polen nicht abwenden. Im August 1980 versuchte Gierek in der verzweifelten Situation sich in ganz Polen ausbreitender Massenstreiks noch über eine dann nicht mehr zustandegekommene Begegnung mit Bundeskanzler Schmidt zu retten, was nicht mehr zu retten war. Ende Dezember 1981 unternahm das Kriegsrechtsregime den Versuch, internationale Reputation über einen Blitzbesuch des Vizepremiers Rakowski in Bonn zu gewinnen.

Nach Giereks Besuch gerieten die bilateralen Beziehungen fürs erste in ruhigeres Fahrwasser und am Ende des Jahrzehnts in eine Phase der Stagnation. Die deutsch-polnische Einigung von 1975/76 und die Konzentration auf innenpolitische Probleme in beiden Ländern überdeckten bloß die weiterhin grundsätzlich ungelösten Fragen zwischen der Bundesrepublik und der Volksrepublik. Ein Charakteristikum der bilateralen Beziehungen seit Mitte der siebziger Jahre blieb bis Ende der achtziger Jahre das Phänomen, daß in der Regel die Volksrepublik Polen als Demandeur auftrat, der vornehmlich Themen auf die politische Tagesordnung setzte, die unter den Stichworten „historische Belastungen und ihre juristischen Konsequenzen" (Urteile des Bundesverfassungs- und Bundessozialgerichts, Ortsnamen, Staatsangehörigkeitsrecht, Schulbuchrevision) und „mehr wirtschaftliches und finanzielles Engagement" subsumiert werden können, während die Wünsche auf bundesrepublikanischer Seite, abgesehen von den fortbestehenden humanitären Anliegen (Familienzusammenführung, Umsiedlung), vor allem die kulturelle, wissenschaftliche und menschliche Dimension der Kooperation und der vertieften Verständigung zwischen den Völkern betrafen. Die 1972 aufgenommenen westdeutsch-polnischen Schulbuchgespräche galten zwar als exemplarisch für einen neuen Zugang zur Geschichte und Gegenwart der Beziehungen der beiden Nationen – 1976 wurden der Öffentlichkeit erstmals „Gemeinsame Empfehlungen" vorgestellt –, aber auch sie konnten bestimmte politisch-ideologische Tabus, die von polnischer Seite aufrechterhalten wurden, nicht brechen. Den überwiegend „harten" polnischen Themen standen vorwiegend „weiche" deutsche Themen gegenüber.

Der polnische Wunsch- und Forderungskatalog an die Adresse der Bundesrepublik Deutschland von 1976 bis weit in die achtziger Jahre hinein verdeutlichte den hohen Stellenwert, den die Bundesrepublik bzw. das Problem „Deutschland" in der polnischen Politik, in der außenpolitischen Gesamtkonzeption wie in der innenpolitischen Entlastungsfunktion, seit dem Ende des Zweiten Weltkriegs einnahm.

Blieb die Gestaltung der Beziehungen zur Bundesrepublik Deutschland für Polen also während des gesamten Berichtszeitraums, sieht man von dem einseitigen Abhängigkeitsverhältnis zur Sowjetunion ab, Fixpunkt polnischer Außenpolitik, so kann dies vice versa von der bundesrepublikanischen Seite nicht behauptet werden. Sicherlich galt der Bundesrepublik der indirekte polnische Nachbar als wichtiger Partner unter den Staaten des Warschauer Pakts, aber er stand in der Reihenfolge nach der Sowjetunion und der DDR. Die besondere historisch-moralische Qualität der Beziehungen zu Polen wurde von Regierungs- und Oppositionsvertretern subjektiv glaubwürdig herausgestellt, aber Westeuropa und die USA galten als die Lebensnerven der Bundesrepublik. Die Asymmetrie in den westdeutsch-polnischen Beziehungen war unübersehbar. Sie bleibt ein Kontinuum über den Paradigmenwechsel am Beginn der neunziger Jahre hinaus – ungeachtet der neuen europäisch-deutschen Integrationspolitik in Richtung Polen und ganz Ostmitteleuropa.

In der zweiten Hälfte der siebziger Jahre korrespondierte die polnische Forderungshaltung mit einer zunehmenden Beschäftigung der polnischen Publizistik mit dem Problem „Deutschland in Europa" und mit der deutschen Frage, die, maß man ihre Aktualität an der Anzahl polnischer Kommentare in der zweiten Hälfte der siebziger Jahre, wieder zu einem akuten europäischen und polnischen Problem wurde.

Die Warschauer Sorgen wurden nicht – wie ursprünglich von vielen Polen erwartet – mit den Ost- und innerdeutschen Verträgen gegenstandslos. So überschatteten die grundsätzlich unvereinbaren nationalen und außenpolitischen Grundpositionen Bonns und Warschaus einen Teil der Diskussion, zumal es für die polnische Staatsräson, die von allen politischen Gruppierungen vom Londoner Exil bis zur Vereinigten Arbeiterpartei in diesem Punkt geteilt wurde, unerträglich war, daß die Oder-Neiße-Grenzfrage zumindest völkerrechtlich weiter virulent blieb.

In der intensivierten innerpolnischen Diskussion über die deutsche Frage Ende der siebziger Jahre verfestigte sich das recht einheitliche Bild, daß die sozialliberale Bundesregierung und die Opposition in den deutschlandpolitischen Fragen einander näher waren, als dies in der Auseinandersetzung um die Ost- und die innerdeutschen Verträge Anfang der siebziger Jahre den Anschein hatte, und daß die Koalitionsparteien ebenso wie die CDU/CSU die deutsche Frage offenhielten.

Ein deutsch-polnisches Paradox tat sich in den siebziger Jahren auf. In der Bundesrepublik wurde formalrechtlich „revisionistisch" argumentiert, in der politischen Diskussion machte sich aber bis weit in das konservative Denken hinein ein neuer Bundesrepublikanismus und eine politisch-weltanschauliche Status-quo-Orientierung breit. Das kommunistische Polen behauptete dagegen die völkerrechtliche Endgültigkeit des Status quo und argumentierte politisch mit der unveränderten Offenheit der deutschen Frage.

Die Infragestellung der europäischen Entspannungsphilosophie am Ende der siebziger Jahre angesichts des sowjetischen Expansionismus außerhalb Europas (Afrika, Südamerika) und schließlich der sowjetische Einmarsch in Afghanistan belasteten zusätzlich die politischen Beziehungen zwischen Bonn und Warschau.

3.2 Die Jahre 1980/81

In den fünfzehn Monaten der „Solidarność" trat in den bilateralen Beziehungen zwischen Bonn und Warschau ein Stillstand ein. Das offizielle Bonn wie die am Abgrund balancierende polnische PZPR-Führung blieben darum bemüht, das erreichte Niveau der Beziehungen zu wahren.

In den Monaten nach dem August 1980 wurde erstmals die Grundsatzfrage für die westdeutsche Politik und Gesellschaft mit einer solchen Unausweichlichkeit gestellt: Was heißt gute Nachbarschaft und Solidarität mit Polen? Angesichts der politischen Polarisierung in Polen zwischen der Macht, die sich in 35 Jahren nicht ein einziges Mal dem Volk zur Wahl gestellt hatte, und einer politischen Massenbewegung, die von der Mehrheit der Bevölkerung getragen wurde, sahen sich die politischen Repräsentanten demokratischer Systeme vor eine ungewohnte Wahl gestellt. Bis 1980 galt demokratische politische Opposition als dissident, konnte mangels Masse und Einfluß nicht Gesprächspartner sein. Jetzt – nach der Legalisierung von „Solidarność" – war sie in Polen sogar vom alten Machtapparat, wenn auch unwillig, anerkannt, und faktisch erwies sich das bisher herrschende System als dissident. Wie sollte deutsche Politik, die Verständigung mit Polen suchte, darauf reagieren?

Das Dilemma der westlichen Politik gegenüber kommunistischen Regimen offenbarte sich in Polen 1980/81 noch klarer als in Ungarn 1956 oder in der Tschechoslowakei 1968. Für die Bonner Politik verschärfte sich die Entscheidungsnot zusätzlich durch das Sonderinteresse, im deutsch-deutschen Verhältnis „das Erreichte zu bewahren". Die Bundesrepublik stellte sich somit als besonders erpreßbar dar. Konkret hieß dies, es durfte nicht zugelassen werden, daß die politische Solidarität mit der Demokratiebewegung in Polen mit einem Wettersturz im deutsch-deutschen Verhältnis erkauft wurde. Die Erhaltung der humanitären Erleichterungen für gewisse Teile der DDR-Bevölkerung um den Preis der Stabilisierung des spätstalinistischen SED-Systems genoß Priorität vor der Solidarität mit „Solidarność".

Zugegebenermaßen war es für die weiten Kreise der bundesrepublikanischen Gesellschaft, die sich mit der Demokratiebewegung in Polen solidarisch erklärten, leichter, sich von gesinnungsethischen Motiven tragen zu lassen, als für eine Regierung, die verantwortlich zu handeln hatte. Dennoch müssen die Berührungsängste der bundesdeutschen Politiker mit „Solidarność" schon zu Zeiten ihrer legalen Tätigkeit als übertrieben angesehen werden. Die gültige Antwort der Politik wurde mit der Reaktion von Bundeskanzler Schmidt auf die Nachricht von der Verhängung des Kriegsrechts in Polen am 13. Dezember 1981 (gemeinsam mit SED-Generalsekretär Honecker am Werbellinsee) auf den Punkt gebracht: „Herr Honecker ist genauso bestürzt wie ich, daß dies nun notwendig war."[7] Diese kurzschlüssige Folgerung aus einer Antagonisierung zwischen Gesinnungsethik und Verantwortungsethik am falschen Ort mit dem falschen Partner war nur mit Bundeskanzler Schmidts Sorge um die Wahrung der nationalen Interessen zu erklären, „die ihn an der Wahrung des Status quo in den Ost-West-Beziehungen festhalten ließ, die durch die Krise in Polen eine Belastung erfuhren"[8]. Deutsche Politik wurde zu einem historischen Zeitpunkt ertappt, als die Grenzen der Status-quo-Politik sichtbar wurden, deren Überwindung von sogenannten Realpolitikern, die recht bald von der Realität eingeholt werden sollten, nicht erstrebenswert erschien. Die sowjetische Bedrohung in der Agonie der Brežnev-Ära erklärt hier viel, aber nicht alles.

Aus dem Dilemma der richtigen Antwort auf die Gleichzeitigkeit des Ungleichzeitigen, d. h. „business as usual" und schleichender Systemzusammenbruch, kam die westdeutsche Politik weder in der Endzeit der sozialliberalen Koalition noch in den ersten Jahren der konservativ-liberalen Koalition heraus. Die Schockierung fast der gesamten classe politique der Bundesrepublik durch den sich rasant beschleunigenden Zerfall der DDR seit Spätsommer 1989 war noch beredterer Ausdruck des Verlusts der historischen Perspektive in der westdeutschen Politik der siebziger und achtziger Jahre.

3.3 Die Jahre 1981/82–1989

3.3.1 Die Jahre 1981/82–1985

Im Osten von der Sowjetunion unter permanenten Druck gesetzt, die sozialistische Ordnung mit der führenden Rolle der Partei wieder aufzurichten und die „antisozialistischen" Kräfte endgültig auszuschalten, im Westen mit der offenen deutschen Frage konfrontiert, sah sich die Jaruzelski-Führung in einer strategischen Zwangslage. Dazu kam die DDR, die sich nicht nur mit „brüderlichen" Ratschlägen und psychologischer Kriegsführung in den fünfzehn Monaten der „Solidarność" bemerkbar gemacht hatte, sondern sich auch in den Nachkriegsrechts-„Normalisierungsprozeß" Polens einmischte. Mit der demonstrativen Durchsetzung des DDR-Standpunkts um die kontroverse Abgrenzung der Territorialgewässer vor und in der Pommerschen Bucht setzte die DDR-Führung die polnische Führung zusätzlich unter Druck.[9]

Derart in die Defensive gedrängt, registrierten die offiziellen polnischen Stellen und die gleichgeschalteten Medien nach dem Regierungswechsel von der SPD/FDP-Koalition zur CDU/CSU/FDP-Koalition im Oktober 1982 die wieder verstärkte Betonung der völkerrechtlichen Lage bezüglich der Oder-Neiße-Grenze durch Mitglieder der Bundesregierung mit einer nach zehn Jahren „Normalisierungsprozeß" und Gewöhnung an „revisionistische" Äußerungen überwunden geglaubten Empfindlichkeit, die propagandistisch zur Systemstabilisierung ausgenutzt wurde.

Dabei übersah die polnische Führung geflissentlich, daß die Bundesregierungen Schmidt und Kohl im Unterschied zu ihren Verbündeten bei der Beurteilung der Ereignisse in und um Polen einen Mittelweg gegangen waren. Bonn signalisierte zwar ununterbrochen seine moralische Verbundenheit mit der Freiheitsbewegung in Polen – die humanitäre Hilfe aus der Bundesrepublik war die bei weitem umfangreichste aller westlichen Staaten –, zur Sanktionspolitik des westlichen Bündnisses hatte Bonn aber von Anfang an ein distanziertes Verhältnis, fragte nach ihrer Zweckmäßigkeit und Wirksamkeit.

Die Kontinuität des erwähnten Zwiespalts bundesdeutscher Polenpolitik angesichts des sich ankündigenden Paradigmenwechsels in der europäischen Politik läßt sich nach der Verhängung des Kriegsrechts an zwei Personen verdeutlichen, die in die bundesdeutsche Nachkriegsgeschichte als Macht- und Realpolitiker, als „politisches Urgestein", eingingen: Herbert Wehner und Franz-Josef Strauß. Völlig verschiedene politische Lebenswege und unterschiedliche politisch-taktische Motivationen ließen zwei „Große" der deutschen Nachkriegspolitik in ihrer Endzeit Wege nach Polen beschreiten, die von der Umwelt als moralische Legitimation der Kriegsrechtsherrschaft verstanden wurden. Dabei konnte die Ansprache beider Politiker nicht unterschiedlicher sein. Wehner reiste im Februar 1982 nach Warschau, Franz-Josef Strauß im Juli 1983. Mögen es bei Wehner ein kollektives deutsches Schuldgefühl und eine fatale Verrückung moralischer Maßstäbe gegenüber Polen gewesen sein, die ihn zu einer Winterreise nach Warschau drängten und die schon sprichwörtliche moralische Erpreßbarkeit durch geschickte polnisch-kommunistische Scheindialektik belegten, so war es bei Strauß eher politisches Profilierungsstreben eines verkannten Außenpolitikers, verbunden mit moralischer Prinzipienlosigkeit im Umgang mit Diktaturen unterschiedlicher Färbung (Togo, Chile, VR China u. a.), das ihn erstmals in seinem Leben ausgerechnet 1983 nach Polen führte.

Wenn die offizielle Politik in Bonn und Warschau „business as usual" betrieb, so vollzog sich in der polnischen Gesellschaft am Beginn der achtziger Jahre ein Wandel des Bildes von den Westdeutschen, der sich mit der weitverbreiteten bundesdeutschen Sympathie für die polnische „Solidarność"-Bewegung und vielmehr noch mit den Paketaktionen in den ersten Kriegsrechtsjahren erklären läßt. Antideutsche Propaganda unter der Camouflage von Antirevisionismus und Antirevanchismus mußte in der polnischen Bevölkerung immer mehr auf taube Ohren stoßen. Der kontinuierliche Einstellungswandel fand jedoch vorerst in der offiziellen Warschauer Politik gegenüber der Bundesrepublik keinen Niederschlag.

Eine Grundsatzdiskussion über die Bundesrepublik, das deutsch-polnische Verhältnis und den Platz der beiden Nachbarn in einem von gemeinsamen freihheitlich-demokratischen Werten geprägten Europa ging von der vielgestaltigen Opposition aus. Hier wurden der untrennbare Zusammenhang zwischen der Zukunft Polens und der zukünftigen Entwicklung Europas und das Wechselverhältnis zwischen innerer Entwicklung und dem Verhältnis zu den Nachbarn im Westen und Osten diskutiert. Die Bundesrepublik galt den Hauptrichtungen der demokratischen Opposition als Brücke zur politischen Kultur und Zivilisation Westeuropas. Gegenüber dem deutschen Staat, der politisch, wirtschaftlich, gesellschaftlich und kulturell mit dem Westen Europas verbunden ist, hatten sich in weiten Kreisen der unabhängigen Intelligenz Polens die Befürchtungen abgebaut, daß von ihm eine politische oder militärische Bedrohung, d. h. vor allem eine faktische Infragestellung der Oder-Neiße-Grenze, ausging und eine Wiedervereinigung Deutschlands nur negative Folgen für Polen haben muß. Eine Schrittmacherrolle bei der Verbreitung eines vorurteilsfreieren (West-)Deutschlandbildes hatte bereits lange vor dem Entstehen einer organisierten politischen Opposition seit den sechziger Jahren die katholische Intelligenz um ihre Klubs (KIK) und die Printmedien „Tygodnik Powszechny", „Znak" und „Więź" eingenommen. Aus ihr sollten einige nunmehr regierungsoffizielle Protagonisten der Verständigung nach dem Systemwechsel 1989 hervorgehen (Tadeusz Mazowiecki, Mieczysław Pszon, Wojciech Wieczorek u. a.)

In der innerpolnischen Diskussion über das Verhältnis zwischen Polen und Deutschen läßt sich ein dynamischer Prozeß nachzeichnen, der sowohl durch innere als auch durch äußere Faktoren beschleunigt wurde. Die Diskussion in den Kreisen der Opposition und deren Publizistik ermunterte die Historiker zur vermehrten Beschäftigung mit „weißen Flecken" in den deutsch-polnischen Beziehungen. Die neue sowjetische Politik nach 1985 veranlaßte die polnische Regierung, bisher als ewig geltende politische und historische Grundsätze neu zu überdenken.

Bis 1985 waren die offizielle polnische Deutschlandpolitik und das Verhältnis zur Bundesrepublik von Axiomen über die polnische Staatsräson und die Unantastbarkeit des ideologisch-politischen Status quo abgeleitet, die ein wirkliches Verständnis für und eine Verständigung über gemeinsame polnische und deutsche Interessen in Zentraleuropa erschwert hatten.

Noch im Sommer 1984 war der letzte Höhepunkt einer maßlosen Antirevisionismuskampagne gegen die Bundesrepublik zu verzeichnen, die im Vorwurf des „Pangermanismus" gipfelte. Da befand man sich in der ehrenwerten Gesellschaft des Italieners Guglio Andreotti. Die Parteizeitung „Trybuna Ludu" druckte einen Tag nach der „Prawda" Lev Bezymenskijs Artikel vom 27. Juli ab, der dem seit geraumer Zeit geplanten, von Warschau abgelehnten Honecker-Besuch in Bonn einen Riegel vorschob. Polen hatte seit der „Solidarność"-Krise die DDR-Politik der sogenannten Schadensbegrenzung mißtrauisch beäugt und die Entwicklung deutsch-deutscher Sonderbeziehungen nach dem Scheitern der sowjetischen Nachrüstungspolitik gegenüber der Bundesrepublik mit Sorge verfolgt.[10] Das außenpolitisch isolierte Polen – unter dem Kriegsrecht und seinen Folgen leidend – fühlte sich seit Anfang der achtziger Jahre von seinem traditionellen zweiten Platz in der Warschauer-Pakt-Hierarchie durch die DDR verdrängt und versuchte innenpolitische Instabilität durch außenpolitische Willfährigkeit gegenüber Moskau zu kompensieren, von dessen deutschlandpolitischer „Zuverlässigkeit" die kommunistische Elite Polens seit vierzig Jahren abhing.[11]

3.3.2 Die Jahre 1985–1989

In der zweiten Hälfte der achtziger Jahre wurde das, was bis dahin der Opposition vorbehalten blieb, die Diskussion über Polens Platz in Europa zwischen den großen Nachbarn Deutschland und Rußland und ein neues Verhältnis zu den Deutschen und Russen, Teil des öffentlichen Diskurses. Es waren mehrere Faktoren, die seinerzeit einen bestimmenden Einfluß auf die offizielle Deutschlanddiskussion in Polen ausübten: die beginnende Perestrojka in der Sowjetunion; die „Weiße-Flecken"-Diskussion in der historischen Debatte; die zunehmende Beschäftigung mit der Geschichte der nationalen und religiösen Minderheiten im Land; die (Mittel-)Europadiskussion, die durch Gorbačevs Europainitiativen hoffähig wurde und „Jalta" bald weit hinter sich ließ, und nicht zuletzt das Interesse der innenpolitisch bedrängten Jaruzelski-Führung an einer wesentlichen Ausweitung der Wirtschafts- und Finanzbeziehungen zur Bundesrepublik, die ohne das Eingehen auf westdeutsche Interessen nicht möglich erschien.

Andererseits erleichterten politische Grundsatzerklärungen aus den Reihen des CDU-Flügels der Bundesregierung und der CDU/CSU-Bundestagsfraktion zu den deutsch-polnischen Beziehungen der polnischen Führung die Abkehr von alten Positionen. Bundeskanzler Kohl bekräftigte am 6. Februar 1985 im Bundestag mit aller Deutlichkeit, daß seine Regierung zu den getroffenen Vereinbarungen des Warschauer Vertrags „in vollem Umfang" stehe. Viel mehr Aufmerksamkeit sollte aber in Zukunft der Grundsatzrede des stellvertretenden CDU/CSU-Fraktionsvorsitzenden Volker Rühe vom selben Tage gezollt werden, in der er von der „politischen Bindungswirkung" des Warschauer Vertrags sprach, „die auch von einem wiedervereinigten Deutschland nicht ignoriert werden könnte".[12] Offenbar auch die polnische Seite überzeugend, verband Rühe die unveränderten Rechtspositionen der Bundesrepublik mit einer realistischen Politik gegenüber Polen. Rühes Rede wurde daraufhin zum inoffiziellen Credo des liberal-konservativen Teils der classe politique in der Bundesrepublik stilisiert. Wer den neuen Realismus christlich-konservativer deutscher Polenpolitik beschwor, kam nicht an der Rühe-Rede vorbei.

Mit General Jaruzelski bekundete im Mai 1985 erstmals in der polnischen Nachkriegsgeschichte ein regierender polnischer Politiker öffentlich sein Mitgefühl für das Schicksal der Deutschen, die ihre Heimat in den 1945 von Polen übernommenen deutschen Ostprovinzen verlassen mußten, ohne jedoch die moralische oder juristische Grundlage der Vertreibung in Frage zu stellen.

In der polnischen Publizistik erschien in der Folgezeit eine ganze Reihe von Aufsätzen, die dazu beitrugen, das Deutschlandbild und die Darstellung der deutsch-polnischen Beziehung in der Vergangenheit weiter auszudifferenzieren und alte Feindbilder zu überwinden (deutsch-polnische Symbiose im deutsch-polnischen Grenzland/Schlesien/Oberschlesien; die Praxis der Aussiedlung/Vertreibung der Deutschen seit 1945; die Assimilierungspolitik gegenüber Ermländern, Masuren und Oberschlesiern nach 1945 und deren Scheitern).

Als eines der letzten Tabus fiel im Jahr 1988 das Problem einer deutschen Minderheit in Polen. In Anbetracht dessen, daß bis vor kurzem von offizieller Seite behauptet worden war, es gebe kein Problem einer deutschen Minderheit mehr in Polen, und daß jede Erwähnung dieser Frage deutscherseits als potentiell revisionistischer Angriff auf die polnische Integrität betrachtet wurde, stellte das Aufgreifen dieses Themas in der polnischen Presse einen evolutionären Prozeß dar.

Äußere und innere Beschleunigungsfaktoren (Notwendigkeit eines historischen Kompromisses in Polen; Souveränisierung der Warschauer-Pakt-Staaten) veranlaßten die Warschauer Führung im Jahre 1988, die Diskussion über den Platz von Polen und (West)Deutschen in Europa und alle inneren und äußeren Implikationen einer solchen Ortsbestimmung mit einer strategischen Entscheidung in der Politik gegenüber der Bundesrepublik Deutschland zu beenden und ein neues Kapitel einzuleiten. Für die polnische Führung wurde erstmals die „moralische Dimension" (M. Orzechowski) des deutsch-polnischen Verhältnisses zu einer politischen Kategorie, die nicht automatisch mit Geldzahlungen verknüpft wurde, sondern eine gewisse Reziprozität anerkannte. Der Reorientierungsprozeß, der noch in der Endzeit der Regierung Messner begonnen hatte, verdichtete sich unter der letzten PVAP-Regierung von Mieczysław Rakowski zu einer strategischen Wende, von der allerdings die weiterhin negative Haltung zur deutschen Einheit ausgenommen blieb.

In dem Motivationsbündel spielte ohne Zweifel der erwartete Beitrag der bundesdeutschen Wirtschaft und Finanzwelt zum Gelingen der als radikal bezeichneten Wirtschaftsreform, die von der neuen Regierung Rakowski in Angriff genommen werden sollte, eine wesentliche Rolle. Der neue oberste Grundsatz hieß: allseitiger Ausbau der Beziehungen zwischen Polen und der Bundesrepublik Deutschland. Regierungsoffiziell wurde der Wille, einen Durchbruch in den bundesdeutsch-polnischen Beziehungen zu erreichen, im außenpolitischen Teil der Regierungserklärung des neuen Premierministers Rakowski vom 13. Oktober 1988 deutlich formuliert:

„In den Beziehungen zur Bundesrepublik Deutschland sind wir bereit, einen wesentlichen Fortschritt, sogar Durchbruch, zu erreichen. Wenn wir unsere übergeordneten nationalen Interessen verfolgen, so werden wir nicht gleichzeitig auf einer Apothekerwaage unsere Vorschläge zur Bereicherung der Beziehungen abwiegen. Gemeinsam können wir noch vieles für das friedliche und freundschaftliche Zusammenleben der gegenwärtigen und der kommenden Generationen von Deutschen und Polen tun. Der Regierung der Bundesrepublik Deutschland erklären wir: Wir sind nicht dafür, das auf morgen oder übermorgen zu verschieben, was wir heute tun können."[13]

Es entbehrte nicht einer gewissen Pikanterie, daß Premierminister Rakowski den Wunsch der polnischen Führung nach einer grundlegenden und dauerhaften Verbesserung der Beziehungen zur Bundesrepublik ausgerechnet in Ost-Berlin demonstrativ zur Schau stellte, als er sich während seines Arbeitsbesuchs am 5. Dezember 1988 in seinem Toast auf den DDR-Ministerpräsidenten Stoph wie folgt äußerte:

„Für unsere beiden Länder bleibt die Bundesrepublik Deutschland ein wichtiger Partner in diesem Dialog. Die Gestaltung der Beziehungen zur BRD hat für die VRP und die DDR sowohl heute wie auch in der weiteren Perspektive eine besonders große Bedeutung. In meiner Regierungserklärung im Sejm habe ich festgestellt, daß Polen ein gutes Verhältnis zur BRD wünscht und die Notwendigkeit sieht, eine grundsätzliche Wende in diesem Verhältnis herbeizuführen."[14]

Offensichtlich ließ die neue polnische Führung im Herbst 1988 die DDR als strategischen Partner endgültig fallen, ohne die deutsche Zweistaatlichkeit aufgeben zu wollen. Rechnete bereits die letzte von der PVAP getragene Führung Polens in absehbarer Zeit mit einer dramatischen Veränderung der Situation in Mitteleuropa, die besondere Rücksichtnahme auf den Bündnispartner nicht mehr notwendig erscheinen ließ, im Gegenteil eine langfristige Festigung des polnischen Images bei den Entscheidungsträgern in der Bundesrepublik Deutschland gebot? Jedenfalls bestätigte die polnische Parteiführung mit ihrer Haltung am Ende der achtziger Jahre die abgeleitete Funktion der DDR für die polnische Staatsräson. Instrumentalisiert wurden zwar auch die Beziehungen zur Bundesrepublik Deutschland – und zwar von 1949 an –, dem bürgerlich-demokratischen deutschen Staat erkannte aber auch die kommunistische Elite Polens Authentizität und Subjektcharakter zu, den sie in Kenntnis der Vasallenfunktion der SED-Elite der Deutschen Demokratischen Republik absprach. Selber abhängig von der Protektion durch die KPdSU-Führung, konnte sich die Macht in Polen der SED zumindest in einem überlegen fühlen: Der polnische Staat und die polnische Nation standen bei einer politischen Krise nicht zur Disposition, während die DDR im Ernstfall gleichzeitig mit der SED und den sowjetischen Panzern verschwinden würde.

Groß waren die Erwartungen, die an den inoffiziellen Bonn-Besuch Ministerpräsident Rakowskis vom 20. bis 23. Januar 1989 geknüpft wurden. Die Hoffnungen auf den vielbeschworenen „historischen Durchbruch" in den Beziehungen zwischen der Bundesrepublik und Polen wurden zusätzlich genährt durch einen Artikel des Deutschlandexperten der PVAP und stellvertretenden Vorsitzenden des außenpolitischen Ausschusses des Sejm, Ryszard Wojna, in der Regierungszeitung „Rzeczpospolita" wenige Tage vor dem Besuch Rakowskis in Bonn.

Ausgangspunkt für Wojnas Überlegungen war die europäische Funktion der deutsch-polnischen Beziehungen und der Beitrag, den Deutsche und Polen gemeinsam für Europa leisten könnten. Er stellte die Überwindung der Teilung Europas und die Schaffung eines „gemeinsamen europäischen Hauses" ohne Aussöhnung zwischen Polen und Deutschen als unvollkommen dar. Eine Wende in den Beziehungen zwischen dem polnischen und dem deutschen Volk sei ebenso wie die deutsch-französische Verständigung eine Conditio sine qua non für die Errichtung des gemeinsamen europäischen Hauses.

Zu einer Generalbereinigung des westdeutsch-polnischen Verhältnisses kam es dann trotz der Bestellung von Sonderbeauftragten und der Einrichtung von Arbeitsgruppen nicht mehr, da die Verhandlungen am „runden Tisch" in Warschau mit der „Solidarność"-Opposition eine Veränderung der politischen Konstellation in Polen erwarten ließen und die Bundesregierung nicht voreilig mit einer möglicherweise abtretenden, zumindest aber Einfluß verlierenden politischen Elite eine Einigung suchen wollte.

Von Durchbrüchen, Umbrüchen und historischen Wenden war in den Beziehungen zwischen Polen und (West-)Deutschland seit 1969 des öfteren die Rede gewesen. Die Befürworter einer Annäherung zwischen Deutschen und Polen hatten sich solcher Begriffe bedient, wohlwissend, daß man erst am Anfang eines langwierigen und nicht gradlinigen historisch-politischen Prozesses stand.

Über vierzig Jahre lang hatten zwei deutsche Staaten existiert. Über vierzig Jahre lang war in Polen die politische Legitimation der Macht strittig. Der zwanzig Jahre alte „Normalisierungsprozeß" betraf das Verhältnis zwischen Polen und dem westdeutschen Teilstaat. Er ließ die Beziehungsgeschichte zwischen Polen und dem kommunistischen deutschen Staat außen vor, die auf offizieller Ebene seit den fünfziger Jahren vom Geist des „sozialistischen Internationalismus" und der Klassen- und Völkerfreundschaft geprägt war.

Anläßlich der Reorientierung der offiziellen polnischen Bundesrepublik-Politik Ende der achtziger Jahre muß das Bemühen um Objektivität bei der Beschreibung und Bewertung der westdeutsch-polnischen Beziehungen vor 1990 eingefordert werden. Der positive Wandel in den politischen Beziehungen war unübersehbar. Die PVAP-Führung hatte seit 1969/70 durch ihre Politik gegenüber der Bundesrepublik einer erfolgreichen antideutschen Politik zunehmend den Boden entzogen. In diesem Sinne muß das Aufreißen von Widersprüchen in der Warschauer Deutschlandpolitik in den siebziger und achtziger Jahren als ein Fortschritt begrüßt werden. Für eine Verständigung mit der Bundesrepublik hatten sich weitsichtigere Politiker des „Ancien régime", Wissenschaftler, Publizisten und Intellektuelle lange vor der Wende in Polen eingesetzt. Der spezifische Beitrag der katholischen Presse (Tygodnik Powszechny, Znak, Więź) zur polnisch-deutschen Verständigung kann hier nur angedeutet werden, zumal er wegen der politischen und medialen Isolierung des unabhängigen katholischen Milieus nur schwer zu messen ist. Die Verständigungsbereiten in der Partei taten das Ihre, aber – und das gilt insbesondere für die letzte PVAP-Regierung unter Mieczysław Rakowski seit Herbst 1988 – gegen das eigentliche Selbstverständnis und die Selbsterhaltungsmechanismen des Systems, d. h. unter Vermeidung der Aufgabe der führenden Rolle des Sozialismus und ohne positiven Bezug zur Offenheit der deutschen Frage.[15]

3.4 Das Jahr 1989/1990

Die Berufung auf eine „polnisch-deutsche Interessengemeinschaft" in Europa von polnischer Seite, wie erstmals im Februar 1990 durch den neuen Außenminister Krzysztof Skubiszewski in Bonn geschehen, ist ohne Vorbild in der deutsch-polnischen Beziehungsgeschichte.

Im Herbst 1989 hatte die erste vom Volke mehrheitlich akzeptierte Nachkriegsregierung Polens im Rahmen ihrer neuen Europapolitik einen Umbruch in den deutsch-polnischen Beziehungen verkündet. Das Signal aus dem Munde von Ministerpräsident Tadeusz Mazowiecki richtete sich am 12. September 1989 noch an einen der beiden deutschen Staaten, an die Bundesrepublik Deutschland, wie bei Premier Rakowski im Oktober 1988 nicht an den direkten Nachbarn DDR. Die Honecker-DDR, spätstalinistisch regiert und in einer sichtbaren Agonie befindlich, eignete sich nicht als Dialogpartner in einem Moment, als Deutsche durch Oder und Neiße nach Polen in die Freiheit schwammen. Premier Mazowiecki plädierte in seinem Exposé für „eine echte Aussöhnung, die dem Rang der zwischen Deutschen und Franzosen bereits herbeigeführten entspräche".

Die „Solidarność"-Regierung konnte diese Wende in der Deutschlandpolitik mit größerer Glaubwürdigkeit und Konsequenz einleiten als die Vorgängerregierung Rakowskis, der in seiner Regierungserklärung knapp ein Jahr zuvor einen ersten Schritt zu einer Wende in den Beziehungen zwischen Polen und der Bundesrepublik unternommen hatte. Später schrieb Rakowski über seine Haltung zur deutschen Frage lakonisch:

„Der Gedanke an eine Vereinigung Deutschlands ließ eine Generation nicht ruhig schlafen, die den Zweiten Weltkrieg erlebt hatte. Auch ich gehöre zu ihr. Einst hatte ich gesagt, die Existenz der DDR sei das zweite – nach dem Sieg bei Grunwald (Tannenberg) im Juli 1410 – Geschenk des Himmels. Viele Jahre meinte ich, es sei gut, daß

Deutschland geteilt sei, aber schon in der zweiten Hälfte der achtziger Jahre wettete ich mit meinen deutschen Freunden um ein paar Flaschen Moselwein, daß es zur Vereinigung noch in diesem Jahrhundert kommen werde. Sie meinten, dies sei eine Ausgeburt meiner Phantasie."[16]

Schon seit Ende der siebziger Jahre und intensiviert in den achtziger Jahren war in der damaligen demokratischen Opposition eine neue Deutschlandpolitik gefordert worden, die von der Prämisse ausging, daß die innere und äußere Freiheit Polens nicht denkbar sei ohne die freiheitliche Emanzipation der Nachbarn im Westen und im Osten. Den Deutschen wurde wie den anderen das Selbstbestimmungsrecht zugestanden. In der beeindruckenden gemeinsamen Erklärung polnischer und deutscher Katholiken anläßlich des 50. Jahrestages des deutschen Angriffs auf Polen am 1. September 1939 findet sich die Essenz dessen, was den Geist des knapp zwei Jahre später abgeschlossenen polnisch-deutschen Nachbarschaftsvertrags ausmachte. Auch hier war davon die Rede, „daß die Völker Europas, auch das deutsche Volk, das von der Spaltung Europas besonders betroffen ist, das Recht auf Selbstbestimmung wahrnehmen können".[17] Zu den Unterzeichnern gehörten katholische Persönlichkeiten, die nach dem bei Unterzeichnung noch nicht vollzogenen Machtwechsel führende Positionen im Dienste Polens einnehmen sollten, wie Władysław Bartoszewski (seit 1990 Botschafter in Österreich), Andrzej Drawicz (nach 1989 zeitweise Fernsehchef), Kazimierz Dziewanowski (1990–93 Botschafter in den USA), Krzysztof Kozłowski (seit Juli 1990 Innenminister im Kabinett Mazowiecki), Marcin Król (Herausgeber der christlich-liberalen Zeitschrift „Res Publica"), Tadeusz Mazowiecki, Mieczysław Pszon (Beauftragter in den polnisch-deutschen Vertragsverhandlungen 1990/91), Janusz Reiter (Botschafter in der Bundesrepublik Deutschland 1990–95), Andrzej Szczypiorski, Jerzy Turowicz (Herausgeber des „Tygodnik Powszechny"), Wojciech Wieczorek (1990 letzter Botschafter in der DDR), Kazimierz Woycicki (1990–93 Chefredakteur der Tageszeitung „Życie Warszawy", Vorsitzender des Polnischen Verlegerverbandes).

Die ungeteilte Freiheit der Deutschen sollte auch den Polen den Weg in die Demokratie erleichtern und die „Rückkehr nach Europa" überhaupt erst bewerkstelligen. So hatte Premier Rakowski, der nicht die bürgerliche Demokratie in Polen einzuführen beabsichtigte, in seiner Regierungserklärung ein Jahr zuvor nicht argumentieren können.

Zu keinem Zeitpunkt wurde der sich ankündigende Paradigmenwechsel sinnfälliger als zwischen dem 9. und 14. November 1989. Die Koinzidenz des offiziellen, außergewöhnlich langen Polenbesuchs von Bundeskanzler Kohl und der Versöhnungsgeste der beiden Regierungschefs in Kreisau mit dem Fall der Mauer, die kurzfristig entschiedene Unterbrechung des Besuchsprogramms für einen Blitzbesuch in Berlin und die anschließende Unterzeichnung einer „Gemeinsamen Erklärung" mit 78 Punkten zum Verhältnis zwischen den beiden Staaten verdichteten die Anzeichen einer historischen Zeitenwende in der Mitte Europas.

Die plötzliche Öffnung der Mauer und der fast lautlose Zusammenbruch der DDR überraschte die neuen politischen Entscheidungsträger in Warschau aber doch. Natürlich wurde nicht Polen allein von der atemberaubenden Geschwindigkeit des Zusammenbruchs der sowjetischen Ordnung in Europa und des deutschen Vereinigungsprozesses geschockt. Den anderen Nachbarn Deutschlands und den Deutschen selbst erging es ähnlich. Polens neue außenpolitische Orientierung wurde jedoch weitaus stärker erschüttert, als dies bei den Außenministerien in Paris, Washington oder London der Fall war. Die westlichen Mächte agierten ungeachtet des Zusammenbruchs der Jalta-Ordnung in relativ stabilen Strukturen und mit etablierten Bürokratien. Die neue polnische Außenpolitik stand erst am Anfang ihrer Umsetzung in konkrete politische Schritte. Die

Verlautbarungen des Bundeskanzlers zur Oder-Neiße-Grenzfrage Ende 1989 und in den ersten Monaten des Jahres 1990 sowie der Umstand, daß die Frage der deutsch-polnischen Grenze und des Verhältnisses zu Polen in dem Zehn-Punkte-Programm zur Überwindung der Teilung Deutschlands in Europa vom 28. November 1989 völlig ausgespart wurde, führte nicht nur zu politischer Verstimmung bei der neuen polnischen Regierung, sondern auch zu einer zwar grundsätzlich zustimmenden, aber in der praktischen Politik retardierenden Haltung zum Prozeß der deutschen Einigung.[18]

Während seines Staatsbesuchs in Polen (2.–5. Mai 1990) konnte Bundespräsident Richard von Weizsäcker polnische Bedenken zerstreuen. Die gemeinsamen Resolutionen des Bundestages und der demokratisch gewählten Volkskammer zur Oder-Neiße-Grenze vom 21. Juni 1990 kamen zwar spät, nahmen aber inhaltlich bereits den Grenzvertrag vom 14. November 1990 vorweg und sendeten damit eindeutige Signale nach Polen.

In der Rückschau ließe sich bei einer Detailkritik der Außen- und Nachbarschaftspolitik der Bundesrepublik und Polens in den Monaten zwischen November 1989 und Mai 1990 mehr politisches Fingerspitzengefühl und (Selbst-)Vertrauen mit Blick auf den Nachbarn vorstellen. Offenbar waren Bonn und Warschau mehr Gefangene politischer Gewohnheiten und Denkstile der vergangenen Jahrzehnte, als sich die Akteure eingestehen wollten. Letztlich sind aber Deutsche wie Polen der politischen Situation gerecht geworden und haben die Gelegenheit für eine historische Wende genutzt.

Die spektakuläre Hinwendung Polens zum vereinigten Deutschland fand mitten im polnischen Präsidentschaftswahlkampf ihren vorläufigen Höhepunkt, als Premier Mazowiecki und Bundeskanzler Kohl kurzfristig ein Treffen in Frankfurt an der Oder und im polnischen Slubice, der ehemaligen Frankfurter Dammvorstadt, für den 8. November 1990 vereinbarten. In dessen Verlauf stellte die deutsche Seite die Visafreiheit für polnische Bürger in Aussicht. Das war ein Schritt nach vorn, der in seiner politischen (Stichwort „Rückkehr nach Europa") und psychologischen Bedeutung gar nicht überbewertet werden konnte. Polen wurde am 8. April 1991 das Tor nach Westeuropa geöffnet.

Die ebenfalls in Frankfurt bekundete Bereitschaft der Bundesregierung, den Grenzvertrag mit Polen noch vor der Paraphierung des noch auszuhandelnden Nachbarschafts- und Partnerschaftsvertrages zu unterzeichnen, bedeutete eine politische Geste gegenüber der polnischen Regierung. Warschau hatte ursprünglich darauf gedrängt, einen Grenzvertrag mit den beiden deutschen Staaten vor der Vereinigung abzuschließen, konnte in den 2+4(+1)-Verhandlungen in Paris (17. Juli 1990) dann erreichen, daß die Bundesrepublik und die DDR verpflichtet wurden, so bald wie möglich nach dem Vollzug der staatlichen Einheit einen Vertrag mit Polen über die Endgültigkeit der polnisch-deutschen Grenze abzuschließen.[19] Die angekündigte Vertragsunterzeichnung, die dem ursprünglichen Wunsch der Bundesregierung widersprach, Grenz- und Nachbarschaftsvertrag gemeinsam zu unterschreiben, stellte jedoch den von Bonn gewollten politischen Zusammenhang mit dem „großen Vertrag" nicht in Frage, denn beide Seiten stimmten darin überein, daß beide Verträge gleichzeitig parlamentarisch behandelt werden sollten. Die Bundesregierung konnte mit der am 14. November 1990 in Warschau erfolgten Unterzeichnung des Grenzvertrages schließlich auf der Pariser KSZE-Konferenz am 19. November den Vollzug der Verpflichtung melden, die die beiden deutschen Staaten vor der Vereinigung eingegangen waren.

3.5 Seit 1991: Zwischenbilanz nach dem Paradigmenwechsel

Mit dem deutsch-polnischen Grenzvertrag vom 14. November 1990[20] beabsichtigten die deutsche und die polnische Regierung, das Kapitel Grenzfrage zwischen Deutschen und Polen endgültig abzuschließen. Das Hauptziel der polnischen Außenpolitik nach 1945, die allseitige und endgültige Anerkennung der polnischen Westgrenze an Oder und Neiße, wurde gleichzeitig mit dem Fernziel der bundesdeutschen Außenpolitik seit 1949, der Wiedergewinnung der staatlichen „Einheit in Frieden und Freiheit", erreicht. Der große Entwurf zukünftiger deutsch-polnischer Beziehungen war dem „Vertrag über gute Nachbarschaft und freundschaftliche Zusammenarbeit" vom 17. Juni 1991[21] vorbehalten.

Die Bonner und die Warschauer Regierung hatten bereits mit der 78-Punkte-Erklärung vom 14. November 1989 den Rahmen für den Vertrag abgesteckt. Die Philosophie des deutsch-polnischen Nachbarschaftsvertrages sollte nach dem Willen der Politiker die historische Chance für eine wirkliche Verständigung, wenn möglich „politische Freundschaft", zwischen Deutschland und Polen in einer revolutionär veränderten europäischen Situation reflektieren und vorbildlich für Europa Felder der Zusammenarbeit erschließen, die vor dem „Völkerfrühling" des Jahres 1989 unvorstellbar waren.

Der Vertrag mußte aber im selben Maße die neuen Risiken und Gefahren ansprechen, die mit dem Zusammenbruch der alten Ordnung und der neuen unvermittelten Nachbarschaft des wohlhabenden und westlich verankerten Deutschlands mit dem zwar demokratischen, aber sozialökonomisch in einer kritischen Übergangssituation befindlichen und technologisch um Jahrzehnte zurückliegenden Polen auftauchten. Tatsächlich spiegelte der Vertragstext die weit über das Bilaterale hinausgehende europäische Funktion der Ausgestaltung der deutsch-polnischen Beziehungen wider, die beide Regierungen dem Vertragswerk zusprachen.

Der Vertrag vom 17. Juni 1991 ist das umfangreichste Vertragswerk mit den konkretesten Beschreibungen von Kooperationsfeldern in der Reihe der seit dem Ende der kommunistischen Herrschaft in Europa abgeschlossenen Freundschafts- und Nachbarschaftsverträge zwischen einem „ost"europäischen und einem „west"europäischen Land. Ihm wurde von polnischer Seite ausdrücklich der Vorbildcharakter für das polnisch-litauische Verhältnis zugesprochen. Die befriedigende Regelung für die deutsche Minderheit in Polen auf der Grundlage größtmöglicher Reziprozität (Art. 20–22) und die deutsche Fürsprecherrolle für die europäische Integration Polens (Art. 8) wurden von den Vertragspartnern besonders pointiert.

In den Ratifikationsdebatten des Bundestages und des Sejm – hier allerdings kontroverser – ist die europäische Bedeutung des polnisch-deutschen Vertrages und die Vorbildlichkeit der Lösungsansätze für bisherige Konfliktfelder hervorgehoben worden.

Ohne historisches Vorbild in der deutschen Politik war der Umstand, daß ein Ausgleich mit Polen, insbesondere eine deutsch-polnische Grenzregelung, von allen einflußreichen politischen Kräften im Parlament und in der Gesellschaft (Intellektuelle, Kirchen, Gewerkschaften u. a.) getragen wurde. Ein polnischer Völkerrechtler und Diplomat, der an den deutsch-polnischen Vertragsverhandlungen teilgenommen hatte, drückte es so aus: „Unter strategischem Gesichtspunkt hat das für die Beziehungen zwischen Polen und Deutschland fundamentale Bedeutung. Die Sicherheit und Stabilität in dieser grundlegenden Frage schafft völlig neue Möglichkeiten bei der Suche nach pragmatischen Lösungen dort, wo noch Probleme existieren."[22]

Als entscheidend für den behaupteten Paradigmenwechsel im polnisch-deutschen Verhältnis seit dem Systemwechsel in Mitteleuropa stellt sich die Philosophie des erkenntnisleitenden Interesses heraus. Das Modell des demokratischen Staates und der zivilen Gesellschaft ist der Plafond für Interessenwahrnehmung und Konfliktregelung, der die verantwortlich Handelnden in Polen und Deutschland *verbindet*. Dabei wird der eigene nationale und historisch-kulturelle Kontext des Perzipienten nicht verwischt. In der Vergangenheit aber galten die polnische und die deutsche Staatsräson und die Ideologien als unvereinbar, galt Deutschlands Schwäche als Polens Stärke. Heute macht vielen Polen ein innerlich nicht mehr so stabiles und prosperierendes Deutschland Sorgen – um Polens willen.

Mit den umwälzenden Ereignissen der Jahre 1989/90 haben sich natürlich nicht die Fragen eines, gemessen am Bruttosozialprodukt und weltpolitischen Einfluß kleinen Landes an ein großes Land verflüchtigt, das nun wieder souverän geworden ist, dessen Einheit entgegen polnischen Vorstellungen nicht mit einer neuen europäischen Sicherheitsarchitektur synchronisiert wurde, das umgeben ist von Ländern, deren Einfluß in den letzten Jahrzehnten ständig zurückgegangen ist, das zum europäischen Vorzugspartner der USA und Rußlands avanciert, das, obwohl es den Namen der alten Bundesrepublik trägt, mit ihr nicht mehr identisch ist, auf das schizophrene Erwartungen projiziert werden, denen es nicht gerecht werden kann.

War für die Beziehungen Polens zur alten Bundesrepublik und zur DDR in den 41 Jahren ihres Bestehens eine *negative* Instrumentalisierung konstitutiv gewesen, so ist es seit dem eingeforderten Paradigmenwechsel heute die *positive Instrumentalisierung* Deutschlands für die polnischen Interessen. In Deutschland war die propolnische Lobby in Politik und Einflußgruppen noch nie so stark wie am Beginn der neunziger Jahre. Die Stabilität und Westintegration Polens gelten als Stabilitätsanker für die östlicher gelegene, aber westlich bleibende Bundesrepublik.

Diese gegenseitige positive Instrumentalisierung im Rahmen eines kooperativen Politikverständnisses auf der Basis gemeinsamer normativer Grundsätze begründet die nicht exklusive deutsch-polnische Interessengemeinschaft in Europa.

Anmerkungen

[1] Vgl. R. Meyers, Die Theorie der internationalen Beziehungen im Zeichen der Postmoderne, in: WeltTrends, Nr. 1, September 1993, S. 51–79.
[2] H.-A. Jacobsen, Die Beziehungen zwischen der Bundesrepublik Deutschland und der Volksrepublik Polen 1949–1975: Aspekte aus deutscher Sicht, in: Die Beziehungen zwischen der Bundesrepublik Deutschland und der Volksrepublik Polen bis zur Konferenz über Sicherheit und Zusammenarbeit in Europa (Helsinki 1975), 19. deutsch-polnische Konferenz der Historiker vom 20. bis 25. Mai 1986 in Saarbrücken, Red. W. Jacobmeyer, Schriftenreihe des Georg-Eckert-Instituts für internationale Schulbuchforschung, Bd. 22/ X, Braunschweig 1987, S. 39–54, hier S. 54.
[3] Siehe auch M. Wilke, R. Gutsche, M. Kubina, Die SED-Führung und die Unterdrückung der polnischen Oppositionsbewegung 1980/81, Berichte des BIOst, 36/1994, Köln 1994.
[4] Näheres dazu im betreffenden Kapitel.
[5] Siehe K. Miszczak, Deklarationen und Realitäten, Die Beziehungen zwischen der Bundesrepublik Deutschland und der (Volks-)Republik Polen von der Unterzeichnung des Warschauer Vertrages bis zum Abkommen über gute Nachbarschaft und freundschaftliche Zusammenarbeit (1970–91), München 1993; J. Maćków, Die Entspannungspolitik der Bundesrepublik Deutschland gegenüber der Entwicklung in Polen in den siebziger und achtziger Jahren, in: Zeitschrift für Politik, 40. Jg., 4/1993, S. 372–392.
[6] Der junge Politikwissenschaftler D. Korger (Die Polenpolitik der deutschen Bundesregierung von 1982–1991, Bonn 1993) arbeitet nicht mehr im wissenschaftlichen Bereich.
[7] H. Schmidt, Die Deutschen und ihre Nachbarn, Menschen und Mächte II, Berlin 1990, S. 74.
[8] M. Wilke u. a., S. 32.

[9] Vgl. zuletzt noch W. Kalicki, Awantura o Rinnę, in: Gazeta Świąteczna, 2.-3. Juli 1994, S. 12–16.
[10] Siehe E. Schulz, P. Danylow, Bewegung in der deutschen Frage? Die ausländischen Besorgnisse über die Entwicklung in den beiden deutschen Staaten, 2. erw. Aufl., Bonn 1985, S. 54 ff.
[11] Siehe D. Bingen, Die Stellung Polens in der „sozialistischen Gemeinschaft", Berichte des BIOst, 28/1988, Köln 1988.
[12] Siehe „Frankfurter Allgemeine Zeitung", 7. Februar 1985.
[13] „Rzeczpospolita", 14. Oktober 1988.
[14] „Neues Deutschland", 6. Dezember 1988; „Rzeczpospolita", 6. Dezember 1988.
[15] Vgl. die Forderung nach einer gerechten historischen Bewertung seiner Person bei M. F. Rakowski, Trochę o kulturze politycznej, in: „Trybuna", 23./24. Juli 1994.
[16] M. F. Rakowski, Ostatnie spotkanie, in: „Polityka", Nr. 16, 18. April 1992.
[17] Dokumentation: Für Freiheit, Gerechtigkeit und Frieden in Europa, Eine Erklärung polnischer und deutscher Katholiken zum 1. September 1989, abgedruckt in: „Rheinischer Merkur-Christ und Welt", Nr. 32, 11. August 1989.
[18] Siehe M. Ludwig, Polen und die deutsche Frage, Mit einer Dokumentation, Bonn 1991.
[19] Siehe Jan Barcz, Udział Polski w konferencji „2+4", Aspekty prawne i proceduralne, Warszawa 1994, S. 63 ff.
[20] Vertrag zwischen der Bundesrepublik Deutschland und der Republik Polen über die Bestätigung der zwischen ihnen bestehenden Grenze, Bulletin, Presse- und Informationsamt der Bundesregierung, Nr. 134, 16. November 1990, S. 1394.
[21] Bulletin, Nr. 68, 18. Juni 1991, S. 541–546.
[22] J. Barcz, Niemcy – Polska: między szansą a wyzwaniem, in: Krajobraz po transformacji, Środowisko międzynarodowe Polski lat dziewięćdziesiątych, praca zbior. pod red. R. Kuźniara, Warszawa 1992, S. 62–73, hier S. 69.

Ausgewählte Literatur

Barcz, Jan, Udział Polski w konferencji „2+4", Aspekty prawne i proceduralne, Warszawa 1994.
Bingen, Dieter, Die Bonner Deutschlandpolitik 1969–1979 in der polnischen Publizistik, Frankfurt/Main 1982.
Ders., Deutsche und Polen – Paradigmenwechsel in Warschau (1985–1989), Berichte des BIOst, 31/1989, Köln 1989.
Ders., Deutschland und Polen in Europa: Probleme, Verträge und Perspektiven, Berichte des BIOst, 49/1991, Köln 1991.
Ders.; Janusz Józef Węc, Die Deutschlandpolitik Polens 1945–1991, Von der Status-quo-Orientierung bis zum Paradigmenwechsel, Kraków 1993.
Cziomer, Erhard, Historia Niemiec 1945–1991, Zarys rozwoju problemu niemieckiego od podziału do jedności, Kraków 1992.
Garton Ash, Timothy, Im Namen Europas, Deutschland und der geteilte Kontinent, München 1993.
Jacobsen, Hans-Adolf; Mieczysław Tomala (Hrsg.), Bonn-Warschau 1945–1991, Die deutsch-polnischen Beziehungen, Analyse und Dokumentation, Köln 1992.
Kleßmann, Christoph, 1990 – Das Ende des Kalten Krieges, Deutschlands Vereinigung und die Anerkennung der polnischen Westgrenze, in: Nordost-Archiv NF, 1/1993.
Kobylińska, Ewa; Andreas Lawaty; Rüdiger Stephan (Hrsg.), Deutsche und Polen, 100 Schlüsselbegriffe, München 1992.
Koćwin, Lesław, Dekada przełomu, Stosunki polsko-niemieckie od czerwca 1989 do czerwca 1991, Dokumenty, materiały, komentarze, Wrocław 1992.

Korger, Dieter, Die Polenpolitik der deutschen Bundesregierung von 1982–1991, Bonn 1993.
Krzemiński, Adam, 1990 – Das Ende des Kalten Krieges, Deutschlands Vereinigung und die Anerkennung der polnischen Westgrenze, in: Nordost-Archiv NF, 1/1993.
Lipski, Jan Józef, Dwie ojczyzny – dwa patriotyzmy, in: Kultura (Paris), 10/1981.
Ludwig, Michael, Polen und die deutsche Frage, Mit einer Dokumentation, Bonn 1991.
Maćków, Jerzy, Die Entspannungspolitik der Bundesrepublik Deutschland gegenüber der Entwicklung in Polen in den siebziger und achtziger Jahren, in: Zeitschrift für Politik, 40. Jg., 4/1993.
Miszczak, Krzysztof, Deklarationen und Realitäten, Die Beziehungen zwischen der Bundesrepublik Deutschland und der (Volks-)Republik Polen von der Unterzeichnung des Warschauer Vertrages bis zum Abkommen über gute Nachbarschaft und freundschaftliche Zusammenarbeit (1970–91), München 1993.
Polacy wobec Niemców, Z dziejów kultury politycznej Polski 1945–1989, Praca zbior. pod red. Anny Wolff-Powęskiej, Poznań 1993.
Polska-Niemcy, Dobre sęsiedztwo i przyjaźna współpraca, Pod red. Jana Barcza i Mieczysława Tomali, Warszawa 1992.
Schulz, Eberhard; Peter Danylow, Bewegung in der deutschen Frage? Die ausländischen Besorgnisse über die Entwicklung in den beiden deutschen Staaten, 2. erw. Aufl., Bonn 1985.
Węc, Józef Janusz, FDP wobec polityki wschodniej RFN, Poznań 1990.
Wilke, Manfred; Reinhard Gutsche; Michael Kubina, Die SED-Führung und die Unterdrückung der polnischen Oppositionsbewegung 1980/81, Berichte des BIOst, 36/1994, Köln 1994.

Die kulturellen Beziehungen zwischen der Bundesrepublik Deutschland und Polen (1975–1991)

von Andreas Lawaty

Wie in der Zeit zuvor spielten sich die kulturellen Beziehungen zwischen Polen und Deutschen auch in den Jahren 1975–1991 in einem eigentümlichen Dreieck von Kultur, Politik und Geschichte ab. Allerdings war die Verteilung der Gewichte nunmehr anders. Genauer, in diesen 15 Jahren wurden die Gewichte mit einer neuen, bisher kaum vorstellbaren Dynamik verschoben.[1] Es mag hilfreich sein, zuerst das Ergebnis dieses Prozesses festzuhalten.

Waren die Kulturbeziehungen zunächst mit politischen Aufgaben und Rücksichtnahmen befrachtet, so wurden sie infolge der politischen Emanzipation und der vertraglichen Regelung des (gesamt)deutsch-polnischen Verhältnisses selbst von politischer Inanspruchnahme weitgehend befreit.[2] Die neugewonnene Freiheit mußte jedoch zunächst mit dem Verlust wirtschaftlicher Sicherheiten bezahlt werden. Am Ende dieser Epoche stehen weniger die politischen als die wirtschaftlichen Rahmenbedingungen des kulturellen Lebens überhaupt und der deutsch-polnischen Kulturbeziehungen im Mittelpunkt, für die allerdings die Politik auf allen Ebenen – von Europa bis hin zu den Kommunen – eine wesentliche Mitverantwortung trägt. Nicht die Steuerung und Kontrolle des kulturellen Dialogs, sondern die Förderung und Ermöglichung desselben ist die (eigennützige) Aufgabe einer Politik von Staaten, die eine gemeinsame strukturelle Basis für die nachbarschaftlichen Beziehungen suchen.[3] Die Kultur aber ist bemerkenswerterweise sowohl in Polen und Ostdeutschland als auch in der alten Bundesrepublik selbst dabei zu lernen, wie man sich auch aus nichtöffentlichen, privaten Quellen seine materielle Existenz sichern kann.

Zugleich ließ in den Kulturbeziehungen auch der Druck der Geschichte nach, obgleich er allein durch die Umstände der Vereinigung Deutschlands wieder aufzuleben schien. In Deutschland endete die auf Dauer ungesunde Spannung zwischen Realität und Anspruch in bezug auf die Folgen des Zweiten Weltkrieges, d. h. die Doppelgleisigkeit zwischen dem Versöhnungsdruck des schlechten Gewissens und den Rückgabeforderungen des guten Gewissens. Selbst die Verhandlungen über die Rückgabe einiger in polnischem Besitz befindlicher deutscher Kulturgüter (beispielsweise der während des Krieges in der Krakauer Jagiellonen-Bibliothek deponierten Handschriften) werden nicht nur in Kategorien der historischen Gerechtigkeit geführt. In Polen wiederum hat die „deutsche Gefahr", die politisch geschickt am Leben erhalten wurde, bereits in den 70er und 80er Jahren nicht mehr oder immer seltener die erwünschte Wirkung gezeigt.[4] Gerade in der Kultur wurde ein hoher Grad an geistiger Unabhängigkeit auch in politischen Fragen erreicht. Die selbstkritische Wahrnehmung der deutsch-polnischen Beziehungsgeschichte und der geistigen Lage der Nation kann am Beispiel der Schrift „Zwei Vaterländer – zwei Patriotismen" (1981) von Jan Józef Lipski[5] gesehen werden, der das gute Gewissen und das selektive Gedächtnis im polnischen nationalen Bewußtsein auch gegenüber den Deutschen bemängelt hatte. Er handelte sich damit moralisierende und höchstoffizielle Rügen ein. Im Jahr der deutschen Einheit 1990 konnte die polnische Literaturzeitschrift „Twórczość" jedoch bereits ohne politischen Gegendruck gerade aus der Geschichte heraus Perspektiven für eine deutsch-polnische kulturelle Nachbarschaft entwickeln: „Die Einwohner von Gorzów Wielkopolski [Landsberg]" – heißt es dort – „werden nichts verlieren, wenn sie sich bewußt machen, daß in ihrer Stadt einst der bedeutende Theologe und Philosoph Schleiermacher lebte, daß Gottfried Benn dort war und Christa Wolff dort geboren wurde. [...] Die Danziger haben davon nur profitiert, daß sie sich mit der literarischen Geschichte abgefunden haben, die Grass ihnen in seiner Trilogie zum Geschenk gemacht hat. Und die Geschichte geht weiter, und es wäre besser, wenn wir, Polen und Deutsche, sie in der Kultur miteinander und nicht gegeneinander fortschreiben würden."[6]

Die Kulturbeziehungen zwischen der Bundesrepublik Deutschland und Polen hatten seit 1976 einen offiziellen Rahmen, und zwar in Form eines zwischen beiden Staaten geschlossenen Kulturabkommens. Der Vertrag war polnischerseits mehr die Folge der im sogenannten dritten Korb der KSZE-Schlußakte von Helsinki getroffenen Vereinbarungen als etwa der Ausdruck des Willens zur gegenseitigen kulturellen Öffnung. Auch die deutsche Seite fürchtete als Folge davon eher mehr Regulierung als Förderung. In dem Abkommen wurde recht allgemein der Wille zur Fortsetzung, Förderung, Unterstützung und Erleichterung des kulturellen Austausches festgeschrieben; konkret sah es die Bildung einer Gemischten Kommission (auf ministerieller und behördlicher Ebene) vor, die alle zwei Jahre ein Durchführungsprogramm auszuarbeiten hatte.[7] Zu kulturpolitischen Konsultationen zwischen beiden Außenministerien kam es aber erst 1983/84.[8]

Die Auswertung der Protokolle dieser Begegnungen steht noch aus. Man wird eher annehmen müssen, daß die Verhandlungen der Kommission doch verschiedene Funktionen hatten: Sie dienten der diplomatischen Erkundung von politischen Grenzen, die dem gegenseitigen kulturellen Austausch gesetzt wurden. Angesichts kulturpolitischer Systemunterschiede zwischen der Volksrepublik Polen und der Bundesrepublik vermochten die Verhandlungen vielleicht, die Durchführung verschiedener Vorhaben abzusichern, ohne freilich das deutsche kulturelle Engagement in Polen und den deutschen Kontakt zur polnischen, um ihre Unabhängigkeit ringenden Kultur von der behördlichen Kontrolle zu befreien. Der deutschen Seite blieb nicht mehr übrig, als polnische finanzielle Forderungen an politische Bedingungen zu knüpfen.

In der Erinnerung des maßgeblich beteiligten Leiters der Kulturabteilung im Auswärtigen Amt, Barthold C. Witte, hat die offizielle Seite der Kulturkontakte nicht einmal die Funktion eines Krisenmanagements erfüllt. „Ein Kulturabkommen zwischen Warschau und Bonn", schreibt Witte 1993, „kam erst 1976 zustande und blieb dann weitgehend auf dem Vertragspapier stehen, weil die polnische Seite alle möglichen Hindernisse aufbaute, vor allem die Grenzfrage und die von ihr abgelehnte Einbeziehung West-Berlins in den Austausch." Die polnischen Kommunisten hätten, „bis auf wenige Ausnahmen, die kulturellen Botschaften aus einem freien Lande wie der Teufel das Weihwasser gefürchtet. Darum war ihnen das Berlin-Problem als ‚Bremse' überaus gelegen."[9]

Aus der Perspektive der polnischen kommunistischen Regierung war jeder spontane Kulturkontakt deutscherseits der Bestandteil einer ideologischen Infiltration, die es durch behördliche Kontrolle zu unterbinden galt. Noch 1988 hieß es als Erfolgsmeldung in einer Veröffentlichung des Posener Westinstituts, die polnische Seite habe konsequent deutsche „private Initiativen" abgelehnt und sie „in behördliche Bahnen gelenkt, was im Ergebnis zu einer praktisch vollständigen staatlichen Kontrolle der kulturellen Zusammenarbeit mit der BRD und zur Eliminierung der von der westdeutschen Seite lancierten Spontanität" im Kulturaustausch geführt habe.[10] Kultur war Bestandteil der „ideologischen Sphäre" und nahm damit an dem „intersystemaren Wettkampf im Weltmaßstab" teil.[11] Der strukturelle Unterschied zwischen der zentralistischen Kulturpolitik in Polen und dem föderalistischen, dezentral organisierten „Kulturmarkt" in der Bundesrepublik, vielfach für das Ungleichgewicht im deutsch-polnischen Kulturaustausch verantwortlich gemacht, hat die praktische Umsetzung des ideologischen Grundkonflikts erleichtert: Die polnische Kultur konnte nach marktwirtschaftlichen Prinzipien in die Bundesrepublik exportiert werden (was freilich lokale politische Hindernisse gegen den Import nicht ausschloß), während zugleich sowohl die Wirkung der westdeutschen auswärtigen Kulturpolitik wie auch jede private Initiative durch zentrale Kontrolle in Polen inhaltlich entschärft und quantitativ begrenzt werden konnte.

Erst die politische Wende in Polen *und* die Auflösung des deutschen Konkurrenzstaates, der DDR, haben den deutsch-polnischen Kulturbeziehungen nicht nur formal und politisch eine neue Grundlage verliehen, sondern ihnen auch inhaltlich zu neuer Qualität verholfen. Kultur als ideologische Waffe, als Verteidigungsinstrument und als Nische hat ausgedient. Im deutsch-polnischen Verhältnis ist sie trotzdem nicht zum Selbstzweck geworden. Sie kann, wenn sie will, der Kommunikation zwischen zwei nationalen Gesellschaften dienen. Sie kann, wenn sie will, soziale und psychologische Befindlichkeiten vermitteln, durch ihre Leistung Respekt und Zuneigung wecken. Sie kann durch Distanz, Ironie und Phantasie die „Unterhaltung", die man gestelzter auch „interkulturellen Dialog" nennen könnte, zum ästhetischen Erlebnis machen.

Der hohe Rang, der den Kulturbeziehungen zwischen beiden Völkern auch nach der politischen Wende in Europa beigemessen wurde, ist in dem deutsch-polnischen Vertrag über gute Nachbarschaft vom 17. Juni 1991 deutlich geworden. Darin widmete man dem Kultur- und Wissenschaftsaustausch mehrere Abschnitte, mit dem Ziel, „damit zur europäischen kulturellen Identität beizutragen" (Artikel 23)[12]. Auch im Verfahren wurde ein Konsens nach „westlichem" Maßstab gefunden: Die Vertragsparteien haben sich dazu verpflichtet, „insbesondere die Zusammenarbeit zwischen Vereinigungen von Künstlern, kulturellen Institutionen und Organisationen [zu] unterstützen sowie die direkten Kontakte zwischen deutschen und polnischen Künstlern [zu] fördern" (Artikel 23). Der Staat sollte jeweils als Förderer, nicht mehr als Kontrolleur oder Lenker auftreten; er selbst hat für die Verbesserung der „Infrastruktur" der kulturellen Kommunikation die Verantwortung übernommen. Zum ersten Mal schloß man die deutsche Minderheit in Polen und die in Deutschland lebenden Polen auch mit ihren kulturellen Bedürfnissen in die deutsch-polnischen Beziehungen mit ein (Artikel 20–21) und stellte ebenso die Kulturzeugnisse der Nachbarnation auf eigenem Territorium unter Schutz.

Nimmt man die Daten der beiden genannten Verträge – 1976 und 1991 – als chronologische Eckpunkte, so ergeben sich dazwischen drei *Phasen der Kulturbeziehungen*, die sich ebenfalls an zentralen politischen Ereignissen, nämlich der Verhängung des Kriegsrechts in Polen am 13. Dezember 1981 und dem Systemzusammenbruch im Jahre 1989, orientieren: 1. 1976–1981; 2. 1982–1989; 3. 1989–1991.

1. Die 70er Jahre mit ihren Polenwochen, Kunst-, Film-, Musik- und Theaterveranstaltungen, v. a. in der Bundesrepublik, waren von der „traditionellen" Rhetorik der Normalisierung der Beziehungen getragen. Dabei stagnierte der Kulturaustausch seit Mitte der 70er Jahre eher, als daß er etwa durch das Kulturabkommen an Intensität gewonnen hätte. Die Präsenz der bundesdeutschen Kultur in Polen wurde noch strengeren Kontrollen unterworfen, zugleich verlor das polnische Angebot auf dem bundesdeutschen Kulturmarkt ein wenig die Anziehungskraft des Neuen. Das Phänomen der Solidarność förderte zunächst mehr das politische Interesse als den Kulturaustausch.

2. Die Jahre zwischen 1982 und 1989 waren nach der Überwindung des ersten Schocks infolge der Ausrufung des Kriegsrechts deutscherseits von der Bemühung geprägt, die Kulturkontakte gerade angesichts des neuen politischen Grabens neu zu bele-

ben. Man mußte dabei mit der polnischen Kulturbürokratie einerseits und dem größtenteils oppositionellen Kulturbetrieb andererseits zurechtkommen. Die persönlichen und institutionellen Verbindungen aus der Zeit vor dem Kriegsrecht, unabhängig davon, auf welcher Seite die Partner danach standen, waren wohl ausschlaggebend dafür, in welcher Form und mit wem sich die Wiederaufnahme des kulturellen Austausches gestaltete. Dies ist von den betroffenen Künstlern in Polen nicht immer mit Verständnis aufgenommen worden. In den 80er Jahren nahm jedenfalls die Intensität der Kulturkontakte, insbesondere der „Import" der polnischen Kultur in die Bundesrepublik, stark zu, was auch durch das Solidaritätsgefühl für den Freiheitskampf der Polen motiviert war. Aus den Reihen der neuen Emigration kamen Versuche hinzu, sich kulturell unter Einbeziehung des deutschen Umfelds zu betätigen: Dazu gehören beispielsweise die Zeitschrift „Archipelag" (1983–1987) in Berlin oder das Theater „Scena Polska" in Hamburg (gegründet 1984)[13].

3. Der Beginn der dritten Phase wurde von den 1. Kulturtagen der Bundesrepublik Deutschland in Polen eingerahmt, die im Oktober 1988 noch nach alter Zeitrechnung stattfanden[14], und von der Woche der Polnischen Kultur und Wissenschaft in der Bundesrepublik, die im September und Oktober 1990 stattfand und damit bereits der neuen Zeitrechnung zuzuordnen ist. Doch nicht diese Großveranstaltungen, so wichtig und langerwartet sie auch waren, haben der neuen Phase das Gepräge gegeben, eher war es die Struktur- und Sinnkrise der Kultur vor allem in Polen, infolge des Systemwechsels und der Wirtschaftskrise, aber auch in der Bundesrepublik, die die deutsche Einheit erst zu verkraften hatte. Nunmehr ging der politische Bonus, den die polnische Kultur in der Bundesrepublik v. a. in den 80er Jahren gehabt hatte, verloren. An dessen Stelle trat der europäische Bonus, der allerdings erst noch genutzt werden will.

Die Kulturbeziehungen in den 70er und 80er Jahren waren zum großen Teil die Folge von Aktivitäten außerhalb der offiziellen Kulturpolitik, kamen aber im Alltag aufs engste mit den politisch und behördlich gesetzten Grenzen in Berührung. Zugleich wuchs auch die Zahl von Institutionen, gesellschaftlichen Einrichtungen und vertraglichen Regelungen, die sich der Pflege und der Intensivierung dieser Beziehungen zuwandten. Dabei fehlten in dieser Zeit just diese Einrichtungen, die sich traditionell der kulturellen Vermittlung vor Ort annahmen, nämlich die polnischen und deutschen Kulturinstitute im jeweiligen Nachbarland. Die Ansiedlung eines Goethe-Instituts in Polen scheiterte nicht zuletzt an dem Alleinvertretungsanspruch, den die DDR für die deutsche Kultur in Polen geltend machte, die Ansiedlung eines polnischen Kulturinstituts in der Bundesrepublik an dem Prinzip der Reziprozität und wahrscheinlich auch an der Finanzierbarkeit eines solchen Vorhabens.

Im folgenden wird nur auf einige Ebenen der „organisierten" kulturellen Begegnung hingewiesen, um den Rahmen abzustecken. Dabei fällt der Blick zuerst auf Einrichtungen wie die deutsch-polnischen *Städtepartnerschaften*, die zwar nicht primär einem kulturellen Austausch dienten, aber zu einem besonderen Engagement führten. Dieses Engagement resultierte einmal daraus, daß man die Bedeutung der Kultur für eine tiefgreifende deutsch-polnische Verständigung erkannte, und zum anderen aus der Tatsache, daß andere Bereiche wie kommunale Verwaltung und gesellschaftliche Organisation noch stärker systembedingt waren als die Kultur und dadurch – abgesehen von der Zusammenarbeit in den Bereichen Städteplanung, Denkmalpflege, Abfallwirtschaft oder Umweltschutz – weniger Betätigungsmöglichkeiten darboten und weniger publikumswirksam waren.

Die erste Städtepartnerschaft wurde 1976 zwischen Bremen und Danzig geschlossen. In den siebziger Jahren folgten drei weitere (Göttingen/Thorn 1978, Hannover/Posen

1979, Nürnberg/Krakau 1979). Zwischen 1985 und 1988 kamen noch fünf Partnerschaften hinzu (Kiel/Gdingen, Wiesbaden/Breslau, Darmstadt/Płock, Flensburg/Stolp, Stuttgart/Lodz). Zum Vergleich: 1992 waren es, einschließlich der ostdeutschen, bereits über 100 Städtepartnerschaften. Wenn man allerdings diese Zahl den rund 1 400 deutsch-französischen Städtepartnerschaften gegenüberstellt, wird einem die west-osteuropäische Relativität aller Aussagen bewußt, aber immerhin.

In der Regel gingen zahlreiche kulturelle Veranstaltungen und andere Begegnungen den Bemühungen der Städte um eine vertraglich geregelte Partnerschaft voraus. Abgesehen davon ist die besondere Bedeutung der Stadt für den Kulturaustausch nicht unbedingt an eine formale Partnerschaft gebunden. Die Städtepartnerschaften waren also sowohl die Folge kultureller Beziehungen, als auch der Motor und das organisatorische sowie materielle Rückgrat für weitere offizielle und inoffizielle Kulturveranstaltungen. Der Kulturaustausch in Bereichen wie Musik, Theater, Film, bildende Künste eroberte in der Tat oft einen so prominenten Platz in den Programmen der Städtepartnerschaften, daß vor allem polnischerseits gelegentlich der Wunsch geäußert wurde, stärker auch andere Bereiche wie Wirtschaft und Technologietransfer einzubeziehen. Diese Asymmetrie des kommunalen Interesses in Polen und der Bundesrepublik wirkte sich auf den Fluß des kulturellen Austausches jedoch weniger aus als die bürokratischen Hürden und die kommunalpolitische Unselbständigkeit der polnischen Städte sowie die unterschiedliche Beschaffenheit des Kulturmarktes in Polen und der Bundesrepublik: Der deutsche Markt war für den polnischen Künstler flexibler, durchlässiger, kulturell vertrauter, in Sachen Prestige und Finanzen attraktiver als der polnische Markt für den deutschen Künstler.

Neben den zahlreichen polnischen Kulturtagen und -wochen in deutschen Städten (bei relativ wenigen westdeutschen Kulturtagen in Polen) sowie den noch zahlreicheren Einzelveranstaltungen haben sich, was von besonderer Bedeutung ist, traditionelle Schwerpunkte entwickelt, sind Bindungen zwischen einzelnen Institutionen und Kooperationsverträge entstanden, so beispielsweise die Theaterkontakte zwischen Göttingen und Thorn oder zwischen Hannover und Posen.

Im Kontext der Städte können auch die Aktivitäten der *Deutsch-Polnischen Gesellschaften* gesehen werden, die in der politischen Bildung und im Kulturaustausch den besten Weg zur Verständigung mit Polen sahen. Es wäre müßig, alle Ausstellungen, Konzerte, Vorträge, Polentage, gelegentlich auch Publikationen usw. hier aufzuzählen, die diese Gesellschaften selbst oder mitorganisiert haben. Wenn man von den 1950 gegründeten Düsseldorfer und Ostberliner Gesellschaften absieht, waren es alles Gründungen der 70er und 80er Jahre (1988 über 20 Gesellschaften), die sich teilweise 1986 zu einer Arbeitsgemeinschaft Deutsch-Polnische Verständigung e. V. zusammengetan haben und seit 1987 die Zeitschrift „Dialog. Magazin für Deutsch-Polnische Verständigung" herausgeben. Ihnen stehen erst seit Ende der 80er Jahre auch Polnisch-Deutsche Gesellschaften gegenüber, die ein ähnliches Profil entwickeln. Seit 1992 werden von ihnen gemeinsam auch jährliche Kongresse unter dem Motto „Deutsche und Polen gemeinsam in Europa" veranstaltet.

Albrecht Lempp faßt zusammen: „Für den deutsch-polnischen Kulturaustausch liegt die Bedeutung all dieser Gesellschaften wohl vor allem darin, daß sie durch ihr Engagement im Kleinen eine Basis der Verständigung unterhalb der Ebene offizieller Abkommen schaffen und Interessierten vor Ort eine Anlauf- und Auskunftsstelle sind. Durch ihre Kontakte untereinander bietet sich Künstlern aus Polen hier ein Vermittlungsnetz für Auftritte. Doch auch in diesem Fall ist die Nachfrage in der Regel größer als die finanziellen und personellen Möglichkeiten der Gesellschaften. Die Stärke der DPGs ist gleichzeitig auch deren Schwäche: Ihre Leistungen hängen vom Engagement einzelner ab."[15]

Die verschiedenen Initiativen von Personen und Gruppen bedurften hin und wieder auch einer kompetenten institutionellen Unterstützung. Da es an Kulturinstituten mangelte, erfüllten oft die *Botschaften* die benötigten Hilfeleistungen. Nun war insbesondere in den 80er Jahren die Botschaft der VR Polen nicht die zuverlässigste Adresse, wenn es darum ging, unabhängige Künstler oder Referenten vermittelt zu bekommen. Dagegen haben sich die Botschaft der Bundesrepublik in Warschau und deren Mitarbeiter (oft sogar privat) darum bemüht, z. B. solche Informationsmaterialien, Filme, Bücher etc. zur Verfügung zu stellen, die nicht frei zugänglich waren, oder kulturelle Kontakte zu vermitteln.[16] In den 80er Jahren richtete die Botschaft sogar regelmäßig bundesdeutsche Filmfestspiele in Polen aus, die nicht nur in Warschau, sondern auch in Lodz, Kielce oder in Krakau und Białystok stattfanden und zur Linderung der Isolation Polens in dieser Zeit beitrugen. So konnten beispielsweise dank einer von der Botschaft zur Verfügung gestellten Kopie etwa 100 000 Besucher Volker Schlöndorffs im Kino nicht gezeigten Film „Die Blechtrommel" auf Sondervorstellungen in den Filmklubs sehen.[17]

Auf Umwegen, über Einladungen zu Studienreisen, Sprachkursen, über Bücherspenden, über den Filmverleih und über andere Förderungsmöglichkeiten haben auch Institutionen wie das *Goethe-Institut*[18] oder *Inter Nationes* nach Polen hineingewirkt, lange bevor im Herbst 1990 das erste Goethe-Institut in Warschau und bald darauf das zweite in Krakau gegründet werden konnte. Inzwischen sind diese Institute eine wichtige Stätte des Dialogs geworden, da ihre Arbeit weit über den Deutschunterricht hinausgeht und neben der Präsentation deutscher Kultur auch die „heißen" deutsch-polnischen Themen (z. B. die Erfahrung der Vertreibung) anpackt. Umgekehrt setzten polnische Kulturinstitute in Leipzig und Ost-Berlin unter neuer Leitung und mit neuen, anspruchsvollen individuellen Konzepten ihre Arbeit im vereinten Deutschland fort; hinzu kam 1993 ein neues polnisches Kulturinstitut in Düsseldorf.

Seit Mitte der 70er Jahre hat sich die *Robert Bosch Stiftung* neben den deutsch-französischen auch den deutsch-polnischen Beziehungen zugewandt. Aus Eigeninitiative übernahm sie teilweise Aufgaben, die die politisch bedingten Lücken in der institutionellen Infrastruktur der Kulturbeziehungen schließen sollten, ging in ihren Programmen aber auch weit darüber hinaus. „Das kommunistische Polen konnte sich nicht erklären, warum eine deutsche Industriestiftung sich den Aussöhnungsgedanken mit Polen zur Aufgabe gemacht hat"[19], als private Einrichtung hatte die Stiftung aber wahrscheinlich bessere Chancen, sich für den kulturellen und geistigen Austausch einzusetzen. Sie förderte die deutsch-polnischen Beziehungen bis 1992 mit ca. 30 Mio. DM, und dies in sehr verschiedenen Bereichen: An den Fortbildungskursen für polnische Deutschlehrer und Lektoren beispielsweise nahmen jährlich ca. 100 Personen teil, die auch danach mit Literatur und anderen Lehrmitteln versorgt wurden. Die Stiftung unterstützte die polnische Germanistik an den Universitäten, organisierte Studienreisen in die Bundesrepublik im wissenschaftlichen, technischen und kulturellen Bereich und engagierte sich mit hohen Summen im deutsch-polnischen Jugendaustausch.[20] Auch sonst war und ist sie eine wichtige Adresse gerade für unkonventionelle Projekte im Bereich der deutsch-polnischen Kulturbeziehungen, sofern die Vorhaben sich nicht auf rein künstlerische Veranstaltungen konzentrieren. Zu den wichtigen langfristigen Projekten gehörte die Entwicklung eines polonistischen Zentrums an der Universität Mainz. Es begann 1982 mit der Einrichtung des sogenannten Schwerpunkts Polen, einer polnischen Gastprofessur, die jedes Semester in einer anderen Fachrichtung besetzt wird. Die Finanzierung der Gastprofessur wurde 1986 vom Land Rheinland-Pfalz übernommen, die Stiftung fördert aber weiterhin Polnischkurse, Exkursionen und Publikationen im Rahmen des Schwerpunkts.

Von dieser für die 80er Jahre einmaligen Förderung profitierte auch die Einrichtung, die 1980 mit dem expliziten Auftrag gegründet wurde, „durch wissenschaftliche Arbeit zur Vertiefung der Kenntnis des Kultur- und Geisteslebens von Polen und Deutschen beizutragen", das *Deutsche Polen-Institut* in Darmstadt. Das Institut, aus Mitteln der Kultusministerien finanziert, von der Stadt Darmstadt beherbergt und vom Auswärtigen Amt und Stiftungen in konkreten Projekten gefördert, war ein Ausdruck deutscher auswärtiger Kulturpolitik mit „innenpolitischen" Mitteln. Es sollte der Vermittlung polnischer Kultur in der Bundesrepublik dienen und damit eine Kommunikationsbrücke nach Polen bauen. Der Gründer und Leiter des Instituts, Karl Dedecius, setzte mit dem Institut das Prinzip einer „pragmatischen Polonistik" um, das mit künstlerischen und wissenschaftlichen Mitteln den Bedürfnissen der Kulturvermittlung dienen sollte. Sein Engagement als Übersetzer und Mittler zwischen beiden Kulturen ist 1990 mit dem Friedenspreis des Deutschen Buchhandels honoriert worden. Das Institut wurde zu einem Informations- und Begegnungszentrum für Schriftsteller, Übersetzer, Verleger, Publizisten und Wissenschaftler, für Veranstalter und Kulturmanager aus Polen und Deutschland (soweit möglich, die DDR nicht ausgenommen), die in irgendeiner Form an der Gestaltung der Beziehungen beteiligt waren. Studienreisen für polnische Übersetzer, Lektoren und Publizisten, Informationsseminare für Städtepartnerschaften, Buchausstellungen, Dichterlesungen oder die Verleihung eines Übersetzerpreises der Robert Bosch Stiftung stellen nur einen Aspekt der Tätigkeit dar. Im Mittelpunkt steht ein Publikationsprogramm mit drei Schwerpunkten: 1. Literarische Übersetzung aus dem Polnischen, an erster Stelle die auf 50 Bände konzipierte Reihe Polnische Bibliothek, die einen systematisierten, kommentierten Einblick in die polnische Literatur vom Mittelalter bis heute verschaffen soll; 2. Dokumentation zu deutsch-polnischen Kulturbeziehungen, beispielsweise auch Bibliographien von Übersetzungen (begleitet von einer Fachbibliothek und einem Pressearchiv); 3. Forschungen zum deutsch-polnischen Kulturdialog (begleitet von Tagungen). Alle drei Bereiche sind in dem seit 1989 erscheinenden Jahrbuch des Instituts „Deutsch-polnische Ansichten zur Literatur und Kultur" vertreten.[21]

Dem Prinzip einer „pragmatischen Polonistik" entspricht gewissermaßen die von der *Gemeinsamen Deutsch-Polnischen Schulbuchkommission* seit 1972 betriebene „pragmatische Geschichtswissenschaft". Auf dem Wege einer deutsch-polnischen fachlichen Verständigung *über* die gemeinsame Geschichte und eines praktischen Einsatzes dieser Erkenntnisse im Schulbuch trägt sie zu einer deutsch-polnischen Verständigung der jungen Generationen *durch* die Geschichte bei. Wie notwendig diese Aufgabe war, zeigt allein schon die heftige Debatte, die die 1974 veröffentlichten Empfehlungen für Schulbücher zunächst in der Bundesrepublik, später auch in Polen ausgelöst haben. Die Schulbuchkonferenzen können wohl selbst als Teil eines deutsch-polnischen, freilich durch politische Zwänge überschatteten Kulturdialogs betrachtet werden, aus dem sich erst allmählich ein Dialog über Forschungsmethoden und -schulen herauskristallisierte.[22]

Wie auch immer man den Kulturbegriff definiert, er besteht aus einer Vielzahl von Ausdrucks- und Kommunikationsformen sowie von (beruflichen) Spezialisierungen, die jeweils ein Eigenleben führen. Daß es neben den allgemeinen Rahmenbedingungen der deutsch-polnischen Kulturbeziehungen auch sozusagen spartenimmanente Entwicklungen gab, zeigt sich nicht zuletzt in der Art und Weise, wie jede Branche die an sie gerichteten Erwartungen erfüllte oder die ihr gegebenen Spielräume im deutsch-polnischen Austausch zu nutzen verstand.

Der Beitrag, den die *Wissenschaft*, die Wissenschaftler und wissenschaftliche Einrichtungen zur kulturellen Annäherung beider Völker leisteten, ist kaum zu überschätzen. Unter den Wissenschaftlern besteht, in den Worten von Aleksander Gieysztor, „das Zugehörigkeitsgefühl zur intellektuellen Ökumene".[23] Freilich war das ökumenische Bewußtsein in den Gesellschafts- und Humanwissenschaften, insbesondere in der Geschichtsschreibung, nur mit größerer Anstrengung zu erreichen als etwa in den Naturwissenschaften. Der Wissensdrang und die „Reiselust" der Wissenschaftler haben aber in der Bundesrepublik und in Polen zahlreiche Orte der deutsch-polnischen wissenschaftlichen Kooperation entstehen lassen.

Allein die Humboldt-Stiftung hatte fast 2 000 polnische Stipendiaten zu Gast. Kamen in den 60er Jahren kaum 10 Stipendiaten jährlich nach Deutschland, so waren es in den 70er Jahren schon über 70 und in den 80er Jahren sogar über 100.[24] Dazu kamen zahlreiche Stipendiaten anderer Stiftungen: des DAAD, aber auch der Friedrich-Ebert-Stiftung, der Konrad-Adenauer-Stiftung oder der Robert Bosch Stiftung.

Beeindruckend ist auch das Tempo, in dem die Kooperation zwischen bundesdeutschen und polnischen Hochschulen seit Ende der 80er Jahre zugenommen hat. Nach den ersten Verträgen Mitte der 70er Jahre (1980 waren es ca. 15) gab es 1987 knapp 70 Partnerschaftsabkommen; 1993 waren es bereits gut über 200 allein in den westlichen Bundesländern.[25] Dabei erschöpft sich die Zusammenarbeit zwischen den Hochschulen keineswegs in vertraglich geregelten Kontakten. Hier entsteht ein dichtes Netz wissenschaftlicher Kooperation, von dem man nur hoffen kann, daß es nicht reißt.

Ein eigenes Netz der Zusammenarbeit entstand unter den Polonisten (im weiten Sinne der Polenforschung) in der Bundesrepublik und den Germanisten (im weiten Sinne der Deutschlandforschung[26]) in Polen mit dem jeweiligen Nachbarland. Allerdings war das Gewicht der polnischen (literatur- und sprachwissenschaftlichen) Germanistik, die Mitte der 80er Jahre an neun Universitäten und zwei Pädagogischen Hochschulen vertreten war (inzwischen, seit 1989, um viele Sprachkollegs vermehrt), mit der bundesdeutschen Polonistik nicht zu vergleichen, die nur als kleines Fach im Rahmen der Slawistik betrieben wird.[27] Das hatte traditionelle Gründe, die schon an der Rolle, die die deutsche Sprache in Ostmitteleuropa spielt, abgelesen werden können. Immerhin gab es gerade in den 80er Jahren auch in der Bundesrepublik Bemühungen, die (literaturwissenschaftliche) Polonistik zu stärken, beispielsweise die Einrichtung des Mainzer Polonicums (1979) als eines ergänzenden Studiums der polnischen Sprache und Landeskunde und des ersten polonistischen Lehrstuhls in Mainz (1989). Im Hinblick auf die Polenforschung dürfen auch andere Einrichtungen nicht übersehen werden, darunter beispielsweise die Forschungsstelle Osteuropa in Bremen (gegründet 1982), die Historische Kommission zu Berlin (mit einer Sektion zur Geschichte der deutsch-polnischen Beziehungen) oder das Bundesinstitut für ostwissenschaftliche und internationale Studien in Köln.[28]

Wissenschaftliche Zusammenarbeit beginnt schon bei den Studenten. Der Austausch von Studenten gestaltete sich jedoch schwieriger als der von Wissenschaftlern. Dennoch gab es studentische Initiativen, wie die 1985 in Berlin gegründete Arbeitsgemeinschaft für Kulturforschung und -austausch, die zahlreiche deutsch-polnische studentische Begegnungen und Seminare zu verschiedenen Themen organisiert hat.[29] In diesem Zusammenhang ist v. a. an die einmalige Initiative von Georg Ziegler zu erinnern, der aufgrund der persönlichen Erfahrung während seiner Studienzeit in Lublin zu der Überzeugung kam, man müsse mehr polnischen Studenten einen Studienaufenthalt in Deutschland ermöglichen und könne dabei nicht auf die Behörden setzen. Für polnische Studenten war es unmöglich, auf „normalem" Wege ein DAAD-Stipendium zu erhalten, da der DAAD die Vergabe seiner Stipendien an die polnischen Behörden abgegeben hatte und diese wiederum nicht daran interessiert waren, den Studenten verderbliche Westerfahrungen zuzumuten. Sozusagen als privates studentisches Unternehmen wurde 1984 die Gemeinschaft zur Förderung von Studienaufenthalten polnischer Studenten in der Bundesrepublik Deutschland e. V. (kurz GFPS) aus der Taufe gehoben, nachdem bereits 1981 die ersten polnischen Studenten in Freiburg hatten studieren dürfen. Sie fand die moralische Unterstützung namhafter Wissenschaftler und die finanzielle von privaten Personen, aber auch von Stiftungen (insbesondere von der Robert Bosch Stiftung) und weitete ihre Aktivitäten über mehrere polnische und bundesdeutsche Universitäten aus.[30]

Von den politischen Ereignissen am wenigsten beeinträchtigt war die Musik, die zugleich eine der ältesten und tragfähigsten Brücken deutsch-polnischer Kulturbeziehungen war. „Der Austausch von Interpreten und Werken hat(te) seine nahezu selbstverständliche, auch während des Kriegsrechts nicht unterbrochene Tradition."[31] Das betrifft alle Sparten der ernsten Musik, aber auch den Jazz. Allerdings ließ die für die 60er und teilweise noch 70er Jahre so charakteristische Wirkung der „polnischen Schule" der Neuen Musik (z. B. Penderecki, Lutosławski, Serocki, Baird, Górecki) auf das deutsche Musikleben und -schaffen nach, trotz der ungebrochenen Präsenz etwa von Krzysztof Penderecki und Witold Lutosławski auf dem deutschen Markt.[32]

Die deutsch-polnische Symbiose in der Neuen Musik erfuhr einen Bruch nicht zuletzt deshalb, weil sich einer ihrer wichtigsten Protagonisten, Krzysztof Penderecki, von ihr weg, zu einem Stil hin entwickelte, der dem breiteren Publikum zugänglicher und vielleicht auch „polnischer" ist, als es die avantgardistischen Klangfarben der „polnischen Schule" sind. „Der Spiegel" hatte 1987 die in der Bundesrepublik über Penderecki[33] herrschende Meinung zu umschreiben versucht: Heute gilt Penderecki – hieß es dort – nicht mehr als hochrespektiertes Liebkind bei den avantgardistischen Treffs, sondern als ein auf Tradition setzender Populist, der „die singende Säge zum alten Eisen geworfen, die Kuhglocken durch Kirchenglocken ersetzt, den radikalen Schwenk vollzogen [hat] von schrillen Geräuschen zu klarem Dur und sachtem Moll". Die vom „avantgardistischen Verräter" enttäuschten, vom Populismus der „mittleren Musik" erschreckten Kollegen und Kritiker nennen ihn „Penderadetzky", der die „tonalen Paarhufer" (Helmut Lachenmann) anführe, der „Einlaß finde in die Mailänder Scala und das Salzburger Festspielhaus, der vor allem im Schoß der Mutter Kirche die Wende der Tonkunst in Gang setzte – ad maiorem Penderecki gloriam".

Aus dem Fluß deutsch-polnischer Musikbeziehungen ragt als besonderes Ereignis die Aufführung von Richard Wagners „Ring der Nibelungen" unter der Leitung von August Everding in Warschau 1988 heraus, an der polnische und deutsche Künstler gemeinsam mitgewirkt haben. Nicht zu unterschätzen ist auch der Beitrag, den Helmuth Rilling zur Rezeption von Johann Sebastian Bach in Polen geleistet hat (1986 Seminar über die Matthäuspassion in Krakau). Sonst spielt der „Warschauer Herbst" – mit einer kurzen Unterbrechung während des Kriegsrechts 1982 – nach wie vor eine besondere Rolle bei der deutsch-polnischen Wahrnehmung in der gehobenen Musikkultur.

Die Präsenz des bundesdeutschen *Films* im polnischen Fernsehen und Kino (vermutlich auch in den Videotheken) in den 80er Jahren war eher bescheiden (zwischen 1956 und 1990 wurden insgesamt um die 70 Filme westdeutscher Regisseure importiert). Die Massenverbreitung scheiterte sehr oft an politischen Hindernissen.[34] Es ist auch sicherlich richtig, daß das neue deutsche Kino (darunter Filme von Volker Schlöndorff, Rainer Werner Fassbinder, Werner Herzog, Wim Wenders) nicht unbedingt den Massengeschmack traf; die Retrospektiven bundesdeutscher Filme der 70er und 80er Jahre, die in den Filmklubs veranstaltet wurden, stießen jedoch auf ein reges Publikumsinteresse.

Das Jahr 1989 brachte keine Wende; kein bundesdeutscher Film wurde 1989 im Kino gezeigt. „Die vor der bundesdeutschen Kinematographie gewachsene ideologische Barriere", schreibt der Filmkritiker Janusz Urbaniak, „brachte die falsche Vorstellung mit sich, daß diese Filme nicht genug Geld einspielen."[35] Sie waren nicht einmal in den staatlichen Videoverleihen zugänglich. Im Umbruchsjahr 1990 drängten v. a. amerikanische Produktionen ins Kino und auf den Videomarkt. „Aufgrund der neuen wirtschaftlichen Situation der polnischen Kinos hatte der westdeutsche Film wieder keine großen Chancen, in die Programme zu kommen."[36] Auch in den Filmklubs, die bis dahin viel für die Popularisierung des westdeutschen Films getan hatten, die aber ähnlich wie die Kinos ihrer materiellen Grundlage verlustig gingen, nahm das Interesse ab. „Ziemlich überraschend lag 1989/90 die Last der Förderung beim Fernsehen, das ganz im Gegensatz zu seinem Ruf fortfuhr, gerade die schwierigen Werke zu popularisieren. Die gezeigten Filme und Serien (u. a. ‚Blut und Ehre', ‚Heimat') aus den Jahren 1981–1984 haben bewiesen, daß der Prozeß der Entdeckung Deutschlands, wenn auch verspätet, so doch in Gang gekommen ist."[37]

Auf der anderen Seite war auch der polnische Film in der Bundesrepublik nur sehr selten ein Kinoschlager. Er fand seinen Zuschauer über Film-Festivals (z. B. die Grenzland-Filmtage), das kommunale Kino und das Fernsehen. Da sich die Auswahl wesentlich auf Filme mit politischen oder sozialkritischen Aspekten konzentrierte, wurden diese entsprechend spät am Abend gesendet und nur von wenigen Zuschauern wahrgenommen.[38] Mit Krzysztof Kieślowski, dem 1988 der erstmals verliehene Europäische Filmpreis (der Euro-Oskar) zuerkannt wurde, hat der polnische Film in Deutschland nach Wajda und Zanussi einen neuen Repräsentanten und Wegbereiter gefunden. Eine Reihe von Sonderveranstaltungen über den neuen polnischen Film folgten. In Dresden – nicht in Westdeutschland – wurde 1990 ein Filmfest besonderer Art zu dem Thema „Stalinismus im polnischen Film" veranstaltet. Hier konnte ein Stück echter Kulturbeziehungen praktiziert werden: Es war der „großartige Versuch, am Beispiel der polnischen Kinematographie und ihrer erschütternden Analysen des Stalinismus Möglichkeiten des Umgangs mit der eigenen Geschichte zu erkunden".[39]

Auf die 80er Jahre zurückblickend, beurteilte 1988 der polnische Kunstkritiker Krzysztof Stanisławski den Rang deutsch-polnischer *Kunstbeziehungen* eher kritisch, wobei er mehr den Kunstbetrieb und weniger museale Bemühungen um Retrospektiven im Auge hatte: „Es hat viele und verschiedenartige Kontakte zwischen der polnischen und der bundesdeutschen Kunstszene gegeben, von großer Bedeutung waren sie in der Regel jedoch nicht. Von einem wirklichen Werte-Austausch in größerem Maßstab, von einer Präsenz der deutschen Kunst der Gegenwart in Polen und der polnischen in der Bundesrepublik kann man wohl nicht sprechen."[40] Er führte dies im wesentlichen auf zwei Ursachen zurück: Zum einen haben politische und behördliche Entscheidungen im Polen der 80er Jahre dazu geführt, daß die polnisch-deutschen Kunstbeziehungen unter das Niveau der 70er Jahre fielen – zu einem Zeitpunkt also, als die bundesdeutschen Künstler internationale Anerkennung fanden. Zum anderen habe die polnische Kunst in der Bundesrepublik eher durch den Dienstboten- denn durch den Vordereingang Einlaß gefunden. Da es in Polen keinen normal funktionierenden Kunstmarkt auf der Basis von Geld und Förderung gebe, habe der polnische Künstler nur per Zufall oder über persönliche Beziehungen eine Chance, im Westen auszustellen. So gesehen hätten die polnischen Künstler in der Bundesrepublik zwar viel (meist in kleinen Galerien) ausgestellt, auf dem deutschen Kunstmarkt aber eine „unbeachtete Existenz ohne jede

Chance auf eine echte Karriere" geführt; sie seien im Grunde genommen „künstlerische Gastarbeiter" gewesen.[41]

Und dennoch waren in den 80er Jahren nach dem Urteil von Stanisławski die „Kontakte zwischen jungen Künstlern über die Grenzen, Systeme und ‚verdammten Probleme' hinweg so unmittelbar wie nie zuvor". Dabei meinte er nicht die tatsächlichen Kontakte, sondern „die völlige Verbundenheit der deutschen und der polnischen Kunst im mentalen und ideologischen (oder eher antiideologischen) Bereich". Zwischen der polnischen „Neuen Expression" und den deutschen „Neuen Wilden" war eine erstaunliche künstlerische und geistige Affinität festzustellen, die nicht auf irgendwelche Einflüsse zurückgeführt werden konnte. Erst 1988 nämlich gab es in Polen eine Ausstellung von Arbeiten aus dem Kreis der „Neuen Wilden".[42]

Die Jahre der Wende 1989–1991 haben in den Kunstbeziehungen noch keine grundsätzliche Veränderung der Lage bewirkt, eher eine Verzögerung infolge von strukturellen Veränderungen, die die Künstler in Polen zunächst verkraften mußten. Dennoch funktionierten die bekannten Verbindungen, und es gab auch einige besondere Ereignisse wie die Ausstellung der Werke von Władysław Hasior (geb. 1928 in Zakopane) 1990 in Darmstadt. „Für die deutsche Rezeption", schrieb der Kunstkritiker Jürgen Weichardt, „ist Hasior etwas ganz Ungewöhnliches, weil diese Verbindung zwischen bäuerlicher Tradition, Religion und Künstler in unserer Gesellschaft zerbrochen und auf einem ästhetischen Niveau wie dem der Arbeiten Hasiors unvorstellbar ist. In ihnen ist aber polnische Kunst beispielhaft für Europa."[43]

Zu den wichtigsten Bereichen kultureller Kommunikation zwischen Polen und Deutschen gehört die *Literatur*. Diese war vor 1989 mehr vielleicht als danach ein wichtiges ästhetisches Vehikel der Information über Polen, seine Traditionen, Mentalitätsstrukturen, Hoffnungen. Waren die 70er Jahre mehr von der Treue zu einigen polnischen Autoren (wie Stanisław Lem, Stanisław Jerzy Lec, Jerzy Andrzejewski, Tadeusz Różewicz, Wisława Szymborska, Zbigniew Herbert usw.) als von Neuentdeckungen geprägt, so trat in den 1980er Jahren eine neue Generation ins Bewußtsein, zu der u. a. Adam Zagajewski, Ewa Lipska, Ryszard Krynicki, Hanna Krall gehören. Die Miłosz-Renaissance infolge des ihm 1980 verliehenen Literatur-Nobelpreises hielt sich eher in Grenzen. Prägend für die Rezeption waren auch die Geschehnisse um die „Solidarität" und das am 13. Dezember 1981 ausgerufene Kriegsrecht in Polen. Bereits 1982 erschien die von Frank Geerk herausgegebene Anthologie „Der Himmel voller Wunden" mit dem Untertitel: „Polnische Gedichte, Chansons und Streiklieder aus fünf Jahrhunderten". Hier war Dichtung auf ihre politische Aussage konzentriert und entsprach damit dem moralisch gerechtfertigten Engagement, aber auch dem Geist, der im Umbruch von 1989 seine völlig unerwartete Verwirklichung fand. 1984 wurde das „Warschauer Tagebuch" von Kazimierz Brandys, ein literarisches Dokument über „die Monate davor 1978–1981", vorgelegt, das breite Beachtung fand und sogar in der FAZ in Fortsetzung abgedruckt wurde.

In den späteren 80er Jahren begann die (deutsche) literarische Karriere von Ryszard Kapuściński (1986 mit seinen Reportagen aus der Dritten Welt: „König der Könige" und „Schah-in-Schah") und, mit noch größerer Nachwirkung, die von Andrzej Szczypiorski (1988 mit dem Roman „Die schöne Frau Seidenmann" über das deutsch-polnisch-jüdische Verhältnis in der Zeit des Holocaust). Hinzu kamen die freundliche Aufnahme von Paweł Huelle (1990 „Weiser Dawidek") und die Popularität von Maria Nurowska (mehrere Titel seit 1991).

Bücher polnischer Autoren erfreuten sich vielfach positiver Rezensionen, auch die Reihe „Polnische Bibliothek" fand hohe Anerkennung. Um manche Autoren scharten sich beachtliche Lesergemeinden – sie waren aber kaum Gegenstand weiter um sich greifender intellektueller oder literarischer Debatten. Eine Ausnahme bildete der „Fall" Szczypiorski, vielleicht deswegen, weil es dem Autor gelungen war, das schwierigste Kapitel der deutsch-polnischen Geschichte als polnischer Autor in einer Weise zu behandeln, daß sich der deutsche Leser nicht nur als Angeklagter finden konnte, und dies in den Jahren des Wiedererwachens der nationalen Frage. Szczypiorski ist als Schriftsteller und Publizist auch in den folgenden Jahren der gute Botschafter zwischen Polen und Deutschland geblieben, was nicht ohne Auswirkung auf die Rezeption seines Werkes war.

Obgleich die Rezeption deutschsprachiger Literatur in Polen allein schon quantitativ wesentlich intensiver war als, umgekehrt, die der polnischen in Deutschland, so bleibt doch umstritten, ob die deutschsprachige Literatur beliebt war und breitere Wirkung hatte.[44] Die hohen Auflagenzahlen in einer Planwirtschaft und die hohen Verkaufszahlen in der Zeit des „knappen Buches" können täuschen. Die Auswahl der Übersetzungen in den Verlagen war also weniger an die Kriterien der Attraktivität und Rentabilität gebunden als vielmehr an die Erfüllung der Forderungen der politischen Zensur. (Das betraf auch die Auswahl der DDR-Literatur.)[45] Die bundesdeutsche Literatur war – nach der Auffassung des Warschauer Germanisten Marek Jaroszewski – „als Spiegel und Produkt der selbstzufriedenen und satten Gesellschaft [...] für polnische Leser wenig anziehend. So hat die deutsche Literatur den Konkurrenzkampf gegen andere fremde Literaturen [die französische, iberoamerikanische, russische und vor allem die englische und nordamerikanische – A. L.] verloren. [...] Hinzu kamen persönliche Ressentiments gegen die deutsche Literatur, die auf die Zeit der deutschen Okkupation in Polen zurückgehen und auch heute im Jahre 1992 bei der Generation der 40–50jährigen vorhanden sind."[46] Gerade die Verarbeitung der nationalsozialistischen Vergangenheit und das Polenbild in der (bundes)deutschen Literatur üben aber zugleich die stärkste Anziehungskraft auf die polnischen Leser aus.

Autoren wie Rainer Maria Rilke, Thomas Mann und Günter Grass (abgesehen von Philosophen wie Nietzsche oder Heidegger) sind Gegenstände und Bestandteile intellektueller Debatten in Polen. In den späten 70er und frühen 80er Jahren griff man mit Selbstverständlichkeit zu Thomas Manns „Zauberberg" und „Doktor Faustus", als es um Argumente im Streit der polnischen Intelligenz über Widerstand und Anpassung im kommunistischen System ging.[47] Die Polemik um Günter Grass in Polen, die in den 60er Jahren begann und in den 80er Jahren einen neuen Höhepunkt erreichte, bewegte sich dagegen eher um Fragen des deutsch-polnischen Verhältnisses und der Moral. Grass löste mit seinem Werk, aus dem nur „Katz und Maus" 1963 in polnischer Übersetzung erschien, die „Blechtrommel" aber erst 1983 (nach einer Untergrundausgabe von 1980 und der Streichung des Vergewaltigungsaktes der Rotarmisten in der offiziellen Ausgabe) von der Zensur freigegeben wurde, Faszination und Abwehr aus.[48] Der literarisch und politisch unbotmäßige Grass war „ein äußerst nützliches Instrument in den Händen der Kulissenschieber der jeweils aktuellen Kulturpolitik".[49] Obwohl die „Blechtrommel" 1983 endlich erscheinen durfte und Grass selbst 1981 und 1983 Polen privat besuchte, wurde ihm 1985 die Einreise nach Polen und damit die Teilnahme an einem seinem Werk gewidmeten Seminar verwehrt[50]; erst 1988 durfte er, sozusagen als Programmpunkt der ersten bundesdeutschen Kulturwoche, wieder nach Polen reisen.

Während die Verteidiger von Grass unter den polnischen Literaturkritikern und Publizisten von der unkonventionellen und sprachgewaltigen Verarbeitung des Danzig-Problems, aus einer Sicht, die Deutsches, Polnisches, Kaschubisches, die Historisches, Mythologisches und Gegenwärtiges verarbeitet, fasziniert waren, gingen die Kritiker der

„Blechtrommel" zum Angriff gegen die groteske Behandlung von Polen, gegen den Grassschen „Antislawismus" und „Antisowjetismus" (in einer schönen Symbiose von sozialistischer und katholischer Moral), gegen die unsittlichen Szenen und Verletzungen religiöser Gefühle über.

Als Anhänger der aufklärerischen Tradition und Skeptiker gegenüber der Kirche muß Grass auch nach der politischen Wende in Polen, unabhängig von dem hohen Ansehen, das er dort genießt, noch mit Ablehnung rechnen. Die Posener Sektion des Akademischen Verbandes „Młoda Polska" [Junges Polen] und die Akademischen Zirkel der Christlich-Nationalen Vereinigung [Partei] protestierten auch konsequenterweise im Juni 1990 gegen die Verleihung der Würde des Doktor honoris causa an Grass durch die Universität in Posen. Die Begründung lautete u. a.: „In seinem literarischen und publizistischen Schaffen, wie auch in öffentlichen Stellungnahmen, stellt Günter Grass die traditionellen Werte europäischer Kultur wie: Familie, Eigentum, Vaterland, Achtung der Heiligkeit und der Freiheit der Religion in Frage."[51] Der Widerspruch gegen eine solche Haltung war freilich nicht nur an der Posener Universität mehr als eindeutig.

Die Verhängung des Kriegsrechts in Polen stellte nicht nur die Politiker, sondern auch die deutschen Intellektuellen vor eine Urteils- und Solidaritätsprobe. Wie war es um die Kenntnis und die Einschätzung des Nachbarlandes in der Gruppe bestellt, die selbst meinungsbildend wirkte und sich einer Stellungnahme nicht entziehen konnte? Hatte bei ihnen der, wenn auch begrenzte, kulturelle Austausch mit Polen Spuren hinterlassen, geistige und emotionale Bindungen bewirkt, Interesse und Verständnis hervorgebracht?

Es gab, um es vorweg zu sagen, öffentliche Proteste gegen das Unrecht und die Folgen einer gewaltsamen Unterbindung der demokratischen Opposition in Polen, die von namhaften Wissenschaftlern und Künstlern unterzeichnet wurden. Diese Proteste waren ein, könnte man meinen, selbstverständlicher Akt der moralischen Solidarität u. a. mit Kollegen, die ohne Anklage und ohne Prozeß wegen ihrer politischen Überzeugung verhaftet wurden, und brauchten nicht unbedingt die genaue Einschätzung der Lage durch den Einzelnen wiederzugeben.

Es gab aber auch Reaktionen und Diskussionen, die zeigten, daß sich die (kultur)politische und moralische Einschätzung der Lage in Polen sehr schnell in internen politischen Konflikten, in der Logik des Ost-West-Gleichgewichts, in den Ängsten um die Zukunft der Entspannungspolitik wie auch in Residuen traditioneller deutscher Polenbilder verfangen konnte. All das kann in der bereits im April 1982 von Heinrich Böll, Freimut Duve und Klaus Staeck mitherausgeforderten, zusammengetragenen und herausgegebenen bundesdeutschen Diskussion über den Sinn und Unsinn, die Moral und Unmoral des Kriegsrechts in Polen und dessen Bedeutung für Deutschland verfolgt werden.[52]

Sicherlich nicht repräsentativ für alle Bereiche der Kultur, sehr wohl aber symptomatisch war die Diskussion, die durch das Telegramm des deutschen Schriftstellerverbandes und des PEN-Clubs vom 23. August 1983 an den polnischen Partei- und Regierungschef Wojciech Jaruzelski ausgelöst wurde. Sie förderte Charakteristisches zutage. Das Telegramm drückte die Bestürzung über die soeben staatlich verfügte Auflösung des polnischen Schriftstellerverbandes aus und forderte die umgehende Wiederzulassung *eines* Schriftstellerverbandes, der die Interessen der Autoren wahrnehmen könne.[53] Der Ton war dezidiert, die Aussage im Kern aber konziliant, ließ sie doch offen, welche Autorenvertretung die Regierung wiederherstellen sollte. In den Augen der Kritiker dieses Telegramms hatten Vertreter der deutschen Autoren darauf verzichtet, Solidarität mit dem traditionsreichen polnischen Schriftstellerverband zu üben, der in der Zeit der

Solidarność einen neuen Vorstand frei gewählt hatte, und eine Zusammenarbeit mit dem von der Militärregierung eingesetzten Verband in Aussicht gestellt.

Die darauf folgende Diskussion auf der Bundesdelegiertenkonferenz des Verbands deutscher Schriftsteller in der IG Druck und Papier in Saarbrücken 1984 zeigte, daß es nicht primär darum ging, ob man die Lage in Polen richtig einschätzte oder nicht und ob man über ausreichende Informationen verfügte, die eine „richtige" Entscheidung ermöglichen würden. Sie förderte vielmehr zutage, daß die deutsch-polnische kulturelle Annäherung der 60er und 70er Jahre noch in den 80er Jahren – Jahre der Bewährung auch in den kulturellen Beziehungen – manche Aversion nur übertünchte.

Noch im Vorfeld der Schriftstellerkonferenz, als Günter Grass Axel Eggebrecht gefragt hatte, ob er sich angesichts des „Verrats" des Schriftstellerverbandes an den Polen der Liste der Protestierenden anschließen wolle, bekam er zur Antwort: „Welche Polen denn? Meinen Sie die katholische Partei, die dort arbeitet – unter dem Namen der Gewerkschaft? Ich hab mich noch nie in meinem Leben für eine katholische Partei interessiert oder gar engagiert." Der Vorsitzende des Schriftstellerverbands, Bernt Engelmann, gab daraufhin in einem Interview zu Protokoll, es habe selten jemand die Lage „so klar und vernünftig" beurteilt wie Axel Eggebrecht. Angesichts des deutschen Schuldkomplexes gegenüber Polen hake nämlich „plötzlich (wie bei Günter Grass) der Verstand aus".[54] Die Äußerungen von Engelmann, Eggebrecht und anderen, begründet in deren Abneigung gegenüber dem katholischen Polen und in einer gewissen Sympathie für das sozialistische Experiment in Osteuropa, ließen eine Kälte spüren, die man eher auf der rechten Seite des politischen Spektrums vermutet hätte.

Auf dem Kongreß in Saarbrücken äußerte Heinrich Böll angesichts solcher Stellungnahmen die Befürchtung, daß „der polnische Katholizismus für die meisten deutschen Intellektuellen ein unüberwindliches Hindernis ist, da [mit Polen] Solidarität walten zu lassen". Dabei genüge es, wenn man sich die Mühe mache, in einem Lexikon über die polnische Geschichte nachzulesen. Dann erfahre man, „daß dieses Land immer in Gefahr war, zwischen der Arroganz des preußischen Protestantismus und der wahnsinnigen Übermacht der russischen Orthodoxie zerquetscht zu werden. Was blieb den Polen anderes übrig, als bei dem zu bleiben, was sie lange waren, nämlich katholisch."[55]

Es kam dann einer Ehrenrettung für die katholische Kirche gleich, als Loni Mahlein, der die Absendung des Telegramms an Jaruzelski unterstützt hatte, darauf verwies, daß sich „der Warschauer Kardinal in der Zwischenzeit auch sehr stark von Lech Wałęsa distanziert hat und auch von der Politik der Solidarność". Die Sünde der Solidarność machte er an einer anderen Stelle aus: Sie habe unter dem Einfluß der Intellektuellenorganisation KOR gestanden, die eine fragwürdige Rolle gespielt habe und die Gewerkschaft politisieren wolle. Er habe mit dem Vorsitzenden der neuen polnischen Druckergewerkschaft ein Gespräch geführt und von ihm erfahren, daß diese aus den gemachten Fehlern gelernt habe und sehr darum bemüht sei, nunmehr die Einheit der Gewerkschaftsbewegung zu erhalten. Hier kam die grenzenlose Naivität eines Gewerkschafters zum Ausdruck, der darauf stolz war, daß die IG Druck und Papier bereits im Mai 1969, noch vor dem Kniefall von Willy Brandt in Warschau, sich für die Anerkennung der Oder-Neiße-Linie ausgesprochen hatte. Aus Angst, in die Nähe des Antikommunismus zu geraten, war er aber bereit, jede Reformbewegung fallen zu lassen.[56]

Autoren wie Günter Grass, Heinrich Böll, Siegfried Lenz, Hans-Christoph Buch und Hannes Schwenger, die zu ihren oppositionellen polnischen Kollegen halten wollten, mußten sich wegen ihrer kompromißlosen Ablehnung jeder Anbiederung an das Militärregime und der Forderung, das Telegramm an Jaruzelski mit klarer Selbstkritik zurückzunehmen, gefallen lassen, in die Nähe von Antikommunisten und „kalten Kriegern" gestellt zu werden, die den deutschen Ausgleich mit (dem sozialistischen) Polen torpedieren und obendrein die Interessen der deutschen Schriftsteller vernachlässigen würden.

Dieter Lattmann, Mitbegründer und erster Vorsitzender des Verbandes deutscher Schriftsteller, diagnostizierte eine „polnische Teilung" desselben und äußerte die Befürchtung, „daß die Bereitschaft eines bestimmten Verständnisses der Solidarität mit Solidarność" zu einer Spaltung des Verbands führen könnte, mit dem Ergebnis, daß am Ende „weder die polnischen Schriftsteller ihren Verband haben, den sie brauchen und wollen, noch wir den haben, den wir dringend weiter brauchen". Auch für ihn blieb es unverständlich, wie man wegen einer Lappalie – und die Frage, ob mit „dem" oder „einem" Verband in Polen kooperiert werden solle, war für ihn eine Lappalie, eine linguistische Haarspalterei – bereit sein konnte, aus dem Verband auszutreten, der doch die Interessen des (deutschen) Autors vertrat.[57]

Am deutlichsten hat das deutsche Desinteresse am polnischen Schicksal Max von der Grün zum Ausdruck gebracht: „Wir engagieren uns für die Freiheit von Solidarność und übersehen dabei, daß [...] die Freiheiten, die sich die deutschen Arbeiter mit Unterstützung der Gewerkschaften seit 30 Jahren errungen haben", nun „scheibchenweise wieder abgebaut werden". Und er brachte es auf die Formel: „Ich schreibe deutsch, und nicht polnisch."[58]

An der Konferenz nahm als Gast ein polnischer Autor teil, der in der Emigration in Paris lebende Adam Zagajewski. Er verzichtete explizit darauf, sich „auf die alten geschichtlichen Wunden" zu berufen. „Wir sind einfach Nachbarn, wir sind einfach Schriftsteller."[59] Er versicherte, der jetzt verbotene polnische Schriftstellerverband sei „kein aggressiver und kämpferischer Verband" gewesen. „Man hat in seinen Büroräumen keine Handgranaten gefunden, nur Stempel und Schreibmaschinen und Bücher." Die polnischen Autoren erwarteten von ihren deutschen Kollegen eine „klare und objektive", nicht unbedingt eine politische Stellungnahme, sie erhofften einen kollegialen Protest gegen die politisch motivierte Auflösung des Verbands.[60] Zagajewski mußte statt dessen mit ansehen, wie die Solidaritätsfrage mit polnischen Autoren zum Gegenstand eines internen Machtkampfes des deutschen Schriftstellerverbandes wurde. Er mußte obendrein noch Zeuge eines unverhohlen ausgesprochenen „Klassenegoismus" vieler deutscher Schriftsteller werden, die sich in ihrer Selbstgerechtigkeit nicht gerade von polnischen Unruhen gestört wissen wollten und damit – möglicherweise nicht immer bewußt – auch den nationalen Egoismus voll zur Geltung brachten.

Günter Grass führte dementgegen die deutsch-polnische Interessengemeinschaft auf ihren Traditionskern zurück, als er zu bedenken gab, daß man mit den innerdeutschen Problemen nicht fertig werde, wenn man nicht in der Lage sei, „das Selbstverständliche zu leisten, nämlich Solidarität mit unseren unterdrückten und verfolgten Kollegen in Polen".[61] Die Prinzipienfestigkeit der Autorengruppe um Günter Grass und Hans-Christoph Buch führte dazu, daß der „Kompromißvorschlag", sich über den neuen polnischen Schriftstellerverband zu informieren und zu prüfen, inwieweit mit ihm Kontakte aufgenommen werden könnten, fallen gelassen wurde. Zur Abstimmung gelangte der Antrag, der nicht nur die „Wiederzulassung des verbotenen polnischen Schriftstellerverbandes" forderte, sondern auch bedauerte, daß deutsche Schriftsteller „in jüngster Zeit" unseren polnischen Kollegen die Solidarität verweigert" hätten. Er wurde mit 23 Ja- gegen 22 Neinstimmen bei 3 Enthaltungen angenommen.[62]

Der widerwillige Umgang einer großen Gruppe der Delegierten mit dem polnischen Problem muß nicht für die gesamte schreibende Zunft repräsentativ sein. Der Konflikt hat aber gezeigt, daß sich zwischen Befürwortung der neuen Ostpolitik der 70er Jahre und einem genuinen Interesse an der deutsch-polnischen Nachbarschaft ein Abgrund auftun konnte. Im Unterschied etwa zu nach Polen reisenden deutschen Politikern waren sie nicht an eine wie auch immer definierte Staatsraison gebunden; sie konnten ihren Überzeugungen freien Ausdruck verleihen.

Es mag eine Ironie der Geschichte sein, daß der „polnischen Teilung" des deutschen Schriftstellerverbandes von 1984 zehn Jahre später, 1994 auf dem Kongreß in Aachen, eine Art „polnische Einigung" folgte. Hier nämlich riß Erich Loest mit seinem „Polenplan" (über den Begriff läßt sich streiten, der Inhalt bleibt davon unberührt) die deutschen Autoren aus der lethargischen Umkreisung der deutschen Befindlichkeit heraus. „Heute ist Polen", sagte Erich Loest vor den Delegierten, „unser wichtigster, weil schwierigster Nachbar. Deshalb sollte der VS in den nächsten Jahren seine Hauptkraft auf die Förderung polnischer Literatur in Deutschland und deutscher Literatur in Polen verwenden. [...] Dieser Polenplan [der u. a. eine Lesestafette prominenter Autoren durch beide Länder vorsieht] ist politisch wichtig, literarisch nützlich und von derartiger Moralität, daß sich niemand [von den Angesprochenen] einer Mitwirkung entziehen wollte." Die FAZ berichtete und kommentierte dazu: „Die Delegierten vernahmen die Botschaft, und plötzlich war alle Schläfrigkeit von ihnen gewichen. Die Routineakklamation errang Orkanstärke: So offensiv und zeichensetzend kann – oder könnte doch – VS-Arbeit auch aussehen."[63]

Auch wenn die deutsch-polnischen kulturellen Kontakte nicht immer soviel spontane Begeisterung auslösen und im Alltag der Beziehungen sehr wohl auch mit Desinteresse und mit organisatorischen und finanziellen Schwierigkeiten gekämpft werden muß, so ist diese Normalität des Kulturdialogs, in der Kultur Kultur sein kann, ein Wert an sich, der gepflegt werden will. Nach dem Ende der „heroischen" Phase – leider gilt dies nicht für alle Teile Europas –, nach der Auseinandersetzung um die eigene und die nationale Freiheit kann sich die Kultur der Gestaltung dieser Freiheit zuwenden. Dies gilt allerdings nicht nur für die Transformationsprozesse, die in Polen und Ostdeutschland stattfinden, vielmehr geht es auch um die Gestaltung des Freiraumes in den deutsch-polnischen Kulturbeziehungen, den der politische Ausgleich zwischen beiden Ländern geschaffen hat. Gewissermaßen ein Forschungsdesiderat und eine Aufgabe von kulturpolitischem Erkenntniswert zugleich bleibt es, die Veränderungen in den Strukturen und Inhalten der Kulturbeziehungen zu analysieren.

Anmerkungen

[1] Damit knüpfe ich bewußt an die Fragestellung, die mich bei der Beschäftigung mit den deutsch-polnischen Kulturbeziehungen in den Jahren 1945/1949–1975 begleitet hat, an, in: Die Beziehungen zwischen der Bundesrepublik Deutschland und der Volksrepublik Polen bis zur Konferenz über Sicherheit und Zusammenarbeit in Europa (Helsinki 1975), Braunschweig 1987, S. 179–189.

[2] Polemisch, grundsätzlich bzw. zusammenfassend über die Kulturbeziehungen in den 1970er und 1980er Jahren vgl. die im Sinne der sozialistischen raison d'État verfaßten Arbeiten von R. Markiewicz, Stosunki kulturalne i naukowe między Polską a RFN, in: Problemy normalizacji stosunków PRL-RFN, Red. J. Skibiński, Warszawa 1985, S. 198–211; T. S. Wróblewski, Współpraca kulturalna między Polską a Republiką Federalną Niemiec (1972–1986), in: PRL – RFN, Blaski i cienie wzajemnych stosunków 1972–1987, Red. A. Czubiński, Poznań 1988, S. 165–185; A. Kwilecki, Stosunki kulturalne między Polską i Republiką Federalną Niemiec, in: Społeczeństwo Kultura Osobowość, Warszawa, Łódź 1990, S. 439–445. Als Ergebnis einer deutsch-polnischen Tagung vgl. H. May, H. Westmüller (Hrsg.), Die Förderung des Friedens in Europa, Perspektiven der Verständigung zwischen der Bundesrepublik Deutschland und der Volksrepublik Polen, Loc-

cumer Protokolle, Bd. 72, Rehburg-Loccum 1985, darin Statements zum Thema Kulturaustausch von Karl Dedecius, Antoni Czubiński und Horst Bächmann, S. 95–115. Besonders wertvoll und aufschlußreich sind die Arbeiten von A. Lempp, Das Gemeinsame nutzen – Unterschiede respektieren, Zur Situation der deutsch-polnischen Kulturbeziehungen, in: Diskussionen, Zeitschrift für Akademiearbeit und Erwachsenenbildung (1988), Nr. 26, S. 13–24; A. Lempp (Hrsg.), Initiativen kultureller Zusammenarbeit, Bundesrepublik Deutschland – Volksrepublik Polen 1982–1988, Darmstadt 1989. Ein Themenheft der Zeitschrift für Kulturaustausch 39 (1989), Nr. 4 erschien unter dem Titel Aspekte des Miteinanders, Zu den kulturellen Beziehungen zwischen Polen und der Bunderepublik Deutschland. Darin ist auch eine überaus nützliche Bibliographie von U. Rossbach, die 1977–1989 erschienene Arbeiten zu den deutsch-polnischen Beziehungen erfaßt (S. 579–595).

[3] Zur Förderung der wirtschaftlichen, gesellschaftlichen und geistigen „Infrastruktur" der Beziehungen ist beispielsweise 1989 die Stiftung für deutsch-polnische Zusammenarbeit gegründet worden, die auf Złoty-Basis v. a. in Polen aktiv ist. Erst seit 1986 hat Kultur auch im Apparat der Europäischen Union einen eigenen, wenn auch sehr bescheidenen Platz.

[4] J. Holzer, Uraz, nacjonalizm, manipulacja, Kwestia niemiecka w komunistycznej Polsce, in: Rocznik polsko-niemiecki 1 (1992), S. 7–17. Vgl. auch W. Miziniak, Polityka informacyjna, in: Polacy wobec Niemców, Z dziejów kultury politycznej Polski 1945–1989, Red. A. Wolff-Powęska, Poznań 1993, S. 142–160.

[5] In deutscher Übersetzung von G. Rhode erschienen in: Kontinent 8 (1982), H. 22, S. 3–48.

[6] Twórczość (1990), Nr. 9, S. 128.

[7] Text des Abkommens in: H.-A. Jacobsen, M. Tomala (Hrsg.), Bonn Warschau 1945–1991, Die deutsch-polnischen Beziehungen, Analyse und Dokumentation, Köln 1992, S. 313–317. Vgl. auch W. Lipscher, Bundesrepublik Deutschland – Volksrepublik Polen, Kulturelle Zusammenarbeit, Ein Bericht, Darmstadt 1982.

[8] B. C. Witte, Zwei Nationalkulturen im befreiten Europa, Der deutsch-polnische Kulturaustausch vor neuen Aufgaben, in: F. Pflüger, W. Lipscher (Hrsg.), Feinde werden Freunde, Von den Schwierigkeiten der deutsch-polnischen Nachbarschaft, Bonn 1993, S. 336. Witte stellt außerdem fest, es sei „bis zum Sturz der Kommunisten nicht zu regelrechten Absprachen in der bei den ‚sozialistischen' Staaten üblichen Form der Zwei-Jahres-Programme" gekommen.

[9] Ebenda.

[10] Wróblewski, S. 172.

[11] Markiewicz, S. 199.

[12] Text des Vertrags in: Jacobsen, Tomala (Hrsg.), S. 552–564, insbesondere die Artikel 23–31. Überlegungen zur kulturpolitischen Umsetzung des Vertrags vgl. A. Lempp, Klebstoff für Europa, Die Kultur im deutsch-polnischen Dialog, in: Polacy Niemcy, Przeszłość, teraźniejszość, przyszłość, Praca zbiorowa pod red. Z. Zielińskiego, Katowice 1993, S. 136–146.

[13] B. Reinecke, Kulturaustausch als Lebensinhalt – Der polnische Regisseur Aleksander Berlin, in: Zeitschrift für Kulturaustausch 39 (1989), H. 4, S. 537–539.

[14] K. D. v. Weringh, Kulturwoche der Bundesrepublik Deutschland in der Volksrepublik Polen, in: Zeitschrift für Kulturaustausch 39 (1989), Nr. 4, S. 487–489. In das Programm wurden verschiedene polnische Städte einbezogen. Als Vorläufer dieser Kulturwoche können die Film- und Theatertage im Jahre 1979 in Warschau angesehen werden.

[15] A. Lempp (Hrsg.), Initiativen kultureller Zusammenarbeit Bundesrepublik Deutschland – Volksrepublik Polen 1982–1988, Darmstadt 1989, S. 230. Zum Thema Stadt und Kulturaustausch vgl. ebenda, S. 195–230.

[16] Vgl. K. Reiff, Polen, Als deutscher Diplomat an der Weichsel, Bonn 1990.

[17] A. Garbicz, Hauptereignis „Metropolis", in: Deutsch-polnische Ansichten zur Kultur und Literatur 4 (1992), S. 218.

[18] H. Harnischfeger, Kulturaustausch mit Polen durch das Goethe-Institut, in: W. Plum (Hrsg.), Ungewöhnliche Normalisierung, Beziehungen der Bundesrepublik Deutschland zu Polen, Bonn 1984, S. 273–277.

[19] I. Hees, in: Die Robert Bosch Stiftung und die deutsch-polnischen Beziehungen 1974–1994, Stuttgart 1994, S. X. Vgl. auch R. Stephan, Zur Linderung von allerhand Not, Eine Stiftung im Dienste der Völkerverständigung, in: Pflüger, Lipscher (Hrsg.), S. 237–244.

[20] Vgl. B. Jonda, Deutsch-polnischer Schüler- und Studentenaustausch, Ein Programm der Robert Bosch Stiftung, Dokumentation über die Jahre 1979–1989, Stuttgart [1991].

[21] Vgl. Fünfzehn Jahre Deutsches Polen-Institut Darmstadt, Werkstattbesichtigung 1980–1995, Darmstadt 1995; Karl Dedecius und das Deutsche Polen-Institut, Laudationes, Berichte, Interviews, Gedichte, Darmstadt 1991.

[22] Aus der umfangreichen Literatur die Überblicksdarstellungen W. Markiewicz, Erziehung zur Verständigung, Die deutsch-polnischen Schulbuchempfehlungen, in: Pflüger, Lipscher (Hrsg.), S. 182–192; M. Mack, Schulbuchgespräche, in: E. Kobylińska, A. Lawaty, R. Stephan (Hrsg.), Deutsche und Polen, 100 Schlüsselbegriffe, München 1992, S. 528–534.

[23] A. Gieysztor, Der Beitrag der Wissenschaft zum Normalisierungsprozeß, in: Pflüger, Lipscher (Hrsg.), S. 230. Zum Verlauf der polnisch-bundesdeutschen Wissenschaftsbeziehungen vgl. M. Cygański, Polska – RFN, Współpraca kulturalno-naukowa po układzie z 7 grudnia 1970 r., in: Polacy i Niemcy, Płaszczyzny i drogi normalizacji, Kultura, Opole 1994, S. 105–121.

[24] H. Pfeiffer, Förderung polnischer Wissenschaftler durch die Alexander von Humboldt-Stiftung, in: W. Plum (Hrsg.), S. 287–288.

[25] Hochschulen auf gemeinsamem Weg, Kooperationsbeziehungen deutscher Hochschulen mit Hochschulen und Wissenschaftseinrichtungen in Mittel-, Ost- und Südosteuropa, bearb. von E. Mühle, R. Smolarczyk, Bad Honnef 1993, S. 89–186. Da nicht alle aufgeführten Kooperationen mit einem Gründungsdatum versehen sind, kann eine genaue chronologische Entwicklungslinie nicht erstellt werden.

[26] W. Wrzesiński, Polskie badania niemcoznawcze, in: Polacy wobec Niemców, S. 194–224.

[27] Vgl. A. Měšťan, Forschung und Lehre, Polonistik an den Universitäten der Bundesrepublik, in: H. Kneip, H. Orłowski (Hrsg.), Die Rezeption der polnischen Literatur im deutschsprachigen Raum und die der deutschsprachigen in Polen 1945–1985, Darmstadt 1988, S. 235–243; H. Orłowski, Germanistik in Polen. in: Ebenda, S. 466–472.

[28] Vgl. das Themenheft Osteuropaforschung in der Bundesrepublik Deutschland, in: Osteuropa 30 (1980), H. 89/90, S. 648–1078. Eine aktualisierte Ausgabe dieser Dokumentation ist in Vorbereitung.

[29] J. Nölle, Gespräche über Grenzen, in: Zeitschrift für Kulturaustausch 39 (1989), H. 4, S. 454–461.

[30] Vgl. dazu den anschaulichen Bericht von G. Ziegler, Die „Gemeinschaft zur Förderung von Studienaufenthalten Polnischer Studenten in der Bundesrepublik Deutschland" (GFPS e. V.) – Geschichte eines einzigartigen joint venture in den deutsch-polnischen Kulturbeziehungen, in: Zeitschrift für Kulturaustausch 39 (1989), H. 4, S. 439–444.

[31] M. Homma, Vertraut, aber ohne Echo, Polnische Musik in der Bundesrepublik, in: Deutschpolnische Ansichten zur Literatur und Kultur 1 (1989), S. 234.

[32] Ebenda, S. 241.

[33] Klaus Umbach über Krzysztof Penderecki und die Neue Musik, Mit Gloria und Glykol in den Rückwärtsgang, in: „Der Spiegel" (1987), Nr. 2, S. 142 ff. zitiert nach H. Glaser, Kulturgeschichte der Bundesrepublik Deutschland, Bd. 3, Zwischen Protest und Anpassung 1968–1989, München 1989, S. 258 ff.

[34] B. Garbacik, Film zachodnioniemiecki w Polsce (1956–1990), in: Przegląd Zachodni (1992), Nr. 3, S. 135–153.

[35] Vgl. J. Urbaniak, Großes Interesse – kleines Angebot, Die Rezeption des deutschen Films in Polen, in: Deutsch-polnische Ansichten zur Literatur und Kultur 1 (1989), S. 227–233 [Zitat auf S. 230].

[36] Ders., Der diskrete Charme der späten Entdeckung, in: Deutsch-Polnische Ansichten zur Literatur und Kultur 2 (1990), S. 251.

[37] Ebenda, S. 251.

[38] G. Schatz, Chancen, Barrieren, Nichtigkeiten – Zur Rezeption des polnischen Films in der Bundesrepublik Deutschland, in: Zeitschrift für Kulturaustausch 39 (1989), H. 4, S. 558–560.

[39] Ders., Wachsendes kommunales Interesse, Das polnische Kino in Deutschland, in: Deutschpolnische Ansichten zur Literatur und Kultur 2 (1990), S. 237 f. Über eine andere Erfahrung beim „Europäischen Filmfestival: Polen" 1989 in Stuttgart, das vom Angebot her ein Ereignis und vom Publikumsinteresse her ein Flop war, vgl. D. Dzierzan, Wettlauf zwischen Kunst und Kommerz:

Hat das Polnische Kino eine Chance?, in: Zeitschrift für Kulturaustausch 39 (1989), H. 4, S. 561–562.
⁴⁰ K. Stanisławski, Polnisch-deutsche Präsenzen, Die künstlerischen Wechselbeziehungen in den achtziger Jahren, in: A. Lempp (Hrsg.), S. 105.
⁴¹ Ebenda, S. 111.
⁴² Ebenda, S. 111 f.
⁴³ J. Weichardt, Makowski, Witkiewicz, Hasior und die Jungen, Polnische Kunst in Deutschland, in: Deutsch-polnische Ansichten zur Literatur und Kultur 2 (1990), S. 220 f.
⁴⁴ Vgl. K. Sauerland, Literarische Rezeption, in: E. Kobylińska u. a. (Hrsg.), S. 195–201. Sehr nützlich ist die Bibliographie Literatura niemieckojęzyczna w tłumaczeniu polskim 1945–1990, Bibliografia do wystawy „Książka nie zna granic", Red. M. Łukasiewicz (na podstawie zbiorów W. Lipschera), Darmstadt 1990.
⁴⁵ M. Jaroszewski, Die Rezeption der deutschen Literatur in Polen (1945–1991), in: B. Chrząstowska, H. D. Zimmermann (Hrsg.), Umgang mit Freiheit, Literarischer Dialog mit Polen, Berlin 1994, S. 199–224. Vgl. auch H. Orłowski, Verlagsgutachten und Nachworte, Zur Förderung und Zensierung Deutscher Literatur in Polen nach 1945, in: Studia Germanica Posnaniensia (1995), Nr. 22, S. 125–137.
⁴⁶ Jaroszewski, S. 201.
⁴⁷ Vgl. H. Orłowski, Der „polnische" Thomas Mann, in: Kneip, Orłowski (Hrsg.), S. 307–318.
⁴⁸ Vgl. dazu M. Sander, Der andere Blick – Deutsche Schriftsteller aus polnischer Sicht (1945–1986), Ein Beitrag zur Rezeptionsgeschichte, Saarbrücken, Fort Lauderdale 1989, S. 105–173.
⁴⁹ St. H. Kaszyński, Barometer und Instrument, Literatur der Bundesrepublik in Polen, in: Kneip, Orłowski (Hrsg.), S. 346.
⁵⁰ Der Studentenklub „Hybrydy" hat zusammen mit der Polonistin Maria Janion das Seminar in vier internen Publikationen mit Übersetzungen, Bildern, Beiträgen und Dokumentationen vorbereitet. Über die behördlichen Schwierigkeiten um Grass vgl. Polskie pytania o Grassa, Pod red. M. Janion, Przy współpracy A. Wójtowicza, Warszawa [1988], S. 5–8.
⁵¹ Dokumentiert in: Gunterus Grass, Doctor honoris causa Universitatis Studiorum Mickiewiczanae Posnaniensis, Poznań 1991, S. 58 f.
⁵² H. Böll, F. Duve, K. Staeck (Hrsg.), Verantwortlich für Polen?, Reinbek bei Hamburg 1982. Der Band enthält Stellungnahmen u. a. von Heinrich Albertz, Jurek Becker, Wolf Biermann, Ingeborg Drewitz, Günter Grass, Walter Jens, Fritz J. Raddatz, Peter Rühmkorf.
⁵³ Siehe FAZ vom 24. August 1983.
⁵⁴ B. Engelmann, Wer Anstöße gibt, muß Anstoß erregen, in: Kürbiskern (1984), Nr. 2, S. 25.
⁵⁵ Zitiert in: Dokumentation: Aus der Diskussion der VS-Bundesdelegiertenkonferenz, Saarbrücken 1984, in: Kürbiskern (1984), Nr. 3, S. 8.
⁵⁶ Ebenda, S. 17.
⁵⁷ Ebenda, S. 22–23. In völliger Verkennung des „polnischen" Problems rekapitulierte er die Kritik an dem Telegramm: „Alles schien sich nur noch um den bestimmten oder einen unbestimmten Artikel zu drehen: ob ‚der' oder ‚ein' Schriftstellerverband in Polen her müßte. Dabei macht die polnische Sprache nicht einmal genau diesen Unterschied" (S. 48).
⁵⁸ Ebenda, S. 28–29.
⁵⁹ Ebenda, S. 39.
⁶⁰ Ebenda, S. 9 f. Friedrich Hitzer hat dennoch (in einem späteren Gespräch) die Objektivität der Informationsquellen vermißt: „Wir wissen doch alle zuwenig über Polen, und ich weigere mich, so sympathisch die Person Zagajewskis sein mag [...] alles zu glauben, was er sagt. Ich möchte verdammt nochmal auch einen anderen Polen hören [...]" (S. 62). Andererseits konnte er sich einen „Auftritt" von Polen unterschiedlicher politischer Couleur wohl nur als Handgemenge vorstellen: „In einem Land, wo 1981 das Kriegsrecht ausgerufen wurde, gibt es doch offenkundig härteste Konfrontationen, sonst wäre es nicht zu dieser erschreckenden Maßnahme gekommen. Nun kam Zagajewski, ein Tonband von Bartoszewski wurde abgespielt. Was wäre gewesen, wenn einer ihrer polnischen Gegner, nicht ein Militär, sondern zum Beispiel eine angesehene Autorin in Saarbrücken geredet hätte? [...] Ich kann mir das nur als Tumult vorstellen, wenn die polnischen Kontrahenten auf der Saarbrücker VS-Bühne aufeinander losgegangen wären, wenn dort etwa Jerzy Putrament oder die jetzige Vorsitzende des Schriftstellerverbandes [Halina Auderska], die die Berliner

und ihre polnischen Gäste völlig ablehnen, das Wort ergriffen hätten. Das Schauspiel möchte ich den Polen ersparen, vor einem deutschen Gremium ihre Kämpfe auszutragen: das wäre doch ein wüster Ringkampf der Fraktionen in Polen vor Deutschen" (S. 54).

[61] Ebenda, S. 32.
[62] Ebenda, S. 36-37.
[63] A. Rossmann, Wechselbad mit Kureffekt, Auf dem Weg der Besserung: Der VS-Kongress in Aachen, in: FAZ, Nr. 101, vom 2. Mai 1994, S. 35.

Die Deutschlandfrage nach 1945.
Rechtliche Rahmenbedingungen der deutsch-polnischen Beziehungen[*]

von Jochen Abr. Frowein

I. Einführung

Deutschland hat nur kurze Zeit als völkerrechtlich und verfassungsrechtlich klar definierter Nationalstaat bestanden. Vor 1867/71 war der Deutsche Bund als Institution, die völkerrechtliche und staatsrechtliche Elemente verband, eine unter den damaligen Staaten Europas schwer einzuordnende Erscheinung.[1] Noch weit schwieriger war die Qualifizierung des Heiligen Römischen Reiches Deutscher Nation, das mit der Niederlegung der Kaiserkrone durch Franz II. 1806 ein Ende fand.[2] Bei seiner rechtlichen Würdigung gebrauchte Samuel Pufendorf den berühmten Satz: „Es bleibt uns also nichts anderes übrig, als das deutsche Reich, wenn man es nach den Regeln der Wissenschaft von der Politik klassifizieren will, einen irregulären und einem Monstrum ähnlichen Körper zu nennen, der sich im Laufe der Zeit [...] aus einer regulären Monarchie zu einer so disharmonischen Staatsform entwickelt hat, daß es nicht mehr eine beschränkte Monarchie, [...], aber noch nicht eine Föderation mehrerer Staaten ist, vielmehr ein Mittelding zwischen beiden."[3]

Von 1945 bis 1990 war die Rechtslage Deutschlands erneut ein Problem, dessen Behandlung Bibliotheken füllt und das die Staatskanzleien nicht nur der Bundesrepublik Deutschland und der Deutschen Demokratischen Republik, sondern auch der vier Hauptsiegermächte des Zweiten Weltkrieges, der Vereinigten Staaten von Amerika, des Vereinigten Königreichs von Großbritannien und Nordirland, der Französischen Republik und der Union der Sozialistischen Sowjetrepubliken vor schwierige Fragen stellte, bei denen oft politische und rechtliche Faktoren in einer schwer auflösbaren Gemengelage verbunden erschienen.

II. Die Kapitulation der deutschen Wehrmacht und die Besetzung des Reichsgebietes

Nachdem Generaloberst Jodl am 7. Mai 1945 für das Oberkommando der Wehrmacht eine einseitige Kapitulationserklärung gegenüber dem Oberkommandierenden der Alliierten Streitkräfte an der Westfront und gegenüber dem sowjetischen Oberkommando abgegeben und gleichzeitig vereinbart hatte, daß eine förmliche Ratifikation erfolgen sollte, wurde am 8. Mai 1945 eine Kapitulationserklärung in Berlin unterzeich-

---

[*] Gekürzte und unwesentlich überarbeitete Fassung von § 2 Die Entwicklung der Rechtslage Deutschlands von 1945 bis zur Wiedervereinigung 1990, in: E. Benda, W. Maihofer, H.-J. Vogel (Hrsg.), Handbuch des Verfassungsrechts der Bundesrepublik Deutschland, 2. neubearbeitete und erweiterte Auflage, Berlin 1994, S. 19–34.

net.[4] Sie war allein auf die unter deutscher Kontrolle stehenden Streitkräfte bezogen und enthielt lediglich in Ziffer 4 folgenden Vorbehalt: „This act of military surrender is without prejudice to, and will be superseded by any general instrument of surrender imposed by, or on the behalf of the United Nations and applicable to Germany and the German armed forces as a whole."[5]

Zum Zeitpunkt der Kapitulation war der größte Teil des Reichsgebietes von alliierten Streitkräften besetzt.[6] Bis zum 23. Mai 1945 bestand die von Hitler eingesetzte Reichsregierung unter Leitung des Großadmirals Dönitz, die an diesem Tage an ihrem Sitz in Flensburg von britischen Besatzungsstreitkräften aufgelöst wurde.[7]

Gemäß dem Londoner Protokoll vom 12. September 1944 wurde Deutschland in seinen Grenzen vom 31. Dezember 1937 besetzt.[8] Alle territorialen Veränderungen nach diesem Datum behandelten die Alliierten als nichtig oder nicht mehr gültig.[9] Deutschland wurde in drei Zonen und das Gebiet von Berlin geteilt. Je eine Zone sollte von den USA, Großbritannien und der Sowjetunion besetzt werden, während Berlin danach gemeinsames Besatzungsgebiet sein sollte. Ein Ergänzungsabkommen vom 26. Juli 1945 legte dann vier Zonen fest, wobei Frankreich die neugebildete Zone zugewiesen wurde.[10]

Das Protokoll vom 12. September 1944 bezeichnete alles deutsche Gebiet östlich der genau festgelegten Grenze, die an der Lübecker Bucht beginnt, mit Ausnahme Berlins als „Besatzungsgebiet" der Sowjetunion, wobei Ostpreußen besonders genannt wird („including the province of East Prussia").[11] Die dem Ergänzungsabkommen vom 26. Juli 1945 beigefügte Karte zeigt ebenfalls das gesamte deutsche Gebiet nach dem Stande vom 31. Dezember 1937 östlich der Grenze der sowjetischen Zone außer Berlin als zu dieser Zone gehörig.[12]

In dem „Protocol of the Proceedings of the Berlin Conference", meist kurz als Potsdamer Protokoll oder Abkommen bezeichnet, wird dann in Abschnitt VIII vereinbart, daß ein Gebiet östlich der später so genannten Oder-Neiße-Linie mit Ausnahme des nördlichen Ostpreußen unter der Verwaltung des polnischen Staates stehen und für diesen Zweck nicht als Bestandteil der sowjetischen Besatzungszone angesehen werden soll.[13] Das nördliche Ostpreußen wird danach unter die „Verwaltung" der Sowjetunion gestellt.[14] Für beide Gebiete zeigt der Text eine eigentümlich widersprüchliche Qualifizierung[15], behält aber ausdrücklich die endgültige Regelung einem Friedensvertrag vor. Eine „Mitteilung über die Dreimächtekonferenz von Berlin" wurde im Ergänzungsblatt zum Amtsblatt des Kontrollrats in Deutschland veröffentlicht.[16]

Im Juli 1945 rückten Truppen der drei Westmächte in Berlin ein, und die Aufteilung der Besatzungszonen im übrigen wurde mit kleineren Abweichungen den besagten Abkommen entsprechend vorgenommen. Die Abweichungen, die vor allem aus technischen Gründen von den örtlichen Kommandeuren vereinbart wurden, so etwa die Übertragung des sogenannten Neuhauser Streifens östlich der Elbe an die sowjetische Besatzungszone, wurden meist formell durch den als oberstes Besatzungsorgan errichteten Kontrollrat bestätigt.[17]

Mit einer am 5. Juni 1945 in Berlin veröffentlichen Erklärung übernahmen die Regierungen der vier Besatzungsmächte die oberste Gewalt bezüglich Deutschlands („supreme authority with respect to Germany") einschließlich aller Staats-, Gemeinde- oder sonstigen lokalen Gewalt. Es wurde ausdrücklich hinzugefügt, daß das nicht die Annektierung („annexation") Deutschlands bedeute.[18] Entsprechend einer Erklärung vom selben Tage wurde die oberste Gewalt in Deutschland („supreme authority in Germany") von dem Oberkommandierenden jeder Besatzungszone für diese Zone ausgeübt und gemeinsam in Angelegenheiten, die Deutschland als Ganzes betreffen („in matters affecting Germany as a whole"). Die Oberkommandierenden bildeten nach dieser Erklärung gemeinsam den Kontrollrat. Unter dem Datum des 30. August 1945 wurde die Proklamation Nr. 1 über die „Aufstellung des Kontrollrates" erlassen, die „An das deutsche Volk!" adressiert war und offenbar die Übernahme der Regierungsgewalt und die Einrichtung des Kontrollrates dem deutschen Volk förmlich zur Kenntnis bringen sollte.[19]

Die Besetzung Deutschlands war jedenfalls 1944/45 eine kriegerische Besetzung im Sinne des Kriegsvölkerrechts. Ob sie in vollem Umfang an die in der Haager Landkriegsordnung (HLKO) enthaltenen Regeln über die Besetzung gebunden war, ist streitig. Von den Alliierten wurde häufig die Meinung vertreten, daß die HLKO nicht anwendbar sei.[20] Deutsche Stellungnahmen legten sie dagegen meist zugrunde.[21] Es ist sicher, daß die Ausübung der durch die Erklärung vom 5. Juni 1945 übernommenen Befugnisse weit über die Aufrechterhaltung der öffentlichen Ordnung im Sinne von Art 43 HLKO hinausging. Ob sich vor allem die Maßnahmen zur „Aufhebung von Nazigesetzen" durch das Gesetz Nr. 1 des Kontrollrats[22] und ähnliche Besatzungsrechtsakte als Ausübung einer besonderen, vom deutschen Volk konkludent gebilligten Zuständigkeit zur Wahrnehmung seiner Interessen rechtfertigen lassen, kann dahinstehen. Vieles dürfte in der Lage des Jahres 1945 dafür sprechen.

Eine kriegerische Besetzung ändert an dem Fortbestehen des besetzten Staates nichts. Dennoch wurde vor allem mit Rücksicht auf die Übernahme der obersten Regierungsgewalt durch die Besatzungsmächte zum Teil die Meinung vertreten, der deutsche Staat habe aufgehört zu bestehen.[23] Diese Auffassung hat keine Anerkennung gefunden. Bereits 1946 gab das britische Außenministerium in einem Gerichtsverfahren die Erklärung ab, daß Deutschland als Staat weiter bestehe, und das Gericht entschied auf dieser Grundlage[24]. Ebenso urteilten Gerichte neutraler Staaten, etwa der Schweiz[25]. Trotz einiger abweichender französischer Erklärungen[26] kann die Meinung, daß der deutsche Staat nicht durch die Ereignisse von 1945 untergegangen ist, als der Staatspraxis der Alliierten und der wieder entstehenden deutschen Behörden zugrundeliegend angesehen werden.[27]

Am Ende des Jahres 1945 stellte sich die Lage Deutschlands so dar: Sein Territorium war durch alliierte Maßnahmen auf den Stand vom 31. Dezember 1937 verkleinert.[28] Das Gebiet bis zur Oder und Neiße unterlag der Besetzung durch die vier Mächte, die gemeinsam im Kontrollrat die oberste Verantwortung für Deutschland ausübten. Das Gebiet östlich von Oder und Neiße unterstand einer besonderen polnischen und für das nördliche Ostpreußen sowjetischen Verwaltung, die nach dem Wortlaut des Potsdamer Abkommens als Vorstufe für Gebietsveränderungen gedacht war.[29] Obwohl diese Gebiete aus der sowjetischen Zone ausgeschieden waren, zu der sie ursprünglich gehört hatten, erstreckte sich die Verantwortung des Kontrollrates für Deutschland als Ganzes auch auf sie.[30]

III. Die Entstehung der Bundesrepublik Deutschland

Bei der Schaffung des Grundgesetzes im Parlamentarischen Rat war die Meinung herrschend, daß der deutsche Staat fortbesteht und lediglich „neu organisiert" werden sollte.[31] Dies kommt vor allem in der Präambel eindeutig zum Ausdruck („um dem staatlichen Leben für eine Übergangszeit eine neue Ordnung zu geben"). Die Organe der Bundesrepublik Deutschland haben von Anfang an die Auffassung vertreten, daß die Bundesrepublik Deutschland mit dem Deutschen Reich identisch ist.[32] Sie hat auf dieser Grundlage völkerrechtliche Rechtspositionen des Deutschen Reiches fortgesetzt.[33] Vor allem hat sie Verträge wieder angewendet[34], ist für Deutschland in internationalen Organisationen aufgetreten[35] und hat das Reichsvermögen im Ausland übernommen.[36] Das Bundesverfassungsgericht als das höchste vom Grundgesetz konstituierte deutsche Gericht hat die Identität – später als „Teilidentität" bezeichnet – der Bundesrepublik Deutschland mit dem Deutschen Reich in ständiger Rechtsprechung bestätigt.[37]

Auch die Alliierten haben sich nach Gründung der Bundesrepublik Deutschland in Erklärungen zu der Rechtslage geäußert, ohne freilich das Identitätsproblem eindeutig zu behandeln. Am 18. September 1950 haben die Regierungen der Drei Mächte bestätigt, daß sie „die Regierung der Bundesrepublik Deutschland als die einzige deutsche Regierung ansehen, die frei und legitim gebildet und daher berechtigt ist, als Repräsentantin des deutschen Volkes in internationalen Angelegenheiten für Deutschland zu sprechen".[38]

Die Erklärung, die häufig wiederholt worden ist, stellt für die Auslegung nicht unerhebliche Probleme. Es dürfte kein Zufall sein, daß die Wortwahl rechtliche Konsequenzen hinsichtlich einer völkerrechtlichen Vertretungsbefugnis der Bundesregierung für das Deutsche Reich gerade nicht eindeutig ermöglicht. Wenn es dort hieß, daß die Bundesregierung als Repräsentantin des deutschen Volkes in internationalen Angelegenheiten für Deutschland sprechen könne, so deutete das eher auf das der Bundesregierung zugebilligte politische Mitspracherecht, nicht aber auf ein völkerrechtliches Vertretungsrecht hin.[39]

Die beschränkte Bedeutung der Erklärung wurde auch aus einem unveröffentlichten Auslegungsprotokoll deutlich, das der Bundesregierung gleichzeitig übermittelt worden ist. Darin war aufgeführt, daß die Erklärung auf der fortdauernden Existenz des deutschen Staates beruhe, daß die Anerkennung der Bundesrepublik Deutschland vorläufigen Charakter habe, indem sie lediglich bis zur friedlichen Wiedervereinigung Deutschlands Geltung besitze, und daß deshalb die Bundesregierug nicht als De-jure-Regierung Gesamtdeutschlands anerkannt sei.[40]

Hieran hatte sich durch den Abschluß des Vertrages über die Beziehungen zwischen der Bundesrepublik Deutschland zu den Drei Mächten in der Fassung vom 23. Oktober 1954 (Deutschlandvertrag) nichts geändert. Der am 5. Mai 1955 in Kraft getretene Vertrag führte zur Aufhebung des Besatzungsregimes. Gemäß Art. 1 Abs. 2 hat die Bundesrepublik „demgemäß die volle Macht eines souveränen Staates über ihre inneren und äußeren Angelegenheiten". Diese Feststellung wurde jedoch durch Art. 2 eingeschränkt, wonach die Drei Mächte „die bisher von ihnen ausgeübten oder inngehabten Rechte und Verantwortlichkeiten in bezug auf Berlin und Deutschland als Ganzes einschließlich der Wiedervereinigung Deutschlands und einer friedensvertraglichen Regelung" behalten.[41] Es zeigte sich, daß damit die durch die Erklärung vom 5. Juni 1945 von den Alliierten übernommenen Zuständigkeiten auch von den Drei Mächten insofern weiterhin ausgeübt werden konnten, als sie Berlin und Deutschland als Ganzes, damit also auch das Verhältnis zur Sowjetunion als der vierten an der Übernahmeerklärung beteiligten Macht, betreffen.[42] Über die Ausübung der Vorbehaltsrechte hatten die drei Westmächte in Paris am 23. Oktober 1954 ein Abkommen geschlossen, aufgrund dessen die vorbehaltenen Rechte von ihren Missionschefs in der Bundesrepublik ausgeübt wurden, die gemeinsam handelten, wenn sie die Angelegenheit als sie gemeinsam betreffend ansahen.[43] Soweit es um die Ausübung von Viermächtezuständigkeiten ging, war der sowjetische Botschafter bei der DDR der Partner der Botschafter der Drei Mächte.

Von 1949 bis 1990 betrachtete die Bundesrepublik Deutschland sich als mit dem Deutschen Reich identische staatliche Körperschaft, freilich auf ihr Territorium begrenzt.

IV. Die Beendigung der Vier-Mächte-Rechte

Am 12. September 1990 wurde in Moskau der Vertrag über die abschließende Regelung in bezug auf Deutschland von den beiden deutschen Staaten und den Vier Mächten abgeschlossen, die am 5. Juni 1945 die oberste Gewalt für Deutschland übernommen hatten.[44] In Art. 1 wird festgelegt, daß das vereinte Deutschland die Gebiete der Bundesrepublik Deutschland, der Deutschen Demokratischen Republik und ganz Berlins umfaßt. Seine Außengrenzen werden danach am Tage des Inkrafttretens des Vertrages „endgültig" sein. Art. 1 fügt hinzu: „Die Bestätigung des endgültigen Charakters der Grenzen des vereinten Deutschland ist ein wesentlicher Bestandteil der Friedensordnung in Europa." Art. 2 legt fest, daß nach der Verfassung des vereinten Deutschland Handlungen, die geeignet sind und in der Absicht vorgenommen werden, das friedliche Zusammenleben der Völker zu stören, insbesondere die Führung eines Angriffskrieges vorzubereiten, verfassungswidrig und strafbar sind. Die Regierung der Bundesrepublik Deutschland und der Deutschen Demokratischen Republik erklären, daß das vereinte Deutschland keine seiner Waffen jemals einsetzen wird, es sei denn in Übereinstimmung mit seiner Verfassung und der Charta der Vereinten Nationen. Art. 3 enthält Regelungen über die Stärke der deutschen Streitkräfte und den Verzicht auf ABC-Waffen. Gemäß Art. 4 werden die sowjetischen Streitkräfte bis zum Ende des Jahres 1994 abgezogen werden. Art. 5 legt fest, daß bis zum Abzug der sowjetischen Streitkräfte auf dem Gebiet der ehemaligen DDR ausschließlich deutsche Verbände der Territorialverteidigung stationiert sind, die nicht in Bündnisstrukturen integriert sind. Auch nach dem Abzug der sowjetischen Streitkräfte werden ausländische Streitkräfte und Atomwaffen oder deren Träger in den neuen Ländern weder stationiert noch verlegt werden. Gemäß Art. 6 wird das Recht des vereinten Deutschland, Bündnissen mit allen sich daraus ergebenden Rechten und Pflichten anzugehören, von diesem Vertrag nicht berührt.

Nach Art. 7 beenden die Französische Republik, die Union der Sozialistischen Sowjetrepubliken, das Vereinigte Königreich Großbritannien und Nordirland und die Vereinigten Staaten ihre Rechte und Verantwortlichkeiten in bezug auf Berlin und Deutschland als Ganzes. Als Ergebnis werden die entsprechenden, damit zusammenhängenden vierseitigen Vereinbarungen, Beschlüsse und Praktiken beendet und alle entsprechenden Einrichtungen der Vier Mächte aufgelöst. Abs. 2 des Art. 7 lautet: „Das vereinte Deutschland hat demgemäß volle Souveränität über seine inneren und äußeren Angelegenheiten."[45]

Der am 12. September 1990 unterzeichnete Vertrag ist am 15. März 1991 nach der Hinterlegung der Ratifikationsurkunden in Kraft getreten. Es handelt sich dabei um die ungewöhnliche Situation, daß die Unterzeichnung des Vertrages durch zwei deutsche Vertragspartner erfolgt ist, die Hinterlegung der Ratifikationsurkunde dagegen durch das vereinte Deutschland. Durch eine am 1. Oktober 1990 in New York abgegebene Erklärung der Vier Mächte hatten diese unter Berücksichtigung der Unterzeichnung des Zwei-plus-Vier-Vertrages ihre Rechte und Verantwortlichkeiten in bezug auf Berlin und

Deutschland als Ganzes mit Wirkung vom Zeitpunkt der Vereinigung Deutschlands bis zum Inkrafttreten des Vertrages über die abschließende Regelung in bezug auf Deutschland ausgesetzt.[46] Insofern bestand zwischen dem 3. Oktober 1990 und dem 15. März 1991 ein eigenartiger Schwebezustand, in dem die Vier-Mächte-Rechte und -Verantwortlichkeiten rechtlich noch nicht beendet worden waren. Allerdings erscheint die Meinung zutreffend, daß auch bei einer Nichtratifizierung des Zwei-plus-Vier-Vertrages, etwa durch die Sowjetunion, ein Wiederaufleben dieser Rechte ausgeschlossen wäre.[47] Durch die Zustimmung zur Deutschen Vereinigung unter Festlegung der äußeren Bedingungen hatten die Vier Mächte die Bedingung gesetzt, die zum Erlöschen der Vier-Mächte-Rechte und -Verantwortlichkeiten führen mußte, deren völkerrechtliche Rechtfertigung allein darin lag, daß die deutsche Frage nicht gelöst war.

Durch Notenwechsel vom 27./28. September 1990 ist eine Vereinbarung zwischen der Regierung der Bundesrepublik Deutschland und den Drei Mächten abgeschlossen worden, wonach der Deutschland-Vertrag vom 26. Mai 1952 in der Fassung vom 23. Oktober 1954 mit der Suspendierung der Rechte und Verantwortlichkeiten der Vier Mächte gleichfalls suspendiert wird und mit dem Inkrafttreten des Vertrages über die abschließende Regelung in bezug auf Deutschland außer Kraft tritt.[48] In demselben Notenwechsel ist festgelegt worden, daß der Überleitungsvertrag mit Ausnahme bestimmter besonders genannter Vorschriften ebenso außer Kraft tritt. Durch Vereinbarung vom 8. Oktober 1990 wurde festgelegt, daß der Vertrag über den Aufenthalt ausländischer Streitkräfte in der Bundesrepublik Deutschland vom 23. Oktober 1945 vorläufig in Kraft bleibt, aber von den Vertragsparteien auf Antrag einer Partei überprüft wird.[49] Ebenfalls durch Notenwechsel ist die Stationierung von Streitkräften der Drei Mächte in dem früheren West-Berlin festgelegt worden.[50] Im deutsch-sowjetischen Truppenabzugsvertrag vom 12. Oktober 1990 ist der Status der sowjetischen Truppen (jetzt russische Truppen) bis zu ihrem Abzug rechtlich weitgehend nach dem Modell der Stationierung westlicher Streitkräfte in der Bundesrepublik Deutschland geregelt worden.[51]

V. Die Oder-Neiße-Gebiete und die Regelung der deutschen Grenzen

Art. 1 des Vertrages über die abschließende Regelung in bezug auf Deutschland enthält eine sehr detaillierte Regelung für die deutschen Grenzen. Diese werden mehrfach als endgültig bezeichnet. Die Bestätigung des endgültigen Charakters der Grenzen des vereinten Deutschland wird als ein wesentlicher Bestandteil der Friedensordnung in Europa herausgestellt. Gemäß Art. 1 Abs. 2 bestätigen das vereinte Deutschland und die Republik Polen die zwischen ihnen bestehende Grenze in einem völkerrechtlich verbindlichen Vertrag. Das ist durch den Vertrag zwischen der Bundesrepublik Deutschland und der Republik Polen über die Bestätigung der zwischen ihnen bestehenden Grenze vom 14. November 1990 geschehen.[52] Gemäß Art. 1 dieses Vertrages bestätigen die Parteien die zwischen ihnen bestehende Grenze, deren Verlauf nach dem Abkommen vom 6. Juli 1950 zwischen der DDR und der Republik Polen sowie dem Vertrag vom 7. Dezember 1970 zwischen der Bundesrepublik Deutschland und der Volksrepublik Polen über die Grundlagen der Normalisierung ihrer gegenseitigen Beziehungen bestimmt. Nach Art. 2 erklären die Vertragsparteien, daß die zwischen ihnen bestehende Grenze jetzt und in Zukunft unverletzlich ist und sie verpflichten sich gegenseitig zur uneingeschränkten Achtung ihrer Souveränität und territorialen Integrität. In Art. 3

erklären Deutschland und Polen, daß sie gegeneinander keinerlei Gebietsansprüche haben und solche auch in Zukunft nicht erheben werden.

Art. 1 Abs. 4 des Vertrages über die abschließende Regelung in bezug auf Deutschland enthält die Bestimmung, daß die Regierungen der beiden deutschen Staaten sicherstellen werden, daß die Verfassung des vereinten Deutschland keinerlei Bestimmungen enthalten wird, die mit diesen Prinzipien unvereinbar sind. Dies gilt, wie ausdrücklich hinzugefügt wird, dementsprechend für die Bestimmungen, die in der Präambel und in den Art. 23 Satz 2 und 146 des Grundgesetzes für die Bundesrepublik Deutschland niedergelegt sind. Hier zeigt sich, daß die Änderung dieser Verfassungsbestimmungen von den Alliierten gefordert worden ist. Auf der Grundlage von Art. 1 Abs. 4 des Vertrages über die abschließende Regelung für Deutschland sind die Änderungen des Grundgesetzes in der Präambel, Art. 23 und 146 zu erklären, die in Art. 4 des Einigungsvertrages vorgenommen worden sind. Damit sollte jede Möglichkeit ausgeschlossen werden, aus der Verfassung irgendwelche Gebote für Forderungen zu entnehmen, die sich auf die früher deutschen Ostgebiete beziehen könnten.

Gemäß Art. 1 Abs. 5 nehmen die Regierungen der Vier Mächte die entsprechenden Verpflichtungen und Erklärungen der Regierungen der Bundesrepublik Deutschland und der Deutschen Demokratischen Republik förmlich entgegen und erklären, daß mit deren Verwirklichung der endgültige Charakter der Grenzen des vereinten Deutschland bestätigt wird. Die Förmlichkeit, mit der der endgültige Charakter der Grenzen des Vereinten Deutschland bestätigt und als wesentlicher Bestandteil der Friedensordnung in Europa bezeichnet wird, führt zu der Frage, welches die rechtliche Bedeutung dieser Bestimmungen ist. Da Deutschland gemäß Art. 7 Abs. 2 die volle Souveränität über seine inneren und äußeren Angelegenheiten hat, kann nicht zweifelhaft sein, daß es Grenzverträge mit seinen Nachbarn abschließen kann, ohne daß daran die Vier Mächte in irgendeiner Weise zu beteiligen wären. Man wird aber auch anerkennen müssen, daß die Bestätigung des endgültigen Charakters der Grenzen Deutschlands als „wesentlicher Bestandteil der Friedensordnung in Europa" den Vier Mächten die Möglichkeit geben könnte, einem Grenzvertrag zu widersprechen, wenn darin in irgendeiner Weise eine Störung der Friedensordnung in Europa gesehen werden könnte. Das wäre etwa dann der Fall, wenn ein solcher Vertrag nicht eindeutig auf den freien Willen aller Beteiligten zurückginge.[53]

Es ist nicht geklärt worden, welches der rechtliche Grund für den Erwerb der früheren deutschen Ostgebiete durch Polen ist. Der deutsch-polnische Grenzvertrag wird als Vertrag über die Bestätigung der bestehenden Grenze bezeichnet. Es hängt davon ab, wie man die frühere Rechtslage würdigt, welches die Bedeutung der 1990 getroffenen Regelungen ist. Die überzeugendste rechtliche Erklärung der Vorgänge erscheint die, daß Polen aufgrund der alliierten Maßnahmen unmittelbar nach 1945 eine damals freilich klar völkerrechtswidrige Annexion der Gebiete vorgenommen hat, die später durch alle Beteiligten anerkannt worden ist. Die Bundesrepublik Deutschland hatte diese Anerkennung bereits durch den Warschauer Vertrag von 1970 vollzogen, aber ausdrücklich einen Vorbehalt hinsichtlich der Rechte der Vier Mächte erklärt. Mit der Zustimmung Deutschlands und der Vier Mächte ist nunmehr die zunächst einseitige polnische Maßnahme von allen als rechtlich wirksam, freilich nicht ex tunc, akzeptiert worden.

Anmerkungen

[1] Dazu E. R. Huber, Deutsche Verfassungsgeschichte, Bd. I, 1957, S. 663–670.

[2] Vgl. A. Randelzhofer, Völkerrechtliche Aspekte des Heiligen Römischen Reiches nach 1648, 1967, insbes. S. 67–107.

[3] Die Verfassung des Deutschen Reiches, 1667, deutsche Übersetzung des lateinischen Originals, 1976, S. 106 f.

[4] Dokumente in Faksimile: H. Gerold (Hrsg.), Gesetze des Unrechts, 1979, S. 43–48.

[5] In der ausdrücklich nicht als authentisch bezeichneten deutschen Fassung lautete der Abschnitt: „Diese Kapitulationserklärung ist ohne Präjudiz für irgendwelche an ihre Stelle tretenden allgemeinen Kapitulationsbestimmungen, die durch die Vereinten Nationen und in deren Namen Deutschland und der Deutschen Wehrmacht auferlegt werden mögen", ebenda, S. 47.

[6] Vgl. dazu W. Paul, Der Endkampf um Deutschland 1945, 1976, insbes. S. 422 ff.

[7] Zur Regierung Dönitz: W. Lüdde-Neurath, Regierung Dönitz, 3. Aufl., 1964; M. G. Steinert, Die 23 Tage der Regierung Dönitz, 1967.

[8] UNTS, Bd. 227 (1956), Nr. 532, S. 279; I. v. Münch (Hrsg.), Dokumente des geteilten Deutschland, Bd. I, 1968, S. 25.

[9] J. A. Frowein, Legal Problems of the German Ostpolitik, in: International and Comparative Law Quarterly (ICLQ) 23 (1974), S. 105, 113.

[10] D. Rauschning (Hrsg.), Die Gesamtverfassung Deutschlands, Nationale und internationale Texte zur Rechtslage Deutschlands, 1962, S. 80.

[11] UNTS, Bd. 227 (1956), Nr. 532, S. 279, 280 f.; v. Münch, Dokumente (Fn. 8), Bd. I, S. 25 f.

[12] Map „D", in Faksimile im Anhang zu: Dokumente zur Berlin-Frage 1944–1962, hrsg. vom Forschungsinstitut der Deutschen Gesellschaft für Auswärtige Politik e. V., Bonn, in Zusammenarbeit mit dem Senat von Berlin, 2. Aufl., 1962. Entsprechend der „Feststellung" der vier Regierungen „über die Besatzungszonen in Deutschland" vom 5. Juni 1945, die offenbar als Bekanntmachung an das deutsche Volk gemeint war, ebenso wie die Erklärung über die Übernahme der obersten Regierungsgewalt unter demselben Datum. Text (englisch, französisch, russisch, deutsch): Amtsblatt des Kontrollrats in Deutschland, Ergänzungsblatt Nr. 1 vom 30. April 1946, S. 11 bzw. S. 7.

[13] Dieses „Protokoll" wurde 1947 von den USA und Großbritannien veröffentlicht. Text: U.S. Department of State Pressemitteilung Nr. 238 vom März 1947; Foreign Relations of the United States – Diplomatic Papers, The Conference of Berlin (The Potsdam Conference) 1945, Bd. II, 1960, S. 1478, 1490 ff. Die veröffentlichte „Mitteilung" über die Konferenz (vgl. unten bei und in Fn. 16) enthält unter I eine zusätzliche Einleitung. So erklärt sich, daß der erwähnte Abschnitt VIII („Polen") dort unter XI erscheint. Zur komplizierten Redaktionsgeschichte des „Protokolls" vgl. ebenda, S. 1477 f., Fn. 40.

[14] „administration", ebenda, S. 1491.

[15] Es ist von „former German territories" die Rede, ebenda.

[16] Ergänzungsblatt Nr. 1 vom 30. April 1946, S. 13 ff. Diese „Mitteilung" enthält die wichtigsten Artikel in vollem Wortlaut. Weitere Fundstellen für die englische Fassung „Report on the Triptite Conference of Berlin": v. Münch, Dokumente (Fn. 8), Bd. I, S. 32 ff; Foreign Relations (Fn. 13), S. 1499 ff; Department of State Bulletin, Bd. XIII, 1945, S. 153 ff. – Auf einer amerikanischen Karte, die am 15. August 1945 veröffentlicht worden ist, findet sich „Polish Administration" als Eintragung für die Gebiete östlich von Oder und Neiße mit Ausnahme des nördlichen Ostpreußen, wo nur „USSR" eingetragen ist, Documents on Germany 1944–1961, Committee on Foreign Relations United States Senate, 1961, S. 18.

[17] Die von den Besatzungsmächten getroffenen Grenzregelungen waren lange Zeit vor allem für die Grenze zwischen Bundesrepublik Deutschland und DDR bedeutsam. Die nach dem Grundlagenvertrag eingesetzte Grenzkommission hatte durch ein Protokoll vom 29. November 1978 die Grenze in ihrem überwiegenden teil festgestellt (vgl. Die Grenzkommission, Eine Dokumentation über Grundlagen und Tätigkeit, hrsg. vom Bundesministerium für innerdeutsche Beziehungen, 3. Aufl., 1980, S. 14). Offen blieb vor allem die Regelung an der Elbe (dazu D. Rauschning, Die Grenzlinie im Verlauf der Elbe, in: Recht im Dienst des Friedens, Festschrift für E. Menzel, 1975, S. 429, 437 f.) Das ergibt sich daraus, daß im Londoner Protokoll zwar eindeutig auf in der Mitte der Elbe verlaufende deutsche Verwaltungsgrenzen verwiesen wird, durch die Änderungen im

Bereich des Neuhauser Streifens und an anderer Stelle aber Unklarheiten geschaffen worden waren, die später nicht beseitigt wurden. Eine Regelung des Grenzverlaufs in der Elbe ist von den Besatzungsmächten bei Vereinbarung der gesamten Änderungen des Grenzverlaufs gegenüber dem Londoner Protokoll offenbar nicht vorgenommen worden. Die Praxis war immer kontrovers.

[18] Amtsblatt des Kontrollrats, Ergänzungsblatt Nr. 1 vom 30. April 1946, S. 7; v. Münch, Dokumente (Fn. 8) Bd. I, S. 19 f.

[19] Amtsblatt des Kontrollrats Nr. 1 vom 29. Okt. 1945, S. 4.

[20] Vgl. Nachweise bei R. Stödter, Deutschlands Rechtslage, 1948, S. 154 ff.

[21] Stödter, Deutschlands Rechtslage (Fn. 20), S. 121–180; K. E. v. Turegg, Deutschland und das Völkerrecht, 1948, S. 60.

[22] Gesetz Nr. 1 vom 20. September 1945, Amtsblatt des Kontrollrats Nr. 1 vom 29. Okt. 1945, S. 6.

[23] Vor allem H. Kelsen, The Legal of Germany According to the Declaration of Berlin, AJIL 39 (1945), S. 518; M. Virally, Die internationale Verwaltung Deutschlands, 1948, S. 69 ff., ders., L' administration internationale de l'Allemagne, 1948, S. 87; von deutscher Seite ebenso H. Nawiasky, Die Grundgedanken des Grundgesetzes für die Bundesrepublik Deutschland, 1950, S. 7 ff; für die herrschende Ansicht vgl. E. Kaufmann, Deutschlands Rechtslage unter der Besatzung, 1948; W. Grewe, Ein Besatzungsstatut für Deutschland – Die Rechtsformen der Besetzung, 1948; Stödter, Deutschlands Rechtslage (Fn. 20).

[24] R. v. Bottrill, ex parte Küchenmeister, (1946) 1 All England Reports 635; (1947) Kings Bench 41.

[25] Schweizerisches Bundesgericht BGE 78, I, 124.

[26] Nachweise bei H. Mosler, K. Doehring, Die Beendigung des Kriegszustandes mit Deutschland nach dem zweiten Weltkrieg, Beiträge zum ausländischen öffentlichen Recht und Völkerrecht 37 (1963), S. 47 f.

[27] Die formellen Erklärungen über die Beendigung des Kriegszustandes (Angaben bei Mosler, Doehring, Beendigung Kriegszustand (Fn. 26)) setzen den Fortbestand richtigerweise voraus. Vgl. für deutsche Entscheidungen aus der Frühzeit: Deutsche höchstrichterliche Rechtsprechung in völkerrechtlichen Fragen 1945–1949, Fontes Iuris Gentium, A II 3, 1956, S. 100 ff.

[28] Dabei soll hier nicht weiter erörtert werden, welche Territorialveränderungen nach diesem Termin völkerrechtlich als gültig anzusehen wären und ob die alliierten Maßnahmen insoweit rechtmäßig waren. Ihre Wirksamkeit ist nie in Frage gestellt worden.

[29] Das kommt sowohl für Nord-Ostpreußen als auch für das übrige Gebiet in den Abschnitten V und VIII des Protokolls klar zum Ausdruck, wenn auch vor allem für das Polen zu übertragende Gebiet noch keine endgültige Klärung erfolgt war. Vgl. dazu im einzelnen S. Krülle, Die völkerrechtlichen Aspekte des Oder-Neiße-Problems, 1970, S. 66.

[30] R. Schenk, Die Viermächteverantwortung für Deutschland als Ganzes, insbesondere deren Entwicklung seit 1969, 1976, S. 69.

[31] Dazu eingehend C. Schmid, Erinnerungen, 1979, S. 318 ff.; vgl. auch K. Doehring, Das Staatsrecht der Bundesrepublik Deutschland, 2. Aufl., 1980, S. 55 ff.

[32] Vgl. etwa das Memorandum des Auswärtigen Amtes von 1961, in: ZaöRV 23 (1963), S. 452.

[33] Allgemein dazu G. Ress, Die Rechtslage Deutschlands nach dem Grundlagenvertrag vom 21. Dez. 1972, 1978, S. 217 f.

[34] A. Bleckmann, Die Wiederanwendung deutscher Vorkriegsverträge, in: ZaöRV 33 (1973), S. 607 ff.; R. Sonnenfeld, Succession and Continuation. A study on Treaty-Practice in Post-War Germany, in: Netherlands Yearbook on International Law, 1976, S. 91, 112 ff, 116 ff.

[35] J. A. Frowein, Das de facto-Regime im Völkerrecht, 1968, S. 163 f.

[36] G. Ress, Die Bergung kriegsversenkter Schiffe im Lichte der Rechtslage Deutschlands, in: ZaöRV 35 (1975), S. 364 ff.

[37] BVerfGE 6, S. 309, 338, 363 f. – Reichskonkordat –; 36, 1, 15 ff. – Grundlagenvertrag – m. w. N.

[38] Memorandum des Auswärtigen Amtes (Fn. 32), S. 454; F. A. Mann, Deutschlands Rechtslage 1947–1967, in: JZ 1967, S. 618 ff.

[39] Vgl. M. Virally, La condition internationale de la République fédérale d'Allemagne Occidentale après les Accords de Paris, in: Annuaire Français de Droit International 1955, S. 31, 43 ff.

[40] M. Bathurst, J. L. Simpson, Germany and the North Atlantic Community, 1956, S. 188; Mann, JZ 1967, S. 622; E. Menzel, Wie souverän ist die BRD?, in: ZRP 1971, S. 178, 188; J. A. Frowein, Zur verfassungsrechtlichen Beurteilung des Warschauer Vertrages, in: Jahrbuch für Internationales Recht (JIR) 18 (1975), S. 11, 51 ff.; auch M. Whiteman, Digest of International Law, Bd. 2, 1963, S. 784 f.

[41] BGBl. 1955 II, S. 305, 306; v. Münch, Dokumente (Fn. 8), Bd. I, S. 229, 230; zu dem Vorbehalt J. A. Frowein, „Deutschland-Vertrag", in: Görre-Staatslexikon, Ergänzungsband, 1969, Sp. 576 ff.

[42] Frowein, Deutschland-Vertrag (Fn. 41).

[43] Text in: Documents on Germany (Fn. 16), S. 172 f.

[44] BGBl. 1990 II, S. 1318.

[45] Hierzu J. A. Frowein u. a., The Reunification of Germany, in: ZaöRV 51 (1991), S. 333–528.

[46] BGBl. 1990 II, S. 1331.

[47] So Frowein, Reunification (Fn. 45), S. 344 f.

[48] BGBl. 1990 II, S. 1386.

[49] BGBl. 1990 II, S. 1390.

[50] BGBl. 1990 II, S. 1251.

[51] BGBl. 1991 II, S. 258.

[52] BGBl. 1991 II, S. 1329.

[53] Dazu J. A. Frowein, Reunification (Fn. 45), S. 343; ders., The Reunification of Germany, in: American Journal of International Law 86 (1992), S. 152, 155 f.

Rechtliche Aspekte
der polnisch-deutschen Beziehungen
nach dem Zweiten Weltkrieg

von Lech Janicki

Um das Problem der polnisch-deutschen Beziehungen in diesem Rahmen möglichst synthetisch[1] und zugleich axiomatisch darstellen zu können, ist es angebracht, zuerst eine einführende bilaterale Bestandsaufnahme des Ausgangs des Zweiten Weltkriegs zu machen.

Dieser Krieg, der am 1. September 1939 mit dem Überfall Hitlerdeutschlands auf Polen begonnen und der sich gegen die Existenz des polnischen Staates gerichtet hatte, hat auch die polnische Nation sehr schwer getroffen. Neben der deutscherseits großangelegten genozidalen Aktion gegen die polnischen Staatsbürger jüdischer Abstammung muß man auf die bereits in den ersten Kriegswochen begonnenen Ausrottungsaktionen hinweisen, die in erster Linie gegen die polnische Intelligenz gerichtet waren. Für viele Polen bedeuteten Gefängnisse, Konzentrations- und Vernichtungslager die Endstation ihres Lebens. Hinzu kamen Zwangsumsiedlungen (u. a. zur Zwangsarbeit) und Deportationen, nicht nur im Rahmen des militärischen Herrschaftsbereichs, sondern – als Folge der auf der Grundlage oder als Ergebnis der geheimen Verabredungen zwischen Hitler und Stalin vom 23. August und 28. September 1939 vollzogenen Teilung des polnischen Staatsgebiets – auch in entfernten Gebieten der UdSSR, was viele (darunter Tausende von Offizieren der polnischen Armee) mit dem Tod bezahlen mußten. Später kam es noch zu Umsiedlungen aus dem Osten nach Polen in seinen neuen Grenzen.

Als Folge des von Hitler vom Zaun gebrochenen Eroberungskrieges hatte schließlich auch das deutsche Volk viele Todesopfer zu beklagen, obwohl ihre Zahl prozentual, d. h. im Verhältnis zur Gesamtzahl der Bevölkerung, zwar hoch, aber dennoch niedriger als in Polen war. Es handelte sich dabei vor allem um gefallene Soldaten, um die Opfer des Luftkrieges, um die Opfer der von den Nazibehörden verspätet und improvisiert durchgeführten Evakuierung vor der herannahenden Ostfront unter schlimmsten Klimaverhältnissen, die von deutscher Seite auf ca. 2 Mio. Menschen beziffert wurden,[2] und letztendlich um Opfer der gruppenweisen Verschleppungen bzw. des persönlichen Hasses und der Rache nach dem Zusammenbruch der Front.

Am Ende des Zweiten Weltkriegs hatten allerdings der total besiegte Aggressorstaat und das erste Opfer der militärischen Aggression, d. h. Polen, per saldo fast die gleichen Gebietsverluste zu verzeichnen. Dies war das Ergebnis der auf der Konferenz von Jalta im Februar 1945 beschlossenen sogenannten Westverschiebung Polens. Die konkrete Entscheidung, die auf der Übernahme der obersten Gewalt in Deutschland durch die Siegermächte beruhte, mit dem Recht, auch über die deutschen Grenzen frei zu entscheiden, wurde im Potsdamer Abkommen vom 2. August desselben Jahres festgehalten. Infolge der in diesem Abkommen festgelegten Westgrenze Polens an der Oder und Lausitzer Neiße und der Abtrennung der nunmehr als ehemalige deutsche Gebiete (former German territories) östlich dieser Grenze geltenden Territorien verlor Deutschland ca. 25 Prozent seines Staatsgebiets nach dem Stand vom Dezember 1937. Polen behielt ein um 20 Prozent reduziertes Territorium.

Die erwähnten Gebiete (mit Ausnahme des der UdSSR zuerkannten Königsberger Territoriums) gingen in polnische Verwaltung über. Es handelte sich dabei um eine völlig souveräne, weil weder inhaltlich noch zeitlich eingeschränkte, oberste territoriale Staatsgewalt der Republik Polen.

Der Übergang der polnischen Souveränität auf die Oder-Neiße-Gebiete basierte weder auf einer Annexion (Polen hat keine einseitige Entscheidung dieser Art getroffen) noch auf einer Zession (es gab nämlich keinen formellen Zessionsvertrag zwischen Deutschland bzw. den die oberste Gewalt in Deutschland ausübenden Mächten und Polen). Auch eine Dereliktion im Sinne einer dauernden, freiwilligen Aufgabe der territorialen Souveränität ohne Übertragung auf einen anderen Staat kam hier weder 1945 noch später in Frage. Polen erhielt die betreffenden Territorien nicht als Niemandsland, sondern übernahm die Souveränität im Grunde genommen durch rechtliche Zusprechung bzw. Zuerkennung (Adjudikation) seitens der die oberste Gewalt in Deutschland und im Namen Deutschlands ausübenden Siegermächte.[3]

Diese Territorien sind auch – auf der Grundlage des eingeführten polnischen Rechts – gänzlich mit dem übrigen polnischen Staatsgebiet vereint worden. Das betraf übrigens auch das Territorium der ehemaligen Freien Stadt Danzig, welches nach ihrer willkürlichen Selbstauflösung am 1. September 1939 durch das Deutsche Reich völkerrechtswidrig annektiert worden war. Polen hat, ausgehend davon, daß Danzig weder ein Teil Deutschlands nach dem Stand vom 31. Dezember 1937 noch im Jahre 1945 souverän war und nach der damaligen einhelligen Meinung der Siegermächte Polen zufallen sollte, dieses Territorium schon vor dem Potsdamer Abkommen suo iure übernommen, was dann durch dieses Abkommen bestätigt wurde.[4]

Hinzugefügt sei noch, daß die Siegermächte bei der allgemeinen Festlegung der neuen Grenze an der Oder und Lausitzer Neiße nicht zugleich ihren genauen Verlauf im Gelände bestimmten bzw. dazu nicht in der Lage waren. Sie vertraten im Potsdamer Abkommen die Meinung, daß mit einer „final delimitation" bzw. „final determination"[5] bis zu einem späteren, nicht genau umrissenen „peace settlement"[6] gewartet werden sollte.

Die Mächte haben zugleich einen für die Deutschen folgenschweren Beschluß gefaßt, nämlich einen „Bevölkerungstransfer", d. h. die Zwangsumsiedlung der deutschen Bevölkerung, u. a. aus Polen in die vier deutschen Besatzungszonen durchzuführen. Diese Entscheidung wurde im Kapitel XIII des Abkommens „nach Erwägung aller Aspekte dieser Frage" (having considered the questions in all its aspects) festgehalten und war ohnehin eine Folge der „Westverschiebung" Polens.

Zweifelsohne stellte der Ausgang des Zweiten Weltkriegs die größte Katastrophe Deutschlands und der Deutschen in ihrer Geschichte dar.[7] Deutschland wurde 1945 zunächst in vier Besatzungszonen unter der Oberhoheit des Alliierten Kontrollrats und 1949 in zwei separate Staaten geteilt, deren gemeinsame Grenze zugleich die Teilungsgrenze Europas bildete. Die Souveränität der beiden deutschen Staaten (inclusive Berlin) wurde teilweise durch die Rechte und Verantwortlichkeiten der vier Mächte für Deutschland als Ganzes eingeschränkt, wobei die Deutsche Demokratische Republik als Teil des sowjetischen Blocks zusätzlich einer strengen Kontrolle seitens der UdSSR unterworfen war. In diesem Block fand sich auch Polen als sozialistischer Staat mit beschränkter Souveränität wieder.

Die Deutsche Demokratische Republik hat in ihrem ersten politischen Völkerrechtsvertrag, d. h. im Abkommen von Zgorzelec (Görlitz) vom 6. Juli 1950 über die Markierung der festgelegten und bestehenden deutsch-polnischen Grenze, die Grenze an der Oder und Lausitzer Neiße als Staatsgrenze zwischen Deutschland und Polen anerkannt, und zwar vorbehaltlos. Welche politischen, vor allem aber außenpolitischen Gründe dafür ausschlaggebend gewesen waren, läßt sich hier nicht klären. In der polnischen Literatur stellte man neulich auch die These von einem diesbezüglichen Diktat Moskaus auf.[8] Die DDR hat jedenfalls am Abkommen von Zgorzelec ununterbrochen festgehalten, auch in den Jahren gesellschaftspolitischer und verfassungsrechtlicher Umgestaltungen 1989/90.

Sie war wohl, abgesehen von ihren Intentionen, nicht legitimiert, für Deutschland als Ganzes zu handeln, konnte aber in ihrem eigenen Namen als der direkte Nachbar Polens und in Anlehnung an das Potsdamer Abkommen eine friedliche Regelung mit Polen in bezug auf die erwähnte „final delimitation", d. h. den detaillierten Verlauf der in Potsdam allgemein festgelegten Grenzen, durchführen. Diesem Zweck diente auch die das Abkommen vom 6. Juli 1950 ergänzende Akte vom 27. Januar 1951 über die (in diesem Fall konstitutive) Ausführung der Markierung der Staatsgrenze zwischen Polen und Deutschland. Später kamen das Abkommen vom 29. Oktober 1965 über den Festlandsockel in der Ostsee sowie das Abkommen vom 22. Mai 1989 über die Abgrenzung der Seegebiete in der Oderbucht hinzu.

Das Görlitzer Grenzabkommen wurde zum Ausgangspunkt für eine ganze Reihe von Abkommen verschiedener Art zwischen Polen und der DDR, darunter Freundschafts- und Bündnisverträge. Dabei gestalteten sich die gegenseitigen und formell freundschaftlichen Beziehungen (die Oder-Neiße galt als „Friedensgrenze", obwohl sie nur einige Jahre lang offene Grenze war) de facto nicht immer gut, was vor allem auf die kritische Einstellung der DDR und eines Teils ihrer Staatsbürger zu der gelockerten gesellschaftspolitischen Entwicklung in Polen, insbesondere nach 1982, zurückzuführen war. Eine gewisse Rolle spielte auch die verhältnismäßig liberale Paßpolitik Polens.

Die Bundesrepublik Deutschland vertrat zunächst den Standpunkt, daß das Potsdamer Abkommen und folglich die in ihm enthaltene, die Oder-Neiße-Grenze betreffende Festlegung für sie eigentlich – als res inter alios gesta – nicht verbindlich sei bzw. nur eine provisorische Lösung darstelle, und zwar bis zu einem Friedensvertrag mit dem vereinigten Deutschland. Dieser „Friedensvertragsvorbehalt" war im Sinne der Rechtsposition der Bundesrepublik Deutschland mit der These vom formellen Fortbestand des Deutschen Reiches nach dem Stand vom 31. Dezember 1937 („Fortbestandsthese") und von der Identität (oder zumindest Teilidentität) der Bundesrepublik mit diesem Reich verbunden. Zur Begründung wurde oft u. a. auf den Generalvertrag („Deutschlandvertrag") vom 26. Mai 1952 (in der Fassung vom 23. Oktober 1954) zwischen der Bundesrepublik und den drei Westmächten verwiesen. In ihm (Artikel 7) hatten die Signatarstaaten u. a. vereinbart, daß das endgültige Abstecken (final determination)[9] der Grenzen Deutschlands [scil. aller seiner Grenzen – L. J.] bis zu einem zwischen Deutschland und seinen ehemaligen Gegnern frei vereinbarten (übrigens dem Potsdamer Abkommen entsprechenden) „peace settlement", d. h. bis zu einer friedlichen Regelung[10] für ganz Deutschland, aufgeschoben werden müsse. Die Westmächte, die dem Artikel 2 desselben Vertrages entsprechend weiter an ihren bisher ausgeübten oder innegehabten Rechten und Verantwortlichkeiten in bezug auf Deutschland als Ganzes und Berlin festhielten, teilten nun diese Rechte mit Deutschland oder – genauer gesagt – mit den beiden deutschen Staaten, vor allem was die Zukunft Deutschlands anbelangte.[11] Diese an sich separate Regelung berührte selbstverständlich nicht die weiterhin bestehende Verantwortung aller vier Mächte für Deutschland als Ganzes, d. h. Deutschland in seinen, als Ergebnis des Zweiten Weltkriegs vor allem in Potsdam festgelegten Grenzen. Dabei – wie später autoritativ unumwunden festgestellt worden ist – hat die deutsche Seite in den Verhandlungen über den Deutschlandvertrag nie annehmen können und auch nicht angenommen, daß die Westmächte bereit seien, eine deutsche Forderung auf Rückgabe der Ostgebiete jenseits von Oder und Neiße zu unterstützen.[12] Dies hat auch später der Auswärtige Ausschuß des Bundestages zum Ausdruck gebracht, indem er feststellte, daß nach Auffassung der Westmächte Artikel 7 des Deutschlandvertrages materiell keine Festlegung auf die Grenzen von 1937 enthält.[13]

Die oben erwähnte Rechtsposition berief sich zugleich auf die Rechtsprechung des Bundesverfassungsgerichts, obwohl es nach Meinung des Bundesverfassungsgerichtspräsidenten Roman Herzog, abgesehen von den „reichsdeutschen Interpretationen", keine Rechtsprechung, d. h. Entscheidung gebe, die eine Wiedervereinigung in den Grenzen von 1937 fordere.[14] Diese wohl nicht unbegründete These bedürfte einer separaten eingehenden Analyse.[15] Unzweifelhaft war jedenfalls die auf verschiedene Weise an das Deutschland nach dem Stand vom 31. Dezember 1937 anknüpfende legislative und offizielle kartographische Praxis, die allgemein bekannt ist und hier nicht näher dargestellt zu werden braucht.[16]

Obwohl die damalige Situation durch das Fehlen diplomatischer Beziehungen gekennzeichnet war, entwickelten sich zwischen Polen und der Bundesrepublik Deutschland verschiedene Formen der Zusammenarbeit, besonders auf wirtschaftlichem Gebiet. Es wurden bilaterale Regierungsabkommen unterzeichnet, z. B. über Fragen der Binnenschiffahrt, des Straßentransports und der Handelsmissionen. Diese Missionen wurden im Jahre 1963 eröffnet und stellten gewissermaßen einen Ersatz für die fehlenden diplomatischen Vertretungen beider Seiten dar. Von Bedeutung waren auch die Abkommen, die u. a. das Polnische und das Deutsche Rote Kreuz miteinander abschlossen. Erwähnen sollte man auch die Vereinbarungen zwischen den Sozialversicherungsanstalten Polens und der Bundesrepublik.

Eine neue Phase in den Beziehungen zwischen Polen und der Bundesrepublik eröffnete der im Rahmen der neuen Ostpolitik der sozialliberalen Koalition in Bonn möglich gewordene Vertrag vom 7. Dezember 1970 über die Grundlagen der Normalisierung der gegenseitigen Beziehungen. In Artikel 1 legten beide Staaten übereinstimmend fest, daß die bestehende Grenzlinie, deren Verlauf, wie bereits erwähnt, in Kapitel IX des Potsdamer Abkommens festgelegt worden war (also die Oder-Neiße-Linie), die westliche Staatsgrenze Polens bildet. Beide Seiten bekräftigten zugleich die Unverletzlichkeit ihrer bestehenden Grenzen jetzt und in Zukunft sowie die gegenseitige uneingeschränkte Achtung ihrer territorialen Integrität.

Diese eindeutige Feststellung wurde allerdings in der Bundesrepublik durch die Hervorhebung der im Artikel 4 enthaltenen sogenannten Unberührungsklausel relativiert, wobei unter den von den Signatarstaaten früher geschlossenen internationalen Vereinbarungen in der Praxis vor allem auf den Deutschlandvertrag hingewiesen wurde, und zwar wegen des mit ihm in Zusammenhang gebrachten „Friedensvertragsvorbehalts", von dem hier schon die Rede war.

Dem Vertrag vom 7. Dezember 1970 wurde folglich oft nur der Rang eines Gewaltverzichtsvertrages beigemessen, und die eindeutig vorrangige Grenzbestimmung galt weiterhin als eine Art modus vivendi.[17] Es gab allerdings auch Stimmen, sogar offizielle, nach denen die Bundesrepublik Deutschland durch diesen Vertrag unwiderruflich und völkerrechtlich verbindlich an die Oder-Neiße-Grenze als Westgrenze Polens gebunden war, sie daher nicht in Frage stellen konnte und auch die Pflicht hatte, sie steuerrechtlich zu behandeln.[18]

Dieser Vertrag, der auf gesellschaftlicher Ebene vor allem durch die Denkschrift der Evangelischen Kirche Deutschlands vom 14. Oktober 1965, den Brief der polnischen Bischöfe an ihre deutschen Amtsbrüder vom 18. November desselben Jahres und das Memorandum des katholischen „Bensberger Kreises" vom 2. März 1968 antizipiert worden war, hat andererseits die Beziehungen zwischen Polen und der Bundesrepublik Deutschland evident verbessert, sie u. a. durch die Aufnahme diplomatischer Beziehungen normalisiert und den Grundstein für die Versöhnung zwischen beiden Völkern gelegt. Es sei hier nur auf die vielen Städtepartnerschaften, auf den erweiterten Kulturaustausch und nicht zuletzt auf die Tätigkeit der gemeinsamen Schulbuchkommission verwiesen. Zu erwähnen sind auch die Abkommen, die im August 1975 in Helsinki ausgehandelt und im Oktober desselben Jahres unterzeichnet wurden, wobei u. a. die bislang kontroverse Frage der freiwilligen Umsiedlung polnischer Staatsbürger (zum Teil deutscher Abstammung) in die Bundesrepublik im Rahmen der sogenannten Familienzusammenführung geregelt werden konnte.

Bedauernswert ist, daß der Vertrag vom 7. Dezember 1970 in der Praxis nicht zur endgültigen Lösung der weiterhin im Grunde genommen kontroversen, die volle Normalisierung der Beziehungen hindernden Grenzfrage geführt hatte.[19] Es handelte sich dabei um eine Frage, die für die Polen nach den Erfahrungen und Ergebnissen des Zweiten Weltkriegs die Dimension grundsätzlicher Staatsräson besaß.[20] Das Trachten des polnischen Volkes nach Wiedererlangung der vollen Souveränität seines Staates wurde in den Augen vieler Polen durch die gleichzeitige Kontestation des endgültigen Charakters der Oder-Neiße-Grenze seitens der Bundesrepublik Deutschland erschwert, wenn man bedenkt, daß in dieser Situation gerade die Sowjetunion als Hauptgarant dieser Grenze galt und darauf auch gelegentlich hingewiesen hat.

Die 1980 begonnene neue gesellschaftspolitische Entwicklung in Polen führte im Jahre 1989 zu prinzipiellen Umgestaltungen und zur Wiedererlangung der vollen Souveränität, was sich dann auch in anderen Staaten des zerfallenden sowjetischen Blocks in Europa beobachten ließ. Dieser Prozeß machte selbst vor der DDR nicht halt und ermöglichte schließlich die deutsche Wiedervereinigung, welche letztendlich am 3. Oktober 1990 durch den Beitritt der Deutschen Demokratischen Republik zur Bundesrepublik Deutschland und durch die Einverleibung der DDR in diesen Staat vollzogen wurde. Da die vier Mächte gleichzeitig auf ihre Rechte und Verantwortlichkeiten für Deutschland als Ganzes verzichteten, erlangte die Bundesrepublik ihre volle Souveränität.

Polen hat schon am Anfang des Vereinigungsprozesses seine Bereitschaft erklärt, dem diesbezüglich in den beiden deutschen Staaten demokratisch geäußerten Willen zuzustimmen, allerdings unter dem grundsätzlichen Vorbehalt, daß die polnisch-deutsche Grenze an der Oder und Lausitzer Neiße von Deutschland nicht als offene Frage und als modus vivendi betrachtet werden dürfe. Es ging um die erneute völkerrechtliche Bestätigung dieser de facto und de iure seit dem 2. August 1945 bestehenden Grenze durch das vereinigte Deutschland, und zwar in der Art einer zusätzlichen friedlichen Regelung ohne irgendwelche Vorbehalte.

Polen nahm übrigens, abgesehen von den ursprünglichen Bedenken der deutschen Bundesregierung, an der Pariser Runde der „2+4"-Konferenz am 17. Mai 1990 teil, in der territoriale Fragen geregelt wurden. Der Vertrag vom 12. September 1990, der diese Konferenz abschloß, petrifizierte – wie bekannt – das Territorium des vereinigten Deutschlands, bestehend aus der Bundesrepublik Deutschland, der DDR und Berlin. Die äußeren Grenzen Deutschlands, d. h. der neuen vergrößerten Bundesrepublik, wurden zugleich völkerrechtlich endgültig bestätigt. Diese Bestätigung gilt, dem Wortlaut des Artikels 1, Abs. 1 des Vertrages entsprechend, als „ein wesentlicher Bestandteil der Friedensordnung in Europa". Der hypothetische deutsche „Friedensvertragsvorbehalt" verlor dadurch seine Relevanz. Es ist dabei nicht ohne Belang zu erwähnen, daß bereits in der ersten Hälfte der fünfziger Jahre alle Staaten der früheren Antinazikoalition den

Kriegszustand mit Deutschland für beendet erklärt haben. In Polen erfolgte dies durch Beschluß des Staatsrats vom 18. Februar 1955. In diesem Beschluß brachte man zugleich den Wunsch nach friedlichen Beziehungen „zwischen Polen und Deutschland" zum Ausdruck.[21]

Die Regierungen der Bundesrepublik und der DDR haben sich im „2+4"-Vertrag gleichzeitig dazu verpflichtet, daß die Verfassung des vereinten Deutschlands keinerlei Bestimmungen enthalten wird, die mit den territorialen Bestimmungen dieses Vertrages unvereinbar sind. Dabei verwies man expressis verbis auf die Präambel sowie auf die Artikel 23, Abs. 2 und 146 des Grundgesetzes der Bundesrepublik Deutschland. Entsprechende Änderungen sind bereits im den „2+4"-Vertrag antizipierenden deutsch-deutschen Einigungsvertrag vom 31. August 1990 vorgenommen worden.

Der Vertrag vom 12. September 1990 ging dabei noch einen Schritt weiter. Er legte nämlich fest, daß das vereinte Deutschland und die Republik Polen die zwischen ihnen bestehende Grenze in einem völkerrechtlich verbindlichen Vertrag bestätigen sollten. Diese Bestimmung lag im Interesse Polens, und zwar u. a. im Hinblick auf die bereits erwähnte Relativierung der Grenzbestätigungsbestimmungen des Vertrages vom 7. Dezember 1970 in der Bundesrepublik Deutschland und die verschiedenen zweideutigen Erklärungen bzw. Aussagen, die noch während des Vereinigungsprozesses dort abgegeben wurden, obwohl es sich um durch Polen erworbene Rechte handelte.[22] Man betonte zwar, daß die Polen das Recht hätten, in sicheren Grenzen zu leben, diese Grenzen wurden aber zugleich nicht konkret definiert.

So kam es am 14. November 1990 zur Unterzeichnung des Vertrages zwischen der Republik Polen und der Bundesrepublik Deutschland über die Bestätigung der zwischen ihnen bestehenden Grenze. Dieser Vertrag könnte auch als Bestätigung der vorherigen deklaratorisch-rechtlichen Bestätigungen betrachtet werden. Gemeint sind hier neben dem Vertrag vom 7. Dezember 1970 auch die Verträge der DDR mit Polen, die die Grenzfragen betrafen und im Hinblick auf Artikel 11 der Wiener Konvention über die Staatennachfolge durch die Verträge vom 23. August 1978 für die Bundesrepublik als den Nachfolgestaat der DDR verbindlich geworden sind. Diese Konvention knüpfte hier übrigens an eine Regel des völkerrechtlichen Gewohnheitsrechts an.

Auf die Abkommen der DDR mit Polen vom 6. Juli 1950, vom 27. Januar 1951 und vom 22. Mai 1989 sowie auf den Vertrag der Bundesrepublik mit Polen vom 7. Dezember 1970 nahm der Bestätigungsvertrag vom 14. November 1990 direkt Bezug. Er knüpfte folglich indirekt an die konstitutive Grenzfestlegung im Potsdamer Abkommen an, das wiederum in den Verträgen vom 6. Juli 1950 und vom 7. Dezember 1970 zitiert worden war. Der Vertrag vom 14. November 1990 wiederholt auch die Feststellung beider Seiten, daß die zwischen ihnen bestehende Grenze jetzt und in Zukunft unverletzlich ist. Beide verpflichteten sich dazu, nicht nur ihre territoriale Integrität, sondern auch ihre Souveränität uneingeschränkt zu achten. Auf diese Weise fand die Souveränität Polens auch in bezug auf die zu ihm seit 1945 völkerrechtlich zugehörigen West- und Nordgebiete ihre Bestätigung, und zwar ex tunc.

Damit wurde das strittige Grenzproblem, welches jahrzehntelang die beiderseitigen Beziehungen enorm belastete und die volle Normalisierung hemmte, ohne weiteres gelöst. Zu betonen ist dabei die in der Präambel des Grenzbestätigungsvertrages zum Ausdruck gebrachte tiefe Überzeugung, daß die Vereinigung Deutschlands als Staat mit endgültigen Grenzen ein bedeutsamer Beitrag zur Friedensordnung in Europa ist.

In der deutschen Rechtslehre bleibt zum Teil die Frage des Zeitpunkts des Übergangs der erwähnten territorialen Souveränität über die Oder-Neiße-Gebiete auf Polen kontrovers.[23] Eine nähere Darstellung dieser Problematik ist im Rahmen dieses Vortrags nicht möglich. Wiederholt sei hier nur, daß im Gegensatz zu der diesbezüglichen, auch den Souveränitätsübergang beinhaltenden konstitutiven Entscheidung des Potsdamer Abkommens[24] die Bestätigungsverträge von 1950, 1970 und 1990 keine Zusprechungsverträge oder Zessionsverträge waren. Weder die DDR noch die Bundesrepublik konnte über diese (ehemaligen deutschen) Gebiete verfügen, weil sie keine Souveränität über sie besaßen.

Die Unterzeichnung des Vertrages vom 14. November 1990 eröffnete zugleich den breiten Weg zur vollen Normalisierung der Beziehungen, die auf der Grundlage guter Nachbarschaft, freundschaftlicher Zusammenarbeit und einer Interessengemeinschaft entwickelt werden soll, auch wenn der zuletzt genannte Begriff noch etwas hypothetisch klingen mag. Diesem Zweck diente der „große" Vertrag zwischen der Republik Polen und der Bundesrepublik Deutschland vom 17. Juni 1991. Seine Analyse bedürfte einer breiten separaten Betrachtung. Jedenfalls ist hier festzustellen, daß er eine umfassende und gewissermaßen optimale Völkerrechtsakte darstellt, die umfangreicher ist als der historische Vertrag zwischen der Bundesrepublik Deutschland und der Französischen Republik vom 22. Januar 1963 über die deutsch-französische Zusammenarbeit (Elysée-Vertrag) und auch als der Vertrag der Bundesrepublik Deutschland mit der Sowjetunion vom 9. Juli 1990.

Neben dem Verzicht auf Gewalt bzw. Gewaltandrohung regelt der Vertrag die Grundlagen, Formen und Inhalte der politischen, ökonomischen, ökologischen, finanziellen, kulturellen, wissenschaftlichen, wissenschaftlich-technischen und medizinischen Zusammenarbeit, die Kooperation im Transport- und Verkehrswesen sowie beim Schutz des europäischen Kulturerbes (einschließlich der Pflege der Gräber, vor allem der Opfer der Kriege und der Gewaltherrschaft). Diese Zusammenarbeit soll zugleich auf regionaler Basis und in den Grenzgebieten stattfinden.

Besonderen Wert legte man auf den Jugendaustausch (Jugendwerk) und auf das Zusammenwirken bezüglich des Schulunterrichts, wobei man die Fortsetzung der Tätigkeit der gemeinsamen Schulbuchkommission fördern wollte. Auch die Einrichtung Forum Bundesrepublik Deutschland – Republik Polen soll weiterhin bestehen, Konzeptionen für die Weiterentwicklung der polnisch-deutschen Beziehungen entwerfen und entsprechende Initiativen ergreifen.

Vergleichsweise ausführlich beschäftigt sich der Vertrag mit der Minderheitenfrage. Sie war von deutscher Seite sogar als sein Kernbestand angesehen worden, was wohl darauf zurückzuführen ist, daß in Polen aus verschiedenen, auch historischen Gründen die Existenz einer ethnischen deutschen Minderheit in der Nachkriegszeit sehr kontrovers diskutiert und in der Regel bestritten wurde.[25] Der Vertrag gewährt (in den Artikeln 20 und 21) den Minderheiten in großem Umfang gesellschaftspolitische Rechte, vor allem was Sprache, Bildung, Schulunterricht, Kultur, Religion und den Schutz der ethnischen Identität anbetrifft. Die vertragliche Regelung bezieht sich einerseits auf die wichtigsten völkerrechtlichen, die Menschenrechte betreffenden Regelungen, über die sie andererseits aber nicht hinausgeht. Hervorgehoben wurde gleichzeitig der Grundsatz der staatsbürgerlichen Loyalität und das Recht auf ein Domizil innerhalb des Staates (Artikel 22, Abs. 1). In der Frage der Zugehörigkeit zur Minderheit gewährt der Vertrag die individuelle Option, d. h. er läßt die persönliche Entscheidung des Einzelnen zu, die für ihn zugleich keinen Nachteil bringen darf.

An dieser Stelle sei hinzugefügt, daß die deutschen Staatsangehörigen polnischer Abstammung in der Bundesrepublik im Gegensatz zu den polnischen Staatsbürgern deutscher Abstammung in Polen nicht expressis verbis als Minderheit benannt worden sind. Sie werden im Vertrag als „eine gleichgestellte Gruppe" bezeichnet. Die Existenz einer polnischen Minderheit in Deutschland wird dort nämlich verneint. Diese Frage bedürfte im Grunde genommen einer separaten soziologischen Untersuchung, zumal es in der Bundesrepublik polnische Verbände gibt, denen weiterhin deutsche Staatsangehörige polnischer Abstammung angehören.

Die Bundesregierung hat sich andererseits in Anknüpfung an den Vertrag bereit erklärt, sich darum zu bemühen, auch den in Deutschland lebenden Personen polnischer Abstammung, die nicht unter die Bestimmungen des Artikels 20, Abs. 1 fallen, d. h. die deutsche Staatsangehörigkeit nicht besitzen, weitgehend die Möglichkeit einzuräumen, die im Vertrag vereinbarten Minderheitenrechte wahrzunehmen.[26]

In Artikel 2 des Vertrages haben die Signatarstaaten zugleich die Zuversicht geäußert, daß die Minderheiten und gleichgestellten Gruppen als natürliche Brücken zwischen den beiden Völkern einen wertvollen Beitrag zum Leben ihrer Gesellschaften leisten werden. Diese ganze Problematik gehört auch zu den Fragen, die gemäß Artikel 3 des Vertrages Gegenstand regelmäßiger Konsultationen zwischen beiden Regierungen und selbst der Regierungschefs sein sollen.

Zu den Besonderheiten des Vertrages gehört, daß er auch (u. a. in Artikel 8) – über die bilateralen polnisch-deutschen Beziehungen hinausgehend – die europäische Problematik, vor allem aber den europäischen Frieden, die europäische Sicherheit und die Einheit Europas einschließt. Die Bundesrepublik Deutschland hat sich zur Heranführung Polens an die Europäische Gemeinschaft und zur Perspektive eines Beitritts, sobald die Vorraussetzungen dafür gegeben sind, positiv geäußert.

Im Hinblick auf den Vertrag vom 17. Juni 1991, der am selben Tage wie der Grenzbestätigungsvertrag vom 14. November 1990, d. h. am 16. Januar 1992 in Kraft getreten ist, sollte man anmerken, daß es zwischen Polen und der neuen Bundesrepublik Deutschland bereits zu einer Reihe detaillierter Abkommen und Vereinbarungen gekommen ist, die vor Inkrafttreten der beiden grundsätzlichen Verträge einige wichtige Probleme geregelt haben. Es sei hier auf das Abkommen über soziale Sicherheit vom 8. Dezember 1990 und auf das Abkommen über die Zusammenarbeit auf dem Gebiet Arbeit und Sozialpolitik vom 7. Juni 1991 verwiesen. Zusammen mit dem Vertrag vom 17. Juni 1991 wurden am selben Tage drei bilaterale Regierungsabkommen geschlossen, und zwar über das polnisch-deutsche Jugendwerk, über die Bildung eines gemeinsamen Umweltschutzrates und über die Bildung einer gemeinsamen Kommission für die regionale und grenznahe Zusammenarbeit. Am 9. Juni 1992 kam das Protokoll über die bilateralen Konsultationen bezüglich der Regelung der sich aus den durch Polen mit der DDR geschlossenen, vor allem wirtschaftlichen Abkommen, ergebenden Fragen hinzu. Nicht außer acht lassen darf man auch den polnisch-deutschen Vertrag vom 14. Dezember 1992, der eine weitere Vereinfachung des Rechtsverkehrs, vor allem in Zivilsachen, im Sinne der Haager Konvention vom 1. März 1954 zum Ziel hatte. Es handelte sich dabei um ein Problem, welches noch Mitte der achtziger Jahre die Beziehungen Polens zur Bundesrepublik infolge der in ihr geltenden sogenannten Bezeichnungsrichtlinien (Schreibweise der Ortsnamen vor allem in West- und Nordpolen) kompliziert hatte. Erwähnenswert ist schließlich die Vereinbarung vom 23. November 1992 über den Status des im Artikel 35 gestifteten gemeinsamen Preises für besondere Verdienste um die Entwicklung der polnisch-deutschen Beziehungen.

Der Vertrag vom 17. Juni 1991 vermochte allerdings nicht alle zwischen Polen und Deutschland kontroversen Probleme zu lösen. Dazu gehörte die für viele ältere Polen wichtige Frage der Entschädigung für die polnischen Naziopfer und Zwangsarbeiter. Sie wurde außerhalb des Vertrages, obwohl in gewissem Zusammenhang mit ihm, dadurch geregelt, daß die Bundesrepublik Deutschland der zu diesem Zweck gegründeten Stiftung „Polnisch-deutsche Versöhnung" eine Pauschalsumme von 500 Millionen Mark zur Verfügung stellte. Diese Summe wird unter die noch in Polen lebenden ehemaligen politischen Häftlinge, Lagerinsassen, zur Zwangsarbeit deportierten Personen u. ä., deren Gesamtzahl 500 000 Personen betragen soll, verteilt. Die individuellen Quoten, die als „finanzielle Hilfe anläßlich der erlittenen Naziverfolgungen" bezeichnet werden, sind folglich nicht sehr hoch.

Zwei weitere Probleme wurden – dem Briefwechsel zwischen den beiden Außenministern zum Vertrag vom 17. Juni 1991 entsprechend – nicht berücksichtigt. Es handelt sich um Fragen der Staatsangehörigkeit und um Vermögensfragen.

Was die Staatsangehörigkeitsfrage betrifft, so ist auf polnischer Seite umstritten, daß die Bundesrepublik Deutschland auf der Grundlage des weiterhin geltenden Artikels 116, Abs. 1 der Übergangs- und Schlußvorschriften des Grundgesetzes generell weiterhin auch die polnischen Staatsbürger gesetzlich als deutsche Staatsangehörige und folglich als „Deutsche im Sinne des Grundgesetzes" oder „Statusdeutsche" betrachtet, die bzw. deren Aszendenten bis 1945 die deutsche Staatsangehörigkeit besaßen und weiterhin östlich von Oder und Lausitzer Neiße wohnen oder dort ihren ständigen Aufenthalt haben. In der Praxis betrifft das aber nur diejenigen von ihnen, die an der Beibehaltung der deutschen Staatsangehörigkeit ein Interesse haben.[27] Polen dagegen erkennt diese Staatsangehörigkeit weder de iure noch de facto an.[28]

Dieses Problem wurde in der neuesten deutschen wissenschaftlichen Literatur breiter erörtert.[29] In der Debatte im Bundesrat der Bundesrepublik Deutschland über die Zustimmungsgesetze zu den beiden Verträgen mit Polen am 8. November 1991 wurde betont, daß der Zeitpunkt gekommen sei, eine Anpassung des Grundgesetzes und der übrigen sogenannten Kriegsfolgegesetze vorzunehmen, zumal die Übergangszeit, wie sie in Abschnitt XI des Grundgesetzes definiert wurde, der auch Artikel 116, Abs. 1 einschließt, zu Ende gegangen ist.[30] Darauf wurde auch in der deutschen Rechtswissenschaft hingewiesen.[31] Dieser These ist zuzustimmen.

Es handelt sich hierbei um kein leichtes innenpolitisches Problem. Die Gemeinsame Verfassungskommission, der vom Bundestag und Bundesrat die aus Artikel 5 des deutsch-deutschen Einigungsvertrages vom 31. August 1990 resultierende Aufgabe auferlegt wurde, das Grundgesetz, welches nunmehr (rebus sic stantibus) als endgültige deutsche Verfassung gilt, auf konkreten Reformbedarf hin zu überprüfen und diesen den legislativen Organen vorzuschlagen, hat den Artikel 116 des Grundgesetzes nicht angetastet. Er sollte folglich als Übergangsvorschrift weitergelten.[32]

Hinzuweisen ist allerdings darauf, daß der Artikel 116, Abs. 1 unter dem Vorbehalt anderweitiger gesetzlicher Regelung gilt. Es besteht folglich die rechtliche Möglichkeit, die Institution der deutschen Staatsangehörigkeit (des „Statusdeutschen") im weitesten territorial-politischen, an das Deutsche Reich nach dem Stand vom 31. Dezember 1937 anknüpfenden Sinn im Rahmen der einfachen Gesetzgebung zu ändern, d. h. nicht mehr an der Fortdauer der deutschen Staatsangehörigkeit der in Polen wohnenden polnischen Staatsbürger festzuhalten. Zugleich könnte allen diesen Personen kraft des Gesetzes das Recht auf automatische Wiedererlangung der deutschen Staatsangehörigkeit zugebilligt werden, falls sie auf die polnische Staatsbürgerschaft verzichten oder aus Polen emigrieren. Eine solche gesetzliche Regelung wäre auch mit dem Grundgesetzartikel 16, Abs. 1 konform, der zuläßt, daß der Verlust der Staatsangehörigkeit auf Grund eines Gesetzes auch gegen den Willen des Betroffenen eintreten kann, wenn der Betroffene dadurch nicht staatenlos wird, d. h. eine andere Staatsbürgerschaft besitzt.

Erwähnen kann man hier mutatis mutandis das Übereinkommen über die Verringerung der Mehrstaatigkeit und über die Wehrpflicht von Mehrstaatern vom 6. Mai 1963, welches zwischen den damaligen Mitgliedsstaaten des Europarates, darunter auch der Bundesrepublik Deutschland, geschlossen wurde.[33] Dieses Übereinkommen schaffte die doppelte bzw. mehrfache Staatsbürgerschaft in bezug auf die Signatarstaaten ab.

Die Vermögensfragen wiederum betreffen deutscherseits vorwiegend die in Polen in den ersten Nachkriegsjahren vollzogene allgemeine Konfiskation deutschen Vermögens. In der deutschen Literatur wurde zuweilen die Rechtmäßigkeit dieser Maßnahme verneint und folglich die Naturalrestitution dieses Vermögens oder zumindest eine entsprechende Entschädigung postuliert, wobei dies auch mit der Zwangsumsiedlung („Vertreibung") der deutschen Bevölkerung in Zusammenhang gebracht wird.[34] Dieses Problem, das hier nicht ausführlicher behandelt werden kann und dem in der polnischen Literatur bereits näher nachgegangen worden ist,[35] muß generell im Lichte der zur damaligen Zeit gültigen völkerrechtlichen und verfassungsrechtlichen Bestimmungen gesehen werden. Zwar hat die Haager Landkriegsordnung vom 18. Oktober 1907 die Konfiskationen privaten Vermögens untersagt, und auch das spätere Londoner Abkommen (Viermächteübereinkommen über die Verfolgung und Bestrafung der Hauptkriegsverbrecher der Achsenmächte – mit dem Statut für den Internationalen Militärgerichtshof in Nürnberg) vom 8. August 1945 verurteilte den Raub öffentlichen und privaten Vermögens durch die Achsenmächte, es handelte sich aber nur um Prinzipien für ein Besatzungsregime während eines Krieges, d. h. um die Ausübung der Kriegsgewalt auf dem besetzten Territorium des Gegners. Polen übte dagegen keine Besatzungsgewalt in Deutschland aus. Die Ostgebiete Deutschlands nach dem Stand vom 31. Dezember 1937 gehörten – der bereits erwähnten Viermächtedeklaration vom 5. Juni 1945 entsprechend – formell dem sowjetischen Besatzungsbereich an, und zwar bis zum 2. August 1945, obwohl man dort auf der Grundlage der Beschlüsse von Jalta im Einvernehmen mit den sowjetischen Stellen schrittweise die polnische Zivil- und Militärverwaltung einführte.

Die einschlägigen polnischen Konfiszierungsgesetze bezüglich des deutschen Vermögens wurden erst im Jahre 1946, d. h. nach dem Potsdamer Abkommen, verabschiedet, wenn man einmal von der allgemeinen provisorischen gesetzlichen Regelung vom 6. Mai 1945 über das infolge des Krieges verlassene (nicht nur deutsche) Vermögen absieht. Die polnischen Konfiskationsmaßnahmen wurden übrigens auf der Grundlage der territorialen Gebietshoheit (Territorialitätsprinzip) und der staatlichen Souveränität, wie auch im Rahmen des Artikels 107 der Charta der Vereinten Nationen und verfassungskonform getroffen. Nicht außer acht lassen darf man die noch während des Krieges und nach ihm festgelegten interalliierten vertraglichen Konfiskationsvorkehrungen (Beschlagnahme des gesamten deutschen staatlichen und privaten Vermögens) in bezug auf die Kriegsreparationen. Zu erwähnen sind hier vor allem die Festlegungen von Bretton Woods vom 22. Juli 1944, von Jalta vom 11. Februar 1945 und von Mexiko vom 9. März desselben Jahres, wie auch die damit indirekt verbundene Gesetzgebung des Alliierten Kontrollrats (Gesetz Nr. 5 vom 4. August 1945 u. a.).[36]

Zusammenfassend muß betont werden, daß jetzt auf beiden Seiten alles getan werden sollte, um den Geist des Vertrages vom 17. Juni 1991 in die Praxis umzusetzen. Auch wenn das Verhältnis der vor allem ökonomischen Kräfte in der von diesem Vertrag getragenen Interessengemeinschaften nicht gleich ist, müssen die noch ausstehenden und zum Teil kontroversen Probleme so bald wie möglich gelöst werden.[37] Es geht einfach darum, eine neue, gute und dauernde Epoche eines friedlichen Nebeneinanders auf europäischer Grundlage im Sinne des gegenseitigen Verständnisses, des Vertrauens und der Versöhnung zu schaffen.

Anmerkungen

[1] Der Autor knüpft hier an an den Text seines Vortrages; Die Rechtslage Deutschlands nach 1945 und die deutsch-polnischen Verträge, in: K. Ipsen, W. Poeggel (Hrsg), Das Verhältnis des vereinigten Deutschlands zu den osteuropäischen Nachbarn – zu den historischen, völkerrechtlichen und politikwissenschaftlichen Aspekten der neuen Situation, Wissenschaftliche Konferenz anläßlich des 50. Jahrestages der Beendigung des Zweiten Weltkrieges, Bochumer Schriften zur Friedenssicherung und zum Humanitären Völkerrecht, Bd. 21, Bochum 1993, S. 133 ff. Er verweist zugleich auf seine ausführlichere Abhandlung zum Thema „1950 – Görlitzer Abkommen, 1970 – Warschauer Vertrag, 1990/91 – grundlegende deutsch-polnische Verträge", die als Teil des in der gemeinsamen polnisch-deutschen Schulbuchkommission vorbereiteten Lehrerhandbuchs erscheinen soll.

[2] Vgl. E. Dmitrów, Flucht und Vertreibung – Zwangsaussiedlung, in: E. Kobylińska, A. Lawaty, R. Stephen (Hrsg.), Deutsche und Polen, 100 Schlüsselbegriffe, München, Zürich 1992, S. 420. Hingewiesen sei hier lediglich auf den Versuch, diese Opfer als „Opfer der Vertreibung", d. h. als Opfer der Polen darzustellen, und folglich ein Gleichheitszeichen zwischen dem, was die Deutschen den Polen und dem, was die Polen den Deutschen angetan haben, zu setzen. Siehe H. Hupka, Opfer und Täter auf beiden Seiten, in: „Der Westpreuße" 6/1993, S. 1.

[3] Vgl. K. Skubiszewski, Zachodnia granica Polski w świetle traktatów, Poznań 1975, S. 306–320. Am Rande sei bemerkt, daß es sich hier zugleich um Gebiete handelte, die vor Jahrhunderten zu Polen gehört hatten.

[4] Ausführlicher Skubiszewski, S. 285 ff.

[5] Es sei hier u. a. auf die amerikanische Auffassung hingewiesen, wonach „the final delimitation" die zweite Phase der Grenzfestlegung, d. h. die genaue Beschreibung des Verlaufs der bereits im allgemeinen festgelegten Grenze im Gelände und die Grundlage für die Demarkation darstellt, S. B. Jones, Boundary Making, A Handbook for Statesmen, Treaty Editors and Boundary Commissioners, Washington 1945, S. 5; vgl. auch Skubiszewski, S. 202–203; B. Wiewióra, Niektóre zagadnienia delimitacji i demarkacji granicy polsko-niemieckiej, Zeszyty Naukowe Uniwersytetu im. Adama Mickiewicza, Prawo Nr. 3, Poznań 1957.

[6] Nur dieser Begriff kommt übrigens in allen, die deutschen Probleme betreffenden Bestimmungen des Potsdamer Abkommens vor, und dies im Gegensatz zum Begriff „Friedensvertrag" (peace treaty), der dort nur in bezug auf die fünf Bündnisstaaten des Deutschen Reiches verwendet wurde. Solche Verträge sind dann auch abgeschlossen worden.

[7] R. Breyer, Wegzeichen aus der Landsmannschaft Weichsel-Warthe, Jahrbuch Weichsel-Warthe 1992, S. 21 ff.

[8] So A. Bromke, Polska i Niemcy w nowej Europie, in: Sprawy Międzynarodowe" 11/1991, S. 19.

[9] Im deutschen Text des Vertrages kommt der Begriff „endgültige Festlegung" vor.

[10] Im deutschen Text ist dagegen von einer „friedensvertraglichen Regelung" die Rede.

[11] Skubiszewski, S. 149.

[12] So Botschafter a. D. Prof. Wilhelm Grewe, der die Verhandlungen dieses Vertrages auf der Arbeitsebene selbst geführt hat, in: Materialien zu Deutschlandfragen, Politiker und Wissenschaftler nehmen Stellung, 1983/84, Bonn 1984, S. 76 ff.

[13] Skubiszewski, S. 150.

[14] „Der Spiegel" 2/1989, S. 23.

[15] Vgl. dazu L. Janicki, Republika Federalna Niemiec wobec terytorialno-politycznych następstw klęski i upadku Rzeszy, Zagadnienia prawne, 2. erw. Aufl. 1986, Kapitel VII.

[16] Siehe Janicki, Republika, Kapitel VII und VIII; ders., Zum ostpolitischen Vollzugsdefizit, Düsseldorf 1979.

[17] Ausführlicher L. Janicki, Die in den UNO-Resolutionen enthaltenen Prinzipien und einige der Rechtsprobleme in dem gegenwärtigen Stand der Beziehungen zwischen der Volksrepublik Polen und der Bundesrepublik Deutschland, in: R. Bernhardt, J. Delbrück, I. von Münch, W. Rudolf (Hrsg.), Fünftes deutsch-polnisches Juristen-Kolloquium, Bd. 2, Baden-Baden 1981, S. 101 ff.

[18] Siehe C. Arndt, Wiedervereinigung und Ostgrenzen Deutschlands, in: Zeitschrift für Rechtspolitik 1989, H. 10, S. 366–367.

[19] Dieser Vertrag konnte aus verschiedenen parteipolitischen Gründen, die mit seiner Ratifizierung durch die Bundesrepublik zusammenhingen, übrigens erst am 3. Juni 1972 in Kraft treten. Dabei ist die der Ratifizierung vorausgehende Entschließung des Deutschen Bundestages vom 7. Mai 1972 zu erwähnen. Vom polnischen Standpunkt aus galt sie zum Teil (in bezug auf Punkt 2) als kontrovers, obwohl man ihr wohl damals zu große Bedeutung beimaß.

[20] Ausführlicher L. Janicki, Rechtsgrundlagen der Staatsgrenze an der Oder und Lausitzer Neiße, Versuch einer Zusammenfassung aus polnischer Sicht, in: A. Renger, C. Stern, H. Däubler-Gmelin (Hrsg.), Festschrift für Claus Arndt zum 60. Geburtstag, Heidelberg 1987, S. 71 ff.

[21] „Monitor Polski" 17/1955, Pos. 172.

[22] H. Teltschik, in: „Der Spiegel" 40/1991, S. 126.

[23] Siehe z. B. G. Gornig, Der Zwei-plus-Vier-Vertrag unter besonderer Berücksichtigung grenzbezogener Regelungen, in: Recht in Ost und West 4/1991, S. 97 ff.; A. Verdross, B. Simma, R. Geiger, Territoriale Souveränität und Gebietshoheit, Zur völkerrechtlichen Lage der Oder-Neiße-Gebiete, Bonn 1980, S. 15–17 und 39 ff.

[24] Vgl. dazu C. Schreuer, Status prawny polskiej granicy zachodniej, in: Przegląd Zachodni 3/1991, S. 111 ff. Nach Meinung dieses Autors hat der Grenzvertrag vom 14. November 1990 einzig und allein den *mindestens* seit dem Inkrafttreten der Verträge der Bundesrepublik Deutschland mit Polen und der UdSSR im Jahre 1972 bestehenden Rechtsstatus dieser Grenze bestätigt, ebenda, S. 126. Schon damals unterlag diese Frage keinem Zweifel mehr, ebenda, S. 121.

[25] Vgl. L. Janicki, Die Problematik des „Deutschen" im Verfassungsrechtssystem der Bundesrepublik Deutschland und ihre historischen Antezedentien, in: Polnische Weststudien 2/1988, S. 299 ff., dort befinden sich weitere Quellenhinweise.

[26] Briefwechsel der beiden Außenminister vom 17. Juni 1991 über gute Nachbarschaft und freundschaftliche Zusammenarbeit, Punkt 1.

[27] Ausführlicher Janicki, Die Problematik.

[28] Siehe die Aussage des polnischen Außenministers K. Skubiszewski in der „Tageszeitung" vom 2. Mai 1991.

[29] Siehe vor allem H. v. Mangoldt, Staatsangehörigkeit, Volkszugehörigkeit und Inländerstellung, Bereitschaftsstatus oder realisierte Brüderlichkeit, Zur Rechtslage Deutschlands – innerstaatlich und international (1990), S. 41; ders., Die Staatsangehörigkeitsfragen in bezug auf die Deutschen in der Republik Polen, in: D. Blumenwitz, H. v. Mangoldt (Hrsg.), Neubestätigung und Weiterentwicklung von Menschenrechten und Volksgruppenrechten in Mitteleuropa, Staats- und völkerrechtliche Abhandlungen der Studiengruppe für Politik und Völkerrecht, Bd. 10, Köln 1991, S. 61 ff. Siehe auch A. Zimmermann, Rechtliche Möglichkeiten von Zuzugsbeschränkungen für Aussiedler, in: Zeitschrift für Rechtspolitik 2/1991, S. 85 ff.; H. Rittstieg, Doppelte Staatsangehörigkeit im Völkerrecht, in: Neue Juristische Wochenzeitschrift 22/1990, S. 1401 ff.; A. Bleckmann, Anwartschaft auf die deutsche Staatsangehörigkeit?, ebenda, S. 1397 ff.

[30] Bundesrat, Stenographischer Bericht – 636. Sitzung, 8. November 1991, Plenarprotokoll, S. 479.

[31] Zimmermann, S. 88.

[32] Empfehlungen der Gemeinsamen Verfassungskommission zur Änderung und Ergänzung des Grundgesetzes, in: Aus Politik und Zeitgeschichte, Beilage zur Wochenzeitung „Das Parlament", B 52–53/93, 24. Dezember 1993, S. 49 ff. Man darf dabei nicht außer acht lassen, daß z. B. das Bundeswahlgesetz in seinem, an den Artikel 116, Abs. 1 des Grundgesetzes expressis verbis anknüpfenden § 15 das passive Wahlrecht, das Recht, in den Bundestag gewählt zu werden, jedem Deutschen im Sinne dieses Artikels zuerkennt. Folglich können – mindestens theoretisch – auch polnische Staatsbürger, die im Sinne des Grundgesetzes der Bundesrepublik Deutschland zugleich als deutsche Staatsangehörige gelten und in Polen ständigen Wohnsitz haben, ein Bundestagsmandat erringen. Hier gilt nicht die Einschränkung, daß man seit mindestens drei Monaten in der Bundesrepublik Deutschland eine Wohnung haben oder sich sonst gewöhnlich aufhalten muß, wie es § 12 des Bundeswahlgesetzes für das aktive Wahlrecht, d. h. das Recht zu wählen, fordert.

[33] BGBl. II 1969, S. 1953 und BGBl. I 1974, S. 3714. Siehe auch Weidelener, Hemberger, Deutsches Staatsangehörigkeitsrecht, Vorschriftensammlung mit erläuternder Einführung, 2. Aufl., München 1986, S. 212 ff.

[34] D. Blumenwitz, Das Offenhalten der Vermögensfrage in den deutsch-polnischen Beziehungen, Bonn 1992, S. 67 ff.

[35] W. Czapliński, Vermögensrechtliche Probleme in den Beziehungen VRP-BRD, in: Polnische Weststudien 1/1988, S. 95 ff.

[36] G. Schmoller, H. Maier, A. Tobler, Handbuch des Besatzungsrechts, Tübingen 1956, § 51, S. 8. Vgl. auch die Stellungnahme des Bundesverfassungsgerichts vom 5. Juni 1992–2 BvR 1613/91.

[37] Dazu gehörten auch einige kontroverse Konflikte, die mit der deutschen Minderheit in Schlesien verbunden waren. Siehe dazu die Materialien des Symposiums, welches vom 8. Juni bis zum 11. Juni 1993 in Polen, u. a. in Poznań, stattfand: AWR Forschungsgesellschaft für das Weltflüchtlingsproblem, Deutsche Sektion e. V. „Bleiben oder Gehen?" – Die deutsche Minderheit in Polen. Siehe dort u. a. L. Janicki, Die Minderheitenfrage in den polnisch-deutschen Beziehungen, Bemerkungen aus polnischer Sicht.

Bibliographie
der deutsch-polnischen Schulbucharbeit 1972–1995

Veröffentlichungen des Internationalen Schulbuchinstituts/Georg-Eckert-Instituts für internationale Schulbuchforschung im Rahmen oder im Umkreis der Arbeit der deutsch-polnischen Schulbuchkommission.

Abkürzungen

ISF = Internationale Schulbuchforschung

Jahrbuch = Internationales Jahrbuch für Geschichts- und Geographieunterricht

Schriftenreihe = Schriftenreihe des Internationalen Schulbuchinstituts/ Georg-Eckert-Instituts (Bd. 22–24)

Studien = Studien zur internationalen Schulbuchforschung (Fortsetzung der Schriftenreihe, ab Bd. 25 ff.)

I. Empfehlungen

14 Empfehlungen zur Behandlung der deutsch-polnischen Beziehungen in den Schulbüchern der Volksrepublik Polen und der Bundesrepublik Deutschland: Bericht über die 1. deutsch-polnische Schulbuchkonferenz der Deutschen und der Polnischen UNESCO-Kommission vom 22.-26. Februar 1972 in Warschau / [hrsg. von der Deutschen UNESCO-Kommission]. – Köln, 1972

17 Empfehlungen zur Behandlung der deutsch-polnischen Beziehungen in den Schulbüchern der Volksrepublik Polen und der Bundesrepublik Deutschland: Bericht über die 2. deutsch-polnische Schulbuchkonferenz der Deutschen und der Polnischen UNESCO-Kommission vom 11.-16. April 1972 in Braunschweig / [hrsg. von der Deutschen UNESCO-Kommission]. – Köln, 1972

Empfehlungen zur Darstellung der Nachkriegsgeschichte in den Schulbüchern der Volksrepublik Polen und der Bundesrepublik Deutschland: Empfehlungen der 6. und 8. deutsch-polnischen Schulbuchkonferenz in Köln, Okt. 1975, in: Geschichte in Wissenschaft und Unterricht, 27 (1976) S. 699–703

Empfehlungen für Schulbücher der Geschichte und Geographie in der Bundesrepublik Deutschland und in der Volksrepublik Polen / hrsg. von der Gemeinsamen deutsch-polnischen Schulbuchkommission. – Braunschweig, 1977 (Schriftenreihe; Bd. 22)
(zweisprachig); deutsche Ausgabe
– in: Jahrbuch XVII (1976) S. 158–184
– als Sonderdruck des Jahrbuchs
– als Neuauflage: Band 22/XV (1995)

Empfehlungen für Schulbücher der Geschichte und Geographie in der Bundesrepublik Deutschland und in der Volksrepublik Polen, in: Aus Politik und Zeitgeschichte, 27 (1977) Nr. 47, S. 3–21

Zalecenia Komisji UNESCO Polskiej Rzeczypospolitej Ludowej i Republiki Federalnej Niemiec do spraw podęczników szkolnych w zakresie historii i geografii / Przedmowa: Władysław Markiewicz. Red. : Antoni Czubiński; Zbigniew Kulak. Wspólna Komisja Podręcznikowa PRL – RFN. – Poznań, 1986. – (Materiały Konferencji Wspólnej Komisji Podręcznikowej PRL – RFN; 1)

II. Fachkonferenzen

a) Geschichte

- Zakon Krzyżacki a Polska w średniowieczu/ IV Konferencja Wspólnej Komisji Podręcznikowej PRL – RFN Historyków 16–22 IX 1973 r., Warszawa. Va Konferencja Wspólnej Komisji Podręcznikowej PRL – RFN 19–23 IX 1974 r., Toruń. Red. : Marian Biskup. Wspólna Komisja Podręcznikowa PRL – RFN. – Poznań, 1987 – (Materiały Konferencji Wspólnej Komisji Podręcznikowej PRL – RFN; 2)
- Rola Zakonu Krzyżackiego w podręcznikach szkolnych Republiki Federalnej Niemiec i Polskiej Rzeczypospolitej Ludowej: Materiały konferencji historyków RFN i PRL, Toruń, wrzesień 1974 r. / Polska Akad. Nauk; Wydział I Nauk Społecznych. Pod red. Mariana Biskupa. – Wrocław [u. a.], 1976
- Deutsch-polnische Schulbuchkonferenz in Thorn/ Toruń zum Deutschen Orden, in: Jahrbuch, XVI (1975) S. 255–314
- Deutschland, Polen und der Deutsche Orden. Braunschweig (Sonderdruck in Ergänzung zu Jahrbuch, XVI (1975))
- Widerstandsbewegungen im nationalsozialistischen Deutschland und in Polen während des Zweiten Weltkrieges / X. deutsch-polnische Schulbuchkonferenz der Historiker Łańcut 1977, in: Jahrbuch, XVII (1977/78) S. 271–384
  Neuauflage unter dem Titel:
- Widerstandsbewegungen in Deutschland und in Polen während des Zweiten Weltkrieges. – Braunschweig, 1979. – (Schriftenreihe; Bd. 22/ I)
- Ruch oporu w Polsce i w Niemczech w latach drugiej wojny światowej / X Konferencja Wspólnej Komisji Podręcznikowej PRL – RFN Historyków, 2–5 VI 1977, Łańcut. Red. : Antoni Czubiński; Zbigniew Kulak. Wspólna Komisja Podręcznikowa PRL – RFN. – Poznań, 1987. – (Materiały Konferencji Wspólnej Komisji Podręcznikowej PRL – RFN; 3)
- Die deutsch-polnischen Beziehungen 1831–1848: Vormärz und Völkerfrühling / XI. deutsch-polnische Schulbuchkonferenz der Historiker, Deidesheim 1978. – Braunschweig, 1979 (Schriftenreihe; Bd. 22/ II)
- Stosunki polsko-niemieckie 1831–1848: Wiosna Ludów i okres ją poprzedzający/ XI Konferencja Wspólnej Komisji Podręcznikowej PRL – RFN Historyków, 16–21 V 1978 r., Deidesheim. Red.: Antoni Czubiński; Zbigniew Kulak. Wspólna Komisja Podręcznikowa PRL – RFN. – Poznań, 1987. – (Materiały Konferencji Wspólnej Komisji Podręcznikowej PRL – RFN; 4)
- Stosunki polsko-niemieckie 1831–1848: Wiosna Ludów i okres ją poprzedzający; materiały Konferencji Komisji Mieszanej UNESCO PRL – RFN do spraw ulepszania podręczników szkolnych PRL W i w RFN w zakresie historii i geografii (Deidesheim, 16–21 maja 1978r.) / pod red. : Włodzimierza Borodzieja i Tadeusza Cegielskiego. Polska Akademia Nauk. – Wrocław [u. a.], 1981
- Die Rolle Schlesiens und Pommerns in der Geschichte der deutsch-polnischen Beziehungen im Mittelalter / XII. deutsch-polnische Schulbuchkonferenz der Historiker, Allenstein/ Olsztyn 1979. – Braunschweig, 1980. – (Schriftenreihe; Bd. 22/ III)
- Śląsk i Pomorze w historii stosunków polsko-niemieckich w średniowieczu: materiały XII Konferencji Komisji Podręcznikowej Historyków PRL i RFN (Olsztyn, 5–10 czerwca 1979 r.) / opr. red. : Marian Biskup. – Wrocław [u. a.], 1983
- Śląsk i Pomorze w historii stosunków polsko-niemieckich w średniowieczu/ XII Konferencja Wspólnej Komisji Podręcznikowej PRL – RFN Historyków 5–10 VI 1979 r., Olsztyn. Red.: Marian Biskup. Wspólna Komisja Podręcznikowa PRL – RFN. – Poznań, 1987. – (Materiały Konferencji Wspólnej Komisji Podręcznikowej PRL – RFN; 5)
- Polen und Deutschland im Zeitalter der Aufklärung : Reformen im Bereich des politischen Lebens, der Verfassung und der Bildung / XIII. deutsch-polnische Schulbuchkonferenz der Historiker, Münster/ W. 1980. – Braunschweig, 1981. – (Schriftenreihe; Bd. 22/ IV)
- Polska i Niemcy o okresie Oświecenia: reformy polityczne ustrojowe i oświatowe / XIII Konferencja Komisji Podręcznikowej PRL – RFN Historyków 27 V – 1 VI 1980 r., Monastyr (Mün-

ster), Westfalen. Red.: Antoni Czubiński; Zbigniew Kulak. Wspólna Komisja Podręcznikowa PRL – RFN. – Poznań, 1986. – (Materiały Konferencji Wspólnej Komisji Podręcznikowej PRL – RFN; 6)
- Schlesien und Pommern in den deutsch-polnischen Beziehungen vom 16. bis 18. Jahrhundert . XIV. deutsch-polnische Schulbuchkonferenz der Historiker, Zamość 1981. – Braunschweig, 1982. – (Schriftenreihe; Bd. 22 / V)
- Śląsk i Pomorze w stosunkach polsko-niemieckich od XVI do XVIII w. / XIV Konferencja Wspólnej Komisji Podręcznikowej PRL – RFN Historyków 9–14 VI 1981 r., Zamość. Red. : Antoni Czubiński; Zbigniew Kulak. Wspólna Komisja Podręcznikowa PRL – RFN. – Poznań, 1987. – (Materiały Konferencji Wspólnej Komisji Podręcznikowej PRL – RFN; 7)
- Nationalgeschichte als Problem der deutschen und der polnischen Geschichtsschreibung / XV. deutsch-polnische Schulbuchkonferenz der Historiker, Braunschweig 1982. – Braunschweig, 1983. – (Schriftenreihe; Bd. 22 / VI)
- Industrialisierung, sozialer Wandel und Arbeiterbewegung in Deutschland und Polen bis 1914 / XVI. deutsch-polnische Schulbuchkonferenz der Historiker, Warschau 1983. – Braunschweig, 1983. – (Schriftenreihe; Bd. 22 / VII)
- Industrializacja, przemiany społeczne i ruch robotniczy w Polsce i w Niemczech do 1914 r./ XVI Konferencja Wspólnej Komisji Podręcznikowej PRL – RFN Historyków 24–30 V 1983 r., Warszawa. Red. : Antoni Czubiński; Zbigniew Kulak. Wspólna Komisja Podręcznikowa PRL – RFN. –. Poznań, 1987. – (Materiały Konferencji Wspólnej Komisji Podręcznikowej PRL – RFN; 9)
- Die deutsch-polnischen Beziehungen 1919–1932 / XVII. deutsch-polnische Schulbuchkonferenz der Historiker, Augsburg 1984. -Braunschweig, 1985 (Schriftenreihe; Bd. 22 / VIII)
- Stosunki polsko-niemieckie: 1919–1932 / XVII Konferencja Wspólnej Komisji Podręcznikowej PRL – RFN Historyków 11–17 VI 1984 r., Augsburg. Red. : Antoni Czubiński; Zbigniew Kulak. Wspólna Komisja Podręcznikowa PRL – RFN. – Poznań: Inst. Zachodni, 1990. – (Materiały Konferencji Wspólnej Komisji Podręcznikowej PRL – RFN; 10)
- Deutschland und Polen von der nationalsozialistischen Machtergreifung bis zum Ende des Zweiten Weltkrieges / XVIII. deutsch-polnische Schulbuchkonferenz der Historiker, Nowogard (Naugard) 1985. – Braunschweig, 1986. – (Schriftenreihe; Bd. 22 / IX)
- Stosunki polsko-niemieckie 1933–1945 / XVIII Konferencja Wspólnej Komisji Podręcznikowej PRL – RFN Historyków 28 V – 2 VI 1985 r., Nowogard. Red. : Antoni Czubiński; Zbigniew Kulak. Wspólna Komisja Podręcznikowa PRL – RFN. – Poznań, 1988. – (Materiały Konferencji Wspólnej Komisji Podręcznikowej PRL – RFN; 11,1)
- Die Beziehungen zwischen der Bundesrepublik Deutschland und der Volksrepublik Polen bis zur Konferenz über Sicherheit und Zusammenarbeit in Europa, (Helsinki 1975) / XIX. deutsch-polnische Schulbuchkonferenz der Historiker, Saarbrücken 1986. – Braunschweig, 1987. – (Schriftenreihe; Bd. 22 / X)
- Zum wissenschaftlichen Ertrag der deutsch-polnischen Schulbuchkonferenzen der Historiker 1972–1987 / XX. deutsch-polnische Schulbuchkonferenz der Historiker, Poznań (Posen) 1987. – Braunschweig, 1988. – (Schriftenreihe; Bd. 22 / XI)
- Zum pädagogischen Ertrag der deutsch-polnischen Schulbuchkonferenzen der Historiker 1972–1987 / XXI. deutsch-polnische Schulbuchkonferenz der Historiker, Oldenburg i. O. 1988. – Braunschweig, 1989. – (Schriftenreihe; Bd. 22 / XII)
- Polen und Deutschland im europäischen Staatensystem vom späten Mittelalter bis zur Mitte des 19. Jahrhunderts / XXII. und XXIII. deutsch-polnische Schulbuchkonferenz der Historikern in Piwniczna 1989 und in Eutin 1990. – Braunschweig, 1992. – (Schriftenreihe; Bd. 22 / XIII)

b) Geographie
- Strukturwandel der Landwirtschaft und soziale Erosion im Raum Eschwege. Symposium der Arbeitsgruppe Geographie im Rahmen der VI. deutsch-polnischen Schulbuchkonferenz, Braunschweig / Eschwege 1974, in: Jahrbuch, XVI (1975) S. 315–371

- Natürliches Milieu und ökonomische Entwicklung der Küstenregion am Beispiel der Dreistadt und ihrer Umgebung / Deutsch-polnisches Geographie-Symposium im Rahmen der IX. deutsch-polnischen Schulbuchkonferenz, Zoppot/Sopot 1976, in: Jahrbuch, XVII (1976) S. 205–225
- Kultur- und wirtschaftsgeographische Probleme in Grenzräumen / Deutsch-polnisches Geographie-Symposium im Rahmen der X. deutsch-polnischen Schulbuchkonferenz, Münstereifel 1977, in: Jahrbuch, XVIII (1977/78) S. 385–415
- Geograficzne problemy rolnictwa w Polsce / VI Sympozjum Geografów Wspólnej Komisji Podręcznikowej PRL – RFN, 25–29 maja 1987 r., Mogilany k. Krakowa. Red.: Bronisław Kortus; Zbigniew Kulak. Wspólna Komisja Podręcznikowa PRL – RFN. – Poznań, 1988. – (Materiały Konferencji Wspólnej Komisji Podręcznikowej PRL – RFN; 14)
- Rola geografii w kształtowaniu świadomości ekologicznej uczniów / VII Sympozjum Geografów Wspólnej Komisji Podręczniakowej PRL – RFN, 23–29 maja 1988 r., Oldenburg. Red. : Bronisław Kortus; Zbigniew Kulak. Wspólna Komisja Podręcznikowa PRL – RFN. – Poznań, 1989. – (Materiały Konferencji Wspólnej Komisji Podręcznikowej PRL – RFN; 15)
- Die Bundesrepublik Deutschland und die Volksrepublik Polen: Schulbuchgespräche in Geographie 1987/88 / Elfriede Hillers (Hrsg.). – Frankfurt, 1989. – (Studien; Bd. 61)
- Międzyrzecze Wisły i Sanu przykład regionu przeobrażonego przez górnictwo siarki i przemysł / VIII Sympozjum Geografów Wspólnej Komisji Podręcznikowej PRL – RFN, 9–10 czerwca 1989 r., Tarnobrzeg, Red. : Bronisław Kortus; Zbigniew Kulak. Wspólna Komisja Podręcznikowa PRL – RFN. – Poznań, 1990. – (Materiały Konferencji Wspólnej Komisji Podręcznikowej PRL – RFN; 16)
- Europa w nauczaniu geografii w Polsce i w Republice Federalnej Niemiec / IX Sympozjum Geografów Wspólnej Komisji Podręcznikowej PRL – RFN, 18–23 czerwca 1990 r., Trewir. Red. : Bronisław Kortus; Zbigniew Kulak. Wspólna Komisja Podręcznikowa Polska-RFN. – Poznań, 1991. – (Materiały Konferencji Wspólnej Komisji Podręcznikowej PRL – RFN; 17)
- Deutschland – Polen – Europa: deutsch-polnische Schulbuchgespräche in Geographie 1989/90 / Elfriede Hillers (Hrsg.). – Frankfurt/Main, 1991. – (Studien; Bd. 71)

III. Kurzberichte und Kommuniques

- Deutsch-polnische Schulbuchkonferenz, in: ISF, 2 (1980) 3, S. 82–83
- Deutsch-polnisches Geographie-Symposium. Berichterstatter: *Elfriede Hillers*, in: ISF, 2 (1980) 3, S. 81
- Deutsch-polnische Schulbuchkonferenz der Historiker. Kommunique, in: ISF, 4 (1982) 4, S. 334–335
- Deutsch-polnische Schulbuchkonferenz der Historiker. Kommunique, in: ISF, 5 (1983) 2, S. 197
- Deutsch-polnische Schulbuchkonferenz. Kommunique. Berichterstatter: *Karl Pellens*, in: ISF, 6 (1984) 2, S. 204–205
- Sitzung des deutsch-polnischen Präsidiums. Berichterstatter: *Wolfgang Jacobmeyer*, in: ISF, 8 (1986) 1, S. 84
- Deutsch-polnische Schulbuchkonferenz in Saarbrücken. Berichterstatter: *Wolfgang Jacobmeyer*, in: ISF, 8 (1986) 3, S. 399–400
- Deutsch-polnische Schulbuchkonferenz in Posen. Berichterstatter: *Wolfgang Jacobmeyer*, in: ISF, 9 (1987) 2, S. 216–217
- Deutsch-polnisches Geographie-Symposium – Krakau/Mogilany, 25.-30. Mai 1987. Kommunique, in: ISF, 9 (1987) 2, S. 217–220
- Deutsch-polnisches Geographie-Symposium, Oldenburg, 23.-29. Mai 1988. Berichterstatter: *Elfriede Hillers*, in: ISF, 10 (1988) 2, S. 209–211
- Deutsch-polnische Schulbuchkonferenz der Historiker, Oldenburg, 23.-29. Mai 1988. Berichterstatter: *Wolfgang Jacobmeyer*, in: ISF, 10 (1988) 3, S. 315–316

- Die deutsch-polnischen Schulbuchgespräche im Ost-West-Dialog. Berichterstatter: *Rainer Riemenschneider*, in: ISF, 11 (1989) 1, S. 95
- [XXII.] Schulbuchkonferenz in Polen. Berichterstatter: *Wolfgang Jacobmeyer*, in: ISF, 11 (1989) 3, S. 311
- Eine Konferenz von Historikern der Universitäten Posen und Hannover. Berichterstatter: *Herbert Obenaus*, in: ISF, 11 (1989) 3, S. 313–315
- Geographie-Symposium der deutsch-polnischen Schulbuchkommission Tarnobrzeg, 5.-10. Juni 1986, in: ISF, 11 (1989) 4, S. 417–419
- XXIII. Deutsch-polnische Konferenz der Historiker. Berichterstatter: *Wolfgang Jacobmeyer*, in: ISF, 12 (1990) 3, S. 355
- 24. Deutsch-polnische Schulbuchkonferenz im Fach Geschichte (Braunschweig, 10.6.-14.6.1992). Berichterstatter: *Wolfgang Höpken*, in: ISF, 14 (1992) 3, S. 335–338
- 26. Deutsch-polnische Schulbuchkonferenz der Historiker (24.-28. Mai 1994 in Bautzen). Berichterstatter: *Robert Maier*, in: ISF, 16 (1994) 3, S. 378–381

IV. Einzelveröffentlichungen und Abhandlungen in chronologischer Reihenfolge ihres Erscheinens

Geschichte und Geographie

- *Hoensch, Jörg K.*: Präzisierung und Ausweitung der deutsch-polnischen Schulbuch-Diskussion, in: Kulturpolitische Korrespondenz, 1972, Nr. 125/126, S. 6–7
- Die Behandlung der deutsch-polnischen Beziehungen im Geschichts- und Geographieunterricht: Empfehlungen der polnisch-deutschen Historiker- und Geographentagung in Warschau u. Braunschweig / hrsg. von der Gewerkschaft Erziehung und Wissenschaft. – Braunschweig, 1972
- *Labuda, Gerard*: Umstrittene Fragen der deutsch-polnischen Beziehungen. Zehn Thesen über Polen und Deutschland bis 1939, in: Jahrbuch, XIV (1972/73) S. 166–177
- *Guz, Eugeniusz*: Zum Stand der deutsch-polnischen Schulbuchrevision, in: Blätter für deutsche und internationale Politik, 18 (1973) S. 693–696
- *Meyer, Enno*: Deutsch-polnische Schulbuchgespräche: ein Zwischenbericht zu den gegenwärtigen deutsch-polnischen Schulbuchkonferenzen der beiderseitigen UNESCO-Kommissionen, in: Geschichte in Wissenschaft und Unterricht (1973) H. 1, S. 35–44
- *Völker, Klaus*: Die deutsch-polnischen Beziehungen im Spiegel bundesdeutscher Schulbücher: zwei Traditionen deutsch-polnischer Nachbarschaft, in: Begegnung mit Polen. 10 (1973) H. 1, S. 28–44
- *Schmillen, Irene*: Brandenburgisch-preussische Geschichte in Schulbüchern der Bundesrepublik Deutschland: ein Beitrag zu den deutsch-polnischen Schulbuchgesprächen. – Bonn-Bad Godesberg, 1974. – (Reihe Argo; 4) – (Edition Ludwig Voggenreiter)
- *Wawrykowa, Maria*: Revolutionäre Demokraten in Deutschland und Polen 1815–1848. Ein Beitrag zur Geschichte des Vormärz. – Braunschweig, 1974. – (Schriftenreihe; Bd. 19)
- *Dies.*, Deutsche Geschichte aus polnischer Sicht 1815–1848. – Braunschweig, 1974. – (Schriftenreihe; Bd. 21)
- *Meyer, Enno*: Stereotypen über Russen, Polen und die Bedeutung der Deutschen im östlichen Europa, in: Jahrbuch XV (1974) S. 62–78
- *Ryszka, Franciszek*: Deutsch-polnische Problematik nach 1945 in Schulbüchern, in: Jahrbuch XV (1974) S. 79–86
- *Sievers, Rosemarie*: Deutsch-polnische Schulbuchrevision, in: Politik und Kultur, 1 (1974) 3, S. 52–62
- *Rhode, Gotthold*: Deutsch-polnische Schulbuchkonferenzen: Hoffnungen, Möglichkeiten, Probleme, in: Deutsche Studien, 12 (1974) 46, S. 127–140
- *Nolte, Hans-Heinrich*: Die Empfehlungen zur Behandlung der deutsch-polnischen Beziehungen in den Schulbüchern: im Lichte der Lehrpläne für Geschichte in den Ländern der Bundesrepublik, in: Jahrbuch, XV (1974) S. 87–96

- *Wöhlke, Wilhelm*: Die Behandlung der Bundesrepublik Deutschland in den Erdkundebüchern der VR Polen, in: Jahrbuch, XV (1974) S. 357–372
- *Ders.*: Die Bundesrepublik Deutschland: Staat und Wirtschaft. Wirtschaftsgeographische Selbstdarstellung der Bundesrepublik Deutschland, vorgetragen auf der VII. deutsch-polnischen Schulbuchkonferenz, Braunschweig 1975, in: Jahrbuch, XVI (1975) S. 242–254
- Das Symposium der Arbeitsgruppe Geographie im Rahmen der sechsten deutsch-polnischen Schulbuchkonferenz in Braunschweig/Eschwege, 22.-27. Oktober 1974. Sonderdr. aus: Jahrbuch, XVI (1975) S. 315–372
- *Hantsche, Irmgard*: Die Rolle der Kirche bei der mittelalterlichen deutschen Ostsiedlung und ihre Darstellung in deutschen Schulgeschichtsbüchern der letzten Jahre, in: Jahrbuch, XVI (1975) S. 35–49
- *Schneider, Hagen*: Die Darstellung Polens in Schulgeschichtsbüchern des Kaiserreichs, in: Jahrbuch, XVI (1975) S. 164–241
- *Wöhlke, Wilhelm*: Über die Behandlung der Bundesrepublik Deutschland in den Erdkundebüchern der VR Polen, in: Jahrbuch, XVI (1975) S. 396–407
- *Dross, Armin*: Die Darstellung der polnisch-deutschen Beziehungen und der Bundesrepublik Deutschland in polnischen Geschichtsbüchern, in: Jahrbuch, XVII (1976) S. 185–204
- *Menzel, Josef J.*: Schlesien in den deutsch-polnischen Schulbuch-Empfehlungen: eine kritische Analyse, in: Schlesischer Kulturspiegel, 21 (1976) 3, S. 2–3
- *Völker, Eberhard*: Sinn und Gefahr der deutsch-polnischen Schulbuchempfehlungen, in: Deutsche Ostkunde, 22 (1976) S. 60–64
- *Hahn, Roland*: Deutsch-polnische Schulbuchrevision: Empfehlungen zum Geschichts- und Geographieunterricht vom April 1976, in: Geographische Rundschau, 28 (1976) S. 381–384
- *Mertineit, Walter*: Die deutsch-polnische Schulbuchkommission und ihre Empfehlungen zur Zeitgeschichte, in: Geschichte in Wissenschaft und Unterricht, 27 (1976) S. 329–344
- *Neuhoff, Hans; Parplies, Hans-Günther*: Die deutsch-polnischen Schulbuchempfehlungen zur Nachkriegsgeschichte: eine kritische Stellungnahme. – Bonn, 1976
- *Markiewicz, Władysław*: Abschluß der ersten Etappe der gemeinsamen Schulbücherkommission Polens und der Bundesrepublik Deutschland, in: Polens Gegenwart, 10 (1976) 1, S. 8–15
- *Rhode, Gotthold*: Sollte man lieber gar nichts empfehlen? In den Urteilen über die deutsch-polnischen Schulbuch-Vorschläge haben sich einige Mißverständnisse festgesetzt, in: Frankfurter Allgemeine Zeitung, 1977, Nr. 25, Seite 9 ff.
- *Schickel, Alfred*: Die deutsch-polnischen Schulbuchempfehlungen, in: Die Realschule, 85 (1977) 8, S. 498–502
- *Ders.*: Die deutsch-polnischen Schulbuchempfehlungen auf dem Prüfstand, in: Die Höhere Schule, 30 (1977) S. 228–232
- *Graßmann, Siegfried*: Die deutsch-polnischen Schulbuchempfehlungen für Geschichte und der Geschichtsunterricht, in: Aus Politik und Zeitgeschichte, 27 (1977) 47, S. 57–68
- *Hupka, Herbert*: Die deutsch-polnischen Schulbuchempfehlungen: eine kritische Stellungnahme, in: Aus Politik und Zeitgeschichte, 27 (1977) 47, S. 43–56
- *Mertineit, Walter*: Die Empfehlungen sind nicht zurücknehmbar, in: betrifft erziehung, 10 (1977) 9, S. 51–55
- *Mertineit, Walter*: „Die wissenschaftliche Substanz bleibt von dem politischen Streit unberührt", in: betrifft erziehung, 10 (1977) 9, S. 57–58
- *Baske, Siegfried*: Empfehlungen der deutsch-polnischen Schulbuchkommission, in: Informationsdienst zum Bildungswesen in Osteuropa, 26 (1977) S. 42–48
- *Vietig, Jürgen*: Die deutsche Geschichte in den polnischen Geschichtsbüchern der Hauptschule bei Beginn der UNESCO-Schulbuchkonferenzen 1972, in: Jahrbuch, XVII (1977/78) S. 103–161
- *Menzel, Josef J., Stribrny; Wolfgang; Völker, Eberhard*: Alternativempfehlungen zur Behandlung der deutsch-polnischen Geschichte in den Schulbüchern / [Kulturstiftung der deutschen Vertriebenen]. – [Bonn], 1978

- Deutschland und Polen: die Bürgerschaft diskutiert die deutsch-polnischen Schulbuchempfehlungen / [Veröffentlichung der Landeszentrale für Polit. Bildung, Hamburg]. – Hamburg, 1978. – (Arbeitshefte für Politik; 4)
- Die deutsch-polnischen Schulbuchempfehlungen in der Diskussion: die Debatte vom 20. 9. 1977 im Schleswig-Holsteinischen Landtag / [Hrsg.: Der Kultusminister d. Landes Schleswig-Holstein, Amt für staatsbürgerliche Bildung]. – Kiel, 1978. – (Schriftenreihe Gegenwartsfragen; 41)
- Die Schulbuch-Empfehlungen im Prozeß der Normalisierung zwischen der Bundesrepublik Deutschland und der Volksrepublik Polen: eine Konferenz der Friedrich-Ebert-Stiftung und des Polnischen Instituts für Internationale Angelegenheiten in Bonn vom 28.-30. Nov. 1977; eine Dokumentation / [hrsg. von der Friedrich-Ebert-Stiftung]. – Bonn, 1978
- Auswirkungen der deutsch-polnischen Empfehlungen auf deutsche Schulbücher der Unterrichtsfächer Geographie und Geschichte; (Gutachten) / Georg-Eckert-Institut für internationale Schulbuchforschung. – Braunschweig, 1978
- *Rhode, Gotthold*: Polen und Deutsche in Schulbüchern zur Geschichte, in: Beiträge zur Konfliktforschung, 8 (1978) 1, S. 129–135
- *Erdmann, Karl Dietrich*: Dialog der kleinen Schritte: Deutsch-polnische Schulbuchempfehlungen aus der Sicht des Historikers, in: Wirtschaft und Wissenschaft, 26 (1978) 1, S. 21–25
- *Hoffmann, Günter*: Folgerungen aus der Arbeit der deutsch-polnischen Schulbuchkommission, in: Geographie in der Schule, 1978, 16, S. 4–5
- *Sprenger, Reinhard*: Die deutsch-polnischen Schulbuchgespräche. Nachdenkliches zu den Empfehlungen, in: ibw-Journal, 16 (1978) S. 65–70
- *Meinhardt, Rolf*: Die Berücksichtigung der deutsch-polnischen Schulbuchempfehlungen in den Bundesländern, in: Die Deutsche Schule, 70 (1978) S. 289–297
- *Ders.*: Die Kritik der Vertriebenenverbände an den deutsch-polnischen Schulbuch-Empfehlungen, in: Demokratische Erziehung, 4 (1978) S. 28–39
- *Schickel, Alfred*: Die deutsch-polnischen Schulbuchempfehlungen im Widerstreit, in: Aus Politik und Zeitgeschichte, 28 (1978) B 22, S. 3–17
- *Schröder, Carl August*: Auswirkungen der deutsch-polnischen Schulbuchempfehlungen auf die Arbeit der Schulbuchverlage in der Bundesrepublik Deutschland, in: Blickpunkt Schulbuch, H. 22 (1978) S. 23–27
- Schulbuch-Empfehlungen. – Hannover, 1979. – (Schriftenreihe der Niedersächsischen Landeszentrale für Politische Bildung; 5)
- Deutschland und Polen im Schulbuch: Parlamentsdebatte in Mainz; Schulbuchempfehlungen und Alternativen; eine Dokumentation / Landtag Rheinland-Pfalz. Red.: Rolf Hage. – Mainz, 1979
- Die deutsch-polnischen Schulbuchempfehlungen in der öffentlichen Diskussion der Bundesrepublik Deutschland: eine Dokumentation / eingel. u. ausgew. von *Wolfgang Jacobmeyer*. – Braunschweig, 1979. – (Studien; Bd. 26)
- *Menzel, Josef J.; Stribrny, Wolfgang; Völker, Eberhard*: Alternativempfehlungen zur Behandlung der deutsch-polnischen Geschichte in den Schulbüchern. – Mainz, ca. 1979
- Keine Geschichtsklitterung: zu Empfehlungen der deutsch-polnischen Schulbuchkonferenzen und zur Kulturhoheit der Länder, in: Weiß-blaue Rundschau, 22 (1979) 3, S. 8–11
- *Kuhn, Walter*: Die deutsch-polnischen Schulbuchempfehlungen sowie d. „Alternativ-Empfehlungen" und ihre Aufnahme in Polen, in: Zeitschrift für Ostforschung, 28 (1979) S. 654–659
- *Oschlies, Wolf*: Revisionismus auf Schritt und Tritt: deutsch-polnische Schulbuchempfehlungen in der Zerreißprobe, in: Deutschland-Archiv, 12 (1979) S. 508–512
- *Ryszka, Franciszek*: Jeszcze raz o rewizji podręczników polskich i zachodnioniemieckich, czyli o „Antyzaleceniach", in: Kwartalnik Historyczny, 86 (1979) S. 155–159
- *Jacobmeyer, Wolfgang*: Die deutsch-polnischen Bemühungen zur Verständigung auf dem Gebiet der historischen und geographischen Unterrichtswerke, in: ISF, 1 (1979) 1, S. 23–31
- *Meyer, Enno*: Die Geschichte des südlichen Ostpreußen in polnischen Reiseführern, in: ISF, 1 (1979) 2, S. 5–17

- *Sperling, Walter:* Die kartographische Behandlung der Grenzen der historischen deutschen Ostgebiete – mit den Ergebnissen einer Befragung, in: ISF, 1 (1979) 2, S. 18–36
- *Schramm, Gottfried:* Deutsch-polnische Nachbarschaft im Schulbuch, in: ISF, 1 (1979) 2, S. 78–83
- *Frowein, Jochen A.:* Die deutschen Grenzen in völkerrechtlicher Sicht, in: ISF, 1 (1979) 2, S. 84–90
- *Frowein, Jochen A. ; Münch, Ingo von:* Stellungnahme zur Grenzdarstellung in Schulatlanten der Bundesrepublik Deutschland, in: ISF, 1 (1979) 2, S. 90–91
- *Bachmann, Siegfried:* Internationale Schulbuchrevision als systemübergreifende Kooperation. Bilaterale Schulbuchkonferenzen von Historikern und Geographen aus der Bundesrepublik Deutschland sowie aus Polen und Rumänien, in: DGFK-Jahrbuch, 1979/80, S. 807–832
- *Benl, Rudolf:* Die Darstellung der deutsch-polnischen Beziehungen im Zeitalter der mittelalterlichen deutschen Ostsiedlung in deutschen und polnischen Schulgeschichtsbüchern, in: ISF, 2 (1980) 2, S. 30–49
- *Richter, Dieter:* Geographische Bildung durch lernziel-thematisch-orientierten Geographieunterricht in der Bundesrepublik Deutschland und Intensivierung der Behandlung Polens, in: ISF, 2 (1980) 3, S. 26–45
- *Jeismann, Karl-Ernst:* „Deutsch-polnische Nachbarschaft im Schulbuch". Zur Kontroverse um die deutsch-polnischen Schulbuchempfehlungen, in: ISF, 2 (1980) 3, S. 60
- *Menzel, Josef J.:* Friedenspädagogik oder Wahrheitspädagogik? Deutsch-polnische Schulbuchempfehlungen und Alternativ-Empfehlungen, in: ISF, 2 (1980) 3, S. 60–65
- *Zernack, Klaus:* Reklamation der „historischen Wahrheit" und geschichtswissenschaftliche Methode im politischen Umfeld. Eine Erwiderung, in: ISF, 2 (1980) 3, S. 66
- *Hansel, Paul:* Zur Genese und Kritik der deutsch-polnischen Schulbuchempfehlungen, in: Schlesien, 25 (1980) S. 236–240
- Deutsch-polnische Schulbuchempfehlungen / Hess. Institut für Lehrerfortbildung, Hauptstelle Reinhardswaldschule. – Fuldatal/ Kassel, 1980. – (Informationsveranstaltungen / Hess. Kultusminister)
- Materialien zu deutsch-polnischen Schulbuchempfehlungen: eine Dokumentation krit. Stellungnahmen / [Hrsg.: Kulturstiftung d. deutschen Vertriebenen]. – Bonn, 1980
- *Mertineit, Walter:* Der Warschauer Vertrag und die Gemeinsame Deutsch-Polnische Schulbuchkommission, in: Die Neue Gesellschaft, 27 (1980) S. 752–756
- *Markiewicz, Władysław:* Revision of schoolbooks in Poland and West Germany as a joint contribution to education for peace, in: Polish Western Affairs, 21 (1980) S. 141–149
- *Lau, Karlheinz:* Deutsch-polnische Schulbuchempfehlungen, in: Schulpraxis, 1 (1981) H. 1, S. 33–35
- *Menzel, Josef J.:* Kritik und Alternativen der deutsch-polnischen Schulbuchempfehlungen, in: Geschichte in Wissenschaft und Unterricht, 32 (1981) S. 129–146
- Das deutsch-polnische Verhältnis: Referate zu Problemen der deutsch-polnischen Schulbuchempfehlungen: Sek. I/ II; PW, Geschichte / *Hans-Jochen Markmann; Jürgen Vietig (Hrsg).* – Berlin, 1981
- Die deutsch-polnischen Beziehungen am Beispiel der Umsetzung der Schulbuchempfehlungen im Land Nordrhein-Westfalen: Dokumentation / eine Tagung d. Friedrich-Ebert-Stiftung in Zsarb. mit dem Kultusministerium d. Landes Nordrhein-Westfalen in Bergneustadt vom 9.-11. Okt. 1981. [Hrsg. von der Friedrich-Ebert-Stiftung, Bonn, Red. : *Peter Schneider*]. – Bonn, 1981
- *Mack, Manfred:* Die Resonanz der deutsch-polnischen Schulbuchgespräche in der publizistischen und wissenschaftlichen Presse der Volksrepublik Polen: (1972–1979). – Tübingen, 1981
- *Jeismann, Karl-Ernst:* Zur Problematik der Kritik internationaler Schulbuchempfehlungen, in: Geschichte in Wissenschaft und Unterricht, 32 (1981) 3, S. 147–161
- *Ders:* Politische Determinanten der deutsch-polnischen Schulbuchempfehlungen und ihre Aufnahme in der Öffentlichkeit, in: Geschichtsdarstellung / hrsg. von *K.-E. Jeismann u. S. Quandt.* – Göttingen, 1982, S. 102–122

- *Girgensohn, Jürgen*: Nordrhein-Westfalen und die Umsetzung der deutsch-polnischen Schulbuch-Empfehlungen, in: ISF, 4 (1982) 1, S. 62–69
- *Meyer, Enno*: Deutschland, die Deutschen und die deutsch-polnischen Beziehungen in den polnischen Geschichtslehrbüchern seit 1972, in: ISF, 4 (1982) 4, S. 261–274
- *Ders.:* Die Festigung der Vaterlandsliebe als Lernziel in den Richtlinien für den Geschichtsunterricht der Volksrepublik Polen (1970, 1976, 1981), in: ISF, 4 (1982) 4, S. 275–279
- *Riemenschneider, Rainer*: Die Darstellung des deutsch-polnischen Verhältnisses in Geschichtslehrbüchern der Sekundarstufe I in der Bundesrepublik Deutschland, in: ISF, 4 (1982) 4, S. 280–301
- *Stollenwerk, Christoph*: Die Verkrampfung des deutschen Bewußtseins überwinden. Anmerkungen zum Beitrag von Jürgen Girgensohn „Nordrhein-Westfalen und die Umsetzung der deutsch-polnischen Schulbuch-Empfehlungen", in: ISF, 4 (1982) 4, S. 303–305
- *Mack, Manfred*: Die Verwirklichung der Empfehlungen in der Bundesrepublik Deutschland und in der Volksrepublik Polen, in: ISF, 4 (1982) 4, S. 306–312
- *Vietig, Jürgen*: Polnische Geschichtsbücher der Hauptschule über die Nord- und Westgebiete des Landes (ehemalige deutsche Ostgebiete). Dokumentation, in: ISF, 4 (1982) 4, S. 345–363
- *Schickel, Alfred*: Geschichtsbücher und Völkerverständigung: wie die deutsch-polnischen Schulbuchempfehlungen in Polen beachtet werden, in: Das Gymnasium in Bayern, 2 (1982), S. 26–28
- Schritte zur deutsch-polnischen Verständigung: Schulbuchempfehlungen, Wettbewerbe in „Ostkunde", Jugendzusammenarbeit / Deutsch-Poln. Ges. d. BRD, Düsseldorf ... – Reinheim, 1983
- *Strobel, Georg W.:* Die deutsch-polnischen Schulbuchempfehlungen in der Auseinandersetzung um „Deutsche und Polen im Kaiserreich und in der Industrialisierung", in: ISF, 6 (1984) 1, S. 73–80
- *Jaworski, Rudolf*: Deutsch-polnische Feindbilder 1919–1932, in: ISF, 6 (1984) 2, S. 140–156
- „Sarmatische" Kultur in Westpreußen : Bemerkungen zur Publikation „Schlesien und Pommern in den deutsch-polnischen Beziehungen vom 16. bis 18. Jahrhundert". Rezensent: *Heinz Neumeyer*, in: ISF, 6 (1984) 2, S. 193–197
- *Schulz, Thomas*: Das Problem von Oder-Neiße-Grenze und Vertreibung: dargestellt an der öffentlichen Auseinandersetzung in der Bundesrepublik Deutschland um die deutsch-polnischen Schulbuchempfehlungen. – Hamburg, 1984
- *Wysocki, Szczepan*: Die politische Auseinandersetzung in der BRD um die Realisierung der Empfehlungen der polnisch-westdeutschen UNESCO-Schulbuchkommission in den Jahren 1972–1984. – Halle-Wittenberg, [1985]. – Bd. 1–2
- *Zernack, Klaus:* Gedanken zur 20. deutsch-polnischen Schulbuchkonferenz der Historiker 1987, in: ISF, 9 (1987) 2, S. 201–210
- *Baske, Siegfried* (Hrsg.): Bildungspolitik in der Volksrepublik Polen 1944–1986. – Berlin : Harrassowitz. – Bd. 1. 1944–1970. – 1987. – Bd. 2. 1971–1986. – 1987. Rezensent: *Wolfgang Jacobmeyer*, in: ISF, 10 (1988) 4, S. 397–398
- *Kulak, Zbigniew*: Działalność Wspólnej Komisji Podręcznikowej PRL – RFN 1972–1987, in: PRL – RFN: blaski i cienie procesu normalizacji wzajemnych stosunków (1972–1987). – Poznań, 1988. – (Studium Niemcoznawcze Instytutu Zachodniego; 52)
- *Enno Meyer*: Wie ich dazu gekommen bin: Die Vorgeschichte der deutsch-polnischen Schulbuchgespräche 1948–1971. – Braunschweig, 1988. – (Studien; Bd. 56)
- *Ders.:* Die deutsch-polnischen Schulbuchgespräche von 1937/38, in: ISF, 10 (1988) 4, S. 403–418
- *Cegielski, Tadeusz*: Polen und die Polen aus der Sicht der Deutschen im 18. Jahrhundert: Fünf Stereotype, in: ISF, 12 (1990) 1, S. 49–58
- Die deutsch-polnischen Schulbuchempfehlungen : Schulbuchrevision in Niedersachsen; Dokumentation e. politischen Debatte / Niedersächsisches Kultusministerium. [Red: Heinz-Gunter Morell]. – Hannover, 1990

- *Meyer, Enno*: Die Geschichte des mittleren Schlesien in polnischen Reiseprospekten, in: ISF, 13 (1991) 3, S. 313–320
- *Kleßmann, Christoph* (Hrsg.): September 1939 : Krieg, Besatzung, Widerstand in Polen ; 8 Beiträge. – Göttingen : Vandenhoeck & Ruprecht, 1989. -Rezensent: *Michael G. Müller*. in: ISF, 13 (1991) 3, S. 321–325
- *Dammer, Ingo; Norbert H. Weber*: Ferne Nachbarn – Über das Polenbild Westberliner Schüler, in: ISF, 14 (1992) 1, S. 5–20
- *Pankowicz, Andrzej*: Polska i świat współczesny. – Warszawa : Wydawn. Szkol. i Ped., 1991. – (Historia ; 4). – Rezensent: *Wolfgang Jacobmeyer*, in: ISF, 14 (1992) 3, S. 313–316
- *Loboda, Jan*: Unser Nachbar Polen. – Braunschweig : Westermann, 1992. – ISBN 3-14-114411-7. -Rezensent: *Roland Hahn*, in: ISF, 15 (1993) 1, S. 85–86
- *König, Barbara*: Die deutsch-polnischen Schulbuchkonferenzen von 1972 bis 1976 und deren Auswirkungen auf das Deutschlandbild in polnischen Schulbüchern. – Bonn, 1993
- *Hinrichs, Ernst*: Die Bedeutung der deutsch-polnischen Schulbuchempfehlungen im Rahmen der internationalen Schulbucharbeit, in: Geschichte und Identität. – Kyoto, 1993, S. 425–433
- *Ruchniewicz, Krzysztof*: Enno Meyer a Polska i Polacy (1939–1990): z badań nad początkami Wspólnej Komisji Podręcznikowej PRL – RFN / Instytut Historyczny Uniwersytetu Wrocławskiego. – Wrocław, 1994. – (Prace Historyczne; 7)
- *Ruchniewicz, Krzysztof*: Die Geschichte Polens aus heutiger Sicht – unter der Berücksichtigung der Arbeitsergebnisse der deutsch-polnischen Schulbuchkommission, in: Deutsch-Polnische Familientagung 1994 im internationalen Jahr der Familie und danach? Tagung der Landesarbeitsgemeinschaft der Familienverbände im Land Brandenburg (LAGF) vom 10.-12.06.1994 in Chorin, Berlin, (o. J.) S. 7–23
- *Roeder, Michael*: Zum Wandel des Polenbildes in bundesdeutschen Geschichtsschulbüchern. Eine ideologiekritische Untersuchung ausgewählter Schulbücher zwischen 1949 und 1991. – Aachen : Shaker, 1994. – (Berichte aus der Pädagogik). -Rezensent: *Wolfgang Jacobmeyer*, in: ISF, 17 (1995) 2, S. 237–240